Practical
Statistics
for Data Scientists

데이터 과학을 위한 통계 2판

| 표지 설명 |

표지 동물은 줄무늬 바위게*Pachygrapsus crassipes*다. 북중미, 한국, 일본의 태평양 연안과 해변에서 주로 발견된다. 이 갑각류는 바위 아래나, 조수 웅덩이, 바위 틈새에 서식한다. 땅에서 약 절반의 시간을 보내고 주기적으로 아가미에 수분을 공급하기 위해 물을 찾는다.

줄무늬 바위게라는 이름은 검은 갈색 등딱지 위에 나 있는 초록색 줄무늬 때문에 붙었다. 붉은 집게발과 자주색 다리가 있으며, 여기에도 줄무늬 또는 얼룩무늬가 있다. 일반적으로 3~5센티미터 크기까지 자라며, 암컷이 약간 더 작다. 눈자루는 자유롭게 회전이 가능할 정도로 유연하므로 걸으면서도 전체 시야를 확보할 수 있다.

잡식성이며 주로 해조류를 먹지만, 연체동물, 지렁이, 곰팡이, 죽은 동물, 혹은 다른 갑각류(상황에 따라)도 먹는다. 성체가 될 때까지 여러 번 물에 들어가 낡은 껍질을 벗고 나온다. 이러한 탈피 과정이 끝날 때마다 몇 시간 동안은 무방비 상태로 새 껍질이 딱딱해질 때까지 숨어서 시간을 보내야 한다.

오라일리 책 표지에 등장하는 동물 대다수는 멸종 위기종이며, 이들 모두 이 세상에 소중한 존재다. 표지 그림은 『Pictorial Museum of Animated Nature』의 흑백 판화를 기반으로 한 캐런 몽고메리Karen Montgomery의 작품이다.

데이터 과학을 위한 통계 (2판)

데이터 분석에서 머신러닝까지 파이썬과 R로 살펴보는 50가지 핵심 개념

초판 1쇄 발행 2018년 10월 2일
2판 1쇄 발행 2021년 5월 7일
2판 4쇄 발행 2024년 8월 16일

지은이 피터 브루스, 앤드루 브루스, 피터 게데크 / **옮긴이** 이준용 / **펴낸이** 전태호
펴낸곳 한빛미디어(주) / **주소** 서울시 서대문구 연희로2길 62 한빛미디어(주) IT출판2부
전화 02-325-5544 / **팩스** 02-336-7124
등록 1999년 6월 24일 제25100-2017-000058호 / **ISBN** 979-11-6224-418-0 93000

총괄 송경석 / **책임편집** 박민아 / **기획** 이상복, 윤나리 / **편집** 윤나리 / **진행** 김종찬
디자인 표지 윤혜원 내지 박정화 / **전산편집** 백지선
영업 김형진, 장경환, 조유미 / **마케팅** 박상용, 한종진, 이행은, 김선아, 고광일, 성화정, 김한솔 / **제작** 박성우, 김정우

이 책에 대한 의견이나 오탈자 및 잘못된 내용에 대한 수정 정보는 한빛미디어(주)의 홈페이지나 아래 이메일로 알려주십시오. 파본은 구매처에서 교환하실 수 있습니다. 책값은 뒤표지에 표시되어 있습니다.
한빛미디어 홈페이지 www.hanbit.co.kr / **이메일** ask@hanbit.co.kr

지금 하지 않으면 할 수 없는 일이 있습니다.
책으로 펴내고 싶은 아이디어나 원고를 메일(writer@hanbit.co.kr)로 보내주세요.
한빛미디어(주)는 여러분의 소중한 경험과 지식을 기다리고 있습니다.

Practical
Statistics
for Data Scientists

데이터 과학을 위한 통계 2판

O'REILLY® Ⅱ 한빛미디어
Hanbit Media, Inc.

지은이·옮긴이 소개

지은이 **피터 브루스** Peter Bruce

통계 교육기관 Statistics.com 설립자. Statistics.com은 100여 개 통계 강의를 제공하며 그중 3할은 데이터 과학자가 대상이다. 치밀한 마케팅 전략을 수립해 최고 수준의 전문 데이터 과학자들을 강사로 모집해왔다. 이 과정에서 데이터 과학자를 위한 통계라는 주제에 대해 폭넓은 시야와 전문적 식견을 쌓았다.

지은이 **앤드루 브루스** Andrew Bruce

데이터 과학 실무 전문가. 30년 이상 학계, 정부, 기업계에서 통계학과 데이터 과학을 연구했다. 워싱턴 대학교에서 통계학 박사학위를 땄고 학술지에 여러 논문을 발표했다. 저명한 금융회사부터 인터넷 스타트업에 이르기까지 업계에서 발생하는 폭넓은 문제에 대해 통계 기반 솔루션을 개발했고, 데이터 과학의 실무 활용 측면에서 전문가로 인정받고 있다.

지은이 **피터 게데크** Peter Gedeck

데이터 과학자. 과학 계산과 데이터 과학 분야에서 30년 이상의 경험을 가지고 있다. 노바티스Novartis에서 계산화학자로 20년 동안 근무했고, 현재 컬래버레이티브 드러그 디스커버리Collaborative Drug Discovery에서 선임 데이터 과학자로 근무하며 약물 후보 물질의 생물학적, 물리화학적 특성을 예측하기 위한 머신러닝 알고리즘을 개발하는 일을 전문적으로 한다. 『Data Mining for Business Analytics』(Wiley, 2019)의 공동 저자이다. 프리드리히 알렉산더 대학교에서 화학 박사학위를 받았으며 독일 하겐 통신대학교Fernuniversität in Hagen에서 수학을 전공했다.

옮긴이 **이준용** junyoni@gmail.com

인공지능과 빅데이터 기술에 관심이 많은 연구원. 한국과학기술원(KAIST)에서 전자공학 박사학위를 받고, 일본 ATR IRC 연구소에서 인간−로봇 상호작용 연구에 참여했으며, 미국 아이오와 주립 대학교에서 대사회로 관련 데이터베이스를 구축하는 일을 했다. 현재 미국 퍼시픽 노스웨스트 국립연구소에서 일한다. 다양한 프로그래밍 언어로 데이터 과학 실무 경력을 쌓고 있다. 역서로 『손에 잡히는 R 프로그래밍』(한빛미디어, 2015)과 『파이썬과 대스크를 활용한 고성능 데이터 분석』(한빛미디어, 2020)이 있다.

초판이 나온 지 얼마 되지 않아 벌써 2판이 출간된다니 반가웠다. 이번 2판은 오탈자를 수정하거나 일부 내용을 보강하는 보통의 개정판과 다르다. 아예 새로운 저자를 투입하여 요즘 데이터 과학 트랜드에 맞게 초판에서 다루지 않던 파이썬 코드를 추가했다. 책의 구성이 이전보다 더욱 풍성해졌다. 초판에서는 R 외에 선택의 여지가 없었지만 이제는 파이썬이라는 옵션이 추가됐다. 머신러닝을 포함한 데이터 과학 전반에 대해 통계적 관점에서 더욱 깊이 있게 배울 수 있는 좋은 참고서가 될 것이다. 또한 R이나 파이썬에 어느 정도 익숙한 독자라면 실습을 통해 배운 내용을 바로 적용해볼 수 있을 것이다.

이준용

이 책은 R이나 파이썬 프로그래밍 언어에 익숙하고 이전에 통계학을 잠깐이라도 접해본 경험이 있는 데이터 과학자들을 대상으로 한다. 세 저자 중 둘이 통계의 세계에서 데이터 과학의 세계로 넘어왔기 때문에 통계학이 데이터 과학 기술에 얼마나 큰 기여를 했는지 잘 알고 있다. 동시에 우리는 전통적인 통계 교육의 한계 역시 잘 알고 있다. 통계학이 전공 분야로 자리 잡은 지 벌써 한 세기 반이나 되다 보니 대부분의 통계 교과서와 코스들은 대륙 간을 횡단하는 거대한 선박과 같이 꼼짝하기가 쉽지 않다. 이 책에서 소개하는 모든 방법은 통계학과 어느 정도(역사적 혹은 방법론적으로) 연관되어 있다. 신경망과 같이 주로 컴퓨터 과학에서 진화한 방법은 다루지 않는다.

이 책의 기본 목표는 다음 두 가지이다.

- 데이터 과학과 관련된 통계의 핵심 개념들을 소화하기 쉽고, 따라 하기 쉽게 소개하며, 참조할 만한 읽을거리를 정리한다.
- 데이터 과학의 관점에서 어떤 개념들이 정말 중요하고 유용한지, 어떤 개념들이 덜 중요하고 그 이유는 무엇인지 설명한다.

용어 정리

데이터 과학은 통계학, 컴퓨터 과학, 정보 기술, 도메인 특화 영역 등 여러 분야의 융합 학문이라고 할 수 있다. 그 결과, 한 개념을 설명하는 데에 몇 가지 다른 용어들이 사용되기도 한다. 주요 용어들과 유의어들은 이렇게 '용어 정리'라는 박스에 강조해서 표시했다.

주요 개념

부가적으로 설명이 필요한 개념이나 설명은 이렇게 '주요 개념'이라는 박스에 강조해서 표시했다.

코드 예제

이 책에서는 R 코드 예제를 먼저 제공하고 그다음 파이썬 코드를 제공한다. 불필요한 반복을 피하기 위해 패키지나 데이터 집합을 불러오는 데 필요한 코드는 건너뛰며, 출력과 그래프는 R 코드에서 만든 것만 표시한다.[1] 또한 예제 이해를 돕기 위해 표의 헤더와 그래프의 범례는 원문 그대로 두었다. 아래 깃허브 저장소에서 전체 데이터 집합과 코드를 다운로드할 수 있다.

• *https://github.com/gedeck/practical-statistics-for-data-scientists*

---

1 옮긴이_ 라이브러리 구현 차이로 R 코드와 파이썬 코드의 출력(그림 및 수치)이 다른 경우도 있다.

감사의 말

이 책이 나오기까지 도움을 준 다음 분들에게 감사의 인사를 전한다.

이 책의 초안을 보고 자세하고 유용한 수정과 의견을 준 데이터 마이닝 회사 엘더 리서치의 CEO 제라드 필처[Gerhard Pilcher], 마찬가지로 이 책의 초안에 대한 유용한 피드백을 준 SAS의 통계학자인 애냐 맥거크[Anya McGuirk]와 웨이 샤오[Wei Xiao], 그리고 오라일리 동료 저자인 제이 힐피거[Jay Hilfiger], 초판을 일본어로 번역하면서 이 책을 전체적으로 검수하고 수정해준 도시아키 구로카와[Toshiaki Kurokawa], 2판을 면밀히 검토하고, 정말 고맙게도 여러 유용하고 가치 있는 제안을 해준 아론 슈마허[Aaron Schumacher]와 월터 파치코프스키[Walter Paczkowski]에게 감사한다. 아직 잘못된 내용이 남아 있다면 전적으로 우리 책임이다.

오라일리에서 적절한 격려와 압박으로 출판 과정을 안내해준 섀넌 커트[Shannon Cutt], 제작 과정을 순탄하게 맡아준 크리스틴 브라운[Kristen Brown], 글을 끝까지 검수하고 보완해준 레이철 모너핸[Rachel Monaghan]과 엘리아후 서스먼[Eliahu Sussman], 색인을 작성해준 엘런 트라우트먼-자이그[Ellen Troutman-Zaig]에게 감사한다. 2판을 이어받아 효과적으로 모든 과정을 안내하고 다양한 독자들을 고려하며 책의 가독성을 향상하기 위해 훌륭한 편집 제안을 해준 니콜 태시[Nicole Tache]와 오라일리에서 이 프로젝트를 처음 맡아서 시작한 마리 뷰구로[Marie Beaugureau], 우리에게 오라일리를 소개해준 오라일리 저자이자 Statistics.com의 강사인 벤 벵포트[Ben Bengfort]에게도 감사한다.

또한 이 책이 나오기까지 피터가 다른 책의 공저자인 갈리트 시뮤엘리[Galit Shmueli]와 수년간 나눠온 많은 대화가 정말 큰 도움이 되었다.

마지막으로 이 모든 노력이 가능하도록 아낌없는 지지와 응원을 보내준 엘리자베스 브루스[Elizabeth Bruce]와 데보라 도넬[Deborah Donnell]에게 특별히 감사의 말을 전한다.

CONTENTS

CHAPTER 1 탐색적 데이터 분석

CONTENTS

CHAPTER **2 데이터와 표본분포**

CONTENTS

CHAPTER 4 회귀와 예측

CONTENTS

CONTENTS

CHAPTER 6 통계적 머신러닝

CHAPTER 7 비지도 학습

CONTENTS

탐색적 데이터 분석

이 장에서는 모든 데이터 과학 프로젝트의 첫걸음이라고 할 수 있는 **탐색적 데이터 분석**^{exploratory} ^{data analysis}(EDA)에 대해 알아본다.

고전적인 통계학에서는 거의 독점적으로 **추론**^{inference}, 즉 적은 표본(샘플)[1]을 가지고 더 큰 모집단에 대한 결론을 도출하기 위한 일련의 복잡한 과정에 관해 다루었다. 1962년 존 투키 (*https://oreil.ly/LQw6q*)는 『The Future of Data Analysis(데이터 분석의 미래)』[2]라는 대표 논문에서 통계학의 개혁을 요구했다. 그는 통계적 추론을 하나의 구성 요소로 보는 **데이터 분석**^{data analysis}이라는 새로운 과학적 학문을 제안했다. 투키는 통계를 공학과 컴퓨터 과학 분야에 접목하기 위해 끊임없이 노력했다(그는 이진수를 뜻하는 '비트'라든가 '소프트웨어' 같은 용어를 만들기도 했다). 그리고 이런 그의 오랜 신념은 아직까지 이어져, 데이터 과학의 한 토대가 되었다. 탐색적 데이터 분석이란 분야는, 이미 고전이 된 투키의 1977년 책 『Exploratory Data Analysis(탐색적 데이터 분석)』(Pearson, 1977)를 통해 정립되었다. 투키는 요약통계량^{summary statistics}(평균, 중앙값, 분위수 등)과 함께 데이터 집합을 그림으로 표현하는 데 도움이 되는 간단한 도표(예: 상자그림, 산점도)를 제시했다.

---

1 옮긴이_ 이 책에서 통계 용어는 대부분 한국통계학회의 표기를 따랐으나, 표본과 샘플, 표본추출과 샘플링, 모형과 모델, 임의와 랜덤 등 같은 의미의 단어를 혼용하기도 했다.

2 Tukey, John W. "The Future of Data Analysis." *Ann. Math. Statist.* 33 (1962), no. 1, 1–67. *https://projecteuclid. org/download/pdf_1/euclid.aoms/1177704711.*

그림 1-1 탁월한 통계학자였던 존 투키. 50년 전 그의 아이디어들이 데이터 과학의 기반이 되었다.

컴퓨터의 성능이 향상되고, 누구나 손쉽게 사용할 수 있는 데이터 분석 소프트웨어가 나오면서, 탐색적 데이터 분석은 그 원래 범주를 훌쩍 뛰어넘어 진화하고 있다. 새로운 기술의 급속한 발전, 접근 가능한 더 많은 데이터, 그리고 다양한 학문에서 활용되는 양적 분석은 통계학을 이끄는 동력이 되었다. 과거 투키의 지도 학생이었던 데이비드 도노호^{David Donoho} 스탠퍼드 대학교 통계학과 교수는, 뉴저지 프린스턴에서 열린 투키 탄생 100주년 기념 워크숍에서 발표한 내용을 바탕으로 훌륭한 논문을 썼다.[3] 이 논문은 투키가 데이터 분석에서 보인 선구자적 업적까지 거슬러 올라가 데이터 과학의 기원을 추적한다.

1.1 정형화된 데이터의 요소

우리는 센서 측정, 이벤트, 텍스트, 이미지, 비디오 등 수많은 소스로부터 데이터를 얻는다. 사물 인터넷^{internet of things}(IoT)은 끊임없이 정보를 실시간으로 쏟아낸다. 이러한 데이터들의 대부분은 정형화되지 않은 상태이다. 이미지는 RGB(빨강, 초록, 파랑) 컬러 정보를 담은 픽셀들의 집합체라고 할 수 있다. 텍스트 또한 단어 혹은 무의미한 문자를 순서대로 나열한 배열이며, 보통은 구문과 그 하위 구문으로 이루어진다. 방문 내역 정보는 사용자가 앱이나 웹 페이지를 이용하면서 만들어낸 일련의 반응들을 배열 형태로 모아놓은 것이다. 사실 데이터 과학에서 가장 중요한 도전은 이러한 폭발적인 양의 원시^{raw}(가공되지 않은) 데이터를 활용 가능한 형태의

---

3 Donoho, David. "50 Years of Data Science" (2015). *http://courses.csail.mit.edu/18.337/2015/docs/50Years DataScience.pdf*.

정보로 변환하는 것이다. 이 책에서 다룰 통계적 개념들을 활용하기 위해서는, 정형화되지 않은 원시 데이터를 가공하여 정형화된 형태로 변환해야 한다. 정형 데이터 중 가장 일반적인 형태는 행과 열이 있는 테이블 형태이며, 이러한 형태는 관계형 데이터베이스나 연구용으로 수집한 데이터에서 찾아볼 수 있다.

수치형 데이터와 범주형 데이터, 이 두 가지가 정형 데이터의 가장 기본이 되는 종류이다. 수치 데이터에는 풍속이나 지속 시간 같은 **연속형** 데이터, 그리고 사건의 발생 빈도 같은 **이산** 데이터가 있다. **범주형** 데이터는 TV 스크린 종류(플라즈마, LCD, LED)나 도시명(대전, 부산, 서울)과 같이 범위가 정해진 값들을 갖는 경우를 의미한다. **이진** 데이터는 이러한 범주형 데이터 중에서도 0과 1, 예/아니요, 참/거짓과 같이 두 값 중 하나를 갖는 아주 특수한 경우라고 할 수 있다. 범주형 데이터 중에 또 다른 유용한 형태는 범주 안의 값들이 순위를 갖는 **순서형** 데이터이다.[4] 수치로 나타낼 수 있는 평점(1, 2, 3, 4, 5)이 순서 범주 데이터의 대표적인 예다.

데이터 종류를 분류하는 이 귀찮은 일을 왜 하는 걸까? 데이터를 분석하고 예측을 모델링할 때, 시각화, 해석, 통계 모델 결정 등에 데이터 종류가 중요한 역할을 하기 때문이다. R이나 파이썬 같은 데이터 과학 소프트웨어들은 실제로 계산 성능을 향상시키기 위해 이러한 데이터 종류 정보를 활용한다. 더 중요한 것은 소프트웨어는 변수의 종류에 따라 해당 변수에 관련된 계산을 어떤 식으로 수행할지 결정한다는 점이다.

용어 정리

- **수치형**numeric : 숫자를 이용해 표현할 수 있는 데이터
- **연속형**continuous : 일정 범위 안에서 어떤 값이든 취할 수 있는 데이터(유의어: 구간형, 실수형, 수치형 데이터)
- **이산**discrete : 횟수와 같은 정수 값만 취할 수 있는 데이터(유의어: 정수형, 횟수 데이터)
- **범주형**categorical : 가능한 범주 안의 값만을 취하는 데이터(유의어: 목록, 열거, 요인, 명목, 다항형polychotomous 데이터)
- **이진**binary : 두 개의 값(0/1 혹은 참/거짓)만을 갖는 범주형 데이터의 특수한 경우(유의어: 이항적, 논리형, 지표indicator, 불리언 데이터)
- **순서형**ordinal : 값들 사이에 분명한 순위가 있는 범주형 데이터(유의어: 정렬된 요인 데이터)

---

4 옮긴이_ 순서형은 '서수형'으로 옮기기도 한다.

소프트웨어 엔지니어나 데이터베이스 프로그래머라면, 범주형이니 순서형이니 하는 이러한 구분이 분석에 왜 필요한가 궁금할 수도 있겠다. 범주라는 것은 결국 문자나 숫자의 집합일 것이고, 기본적으로 데이터베이스는 이러한 것을 내부적으로 자동 처리해주기 때문이다. 하지만 데이터가 문자열인지 아니면 일정한 범위가 주어진 범주형인지 확실히 구분하면 다음과 같은 이점이 생긴다.

- 데이터가 범주형이라는 정보는 소프트웨어가 차트 생성이나 모델 피팅 등 통계분석을 수행하는 방식을 결정하는 데 큰 도움을 준다. 특히 R에서는 순서형 데이터를 ordered.factor라고 구분하여 표현하고, 이를 차트, 테이블, 통계 모델에서 사용자가 원하는 순서를 유지하는 데 사용한다. 파이썬에서는 사이킷런(scikit-learn) 패키지가 sklearn.preprocessing.OrdinalEncoder로 순서형 데이터를 지원한다.
- 관계형 데이터베이스에서처럼, 저장소와 인덱싱을 최적화하는 데 사용한다.
- 범주형 변수가 취할 수 있는 값들은 소프트웨어적으로 처리가 가능하다(enum처럼).

하지만 세 번째 '이점'은 뜻밖의 예상치 못한 결과를 가져오기도 한다. R에서 데이터를 읽어오는 데 사용하는 함수(예를 들어 read.csv)는 기본적으로 텍스트 형태의 열 데이터를 factor로 자동 변환한다. 따라서 이 열에는 처음 읽은 문자열 값만 허용되고, 만약 새로운 텍스트 값을 할당하면 경고와 함께 NA(결측값)가 할당된다. 파이썬의 팬더스(pandas) 패키지에서는 이러한 변환이 자동으로 이뤄지지 않는다. 하지만 read_csv 함수를 이용하여 어떤 열을 명시적으로 범주형으로 지정할 수 있다.

주요 개념

- 일반적으로 소프트웨어에서는 데이터를 종류별로 구분한다.
- 데이터 유형에는 수치형(연속, 이산)과 범주형(이진, 순서)이 있다.
- 소프트웨어에서 데이터 종류를 정하는 것은 해당 데이터를 어떻게 처리할지를 정하는 것과 같다.

1.1.1 더 읽을 거리

- 팬더스 참고 문서(*https://pandas.pydata.org/pandas-docs/stable/user_guide/ basics.html#dtypes*)에는 파이썬에 있는 다양한 데이터 종류와 이를 활용하는 방법이 잘 설명되어 있다.

- 가끔 여러 가지 데이터 종류가 겹치기도 하고 소프트웨어마다 약간씩 다른 방식으로 분류하기 때문에 종류를 결정하는 것이 어려울 수 있다. R 튜토리얼 웹사이트에서 R의 데이터 종류에 대한 정보를 얻을 수 있다. *http://www.r-tutor.com/r-introduction/basic-data-types*

- 데이터베이스에서는 값의 정밀도가 어느 정도인지, 필드의 길이가 고정인지 가변인지 등을 고려해서 좀 더 세부적으로 데이터 종류를 분류한다. SQL 가이드 자료 등을 참고하라. *https://www.w3schools.com/sql/sql_datatypes.asp*

1.2 테이블 데이터

데이터 분석에서 가장 대표적으로 사용되는 객체^{object}의 형태는 엑셀 스프레드시트나 데이터베이스의 테이블과 같은 **테이블 데이터**^{rectangular data}이다.[5]

> **용어 정리**
>
> - **데이터 프레임**^{data frame} : 통계와 머신러닝 모델에서 가장 기본이 되는 (스프레드시트와 같은) 테이블 형태의 데이터 구조를 말한다.
> - **피처**^{feature} : 일반적으로 테이블의 각 열이 하나의 **피처**를 의미한다 (유의어: 특징, 속성, 입력, 예측변수^{predictor}, 변수).
> - **결과**^{outcome} : 데이터 과학 프로젝트의 목표는 대부분 어떤 **결과**를 예측하는 데 있다 (예를 들어 [표 1-1]처럼 '경매에 경쟁이 있는가'라는 질문에 대한 예/아니요 형태의 결과). 실험이나 연구에서 **결과**를 예측하기 위해 **피처**를 사용한다 (유의어: 종속변수, 응답, 목표, 출력).
> - **레코드**^{record} : 일반적으로 테이블의 각 행은 하나의 **레코드**를 의미한다 (유의어: 기록값, 사건^{case}, 사례, 예제, 관측값, 패턴, 샘플).

테이블 데이터는 기본적으로 각 레코드(사건)를 나타내는 행과, 피처(변수)를 나타내는 열로 이루어진 이차원 행렬을 의미하는 일반적인 용어다. 데이터 프레임은 R과 파이썬에서 사용하는 특정 데이터 포맷이다. 앞에서도 언급했지만, 데이터가 항상 이런 형태로 얻어지지는 않는

---

5   옮긴이_ 원서에서는 '직사각형 데이터'라는 표현을 사용했지만 이 책에서는 한국 독자에게 익숙한 테이블 데이터로 옮겼다.

다. 예를 들어 문자열 같은 비정형 데이터는 테이블 데이터의 피처 형태로 표현되도록 처리해야 한다(1.1절 참고). 데이터 분석이나 모델링을 하기 위해 관계형 데이터베이스에 있는 데이터를 불러올 때도 역시 마찬가지로 하나의 테이블 형태로 변환해야 한다.

[표 1-1]에는 횟수나 측정값을 나타내는 데이터(기간과 가격), 그리고 범주형 데이터(분류, 통화 단위) 등 여러 데이터 종류가 섞여 있다. 표의 맨 오른쪽 열에는 경매에 경쟁이 있는지 없는지(복수의 입찰자가 있는지 없는지)를 나타내는 이진변수(예/아니요 또는 0/1)도 보인다. 만약 경매의 경쟁 여부를 예측하고자 할 경우에는 이 **지표변수**indicator variable도 **결과변수**outcome variable가 된다.

표 1-1 전형적인 데이터 포맷

Category	currency	sellerRating	Duration	endDay	ClosePrice	OpenPrice	Competitive?
Music/Movie/Game	US	3249	5	Mon	0.01	0.01	0
Music/Movie/Game	US	3249	5	Mon	0.01	0.01	0
Automotive	US	3115	7	Tue	0.01	0.01	0
Automotive	US	3115	7	Tue	0.01	0.01	0
Automotive	US	3115	7	Tue	0.01	0.01	0
Automotive	US	3115	7	Tue	0.01	0.01	0
Automotive	US	3115	7	Tue	0.01	0.01	1
Automotive	US	3115	7	Tue	0.01	0.01	1

1.2.1 데이터 프레임과 인덱스

보통 데이터베이스에서는 하나 혹은 그 이상의 열(기본적으로는 행 번호)을 인덱스로 지정한다. 이를 통해 데이터베이스의 쿼리 성능을 크게 향상할 수 있다. 파이썬의 pandas와 같은 라이브러리에서는 기본 테이블형 데이터 구조를 위해 DataFrame 객체를 제공한다. 기본적으로 DataFrame에서는 각 행마다 순차적으로 정수인 값을 붙여 이를 인덱스로 사용한다. 또한 pandas는 다중/계층적 인덱스[6]를 설정할 수 있도록 되어 있어, 좀 더 복잡한 동작도 효과적으로 처리할 수 있다.

....

6 옮긴이_ 데이터의 차원이 크고 복잡한 경우, 여러 피처를 동시에 고려하여 그룹으로 묶거나 데이터 피벗(pivot)이나 차원 조정(reshape)을 할 때 큰 성능 향상을 볼 수 있다.

이와 유사하게 R에서도 `data.frame`이라는 객체를 제공한다. `data.frame` 역시 내부적으로 행 번호에 따라 정수로 된 인덱스를 갖고 있다. `row.names` 속성을 조정하면 사용자가 원하는 키를 만들 수도 있다. 하지만 R의 `data.frame`은 기본적으로 다중 인덱스를 지원하지 않는다. 이러한 단점을 보완하기 위해서 나온 두 가지 패키지 `data.table`과 `dplyr`가 현재 널리 사용된다. 모두 다중 인덱스를 지원하고 `data.frame`을 다루는 데 상당한 속도 개선을 가져왔다.

CAUTION_ 용어 차이

테이블 데이터 관련 용어가 좀 혼란스러울 수 있다. 통계학자들과 데이터 과학자들은 같은 것을 두고 서로 다른 용어들을 사용하기도 한다. 통계학자들은 **응답변수**response variable나 **종속변수**dependent variable를 예측하는 모델에서 **예측변수**predictor variable라는 용어를 사용한다. 이를 데이터 과학자들은 '**목표**target를 예측하는 데 **피처**를 사용한다'는 식으로 표현한다. 더 혼란스러운 것도 있다. 컴퓨터 과학을 하는 사람은 보통 각각의 행을 하나의 **샘플**이라고 부르는 반면, 통계학자는 여러 행의 집합을 하나의 **샘플**이라고 한다.

1.2.2 테이블 형식이 아닌 데이터 구조

테이블 형식이 아닌 다른 형태의 데이터 구조도 있다.

시계열 데이터는 동일한 변수 안에 연속적인 측정값을 갖는다. 이는 통계적 예측 기법들을 위한 원재료가 되며, 사물 인터넷과 같이 다양한 디바이스에서 생산되는 데이터들에서 중요한 요소이다.

지도 제작과 위치 정보 분석에 사용되는 공간 데이터의 경우, 테이블 데이터보다 좀 더 복잡하고 다양하다. **객체**object를 표현할 때는, 어떤 객체(예를 들어 주택)와 그것의 공간 좌표가 데이터의 중심이 된다. 반면 **필드**field 정보는 공간을 나타내는 작은 단위들과 적당한 측정 기준값(예를 들어 픽셀의 밝기)에 중점을 둔다.[7]

그래프(혹은 네트워크) 데이터는 물리적 관계, 사회적 관계, 그리고 다소 추상적인 관계들을 표현하기 위해 사용된다. 예를 들어 페이스북이나 링크드인과 같은 소셜 네트워크에서의 그래프는 그 네트워크상의 사람들 사이의 연결을 의미한다. 도로로 연결된 물류 중심지들은 실제 물리적으로 존재하는 네트워크의 좋은 예이다. 그래프 구조는 특히 네트워크 최적화나 추천 시

---

7 옮긴이_ 객체와 필드는 지리 정보 분야에서 많이 사용되는 전문 용어로, 객체란 하나의 실체로 인식될 수 있는 것들(건물, 도로, 필지 등)과 그것의 위치 정보를 의미하고, 필드란 일정 공간 상에 연속적으로 분포된 특정 계량값들(기온, 수온, 압력 등)을 의미한다.

스템 같은 문제에 아주 유용하다.

이러한 데이터 종류들은 각자에 맞는 아주 특화된 방법론을 갖고 있다. 하지만 이 책에서는 예측 모델(모형)의 기본 소재가 되는 테이블 데이터에 대해 주로 다룬다.

CAUTION_ 통계학에서의 그래프

컴퓨터 과학과 정보공학에서 **그래프**graph라는 용어는 일반적으로 어떤 개체entity들 사이의 연결 관계를 묘사하기 위한 도구이자 일종의 데이터 구조로 사용된다. 통계학에서 **그래프**는 개체들 사이의 연결 관계라기보다는 다양한 도표와 **시각화**visualization 방법을 의미하며, 용어 자체도 데이터 구조가 아닌 시각화에만 주로 적용된다.

주요 개념

- 데이터 과학에서 기본이 되는 데이터 구조는 행과 열이 각각 레코드와 변수(피처)를 의미하는 테이블 모양의 행렬이다.
- 용어가 혼란스러울 수 있으니 주의하자. 데이터 과학에 관련된 서로 다른 학문들(통계학, 컴퓨터 과학, 정보공학)은 저마다 다양한 용어를 사용한다.

1.2.3 더 읽을 거리

- R의 데이터 프레임에 관한 자료: *https://stat.ethz.ch/R-manual/R-devel/library/base/html/data.frame.html*

- 파이썬의 데이터 프레임에 관한 자료: *https://pandas.pydata.org/pandas-docs/stable/user_guide/dsintro.html*

1.3 위치 추정

데이터를 표현하는 변수들은 보통 수천 가지 다른 값을 갖는다. 데이터가 주어졌을 때, 데이터를 살펴보는 가장 기초적인 단계는 각 피처(변수)의 '대푯값typical value'을 구하는 것이다. 이는 곧 대부분의 값이 어디쯤에 위치하는지(중심경향성)를 나타내는 추정값이다.

> **용어 정리**
>
> - **평균**mean : 모든 값의 총합을 개수로 나눈 값(유의어: 평균average)
> - **가중평균**weighted mean : 가중치를 곱한 값의 총합을 가중치의 총합으로 나눈 값(유의어: 가중평균weighted average)
> - **중간값**median : 데이터에서 가장 가운데 위치한 값(유의어: 50번째 백분위수percentile)
> - **백분위수**percentile : 전체 데이터의 P%를 아래에 두는 값(유의어: 분위수quantile)
> - **가중 중간값**weighted median : 데이터를 정렬한 후, 각 가중치 값을 위에서부터 더할 때, 총합의 중간이 위치하는 데이터 값
> - **절사평균**trimmed mean : 정해진 개수의 극단값extreme value을 제외한 나머지 값들의 평균(유의어: 절단평균truncated mean)
> - **로버스트하다**robust : 극단값들에 민감하지 않다는 것을 의미한다(유의어: 저항성 있다resistant).
> - **특잇값**outlier : 대부분의 값과 매우 다른 데이터 값(유의어: 극단값)

데이터를 요약하려면 그냥 데이터의 **평균**을 구하기만 하면 되지 않느냐고 생각할지도 모르겠다. 사실 평균이 계산하기도 쉽고 사용하기도 편리하긴 하다. 하지만 평균이 데이터의 중간을 대표하는 가장 좋은 방법은 아니다. 몇 가지 이유로, 통계학자들은 평균을 대체할 만한 다른 값들을 개발해냈다.

> **NOTE_ 측정 지표와 추정값**
>
> 통계학자들은 보통 데이터로부터 얻은 값과 실제 상태를 나타내는 이론적인 참값을 구분하기 위해, 데이터로부터 계산된 값들에 보통 **추정값**estimate이라는 용어를 사용한다. 반면 데이터 과학자나 비즈니스 분석가들은 이러한 값들을 **측정 지표**metric라고 부른다. 이러한 차이는 곧 통계학과 데이터 과학의 접근법의 차이를 반영한다. 통계학이라는 분야는 궁극적으로 불확실성을 이해하고자 하는 반면, 데이터 과학은 구체적인 비즈니스나 조직의 목표치에 관심을 둔다.[8] 그러므로 통계학자들은 추정한다고 하고, 데이터 과학자들은 측정한다고 한다.

---

8 옮긴이_ 통계학에서의 추정은 어떤 참값을 어림잡아 추측한다는 의미가 강한 반면, 데이터과학에서의 측정 지표는 어떠한 기준값(혹은 목푯값)과의 거리(혹은 오차)를 표현하는 계측량이라고 할 수 있다.

1.3.1 평균

평균은 가장 기본적인 위치 추정 방법이다. 평균은 모든 값의 총합을 값의 개수로 나눈 값이다. {3, 5, 1, 2}라는 집합이 있을 때, 평균은 $(3 + 5 + 1 + 2) / 4 = 11 / 4 = 2.75$이다. 모집단 표본의 평균을 의미하는 $\bar{x}$ ('엑스바'라고 읽는다)라는 기호를 앞으로는 자주 만날 것이다. n개의 값, 즉 $x_1, x_2, \cdots, x_n$의 평균을 계산하는 수식은 다음과 같다.

$$\text{평균} = \bar{x} = \frac{\sum_{i=1}^{n} x_i}{n}$$

> **NOTE_** N(혹은 n)은 주로 레코드나 관측값의 개수를 나타낸다. 통계학에서 대문자는 모집단을, 소문자는 모집단에서 얻은 표본의 개수를 의미한다. 이러한 구분이 그렇게 중요하지 않은 데이터 과학에서는 모두 같은 의미로 사용한다.

평균을 조금 변형한 것 중 하나로 **절사평균**이 있다. 절사평균은 값들을 크기 순으로 정렬한 후, 양끝에서 일정 개수의 값들을 삭제한 뒤 남은 값들을 가지고 구한 평균을 말한다. 정렬한 값들이 $x_1, x_2, \cdots, x_n$이라고 할 때, 즉 x_1이 가장 작은 값, x_n이 가장 큰 값을 의미할 때, p개의 가장 크고 작은 값들을 제외한 뒤 절사평균을 계산하는 수식은 다음과 같다.

$$\text{절사평균} = \bar{x} = \frac{\sum_{i=p+1}^{n-p} x_{(i)}}{n - 2p}$$

절사평균은 극단값의 영향을 제거한다. 예를 들어 국제 다이빙 대회에서는 5명의 심판이 매긴 점수 중에서 가장 높은 점수와 낮은 점수를 제외한 나머지 3명의 점수를 평균한 값으로 최종 성적을 매긴다.[9] 혹시 한 심판이 자국의 선수 등에게 유리한 심사를 하더라도, 이 심판이 전체 성적에 영향을 주기는 어렵다. 이외에도 다양한 곳에서 일반적인 평균 대신 절사평균을 선호하는 경우가 있다. 다음 절에서 이에 대해 더 다룬다.

또 다른 종류의 평균으로, 각 데이터 값 x_i에 사용자가 지정한 가중치 w_i를 곱한 값들의 총합을 다시 가중치의 총합으로 나눈 **가중평균**이 있다. 가중평균은 다음과 같은 수식으로 나타낼 수 있다.

---

9 *https://en.wikipedia.org/wiki/Diving_(sport)#Scoring_the_dive*

$$가중평균 = \bar{x}_w = \frac{\sum_{i=1}^{n} w_i x_i}{\sum_{i=1}^{n} w_i}$$

가중평균을 사용하게 된 두 가지 중요한 이유가 있다.

- 어떤 값들이 본래 다른 값들에 비해 큰 변화량을 가질 때, 이러한 관측값에 대해 더 작은 가중치를 줄 수 있다. 예를 들어 여러 개의 센서에서 가져온 데이터의 평균을 구한다고 할 때, 한 센서의 정확도가 떨어진다면 그 센서에서 나온 데이터에는 낮은 가중치를 주는 것이 합리적일 것이다.

- 데이터를 수집할 때, 우리가 관심 있는 서로 다른 대조군에 대해서 항상 똑같은 수가 얻어지지는 않는다. 예를 들어 온라인 실험을 진행할 때, (물론 방법에 따라 다르겠지만) 모든 사용자 그룹에 대해 정확히 같은 비율을 반영하는 데이터를 수집하기는 참 어렵다. 이를 보정하기 위해서, 데이터가 부족한 소수 그룹에 대해 더 높은 가중치를 적용할 필요도 있을 것이다.

1.3.2 중간값과 로버스트 추정

데이터를 일렬로 정렬했을 때, 한가운데에 위치하는 값을 **중간값**이라고 한다. 만약에 데이터 개수가 짝수라면 그 중간값은 실제 데이터 값이 아닌 가운데 있는 두 값의 평균으로 한다. 모든 관측치를 다 사용하는 평균과는 달리, 중간값은 정렬된 데이터의 가운데에 위치한 값들만으로 결정된다. 이런 점에서 중간값이 불리할 것처럼 보이지만, 많은 경우에 데이터에 매우 민감한 평균보다는 중간값이 위치 추정에 더 유리하다. 시애틀에서 레이크 워싱턴 주변 동네의 기준이 되는 가계소득을 알아본다고 하자. 메디나와 윈더미어를 서로 비교한다고 하면, 메디나에 빌 게이츠가 살고 있기 때문에 평균은 매우 다르게 나올 것이다. 만약 중간값을 사용한다면 빌 게이츠가 얼마나 부자인지 상관없이 중간치는 매우 비슷하게 나올 것이다.

가중평균을 사용하는 이유와 마찬가지로, **가중 중간값**을 사용할 수도 있다. 중간값을 계산할 때와 마찬가지로 먼저 데이터를 정렬한다. 각 데이터 값은 이에 해당하는 가중치를 가지고 있다. 가중 중간값은 단순히 가운데 위치한 값이 아닌, 어떤 위치를 기준으로 상위 절반의 가중치의 합이 하위 절반의 가중치의 합과 동일한 위치의 값이 된다. 중간값과 마찬가지로 가중 중간값 역시 특잇값에 로버스트하다.

특잇값

중간값은 결과를 왜곡할 수도 있는 **특잇값**(극단값)들의 영향을 받지 않으므로 **로버스트한** 위치 추정 방법이라고 알려져 있다. 특잇값은 어떤 데이터 집합에서 다른 값들과 매우 멀리 떨어져 있는 값들을 말한다. 다양한 데이터 요약과 시각화 방법(1.5.1절 참고)에서 관습적으로 사용하는 특잇값에 대한 정의가 있기는 하지만, 사실 특잇값의 정확한 정의는 다소 주관적일 수 있다. 특잇값은 (앞선 빌 게이츠의 예에서와 같이) 데이터 값 자체가 유효하지 않다거나 잘못되었다는 뜻이 아니다. 물론 서로 다른 단위의 값들(킬로미터와 미터)이 섞여 있다거나, 센서에서 잘못된 값이 읽힌다거나 하는 경우, 결과적으로 이러한 에러 값들이 특잇값으로 나타나기도 한다. 특잇값이 이러한 에러 값이라면, 평균은 뭔가 잘못된 위치 추정을 할 수 있는 반면, 중간값은 여전히 설득력 있는 결과를 줄 것이다. 물론 어떤 경우든, 이러한 특잇값들을 확인하고 자세히 살펴볼 필요가 있다.

> **NOTE_ 이상 검출**
>
> 전형적인 데이터 분석에서 특잇값은 가끔 유익한 정보를 제공하기도하고, 때로는 골칫거리가 되기도 한다. 하지만 이와 반대로, **이상 검출**anomaly detection에서는 대부분의 정상적인 데이터보다는 예외적으로 측정된 특잇값이 바로 주된 관심의 대상이 된다.

중간값만이 로버스트한 위치를 추정하는 유일한 방법은 아니다. 사실 절사평균 역시 특잇값의 영향을 줄이기 위해 많이 사용된다. 예를 들어 데이터의 상위 하위 10%(일반적인 선택)를 잘라내는 방법은 데이터가 너무 작지만 않다면, 특잇값으로부터 데이터를 보호할 수 있다. 절사평균은 중간값과 평균의 절충안이라고 볼 수 있다. 절사평균은 데이터의 특잇값들에 로버스트하지만 위치 추정을 위해 더 많은 데이터를 사용한다.

> **TIP_ 다른 로버스트한 위치 추정 방법**
>
> 통계학자들은 원래 평균보다 좀 더 로버스트하면서 동시에 더 **효율적인**(즉, 데이터 집합들 사이의 작은 위치 차이도 더 잘 분별할 수 있는) 추정법을 개발하려는 목표를 가지고, 정말 다양한 위치 추정법을 개발해왔다. 이러한 방법들은 아마도 작은 데이터에 유용할 수 있다. 하지만 큰 데이터, 아니 어느 정도 크기가 되는 데이터에는 장점이 있다고 보기 어렵다.

1.3.3 예제: 인구에 따른 살인 비율의 위치 추정

[표 1-2]는 미국 각 주의 인구와 살인 비율(2010년 미국 인구조사 기준 인구 10만 명당 연간 살인 사건)을 보여준다.[10]

표 1-2 주별 인구와 살인 비율을 담고 있는 데이터 프레임 state의 첫 8행

	State	Population	Murder rate	Abbreviation
1	Alabama	4,779,736	5.7	AL
2	Alaska	710,231	5.6	AK
3	Arizona	6,392,017	4.7	AZ
4	Arkansas	2,915,918	5.6	AR
5	California	37,253,956	4.4	CA
6	Colorado	5,029,196	2.8	CO
7	Connecticut	3,574,097	2.4	CT
8	Delaware	897,934	5.8	DE

R을 이용해 인구의 평균, 절사평균, 중간값을 계산해보자.

```
> state <- read.csv('state.csv')
> mean(state[['Population']])
[1] 6162876
> mean(state[['Population']], trim=0.1)
[1] 4783697
> median(state[['Population']])
[1] 4436370
```

파이썬에서 평균과 중간값을 계산하기 위해 데이터 프레임을 위한 팬더스 메서드를 사용할 수 있다. 절사평균을 위해서 scipy.stats에 있는 trim_mean 함수를 사용한다.

```
state = pd.read_csv('state.csv')
state['Population'].mean()
trim_mean(state['Population'], 0.1)
```

---

10 옮긴이_ 책에서 사용하는 데이터 집합과 코드는 모두 책의 깃허브 저장소에서 다운로드하여 사용할 수 있다('이 책에 대하여' 참고). 다음 예제에서는 데이터를 불러오는 코드가 예시로 포함되어 있지만 이후 예제는 데이터를 이미 불러왔다고 가정한다.

```
state['Population'].median()
```

평균이 절사평균보다 크고, 절사평균은 중간값보다 크다.

절사평균에서는 가장 큰 5개 주의 인구와 가장 작은 5개 주의 인구를 제외한다(trim=0.1은 각 끝에서 10%를 제외한다). 만약 미국 전체의 평균적인 살인율을 계산하려면, 주마다 다른 인구를 고려하기 위해 가중평균이나 가중 중간값을 사용해야 한다. 기본 R에서는 이러한 함수를 제공하지 않기 때문에, matrixStats라는 패키지를 설치해야 한다.

```
> weighted.mean(state[['Murder.Rate']], w=state[['Population']])
[1] 4.445834
> library('matrixStats')
> weightedMedian(state[['Murder.Rate']], w=state[['Population']])
[1] 4.4
```

가중평균을 구하기 위해서 넘파이를 사용할 수 있다. 가중 중간값을 위해서 wquantiles (*https://oreil.ly/4SIPQ*)라는 특별한 패키지를 사용할 수 있다.

```
np.average(state['Murder.Rate'], weights=state['Population'])
wquantiles.median(state['Murder.Rate'], weights=state['Population'])
```

이 경우 가중평균과 가중 중간값은 거의 비슷하다.

주요 개념

- 가장 기본적인 위치 추정 기법은 평균이다. 하지만 극단값(특잇값)에 민감할 수 있다.
- 중간값, 절사평균과 같은 다른 방법들이 특잇값이나 이상 데이터에 덜 민감하므로 좀 더 로버스트하다.

1.3.4 더 읽을 거리

- 중심경향치에 관한 위키백과 자료(*https://en.wikipedia.org/wiki/중심경향치*)에는 다양한 위치 측정에 대한 내용을 담고 있다.

- 존 투키의 1977년 고전 『Exploratory Data Analysis』는 여전히 널리 읽히는 책이다.

1.4 변이 추정

위치는 데이터의 특징을 요약하는 다양한 요소들 중 하나이다. 두 번째 요소인 **변이**[variability]는 데이터 값이 얼마나 밀집해 있는지 혹은 퍼져 있는지를 나타내는 **산포도**[dispersion]를 나타낸다. 변이를 측정하고, 이를 줄이고, 실제 변이와 랜덤을 구분하고, 실제 변이의 다양한 요인들을 알아보고, 변이가 있는 상황에서 결정을 내리는 등, 통계의 핵심에 이 변이가 있다.

용어 정리

- **편차**[deviation] : 관측값과 위치 추정값 사이의 차이(유의어: 오차, 잔차)
- **분산**[variance] : 평균과의 편차를 제곱한 값들의 합을 $n-1$로 나눈 값. n은 데이터 개수(유의어: 평균제곱오차)
- **표준편차**[standard deviation] : 분산의 제곱근
- **평균절대편차**[mean absolute deviation] : 평균과의 편차의 절댓값의 평균(유의어: l1 노름, 맨해튼 노름)
- **중간값의 중위절대편차(MAD)**[median absolute deviation from the median] : 중간값과의 편차의 절댓값의 중간값
- **범위**[range] : 데이터의 최댓값과 최솟값의 차이
- **순서통계량**[order statistics] : 최소에서 최대까지 정렬된 데이터 값에 따른 계량형(유의어: 순위)
- **백분위수**[percentile] : 어떤 값들의 P퍼센트가 이 값 혹은 더 작은 값을 갖고, $(100-P)$퍼센트가 이 값 혹은 더 큰 값을 갖도록 하는 값(유의어: 분위수)
- **사분위범위(IQR)**[interquartile range] : 75번째 백분위수와 25번째 백분위수 사이의 차이

위치를 추정하는 데 다양한 방법(평균, 중간값 등)이 있었던 것처럼, 변이를 추정하는 데도 다양한 방법이 있다.

1.4.1 표준편차와 관련 추정값들

가장 대표적으로 사용되는 변이 추정들은 관측 데이터와 위치 추정값 사이의 차이, 즉 **편차**를 기본으로 한다. {1, 4, 4}라는 데이터가 있다고 할 때, 평균은 3이고 중간값은 4이다. 평균에서의 편차는 1−3 = −2, 4−3 = 1, 4−3 = 1이다. 이러한 편차는 데이터가 중앙값을 주변으로 얼마나 퍼져 있는지 말해준다.

변이를 측정하는 한 가지 방법은 바로 이러한 편차들의 대푯값을 추정하는 것이다. 그렇다고

편차 자체의 평균을 구하는 것은 바람직하지 않다. 음의 편차는 양의 편차를 상쇄해버리기 때문이다. 사실, 평균을 기준으로 편차의 합은 항상 0이 된다. 대신 사용할 수 있는 간단한 방법은 편차의 절댓값의 평균을 구하는 것이다. 앞의 예에서 편차의 절댓값은 {2, 1, 1}과 같고 그 평균은 (2+1+1) / 3 = 1.33이다. 이를 **평균절대편차**라고 하며 식은 다음과 같다.

$$평균절대편차 = \frac{\sum_{i=1}^{n} |x_i - \bar{x}|}{n}$$

여기서 $\bar{x}$ 는 표본평균을 의미한다.

가장 유명한 변이 추정 방법은 제곱편차를 이용하는 **분산**과 **표준편차**이다. 분산은 제곱편차의 평균이고 표준편차는 분산의 제곱근이다.

$$분산 = s^2 = \frac{\sum_{i=1}^{n} (x_i - \bar{x})^2}{n-1}$$

$$표준편차 = s = \sqrt{분산}$$

표준편차는 원래 데이터와 같은 척도scale에 있기 때문에 분산보다 훨씬 해석하기가 쉽다. 그렇다 해도 수식이 복잡하고 한눈에 들어오지 않기 때문에, 통계학에서 표준편차를 평균절대편차보다 더 선호한다는 게 이상할 수도 있다. 수학적으로 제곱한 값이 절댓값보다 통계 모델을 다루는 데 더 편리하다는 통계 이론이 이를 뒷받침한다.

자유도 n 아니면 n-1?

통계학 책을 보다 보면, **자유도**degrees of freedom라는 개념을 설명하기 위해, 분산을 구할 때 왜 n이 아닌 $n-1$을 분모로 사용하는지에 대한 논의가 등장한다. 만약 n이 충분히 커서 n으로 나누든 $n-1$로 나누든 차이가 거의 없다면 이러한 구분이 별로 중요하지 않을 것이다. 하지만 여기 관심 갈 만한 이야기가 있다. 표본을 가지고 모집단을 추정하고자 한다는 전제를 기본으로 하자.

만약 분산 수식에 n을 분모로 사용한다면, 모집단의 분산과 표준편차의 참값을 과소평가하게 된다. 이를 **편향**biased 추정이라고 부른다. 하지만 만약 n 대신 $n-1$로 나눈다면, 이 분산은 **비편향**unbiased 추정이 된다.

왜 n을 사용하는 게 편향 추정이 되는지를 설명하려면, 추정값을 계산할 때 제약 조건^{constraint}의 개수를 의미하는 자유도에 대해 언급할 필요가 있다. 이 경우, 표준편차는 표본의 평균에 따른다는 하나의 제약 조건을 가지고 있기 때문에 $n-1$의 자유도를 갖는다. 대부분의 경우 데이터 과학자들은 자유도에 크게 신경 쓰지 않아도 되지만 때로 이 개념이 중요할 때도 있다.

분산, 표준편차, 평균절대편차 모두 특잇값과 극단값에 로버스트하지 않다(1.3.2절 참고). 분산과 표준편차는 제곱편차를 사용하기 때문에, 특히 특잇값에 민감하다.

로버스트한 변이 추정값으로는 중간값의 중위절대편차(MAD)가 있다.

$$중위절대편차 = 중간값\left(\left|x_1 - m\right|, \left|x_2 - m\right|, \cdots, \left|x_N - m\right|\right)$$

여기서 m은 데이터의 중간값을 의미한다. 중간값의 특징을 따라 MAD는 극단값의 영향을 받지 않는다. 절사평균과 유사하게 절사 표준편차를 계산하는 것 역시 가능하다(1.3.1절 참고).

> **NOTE**_ 분산, 표준편차, 평균절대편차, 중위절대편차 모두 동일한 추정은 아니지만, 모두 데이터가 정규분포에서 왔다고 가정하고 있다. 사실 표준편차는 항상 평균절대편차보다 크다. 그리고 평균절대편차는 중위절대편차보다 크다. 중위절대편차에 척도인자$^{scaling\ factor}$ 상수를 곱하면 정규분포의 경우에 표준편차와 같은 척도에서 MAD를 사용할 수 있다. 일반적으로 사용되는 계수 1.4826은 정규분포의 50%가 ±MAD 범위 내에 있음을 의미한다(예: *https://oreil.ly/SfDk2* 참조).

1.4.2 백분위수에 기초한 추정

변이를 추정하는 또 다른 접근은 정렬된 데이터가 얼마나 퍼져 있는지를 보는 것이다. 정렬(순위) 데이터를 나타내는 통계량을 **순서통계량**이라고 부른다. 여기서 가장 기본이 되는 측도는 가장 큰 값과 작은 값의 차이를 나타내는 **범위**이다. 최대 최솟값 자체가 특잇값을 분석하는 데 큰 도움을 준다. 그렇지만 이 범위는 특잇값에 매우 민감하며 데이터의 변이를 측정하는 데 그렇게 유용하지는 않다.

특잇값에 민감한 것을 피하기 위해, 범위의 양 끝에서 값들을 지운 후, 범위를 다시 알아볼 수도 있다. 좀 더 구체적으로는, **백분위수** 사이의 차이를 가지고 이런 식의 추정을 하는 방법들이 있다. 데이터에서 P번째 백분위수는 P퍼센트의 값이 그 값 혹은 그보다 작은 값을 갖고 $(100-P)$퍼센트의 값이 그 값 혹은 그보다 큰 값을 갖는 어떤 값을 의미한다. 예를 들어 80번째 백분위수를 찾기 위해 데이터를 정렬했다고 하자. 작은 값에서 시작해서 큰 값 쪽으로 전체 값의 80%가 되는 곳까지 계속 가보자. 참고로 중간값은 50번째 백분위수와 같다. 백분위수는 이를 분수 형태로 나타낸 **분위수**^{quantile}와 근본적으로 같은 것이다(0.8분위수는 80번째 백분위수와 같다).

변이를 측정하는 가장 대표적인 방법은 **사분위범위**(IQR)라는, 25번째 백분위수와 75번째 백분위수의 차이를 보는 것이다. 여기 간단한 예제 {3, 1, 5, 3, 6, 7, 2, 9}를 보자. 이를 먼저 정렬하면 {1, 2, 3, 3, 5, 6, 7, 9}가 된다. 25번째 백분위수는 2.5, 75번째 백분위수는 6.5다. 따라서 사분위범위는 6.5 − 2.5 = 4이다. 소프트웨어마다 방법이 조금씩 달라 결과가 다를 수 있다(다음 노트를 참고). 하지만 일반적으로 그 차이는 작다.

데이터 집합이 매우 클 경우, 정확한 백분위수를 계산하기 위해 모든 값을 정렬하는 것은 매우 많은 연산을 필요로 한다. 머신러닝과 통계 소프트웨어에서는 백분위수의 근삿값을 사용한다.[11] 이러한 근사 방법은 계산이 매우 빠르고 어느 정도의 정확도를 보장한다.

NOTE_ 백분위수: 명확한 정의

데이터의 개수가 짝수라면 (n이 짝수), 앞선 정의에 따를 경우, 백분위수 값을 정하기 애매하다. 사실 아래 식을 만족하는 순서통계량 $x_{(j)}$와 $x_{(j+1)}$ 사이의 어떤 값도 택할 수 있다.

$$100 \times \frac{j}{n} \le P < 100 \times \frac{j+1}{n}$$

보통은 백분위수는 아래 수식과 같은 가중평균이다.

$$\text{백분위수}(P) = (1-w)x_{(j)} + wx_{(j+1)}$$

가중치 w는 0과 1 사이의 값이다. 통계 소프트웨어마다 이 w를 선택하는 방법이 조금씩 다르다. R의 **quantile** 함수의 경우, 분위수를 계산하는 9가지 다른 방법을 제공한다. 데이터 개수가 너무 작지만 않다면, 백분위수를 계산할 때 정확도를 걱정할 필요는 없다. 이 글을 쓰는 시점에서 파이썬의 **numpy.quantile**은 선형보간법이라는 방법만 지원한다.

---

11 Zhang, Qi, and Wei Wang. "A Fast Algorithm for Approximate Quantiles in High Speed Data Streams." *19th International Conference on Scientific and Statistical Database Management (SSDBM 2007)*. Piscataway, NJ: IEEE, 2007. *https://oreil.ly/qShjk*

1.4.3 예제: 주별 인구의 변이 추정

[표 1-3](편의상 [표 1-2]에서 반복)은 미국 각 주의 인구와 살인 비율을 담고 있는 데이터 집합에서 첫 8행을 보여준다.

표 1-3 주별 인구와 살인 비율을 담고 있는 데이터 프레임 state의 첫 8행

	State	Population	Murder rate	Abbreviation
1	Alabama	4,779,736	5.7	AL
2	Alaska	710,231	5.6	AK
3	Arizona	6,392,017	4.7	AZ
4	Arkansas	2,915,918	5.6	AR
5	California	37,253,956	4.4	CA
6	Colorado	5,029,196	2.8	CO
7	Connecticut	3,574,097	2.4	CT
8	Delaware	897,934	5.8	DE

R의 기본 함수를 이용해, 표준편차, 사분위범위(IQR), 중위절대편차(MAD)와 같은 주별 인구의 변이 추정값들을 계산해보자.

```
> sd(state[['Population']])
[1] 6848235
> IQR(state[['Population']])
[1] 4847308
> mad(state[['Population']])
[1] 3849870
```

팬더스 데이터 프레임은 표준편차와 분위수를 계산하는 메서드를 제공한다. 분위수를 사용하여 IQR을 쉽게 결정할 수 있다. MAD를 계산하기 위해 statsmodels 패키지의 strong.scale.mad 함수를 이용한다.

```
state['Population'].std()
state['Population'].quantile(0.75) - state['Population'].quantile(0.25)
robust.scale.mad(state['Population'])
```

표준편차는 MAD의 거의 두 배가 된다(R에서는 기본적으로 MAD의 척도가 평균과 같은 척도를 갖도록 보정된다). 표준편차는 특잇값에 민감하므로 이 결과는 놀라운 것이 아니다.

> **주요 개념**
>
> - 분산과 표준편차는 가장 보편적으로 널리 사용되는 변이 측정 방법이다.
> - 이들 모두 특잇값에 민감하다.
> - 중간값과 백분위수(분위수)로부터 평균절대편차와 중간값의 중위절대편차를 구하는 것이 좀 더 로버스트하다.

1.4.4 더 읽을 거리

- 데이비드 레인David Lane의 온라인 통계 자료 중 백분위 섹션이 있다. *http://onlinestatbook.com/2/introduction/percentiles.html*

- 케빈 데이븐포트Kevin Davenport는 R-Bloggers에 중간값에서의 편차와 로버스트한 특징에 대한 유용한 글을 올렸다. *https://www.r-bloggers.com/2013/08/absolute-deviation-around-the-median*

1.5 데이터 분포 탐색하기

지금까지 알아본 추정들은 모두 데이터의 위치 혹은 변이를 나타내기 위한 하나의 수치로 데이터를 요약하고 있다. 이와 더불어 데이터가 전반적으로 어떻게 분포하고 있는지를 알아보는 것 역시 유용하다.

> **용어 정리**
>
> - **상자그림**boxplot : 투키가 데이터의 분포를 시각화하기 위한 간단한 방법으로 소개한 그림(유의어: 상자 수염도)
> - **도수분포표**frequency table : 어떤 구간interval (빈bin)에 해당하는 수치 데이터 값들의 빈도를 나타내는 기록

- **히스토그램**histogram : x축은 구간들을, y축은 빈도수를 나타내는 도수 테이블의 그림. 시각적으로 비슷하지만 막대 그래프를 히스토그램과 혼동해서는 안 된다. 차이점에 대한 설명은 1.6절 참조.
- **밀도 그림**density plot : 히스토그램을 부드러운 곡선으로 나타낸 그림. 커널밀도추정kernel density estimation 을 주로 사용한다.

1.5.1 백분위수와 상자그림

1.4.2절에서 어떻게 백분위수를 활용해 데이터의 흩어진 정도를 측정하는지 알아봤다. 마찬가지로 전체 분포를 알아보는 데에도 백분위수가 유용하다. 주로 사분위수quartile (25, 50, 75번째 백분위수)나 십분위수decile (10, 20, ⋯ , 90번째 백분위수)를 공식적으로 사용한다. 특히 백분위수는 분포의 **꼬리**tail 부분(외측 범위)을 묘사하는 데 제격이다. 대중문화에서는 상위 99번째 백분위수에 있는 부자를 지칭하기 위해 상위 1%라는 말을 만들어내기도 했다.

[표 1-4]는 주별 살인율의 백분위수를 보여준다. R에서는 다음과 같이 **quantile** 함수를 사용해서 쉽게 구할 수 있다.

```
quantile(state[['Murder.Rate']], p=c(.05, .25, .5, .75, .95))

    5%   25%   50%   75%   95%
1.600 2.425 4.000 5.550 6.510
```

파이썬에서는 팬더스 데이터 프레임 메서드 **quantile**을 제공한다.

```
state['Murder.Rate'].quantile([0.05, 0.25, 0.5, 0.75, 0.95])
```

표 1-4 주별 살인율의 백분위수

5%	25%	50%	75%	95%
1.6	2.42	4.00	5.55	6.51

5% 백분위수는 1.6에 불과한 반면, 95% 백분위수는 6.51에 달하는 등 약간의 변동폭이 있긴 하지만, 중간값은 10만 명당 4건의 살인이 있다고 알려준다.

투키에 의해 처음 소개된[12] **상자그림**은 이 백분위수를 이용해 데이터의 분산을 손쉽게 시각화하는 방법이다. [그림 1-2]는 R을 이용해 만든, 주별 인구 분포를 나타내는 상자그림이다.

```
boxplot(state[['Population']]/1000000, ylab='Population (millions)')
```

팬더스는 데이터 프레임에 대한 여러 가지 기본 탐색 플롯을 제공한다. 그중 하나가 상자그림이다.

```
ax = (state['Population']/1_000_000).plot.box()
ax.set_ylabel('Population (millions)')
```

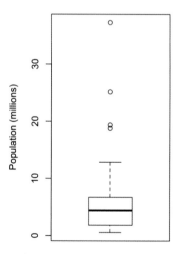

그림 1-2 주별 인구를 보여주는 상자그림

이 상자그림에서 주별 인구의 중간값이 약 500만이고, 주 절반이 약 200만에서 약 700만 사이이며, 인구수가 높은 이상치가 있음을 바로 알 수 있다. 상자부분의 위쪽과 아래쪽은 각각 75%, 25% 백분위수를 나타낸다. 중간값은 상자 안에 있는 굵은 수평선으로 표시한다. 구레나

---

12 TTukey, John W. *Exploratory Data Analysis*. Reading, Mass.: Addison–Wesley, 1977.

롯처럼 위아래로 나 있는 점선이 바로 **수염**whisker으로 데이터 전체의 범위를 나타내주는 위아래 선들과 연결되어 있다. 다양한 종류의 상자그림들이 존재한다. R의 **boxplot** 함수 문서를 참고하자.[13] 기본 설정상, R 함수는 수염 부분이 사분위범위의 1.5배 이상 더 멀리 나가지 않도록 한다. **Matplotlib**은 동일한 방식으로 이것을 구현한다. 다른 소프트웨어는 또 다른 규칙을 사용할 수 있다.

수염 부분보다 더 바깥쪽에 위치한 데이터는 각자 하나의 점 또는 원(종종 고려되는 특잇값)으로 표시한다.

1.5.2 도수분포표와 히스토그램

도수분포표는 변수의 범위를 동일한 크기의 구간으로 나눈 다음, 각 구간마다 몇 개의 변숫값이 존재하는지를 보여주기 위해 사용된다. [표 1-5]는 R을 이용해 계산한 주별 인구의 도수분포표를 보여준다.

```
breaks <- seq(from=min(state[['Population']]),
              to=max(state[['Population']]), length=11)
pop_freq <- cut(state[['Population']], breaks=breaks,
               right=TRUE, include.lowest=TRUE)
table(pop_freq)
```

pandas.cut 함수는 이 값들을 각 구간에 매핑하는 시리즈를 만든다. **value_counts** 메서드를 사용하여 빈도 테이블을 구한다.

```
binnedPopulation = pd.cut(state['Population'], 10)
binnedPopulation.value_counts()
```

---

13 R Core Team. "R: A Language and Environment for Statistical Computing," R Foundation for Statistical Computing (2015). *http://www.R-project.org.*

표 1-5 주별 인구 도수분포표

BinNumber	BinRange	Count	States
1	563,626–4,232,658	24	WY,VT,ND,AK,SD,DE,MT,RI,NH,ME,HI,ID,NE,WV,NM,NV,UT,KS,AR,MS,IA,CT,OK,OR
2	4,232,659–7,901,691	14	KY,LA,SC,AL,CO,MN,WI,MD,MO,TN,AZ,IN,MA,WA
3	7,901,692–11,570,724	6	VA,NJ,NC,GA,MI,OH
4	11,570,725–15,239,757	2	PA,IL
5	15,239,758–18,908,790	1	FL
6	18,908,791–22,577,823	1	NY
7	22,577,824–26,246,856	1	TX
8	26,246,857–29,915,889	0	
9	29,915,890–33,584,922	0	
10	33,584,923–37,253,956	1	CA

가장 인구가 적은 곳은 와이오밍주(563,626명), 인구가 가장 많은 곳은 캘리포니아주(37,253,956명)이다. 이를 통해 우리는 범위가 37,253,956 − 563,626 = 36,690,330이라는 것을 알 수 있다. 이를 균일한 크기로 나눠야 하는데, 10개의 구간으로 나눠보자. 10개의 동일한 구간으로 나누려면 각 구간의 크기는 3,669,033이 되어야 하고, 첫 구간의 범위는 563,626부터 4,232,658이 된다. 제일 상위 구간은 33,584,923부터 37,253,956까지가 되고 캘리포니아가 유일하게 여기에 속한다. 바로 밑의 두 구간은 텍사스 전까지 비어 있다. 이렇게 빈 구간이 있다는 것이 중요한 정보를 준다. 구간의 크기를 바꿔보는 것도 유용한 정보를 얻는 좋은 방법이다. 만약 크기가 너무 크면, 분포를 나타내는 중요한 특징을 놓칠 수 있다. 반대로 너무 작아도, 결과가 너무 쪼개져 있어서 더 큰 그림을 볼 수가 없게 된다.

> **NOTE_** 도수분포표와 백분위수 모두 구간을 나눠서 데이터를 살펴보는 접근 방법이다. 일반적으로, 사분위수와 십분위수는 각 구간에 같은 수의 데이터가 포함되도록, 즉 서로 크기가 다르게 구간을 나누는 것이라고 할 수 있다. 반면에 도수분포표는 구간의 크기가 같도록, 즉 구간 안에 다른 개수의 데이터가 오도록 한다고 볼 수 있다.

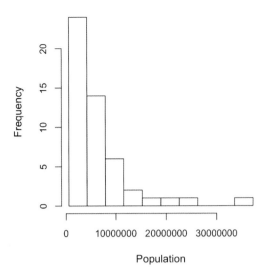

그림 1-3 주별 인구의 히스토그램

히스토그램은 바로 이 도수분포표를 시각화하는 방법이다. x축에는 구간들을 표시하고 y축에는 해당 구간별 데이터의 개수를 표시한다. 예를 들어, [그림 1-3]에서 천만(1e+07)을 중심으로 하는 구간은 약 800만에서 1,200만까지에 해당되며 이 구간에는 6개의 주가 포함된다. [표 1-5]에 대한 히스토그램을 그리기 위해, hist 함수와 breaks 변수를 사용한다.

```
hist(state[['Population']], breaks=breaks)
```

팬더스는 `DataFrame.plot.hist` 메서드를 사용하여 데이터 프레임에 대한 히스토그램을 지원한다. 구간의 개수를 정의하려면 키워드 인수 `bins`를 사용한다. 다양한 플롯 메서드는 `Matplotlib`을 사용하여 시각화를 더 자세히 조정할 수 있는 축 객체를 반환한다.

```
ax = (state['Population'] / 1_000_000).plot.hist(figsize=(4, 4))
ax.set_xlabel('Population (millions)')
```

[그림 1-3]과 같은 히스토그램을 얻을 수 있다. 보통 히스토그램은 다음과 같은 정보들을 담고 있다.

- 그래프에 빈 구간들이 있을 수 있다.
- 구간은 동일한 크기를 갖는다.

- 구간의 수(혹은 구간의 크기)는 사용자가 결정할 수 있다.
- 빈 구간이 있지 않은 이상, 막대 사이는 공간 없이 서로 붙어 있다.

> **TIP_ 통계학에서 말하는 모멘트**
>
> 통계학 이론에서, 위치와 변이는 각각 분포의 일차 및 이차 **모멘트**moment(혹은 적률)라고 한다. 삼차, 사차 모멘트는 각각 **왜도**skewness, **첨도**kurtosis라고 부른다. 왜도는 데이터가 큰 값이나 작은 값 쪽으로 얼마나 비스듬히 쏠려 있는지를 나타내고, 첨도는 데이터가 극단 값을 갖는 경향성을 나타낸다. 보통은 이러한 모멘트 값들을 직접 구하기보다는 [그림 1-2]나 [그림 1-3]과 같이 시각화해서 직접 확인한다.

1.5.3 밀도 그림과 추정

히스토그램과 관련한 밀도 그림에 대해 알아보자. 밀도 그림은 데이터의 분포를 연속된 선으로 보여준다. 다시 말해서 좀 더 부드러운 히스토그램이라고 생각할 수 있다. **커널밀도추정**을 통해 데이터로부터 직접 계산한다(튜토리얼[14]을 읽어보면 도움이 될 것이다). [그림 1-4]는 히스토그램에 겹쳐지게 밀도추정 결과를 표시한다. R의 density 함수를 사용해보자.

```
hist(state[['Murder.Rate']], freq=FALSE)
lines(density(state[['Murder.Rate']]), lwd=3, col='blue')
```

팬더스는 밀도 그림을 생성하기 위해 density 메서드를 제공한다. 밀도 곡선의 부드러움을 제어하기 위해서는 bw_method 인수를 사용한다.

```
ax = state['Murder.Rate'].plot.hist(density=True, xlim=[0,12], bins=range(1,12))
state['Murder.Rate'].plot.density(ax=ax)     #①
ax.set_xlabel('Murder Rate (per 100,000)')
```

① 많은 플롯 함수들은 플롯이 동일한 그래프에 추가될 수 있도록 종종 선택적으로 축 인수(ax)를 제공한다.

[그림 1-3]의 히스토그램과의 가장 큰 차이는 바로 y축 값의 단위이다. 밀도 그림에서는 개수

---

14 Duong, Tarn. "An introduction to kernel density estimation" (2001). *http://www.mvstat.net/tduong/research/seminars/seminar-2001-05.pdf*.

가 아닌 비율을 표시한다(R에서 freq=FALSE로 이것을 조절할 수 있다). 밀도 곡선 아래의 총 면적은 1이고 구간의 개수 대신 x축의 두 점 사이의 곡선 아래 면적을 계산하며, 이는 두 점 사이에 있는 분포의 비율에 해당한다.

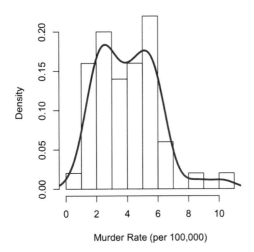

그림 1-4 주별 살인율 밀도

1.5.4 더 읽을 거리

- 뉴욕 주립 대학교 오스웨고의 교수가 상자그림 그리는 방법을 알기 쉽게 제공한다. *http://www.oswego.edu/~srp/stats/bp_con.htm*

- 밀도추정을 다루는 논문 「Density estimation in R」도 유용하다(*https://oreil.ly/TbWYS*).

- R-Bloggers에 히스토그램에 대한 유용한 포스트가 있다. *https://www.r-bloggers.com/basics-of-histograms*

- R-Bloggers에는 상자그림에 관한 포스트도 있다. *https://www.r-bloggers.com/2013/06/box-plot-with-r-tutorial*

- 매슈 콘렌Matthew Conlen은 커널밀도추정에서 커널과 대역폭 선택에 따른 다양한 효과를 보여주는 대화형 프레젠테이션을 게재했다. *https://mathisonian.github.io/kde*

1.6 이진 데이터와 범주 데이터 탐색하기

범주형 데이터에서는 간단한 비율이나 퍼센트를 이용해 데이터에 관해 이야기할 수 있다.

용어 정리

- **최빈값**mode : 데이터에서 가장 자주 등장하는 범주 혹은 값
- **기댓값**expected value : 범주에 해당하는 어떤 수치가 있을 때, 범주의 출현 확률probability에 따른 평균
- **막대도표**bar chart : 각 범주의 빈도수 혹은 비율을 막대로 나타낸 그림
- **파이그림**pie chart : 각 범주의 빈도수 혹은 비율을 원의 부채꼴 모양으로 나타낸 그림

이진변수나 범주가 몇 개 안 되는 범주형 변수를 분석하는 것은 그렇게 어렵지 않다. 이진변수의 경우는 1과 같이 중요한 범주의 비율이 어느 정도 되는지 알아보면 된다. 예를 들어 [표 1-6]은 2010년에 댈러스-포트워스 공항에서 항공기 운행이 지연된 원인별 퍼센트 비율을 보여준다. 운행 지연의 원인은 항공기 기체 관련 문제, 항공 교통 관제 시스템 지연, 날씨, 보안, 혹은 귀향하는 항공기 지연으로 분류할 수 있다.

표 1-6 댈러스–포트워스 공항의 항공기 운행 지연 원인별 퍼센트 비율

Carrier	ATC	Weather	Security	Inbound
23.02	30.40	4.03	0.12	42.43

막대도표는 어떤 범주형 자료를 보여줄 때 주로 사용되며, 대중매체 어느 곳에서든 쉽게 발견할 수 있는 가장 흔한 시각화 방법이다. x축 위에 각 범주들을 놓고, y축은 각 범주에 해당하는 횟수나 비율을 표시한다. [그림 1-5]는 댈러스–포트워스 공항(DFW)에서 매년 발생하는 항공기 지연의 원인과 그 횟수를 보여준다. 이를 위해, 다음과 같이 R의 **barplot** 함수를 사용한다.

```
barplot(as.matrix(dfw) / 6, cex.axis=0.8, cex.names=0.7,
        xlab='Cause of delay', ylab='Count')
```

팬더스 역시 데이터 프레임에 대해 막대도표를 지원한다.

```
ax = dfw.transpose().plot.bar(figsize=(4, 4), legend=False)
ax.set_xlabel('Cause of delay')
ax.set_ylabel('Count')
```

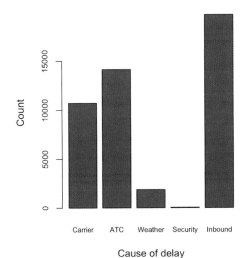

그림 1-5 댈러스–포트워스 공항의 항공기 운행 지연 요인을 보여주는 막대도표

막대도표는 히스토그램과 매우 유사하다는 점을 기억하자. 다만 막대도표에서 x축은 각 요인 변수factored variable의 서로 다른 범주들을 나타내는 반면, 히스토그램의 x축은 수치적으로 나타낼 수 있는 하나의 변수의 값을 의미한다. 히스토그램에서 막대들은 일반적으로 서로 붙어 있고, 중간에 틈이 있으면 그 부분에 해당하는 값들이 존재하지 않는다는 것을 의미한다. 이와 달리 막대도표에서 막대들은 서로 떨어져 있다.

막대도표 대신 파이그림을 사용하기도 한다. 하지만 통계학자나 데이터 시각화 전문가들은 파이그림이 시각적으로 효과적이지 않다는 이유로 잘 사용하지 않는다.[15]

> **NOTE_ 범주형 데이터로서의 수치 데이터**
>
> 1.5.2절에서, 우리는 데이터를 구간별로 나눠서 각 구간의 도수분포를 표의 형태로 살펴봤다. 이것은 엄밀히 말해 수치 데이터를, 순서를 고려한 요인factor들로 변환했다고 볼 수 있다. 이런 관점에서, 히스토그램과 막대도표는 비슷하다고 할 수 있다. 막대도표에서 x축의 범주들이 순차적이지 않다는 점만 제외한다면 말이다. 이런 수치형 데이터를 범주형으로 변환하는 것은 데이터의 복잡도(그리고 크기)를 줄여준다는 점에서 중요하고 실제 많이 사용된다. 특히 데이터 분석을 시작하는 단계에서, 피처들 사이의 관계를 알아보기 위해 사용된다.

1.6.1 최빈값

최빈값이란 데이터에서 가장 자주 등장하는 값 혹은 값들(여러 값들의 최다 빈도수가 같을 경우)을 의미한다. 예를 들어 댈러스-포트워스 공항의 지연 원인들 중 최빈값은 '귀향편 지연 inbound'이다. 또 다른 예로, 미국 내 종교적 선호도 자료의 최빈값은 아마 기독교일 것이다. 최빈값은 범주형 데이터를 분석하는 데 간단히 사용된다. 하지만 수치 데이터에는 잘 사용하지 않는다.

1.6.2 기댓값

범주형 데이터 중에, 각 범주에 해당하는 수치형 변수들이 존재하는 특별한 경우가 있을 수 있다. 예를 들어 새로운 클라우드 기술 상품을 판매하는 회사가 두 가지 다른 수준의 서비스를 제

---

15 Few, Stephen. "Save the Pies for Dessert." *Visual Intelligence Newsletter*, Perceptual Edge (2007). *https://www.perceptualedge.com/articles/visual_business_intelligence/save_the_pies_for_dessert.pdf*.

공한다고 하자. 한 서비스의 이용료는 매달 30만 원이고 나머지 하나는 매달 5만 원이다. 영업사원이 고객 명단을 확보하기 위해 무료 웨비나를 진행했다. 그 결과 참석자의 5% 정도가 30만 원짜리 상품에, 15% 정도가 5만 원 상품에 가입하고, 나머지 80% 정도는 어느 것에도 가입하지 않을 것이라고 판단하였다. 상업적인 목적을 위해 이러한 정보에서 '기댓값'이라는 것을 하나 뽑아낼 수 있다. 가중치가 해당 확률이 되는 가중평균이 바로 이 기댓값이다.

다음과 같이 기댓값을 계산할 수 있다.

1. 각 결괏값과 발생 확률을 곱한다.

2. 이 값들을 모두 더한다.

클라우드 서비스 예제에서, 웨비나 참석자들의 기댓값은 다음과 같이 매달 22,500원이다.

$$EV = (0.05)(300) + (0.15)(50) + (0.80)(0) = 22.5$$

기댓값은 이렇듯 가중평균과 같은 꼴이다. 보통 주관적인 평가에 따른 미래의 기댓값과 각 확률 가중치만큼을 모두 더한 값이라고 할 수 있다. 기댓값은 실제 사업 평가나 자본 예산에 가장 근본적인 토대가 된다. 예를 들어 새로운 기업 인수로 얻을 수 있는 5년간의 수익에 대한 기댓값이나, 병원에서 새로운 환자들을 관리하는 소프트웨어로 얻을 수 있는 비용 절감의 기댓값 등을 생각해볼 수 있다.

1.6.3 확률

앞서 값이 발생할 '**확률**'에 대해 언급했다. 대부분의 사람들은 확률에 대해 직관적으로 이해하고 있으며 일기예보(비가 올 확률)나 스포츠 분석(승리 확률)에서 이러한 개념을 자주 접한다. 스포츠와 게임은 승률로 표현되는 경우가 많으며 이는 확률로 쉽게 전환할 수 있다(팀이 이길 확률이 2 대 1일 경우 승리 확률은 2 / (2 + 1) = 2/3 이다). 하지만 놀랍게도 확률의 개념은 이것을 어떻게 정의하는가에 관련하여 깊은 철학적 토론을 하게 한다. 다행히 여기서는 공식적인 수학적 혹은 철학적 정의가 필요 없다. 이 책에서 사건이 발생할 확률이란 상황이 수없이 반복될 경우 사건이 발생할 비율을 의미한다. 대부분의 경우 이러한 가정이 너무 이상적일 수 있지만 확률에 대한 적절한 실질적인 이해라고 볼 수 있다.

1.6.4 더 읽을 거리

- 막대도표와 파이그림과 관련된 'Misleading graph(오해를 일으킬 수 있는 그래프)'를 읽지 않고는 통계 수업을 마쳤다고 볼 수 없다. *https://en.wikipedia.org/wiki/Misleading_graph*

1.7 상관관계

많은 경우 모델링 프로젝트에서 탐색적 데이터 분석이라고 하면 예측값들 간의 혹은 예측값과 목푯값과의 상관관계를 조사해보는 것을 빼놓을 수 없다. X가 큰 값을 가지면 Y도 큰 값을 갖고, X가 작은 값을 가지면 Y도 작은 값을 갖는 경우, 변수 X와 Y(측정된 값들)는 서로 양의 상관관계를 갖는다고 말한다. 반대로 X가 큰 값을 갖는데 Y는 작은 값을 갖고 반대의 경우도 마찬가지라면, 이 변수들은 서로 음의 상관관계를 갖는다고 한다.

용어 정리

- **상관계수**correlation coefficient : 수치적 변수들 간에 어떤 관계가 있는지를 나타내기 위해 사용되는 측정량 (−1에서 +1까지의 범위)
- **상관행렬**correlation matrix : 행과 열이 변수들을 의미하는 표를 말하며, 각 셀은 그 행과 열에 해당하는 변수들 간의 상관관계를 의미한다.
- **산점도**scatterplot : x축과 y축이 서로 다른 두 개의 변수를 나타내는 도표

아래 두 변수를 고려해보자. 모두 작은 값에서 큰 값으로 점차 커지는 식으로 상관관계를 갖고 있다.

- **v1** : {1, 2, 3}
- **v2** : {4, 5, 6}

벡터곱의 합은 $1 \times 4 + 2 \times 5 + 3 \times 6 = 32$이다. 이 값들의 순서를 섞어서 다시 계산해도 벡터곱의 합은 절대 32를 넘을 수 없다. 이 벡터곱의 합을 측정량으로 사용할 수 있다. 즉 32라는 합을 랜덤으로 섞었을 때 나오는 값들과 비교해볼 수 있을 것이다(사실 이러한 생각은 재표본추출에 기초한 추정과 관련이 있다. 3.3.1절 참고). 하지만 이렇게 얻은 값들은 재표본분포에 대한 레퍼런스로서의 의미밖에는 없다.

이러한 방법보다는 **상관계수**(피어슨 상관계수라고도 한다)라는 표준화된 방식이 훨씬 더 유용하다. 두 변수 사이의 상관관계를 항상 같은 척도에 놓고 추정하는 것이다. 피어슨 상관계수를 계산하려면 변수 1과 변수 2 각각의 평균으로부터의 편차들을 서로 곱한 값들의 평균을 각 변수의 표준편차의 곱으로 나눠준다.

$$r = \frac{\sum_{i=1}^{n}(x_i - \bar{x})(y_i - \bar{y})}{(n-1)s_x s_y}$$

n 대신 $n-1$로 나눠준다는 것을 기억하자. 자세한 내용은 1.4.1절에서 본 '자유도 n 아니면 n−1?' 박스를 참고하자. 상관계수는 항상 +1(완전한 양의 상관관계)과 −1(완전한 음의 상관관계) 사이에 존재한다.

변수들이 선형적인 관계를 갖지 않을 경우, 상관계수는 더 이상 유용한 측정 지표가 아니다. 세율과 세수입 사이의 관계를 예로 들어보자. 세율이 0에서 점점 증가할수록 세수입도 점점 증가하게 된다. 하지만 일단 세율이 일정 수준 이상 높아지고 100%에 다다를수록, 과세 회피도 늘어나게 되고 결국 세수입은 줄어들게 된다.

[표 1-7]의 상관계수 행렬은 2012년 7월부터 2015년 6월까지 통신사 주식의 일간 수익 사이의 상관관계를 보여준다. 이 표에서 버라이즌(VZ)과 AT&T(T)가 가장 높은 상관관계를 보인다. 레벨 스리(LVLT)라는 인프라 설비 회사는 다른 회사들과 가장 낮은 상관관계를 보인다. 행렬의 대각원소들은 모두 1(자기 자신과 상관관계는 1이다)이라는 것, 그리고 대각원소 아래쪽은 위쪽과 같은 값을 갖는, 대칭행렬이라는 점을 기억하자.

표 1-7 통신사 주식 수익 사이의 상관관계(telecom_cor)

	T	CTL	FTR	VZ	LVLT
T	1.000	0.475	0.328	0.678	0.279
CTL	0.475	1.000	0.420	0.417	0.287
FTR	0.328	0.420	1.000	0.287	0.260
VZ	0.678	0.417	0.287	1.000	0.242
LVLT	0.279	0.287	0.260	0.242	1.000

[표 1-7]과 같이 상관관계를 나타내는 **상관행렬**을 이용해 여러 가지 변수들 사이의 관계를 시각화하는 데 사용한다. [그림 1-6]은 주요 상장 주식 펀드(ETF)들의 일간 수익 사이의 상관관계를 보여준다. R의 corrplot 패키지를 사용하면 쉽게 그릴 수 있다.

```
etfs <- sp500_px[row.names(sp500_px)>"2012-07-01",
                 sp500_sym[sp500_sym$sector=="etf", 'symbol']]
library(corrplot)
corrplot(cor(etfs), method = "ellipse")
```

파이썬에서도 동일한 그래프를 만들 수 있지만 일반 패키지에는 구현되어 있지 않다. 대부분은 히트맵을 사용하여 상관관계를 시각화한다. 다음 코드는 seaborn.heatmap 패키지를 사용하여 시각화한다. 필자가 제공하는 깃허브 소스 코드에는 더 포괄적으로 시각화를 생성하는 파이썬 코드가 포함되어 있다.

```
etfs = sp500_px.loc[sp500_px.index > '2012-07-01',
                    sp500_sym[sp500_sym['sector'] == 'etf']['symbol']]
sns.heatmap(etfs.corr(), vmin=-1, vmax=1,
            cmap=sns.diverging_palette(20, 220, as_cmap=True))
```

ETF는 S&P 500(SPY)과 다우 존스 지수(DIA)와 높은 상관성을 갖는다. 주로 첨단 기술 회사들로 이루어진 QQQ와 XLK의 경우도 양의 상관관계를 보인다. 금값(GLD), 유가(USO), 시장 변동성(VXX) 등과 관련된 더 안정적인 ETF 상품들은 다른 ETF들과 약한 혹은 음의 상관관계를 보인다. 타원 모양의 방향은 두 변수가 양의 관계를 갖는지(타원이 오른쪽 상단으로 기울어져 있다) 아니면 음의 관계를 갖는지(타원이 왼쪽 상단으로 기울어져 있다)를 나타낸다. 타원의 색깔과 너비는 상관관계의 강도를 의미한다. 얇고 진할수록 더 강한 관계성을 나타낸다.

평균과 표준편차와 같이, 상관계수는 데이터의 특잇값에 민감하다. 이러한 클래식한 상관계수를 대체할 수 있는 로버스트한 방법들을 제공하는 소프트웨어 패키지들이 있다. 예를 들어 R 패키지 robust($https://oreil.ly/isORz$)는 covRob 함수를 사용하여 상관관계를 정확히 계산한다. 사이킷런의 모듈 sklearn.covariance($https://oreil.ly/su7wi$)에 있는 메서드는 다양한 방식을 제공한다.

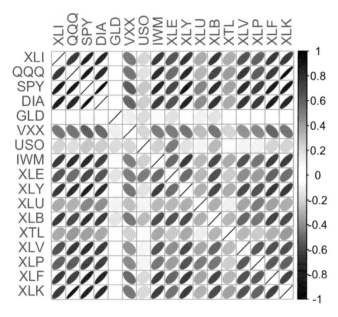

그림 1-6 ETF 수익 간의 상관관계

1.7.1 산점도

두 변수 사이의 관계를 시각화하는 가장 기본적인 방법은 **산점도**를 그려보는 것이다. x, y축은 각각의 변수들을 의미하고 그래프의 각 점은 하나의 레코드를 의미한다. [그림 1-7]은 AT&T 와 버라이즌의 일간 수익 사이의 상관관계를 그림으로 나타낸 것이다. 다음과 같은 R 명령으로 만들 수 있다.

```
plot(telecom$T, telecom$VZ, xlab='ATT (T)', ylab='Verizon (VZ)')
```

팬더스의 **scatter** 메서드를 사용하여 파이썬에서도 동일한 그래프를 만들 수 있다.

```
ax = telecom.plot.scatter(x='T', y='VZ', figsize=(4, 4), marker='$\u25EF$')
ax.set_xlabel('ATT (T)')
ax.set_ylabel('Verizon (VZ)')
ax.axhline(0, color='grey', lw=1)
ax.axvline(0, color='grey', lw=1)
```

이 두 수익은 0 주변에 모여 있지만 강한 양의 상관성을 보인다. 거의 매일 두 주식은 함께 오르거나 함께 떨어지거나 했다(제1사분면과 제3사분면). 반면 한 주식이 떨어질 때 다른 주식이 오르거나 서로 반대가 되는 경우(제2사분면과 제4사분면)는 상대적으로 드물다.

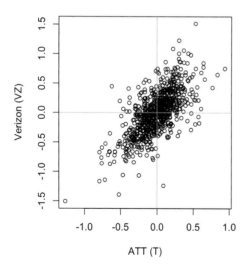

그림 1-7 AT&T와 버라이즌 수익 사이의 산점도

1.7.2 더 읽을 거리

- 데이비드 프리드먼David Freedman, 로버트 피사니Robert Pisani, 로저 퍼브스Roger Purves가 공저한 『Statistics, 4th ed.』(W. W. Norton, 2007)에는 상관관계에 대한 정말 훌륭한 논의가 담겨 있다.

1.8 두 개 이상의 변수 탐색하기

평균과 분산과 같이 익숙한 추정값들은 한 번에 하나의 변수를 다룬다(**일변량분석**univariate analysis). 상관분석(1.7절 참고)은 두 변수(**이변량분석**bivariate analysis)를 비교할 때 중요한 방법이다. 이번 절에서는 이에 관한 추정법과 도표를 살펴보고 셋 이상의 변수(**다변량분석**multivariate analysis)를 다루는 법도 살펴본다.

용어 정리

- **분할표**contingency table : 두 가지 이상의 범주형 변수의 빈도수를 기록한 표
- **육각형 구간**hexagonal binning : 두 변수를 육각형 모양의 구간으로 나눈 그림
- **등고 도표**contour plot : 지도상에 같은 높이의 지점을 등고선으로 나타내는 것처럼, 두 변수의 밀도를 등고선으로 표시한 도표
- **바이올린 도표**violin plot : 상자그림과 비슷하지만 밀도추정을 함께 보여준다.

일변량분석과 마찬가지로, 이변량분석 역시 요약통계를 계산하고 시각화하는 것을 기본으로 한다. 이변량분석 혹은 다변량분석의 형태는 데이터가 수치형인지, 범주형인지, 데이터의 특성에 따라 달라진다.

1.8.1 육각형 구간과 등고선(수치형 변수 대 수치형 변수를 시각화)

산점도는 데이터의 개수가 상대적으로 적을 때는 괜찮다. [그림 1-7]의 주가 이익 도표는 약 750개의 점으로 이루어졌다. 수십, 수백만의 레코드를 나타내기에는 산점도의 점들이 너무 밀집되어 알아보기 어렵다. 따라서 이러한 관계를 나타내는 다른 방법이 필요하다. 예시로 워싱턴주에 위치한 킹 카운티의 주택 시설에 대한 과세 평가 금액 정보를 담고 있는 데이터 집합 kc_tax를 살펴보겠다. 데이터의 주요 부분에 집중하기 위해, 아주 비싸거나, 너무 작은 혹은 너무 큰 주택들은 subset 함수를 이용해 제거한다.

```
kc_tax0 <- subset(kc_tax, TaxAssessedValue < 750000 &
                  SqFtTotLiving > 100 &
                  SqFtTotLiving < 3500)
nrow(kc_tax0)

432693
```

팬더스에서는 다음과 같이 데이터를 필터링할 수 있다.

```
kc_tax0 = kc_tax.loc[(kc_tax.TaxAssessedValue < 750000) &
                     (kc_tax.SqFtTotLiving > 100) &
                     (kc_tax.SqFtTotLiving < 3500), :]
kc_tax0.shape

(432693, 3)
```

[그림 1-8]의 **육각형 구간** 그림은 킹 카운티에 위치한 집들의 과세 평가액과 크기 사이의 관계를 나타낸다. 마치 먹구름처럼 보이기도 하는 이 그림은, 점으로 표시하는 대신 기록값을 육각형 모양의 구간들로 나누고 각 구간에 포함된 기록값의 개수에 따라 색깔을 표시한다. 이 도표에서, 집의 크기와 과세 평가 금액이 양의 상관관계를 갖는 것을 쉽게 파악할 수 있다. 또한 주요 그룹 부분(가장 어둡고 아래쪽에 있는) 위쪽에 또 하나의 그룹이 있는 것을 볼 수 있다. 이

부분의 집들은 주요 그룹 부분과 크기는 같은 집이지만 더 높은 과세 평가액을 갖는다.

[그림 1-8]은 해들리 위컴이 개발한 **ggplot2** 패키지를 사용해 쉽게 그릴 수 있다.[16] ggplot2
는 탐색적 시각 분석에 쓰이는 소프트웨어 라이브러리 중 하나이다(1.8.4절 참고).

```
ggplot(kc_tax0, (aes(x=SqFtTotLiving, y=TaxAssessedValue))) +
    stat_binhex(color='white') +
    theme_bw() +
    scale_fill_gradient(low='white', high='black') +
    labs(x='Finished Square Feet', y='Tax-Assessed Value')
```

파이썬에서는 팬더스 데이터 프레임 메서드인 **hexbin**을 사용하여 육각형 구간 도표를 쉽게 사
용할 수 있다.

```
ax = kc_tax0.plot.hexbin(x='SqFtTotLiving', y='TaxAssessedValue',
                         gridsize=30, sharex=False, figsize=(5, 4))
ax.set_xlabel('Finished Square Feet')
ax.set_ylabel('Tax-Assessed Value')
```

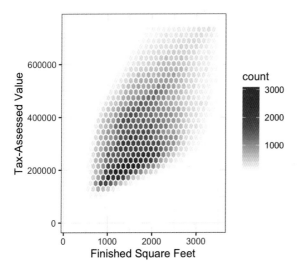

그림 1-8 집의 크기와 과세 평가액을 나타낸 육각형 구간 도표

---

16 Wickham, Hadley. *ggplot2: Elegant Graphics for Data Analysis*. New York: Springer-Verlag New York, 2009.
   https://oreil.ly/092vC.

[그림 1-9]는 두 수치형 변수 사이의 관계를 시각화하기 위해 산점도 위에 등고선을 사용한다. 이 등고선은 이 두 변수로 이루어진 지형에서의 등고선을 의미한다. 등고선 위의 점들은 밀도가 같다. '꼭대기' 쪽으로 갈수록 밀도는 높아진다. 이 도표 역시 [그림 1-8]과 같은 결과를 보여준다. 주요 봉우리의 위쪽에 두 번째 봉우리가 보인다. 이 도표 또한 ggplot2의 geom_density2d 함수를 사용해서 그릴 수 있다.

```
ggplot(kc_tax0, aes(SqFtTotLiving, TaxAssessedValue)) +
  theme_bw() +
  geom_point(alpha=0.1) +
  geom_density2d(color='white') +
  labs(x='Finished Square Feet', y='Tax-Assessed Value')
```

파이썬에서는 seaborn의 kdeplot 함수를 이용해 등고선 도표를 생성한다.[17]

```
fig, ax = plt.subplots(figsize=(4, 4))
ax = sns.kdeplot(data=kc_tax0, x='SqFtTotLiving', y='TaxAssessedValue', ax=ax)
ax.set_xlabel('Finished Square Feet')
ax.set_ylabel('Tax-Assessed Value')
```

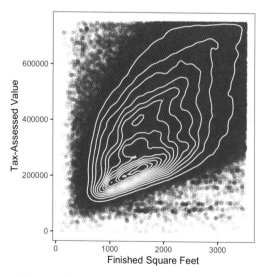

그림 1-9 집의 크기와 과세 평가액을 나타낸 등고선 도표

---

17 옮긴이_ 다음 코드는 실행이 오래 걸릴 수 있다.

두 수치형 변수의 관계를 나타내는 다른 도표로 **히트맵**heat map이 있다. 히트맵, 육각 구간, **등고 도표** 모두 이차원상의 밀도를 시각화하는 데 사용된다. 히스토그램이나 밀도 그림과 유사성을 찾을 수 있다.

1.8.2 범주형 변수 대 범주형 변수

분할표는 두 범주형 변수를 요약하는 데 효과적인 방법으로, 범주별 빈도수를 기록한 표다. [표 1-8]은 개인대출 등급과 대출 결과를 나타내는 분할표이다. P2P 방식의 대출 사업을 선도하고 있는 렌딩 클럽Lending Club[18]에서 제공하는 데이터를 사용했다. 등급은 A(높음)에서 G(낮음) 까지이다. 대출 결과는 전액 상환fully paid, 진행 중current, 연체late, 삭제charged off(대출 잔여금 회수 불능) 등의 범주로 표시한다. 이 표는 빈도와 그 백분율을 보여준다. 높은 등급의 대출일수록 낮은 등급에 비해 연체나 삭제 비율이 매우 낮다는 것을 알 수 있다. 분할표를 통해 각 열의 빈도나 전체 백분율을 볼 수 있다. 엑셀에서 피벗 테이블 기능을 활용하면 이러한 분할표를 손쉽게 얻을 수 있다. R에서도 descr 패키지에서 CrossTable 함수를 활용해 분할표를 만들 수 있다. 아래 코드를 사용하여 [표 1-8]을 얻을 수 있다.

```
library(descr)
x_tab <- CrossTable(lc_loans$grade, lc_loans$status,
                    prop.c=FALSE, prop.chisq=FALSE, prop.t=FALSE)
```

파이썬에서는 pivot_table 메서드를 이용해 피벗 테이블을 만든다. aggfunc 인수를 사용하면 횟수 정보를 얻을 수 있다. 백분율 계산은 조금 더 복잡하다.

```
crosstab = lc_loans.pivot_table(index='grade', columns='status',
                                aggfunc=lambda x: len(x), margins=True)    #①

df = crosstab.loc['A':'G',:].copy()    #②
df.loc[:,'Charged Off':'Late'] = df.loc[:,'Charged Off':'Late'].div(df['All'],
                                                                    axis=0)    #③

df['All'] = df['All'] / sum(df['All'])    #④
perc_crosstab = df
```

---

18 옮긴이_ 미국의 개인 간(P2P) 대출 1위 업체

① margins 키워드 인수는 열과 행의 합계를 추가할 수 있다.

② 열 합계를 무시하고 피벗 테이블의 복사본을 만든다.

③ 행 합계로 행을 나눈다.

④ 'All' 열을 총합으로 나눈다.

표 1-8 대출 등급과 상황에 대한 분할표

Grade	Charged off	Current	Fully paid	Late	Total
A	1562	50051	20408	469	72490
	0.022	0.690	0.282	0.006	0.161
B	5302	93852	31160	2056	132370
	0.040	0.709	0.235	0.016	0.294
C	6023	88928	23147	2777	120875
	0.050	0.736	0.191	0.023	0.268
D	5007	53281	13681	2308	74277
	0.067	0.717	0.184	0.031	0.165
E	2842	24639	5949	1374	34804
	0.082	0.708	0.171	0.039	0.077
F	1526	8444	2328	606	12904
	0.118	0.654	0.180	0.047	0.029
G	409	1990	643	199	3241
	0.126	0.614	0.198	0.061	0.007
All	22671	321185	97316	9789	450961

1.8.3 범주형 변수 대 수치형 변수

상자그림(1.5.1절 참고)은 범주형 변수에 따라 분류된 수치형 변수의 분포를 시각화하여 비교하는 간단한 방법이다. 예를 들어 항공사별 비행 지연 정도를 비교하고 싶다고 하자. [그림 1-10]은 한 달 동안 항공기와 관련하여 일어난 비행 지연의 비율을 보여준다.

```
boxplot(pct_carrier_delay ~ airline, data=airline_stats, ylim=c(0, 50))
```

팬더스 boxplot 메서드는 by 인수를 사용하여 데이터 집합을 그룹별로 분할하고 각 그룹의 상자그림을 생성한다.

```
ax = airline_stats.boxplot(by='airline', column='pct_carrier_delay')
ax.set_xlabel('')
ax.set_ylabel('Daily % of Delayed Flights')
plt.suptitle('')
```

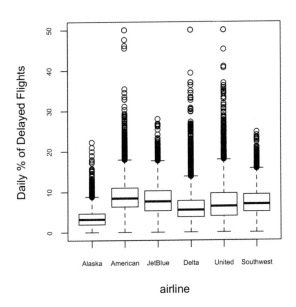

그림 1-10 항공기 원인에 따른 지연 비율

알래스카Alaska 항공의 지연이 가장 적었던 반면, 아메리카American 항공의 항공 지연이 가장 많았던 것으로 보인다. 아메리카 항공의 낮은 사분위수가 알래스카 항공의 상위 사분위수보다도 높았다.

바이올린 도표[19]는 상자그림을 보완한 형태로, y축을 따라 밀도추정 결과를 동시에 시각화한다. 밀도 분포 모양을 좌우대칭으로 서로 겹쳐지도록 해놓고 보면 바이올린을 닮은 모양이 된다. 바이올린 도표의 장점은 바로 상자그림에서는 보이지 않는 데이터의 분포를 볼 수 있다는 점이다. 한편, 상자그림은 데이터의 특잇값들을 좀 더 명확하게 보여준다. ggplot2에서 geom_violin 함수를 이용해 다음과 같이 바이올린 도표를 생성할 수 있다.

```
ggplot(data=airline_stats, aes(airline, pct_carrier_delay)) +
  ylim(0, 50) +
  geom_violin() +
  labs(x='', y='Daily % of Delayed Flights')
```

파이썬에서는 seaborn 패키지의 violinplot 메서드로 바이올린 도표를 사용할 수 있다.

```
ax = sns.violinplot(airline_stats.airline, airline_stats.pct_carrier_delay,
                    inner='quartile', color='white')
ax.set_xlabel('')
ax.set_ylabel('Daily % of Delayed Flights')
```

[그림 1-11]에서 결과물인 도표를 볼 수 있다. 이 바이올린 도표를 통해 알래스카 항공, 그리고 그보다는 적지만 델타Delta 항공이 거의 0 근처에 데이터가 집중되어 있는 것을 볼 수 있다. 상자그림에서는 명확하게 드러나지 않는 현상이었다. geom_boxplot 함수를 추가한다면 바이올린 도표에 상자그림을 결합할 수도 있다(색상을 사용한다면 이렇게 하는 게 최선이긴 하다).

---

19 Hintze, Jerry L., and Ray D. Nelson. "Violin Plots: A Box Plot-Density Trace Synergism." *The American Statistician* 52, no. 2 (May 1998): 181-184.

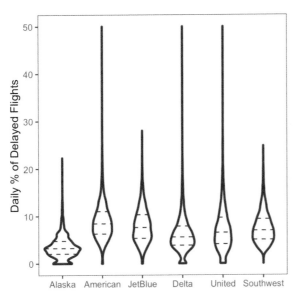

그림 1-11 항공기 원인에 따른 운항 지연 비율을 나타내는 바이올린 도표

1.8.4 다변수 시각화하기

조건화conditioning라는 개념을 통해 두 변수 비교용 도표(산점도, 육각형 구간, 상자그림)를 더 여러 변수를 비교하는 용도로 확장하여 활용할 수도 있다. 일례로, 주택 크기와 과세 평가액 간의 관계를 보여줬던 [그림 1-8]로 돌아가보자. 단위 넓이(제곱피트)당 더 높은 과세 평가 금액을 보였던 한 무리의 주택들을 알 수 있었다. 지리적 요인을 살피며 좀 더 깊이 들어가보기 위해 [그림 1-12]에서는 우편번호별로 데이터를 묶어서 도식화했다. 이제 그림이 좀 더 명확해졌다. 어떤 우편번호(98105, 98126)에서의 평가액이 다른 두 군데(98108, 98188)보다 훨씬 높다는 것을 볼 수 있다. 이러한 불균형이 [그림 1-8]에서 관찰된 서로 다른 그룹들을 설명 가능하게 한다.

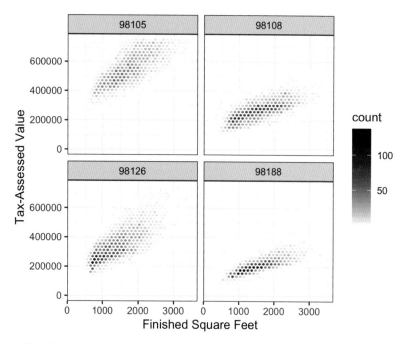

그림 1-12 우편번호에 따른 과세 평가액 대 실 제곱피트

ggplot2에서 `facets`라는 조건화 변수(여기서는 우편번호) 개념을 사용하면 [그림 1-12]를 얻을 수 있다.

```
ggplot(subset(kc_tax0, ZipCode %in% c(98188, 98105, 98108, 98126)),
       aes(x=SqFtTotLiving, y=TaxAssessedValue)) +
  stat_binhex(color='white') +
  theme_bw() +
  scale_fill_gradient(low='white', high='blue') +
  labs(x='Finished Square Feet', y='Tax-Assessed Value') +
  facet_wrap('ZipCode')    #①
```

① ggplot 함수 facet_wrap과 facet_grid를 사용하여 조건화 변수를 지정한다.

대부분의 파이썬 패키지에서 시각화는 Matplotlib을 기반으로 한다. 원칙적으로 Matplotlib을 사용하여 그룹별 그래프 만드는 것이 가능하지만 코드가 복잡해질 수 있다. 다행히 seaborn은 이러한 그래프를 비교적 간단히 만들 수 있는 방법을 제공한다.

```
zip_codes = [98188, 98105, 98108, 98126]
kc_tax_zip = kc_tax0.loc[kc_tax0.ZipCode.isin(zip_codes),:]
kc_tax_zip

def hexbin(x, y, color, **kwargs):
    cmap = sns.light_palette(color, as_cmap=True)
    plt.hexbin(x, y, gridsize=25, cmap=cmap, **kwargs)

g = sns.FacetGrid(kc_tax_zip, col='ZipCode', col_wrap=2)    #①
g.map(hexbin, 'SqFtTotLiving', 'TaxAssessedValue',
      extent=[0, 3500, 0, 700000])    #②
g.set_axis_labels('Finished Square Feet', 'Tax-Assessed Value')
g.set_titles('Zip code {col_name:.0f}')
```

① 조건 변수를 지정하려면 col 및 row 인수를 사용한다. 단일 조건 변수의 경우 col_wrap과 함께 col을 사용하여 패싯 그래프를 여러 행으로 래핑한다.

② map 메서드는 다른 우편번호에 대한 원래 데이터 집합의 서브셋에 대해 hexbin 함수를 호출한다. extent는 x축과 y축의 한계를 정의한다.

그래픽스 시스템에서 조건화 변수라는 개념은 벨 연구소의 연구원들이 개발한 트렐리스 그래픽스Trellis graphics에서 처음 도입되었다.[20] 이 개념은 이후 lattice,[21] ggplot2 같은 R 패키지, 그리고 Seaborn,[22] Bokeh[23] 같은 파이썬 패키지 등 다양한 최신 그래픽스 시스템에 영향을 주었다. 또한 조건화 변수는 태블로Tableau나 스폿파이어Spotfire 같은 비즈니스 지능형 플랫폼에도 없어서는 안 될 중요한 요소가 되었다. 최근 어마어마한 계산 능력의 등장과 더불어, 최신 시각화 플랫폼들은 탐색적 데이터 분석의 초라했던 시작에 비해 엄청난 발전을 이루었다. 하지만 약 50년 전에 개발된 주요 개념과 방법들(예를 들어 단순 상자그림)은 여전히 이러한 시스템들의 기반이 된다.

20 Becker, Richard A., William S.Cleveland, Ming-Jen Shyu, and Stephen P. Kaluzny. "A Tour of Trellis Graphics" (1996). *http://polisci.msu.edu/jacoby/icpsr/graphics/manuscripts/Trellis_tour.pdf*.

21 Sarkar, Deepayan. *Lattice: Multivariate Data Visualization with R*. Springer (2008). ISBN 978-0-387-75968-5. *http://lmdvr.r-forge.r-project.org*.

22 Waskom, Michael. "Seaborn: statistical data visualization" (2015). *http://stanford.edu/~mwaskom/software/seaborn/#*.

23 Bokeh Development Team. "Bokeh: Python library for interactive visualization" (2014). *http://www.bokeh.pydata.org*.

1.8.5 더 읽을 거리

- 벤저민 바우머 등이 쓴 『Modern Data Science with R』(Chapman & Hall/CRC Press, 2017)에는 훌륭한 'a grammar for graphics(그래픽스 입문)'(ggplot에서 gg를 의미) 내용이 담겨 있다.

- 해들리 위컴이 쓴 『Ggplot2: Elegant Graphics for Data Analysis』(Springer, 2009)는 ggplot2 개발자가 쓴 훌륭한 참고서이다.

- 요제프 프뤼발트Josef Fruehwald의 웹 기반 ggplot2 튜토리얼도 있다. *http://www.ling.upenn.edu/~joseff/avml2012*

1.9 마치며

존 투키에 의해 시작된 탐색적 데이터 분석(EDA)은 데이터 과학 분야의 초석을 놓았다. EDA의 핵심은 바로, 데이터를 다루는 모든 프로젝트에서 가장 우선적이며 가장 중요한 과정이 데이터를 들여다보는 데에 있다는 것이다. 데이터를 요약하고 시각화하는 것을 통해, 프로젝트에 대한 가치 있는 통찰과 이해를 얻게 된다.

이 장에서는 위치와 변이 추정 같은 간단한 계측에서부터, [그림 1-12]와 같이 다변량 간의 관계를 살펴보기 위한 다양한 시각화 기법까지 살펴봤다. 오픈소스 커뮤니티에서 개발된 다양한 방법과 기술들이 R과 파이썬이라는 언어가 갖는 확장성과 결합되어 데이터 분석을 위한 셀 수 없이 많은 방법이 만들어지고 있다. 탐색적 분석은 모든 데이터 과학 프로젝트의 초석이 되어야 한다.

## CHAPTER 2

데이터와 표본분포

빅데이터 시대가 되면서 더는 표본추출(표집, 샘플링)이 필요 없을 거라고 오해하는 사람들이 많다. 하지만 데이터의 질과 적합성을 일정 수준 이상으로 담보할 수도 없으면서 데이터 크기만 늘어나는 것이 오늘날 상황이다. 이런 상황에서, 오히려 다양한 데이터를 효과적으로 다루고 데이터 편향을 최소화하기 위한 방법으로 표본추출의 필요성이 더 커지고 있다. 아무리 빅데이터 프로젝트라고 해도, 결국 작은 표본(샘플) 데이터를 가지고 예측 모델을 개발하고 테스트한다. 샘플은 다양한 종류의 테스트에도 사용된다(예, 웹 페이지 디자인이 클릭에 미치는 효과 비교).

[그림 2-1]은 이 장에서 다루는 데이터와 표본분포의 개념을 뒷받침하는 간략한 그림이다. 그림의 왼편은 통계학에서 표본분포를 따를 것으로 추정되는 **미지의** 모집단을 나타낸다. 하지만 우리가 유일하게 사용할 수 있는 것은 오른쪽에 표시된 **표본** 데이터와 그 경험을 통해 얻은 분포이다. 왼쪽에서 오른쪽을 얻어내는 것이 바로 **표본추출** 절차이다(화살표로 표시). 전통적인 통계학에서는 강력한 가정에 기초한 이론을 통해 왼쪽의 모집단을 밝혀내는 데 초점을 맞춰왔다. 현대 통계학에서는 이러한 가정이 더는 필요하지 않은 오른쪽의 표본에 대한 연구로 방향이 옮겨지기 시작했다.

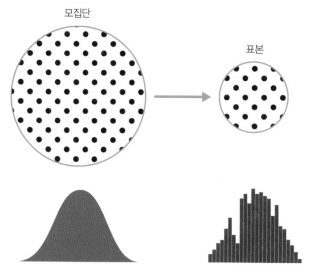

그림 2-1 모집단과 표본

일반적으로 데이터 과학자들은 왼쪽의 이론적인 측면에 대해 걱정하기보다는 표본추출 과정과 주어진 데이터에 집중할 필요가 있다. 몇 가지 주목할 만한 예외는 있다. 때론 모델링이 가능한 물리적 과정을 통해 데이터가 생성되기도 한다. 가장 간단한 예는 동전을 뒤집는 것이다. 이는 이항분포를 따른다. 실제로 생활에서 겪는 모든 이항 상황(구매하거나 구매하지 않거나, 사기 이거나 아니거나, 클릭하거나 안 하거나 등)은 이 동전 뒤집기 모델로 설명이 가능하다(물론 동전 앞면이 나올 확률이 좀 다를 수도 있다). 이 경우 우리는 모집단에 대한 이해를 바탕으로 추가적인 통찰을 얻을 수 있다.

2.1 임의표본추출과 표본편향

표본은 더 큰 데이터 집합으로부터 얻은 데이터의 부분집합이다. 통계학자들은 이 큰 데이터 집합을 **모집단**이라고 부른다. 통계학에서의 모집단은 생물학에서의 모집단과는 조금 차이가 있다. 생물학에서처럼 전체 집합의 크기가 크면서도 유한한 값으로 명확히 정의될 때도 있지만 때로는 이론적인 가상의 집합을 의미하기도 한다.

임의표본추출은 대상이 되는 모집단 내의 선택 가능한 원소들을 무작위로 추출하는 과정을 말하며, 각 추첨에서 모든 원소는 동일한 확률로 뽑힌다. 그 결과 얻은 샘플을 **단순임의표본**이라고 한다. 추첨 후, 다음번에도 중복 추출이 가능하도록 해당 샘플을 다시 모집단에 포함시키는 **복원추출**with replacement로 표본을 얻을 수도 있고, 한번 뽑힌 원소는 추후 추첨에 사용하지 않는 **비복원추출**without replacement을 할 수도 있다.

샘플 기반의 추정이나 모델링에서 데이터 품질은 데이터 양보다 더욱 중요하다. 데이터 과학에서 데이터 품질이란 완결성, 형식의 일관성, 깨끗함 및 각 데이터 값의 정확성을 말한다. 통계는 여기에 **대표성**representativeness이라는 개념을 추가한다.

용어 정리

- **표본**sample : 더 큰 데이터 집합으로부터 얻은 부분집합
- **모집단**population : 어떤 데이터 집합을 구성하는 전체 대상 혹은 전체 집합
- **N(n)** : 모집단(표본)의 크기
- **임의표본추출(임의표집, 랜덤표본추출)**random sampling : 무작위로 표본을 추출하는 것
- **층화표본추출(층화표집)**stratified sampling : 모집단을 층으로 나눈 뒤, 각 층에서 무작위로 표본을 추출하는 것
- **계층**stratum : 공통된 특징을 가진 모집단의 동종 하위 그룹(복수형은 strata로 쓴다)
- **단순임의표본(단순랜덤표본)**simple random sample : 모집단 층화 없이 임의표본추출로 얻은 표본
- **편향**bias : 계통상의 오류
- **표본편향**sample bias : 모집단을 잘못 대표하는 표본

알프레드 랜던이 프랭클린 루스벨트를 제치고 대선에 승리하리라 예언했던 리터러리 다이제스트의 1936년 설문 조사는 아주 고전적인 사례이다. 당시 주요 언론 매체였던 리터러리 다이제스트는 전체 구독자 외에 추가 명단까지 작성하여 총 1,000만 명이 넘는 사람들을 대상으로 설문 조사를 실시했다. 그리고 랜던의 압도적 승리를 예언했다. 반면 갤럽 조사의 창업자인 조지 갤럽은 겨우 2,000명을 대상으로 하는 격주 여론 조사를 실시하여 루스벨트의 승리를 정확히 예측했다. 이들의 차이는 조사자 선정에 있었다.

리터러리 다이제스트는 선정 방식보다는 수를 늘리는 데 집중했다. 그들은 상대적으로 사회경제적 지위가 높은 사람들(정기 구독자와 전화 및 자동차 등 당시 사치품들을 소유한 덕에 마케

팅 담당자의 명단에 오른 사람들)을 조사 대상으로 했다. 그 결과 **표본편향**이 발생했다. 원래 대표되도록 의도된 모집단으로부터 추출되지 않고 유의미한 비임의 방식으로 표본이 추출된 것이다. **비임의**nonrandom라는 용어는 아주 중요하다. 이는 아무리 랜덤표본이라고 해도, 어떤 표본도 모집단을 정확하게 대표할 수 없다는 것을 의미한다. 모집단과 표본 사이의 차이가 유의미할 만큼 크고, 첫 번째 표본과 동일한 방식으로 추출된 다른 샘플들에서도 이 차이가 계속될 것으로 예상될 때 표본편향이 발생했다고 볼 수 있다.

2.1.1 편향

통계적 편향은 측정 과정 혹은 표본추출 과정에서 발생하는 계통적인systematic 오차를 의미한다. 임의표본추출로 인한 오류와 편향에 따른 오류는 신중하게 구분해서 봐야 한다. 목표물에 총을 쏘는 과정을 생각해보자. 매번 목표물의 한가운데를 정확히 맞히는 것은 불가능하다. 한가운데에 정확히 한 발 맞히기도 힘들 것이다. 편향되지 않은 프로세스에도 오차가 있긴 하지만, 그것은 랜덤하며 어느 쪽으로 강하게 치우치는 경향이 없다(그림 2-2). 반면 [그림 2-3]에 표시된 결과는 편향을 보여준다. x 방향과 y 방향 모두에서 랜덤한 오차가 있고 편향도 있다. 탄착점이 오른쪽 제1사분면에 떨어지는 경향을 볼 수 있다.

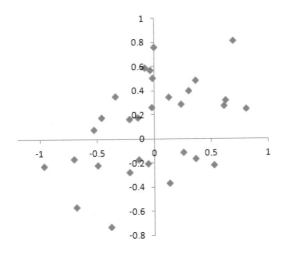

그림 2-2 정확한 조준 사격에 의한 총알의 산점도

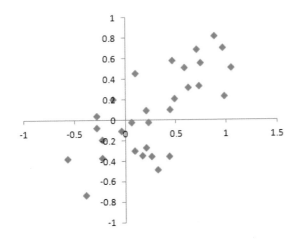

그림 2-3 편향된 조준 사격에 의한 총알의 산점도

2.1.2 임의 선택

표본편향 문제는 리터러리 다이제스트가 루스벨트가 아닌 랜던을 당선자로 예측하게 유도했다. 조지 갤럽(그림 2-4)은 이 문제를 피하면서 미국 유권자를 대표하는 표본을 얻기 위해, 좀 더 과학적으로 조사자를 선정하는 방법을 채택했다. 대표성을 담보하는 방법에는 여러 가지가 있지만, 결국 핵심은 **임의표본추출**이다.

그림 2-4 리터러리 다이제스트의 실패로 유명세를 얻은 조지 갤럽

임의표본추출이 언제나 쉬운 일은 아니다. 임의표본추출을 잘하기 위해서는 접근 가능한 모집단을 적절하게 정의하는 게 매우 중요하다. 고객의 대표 프로필을 만들 목적으로 파일럿 고객 설문 조사를 준비한다고 하자. 설문 조사는 대표성을 필요로 하지만 동시에 그만큼 많은 노동력을 필요로 한다.

먼저 고객이 누구인지 정의해야 한다. 구매 금액이 0보다 큰 모든 고객의 명단을 작성할 수 있다. 이때 모든 과거 고객을 포함할 것인가? 제품을 환불한 고객도 포함할 것인가? 내부의 테스트 구매자는? 사업자는? 대금 청구 대행사와 고객을 모두 포함할 것인가?

다음으로 표본추출 절차를 정해야 한다. '무작위로 100명의 고객을 선택'하는 방법이 있겠다. 유동적인 상황에서 표본추출을 해야 할 경우(예를 들어 실시간 거래 고객이나 웹 방문자), 시기가 중요할 수 있다(예를 들어 평일 오전 10시의 웹 방문자와 주말 오후 10시의 웹 방문자가 다를 수 있다).

층화표본추출에서는 모집단을 여러 층으로 나누고 각 **층**strata에서 무작위로 샘플을 추출한다. 정치 설문 단체에서 백인, 흑인, 라틴계 유권자들의 투표 성향을 조사한다고 하자. 모집단에서 취한 단순임의표본에서는 흑인과 라틴계 인구가 지역에 따라 너무 적게 나올 수 있다. 이런 경우 해당 층에 높은 가중치를 주는 표본추출을 통해, 계층마다 동일한 표본크기를 얻을 수 있다.

2.1.3 크기와 품질: 크기는 언제 중요해질까?

빅데이터 시대라고 해도 의외로 데이터 개수가 적을수록 더 유리한 경우가 있다. 임의표본추출에 시간과 노력을 기울일수록 편향이 줄 뿐만 아니라 데이터 탐색 및 데이터 품질에 더 집중할 수 있다. 예를 들어 결측값이나 특잇값으로부터 유용한 정보를 얻을 수 있다. 몇백만 개 데이터 중에서 결측치를 추적하거나 특잇값을 평가하는 것은 어려울 수 있지만, 수천 개의 샘플에서는 가능할 수 있다. 데이터가 너무 많을 경우, 데이터를 일일이 손으로 조사하고 검사하기는 매우 어렵다.

그렇다면 대량의 데이터는 언제 **필요할까?**

'빅데이터가 가치 있을 것이다'라는 일반적인 예상은 데이터가 크고 동시에 희소할 때이다. 구글에서 입력받은 검색 쿼리를 처리한다고 생각해보자. 행렬을 만들어 열은 용어를, 행은 개별 검색 쿼리를 의미하게 하고, 쿼리에 해당 용어가 포함되는지 여부에 따라 원소의 값이 0 또는 1이 된다고 하자. 목표는 주어진 쿼리에 대해 가장 잘 예측된 검색 대상을 결정하는 것이다. 영어 단어는 150,000개가 넘으며 구글은 연간 1조 개 이상의 검색어를 처리한다. 따라서 대부분 원소가 0인 거대한 행렬이 된다.

이는 방대한 양의 데이터가 누적될 때만 대부분의 쿼리에 대해 효과적인 검색 결과를 반환할 수 있는, 진정한 의미의 빅데이터 문제이다. 더 많은 데이터가 축적될수록 결과가 더 좋을 수밖에 없다. 인기 검색어의 경우에는 결과가 더 좋은데, 특정 시간에 인기가 급상승하는 소수의 주제는 효과적인 데이터를 아주 신속하게 찾을 수 있어서다. 현대 검색 기술의 진정한 가치는 백만 번에 한 번 정도 발생하는 검색 쿼리까지도 포함하여 다양한 검색 쿼리에 대해 상세하고 유용한 결과를 얻을 수 있다는 데 있다.

'Ricky Ricardo and Little Red Riding Hood'라는 검색 문구를 생각해보자. 인터넷 초기에는 이 쿼리에 대해 시트콤 〈왈가닥 루시〉의 극중 인물인 밴드 리더 리키 리카르도와 동화 『빨간 모자』에 대한 내용을 주요 검색 결과로 보여줬을 것이다. 두 개별 항목 각각에 대한 검색은 많았을지 몰라도 두 가지가 조합된 내용에 관한 검색은 거의 없었을 것이다. 몇 조가 넘는 검색어가 누적된 이후, 이 검색어는 리키 리카르도가 영어와 스페인어를 코믹하게 섞어 어린 아들에게 『빨간 모자』 이야기를 재미있게 들려주는 장면이 나오는 〈왈가닥 루시〉의 에피소드 하나를 콕 집어서 정확하게 반환한다.

실제 **연관된**pertinent 레코드(정확한 검색 쿼리나 아주 비슷한 것이 들어 있는 레코드. 클릭한 사용자의 정보를 포함한다)의 수는 수천 개 정도만 돼도 효과적일 수 있다는 것을 기억하자. 그러나 결국 이러한 연관된 레코드를 얻기 위해서는 수조의 데이터 포인트가 필요하다. 그리고 이 경우, 물론 임의표본추출은 도움이 되지 않는다. 2.7절의 내용을 참고하자.

2.1.4 표본평균과 모평균

기호 $\bar{x}$ 는 모집단의 표본평균을 나타내는 데 사용되는 반면, μ는 모집단의 평균을 나타내는 데 사용된다. 이 둘을 왜 따로 구분할까? 표본에 대한 정보는 관찰을 통해 얻어지고, 모집단에 대한 정보는 주로 작은 표본들로부터 추론한다. 통계학자들은 이렇게 다른 기호로 이 두 가지를 구분하는 것을 선호한다.

주요 개념

- 빅데이터 시대에도 임의표본추출은 데이터 과학자들의 화살통에 남은 중요한 화살이다.
- 편향은 측정이나 관측에 계통적 오차가 있어 전체 모집단을 제대로 대표하지 못할 경우 발생한다.
- 데이터 품질이 데이터 양보다 중요할 때가 자주 있다. 임의표본추출은 편향을 줄이고, 나중에 다시 하려면 훨씬 비싼 값을 치룰 수도 있는 품질 향상을 용이하게 한다.

2.1.5 더 읽을 거리

- 로널드 프리커[Ronald Fricker]가 쓴 『Sage Handbook of Online Research Methods』(SAGE Publications Ltd, 2016)의 'Sampling Methods for Online Surveys' 챕터에서 표본추출 절차에 대한 리뷰를 찾을 수 있다. 비용, 실현 가능성 등 실무적인 이유로 흔히 변형해 사용하는 임의표본추출 방법에 대한 리뷰가 포함된다.

- 리터러리 다이제스트의 실패한 여론조사에 대한 이야기는 캐피털 센추리 웹사이트에서 찾을 수 있다. *http://www.capitalcentury.com/1935.html*

2.2 선택편향

요기 베라의 말[1]을 바꿔보겠다. "당신이 뭘 찾고 있는지 모르겠다면, 더 열심히 찾아보라. 결국 그것을 찾게 될 것이다."

---

1 옮긴이_ 요기 베라는 "어디로 가고 있는지 모른다면, 당신은 결국 원하지 않는 곳으로 가게 될 것이다(If you don't know where you are going, you'll end up someplace else.)"라고 말했다.

선택편향은 데이터를 의식적이든 무의식적이든 선택적으로 고르는 관행을 의미한다. 결국 오해의 소지가 있거나 단편적인 결론을 얻게 된다.

용어 정리

- **선택편향**selection bias : 관측 데이터를 선택하는 방식 때문에 생기는 편향
- **데이터 스누핑**data snooping : 뭔가 흥미로운 것을 찾아 광범위하게 데이터를 살피는 것
- **방대한 검색 효과**vast search effect : 중복 데이터 모델링이나 너무 많은 예측변수를 고려하는 모델링에서 비롯되는 편향 혹은 비재현성

어떤 가설을 세우고 그것을 시험하기 위해서 잘 설계된 실험을 수행한다면, 그 결과에 대해 강하게 확신할 수 있다. 하지만 이런 경우는 참 드물다. 보통은 가지고 있는 데이터를 먼저 확인한 후 그 안에서 패턴을 찾고자 한다. 하지만 이것이 참된 패턴인지 아니면 그냥 **데이터 스누핑**을 통해 나온 결과인지 알 수가 없다. 다시 말해, 뭔가 흥미로운 것이 나올 때까지 데이터를 너무 샅샅이 뒤진 결과가 아닐까? "데이터를 충분히 오래 고문하다 보면 언젠간 뭐든 털어놓을 것이다"라는 식의 통계학자들끼리 농담처럼 하는 얘기도 있다.

실험을 통해 가설을 검정해서 확인한 현상과 사용 가능한 데이터를 통해 발견한 현상의 차이를, 다음 사고실험을 통해 살펴보자.

어떤 사람이 동전을 10번 던져서 10번 모두 앞면이 나오게 할 수 있다고 말했다고 하자. 한번 해보라고 했는데(일종의 실험) 실제로 10번 던져서 모두 앞면이 나왔다고 하자. 분명 그 사람에게 특별한 능력이 있다고 생각할 것이다. 10번 모두 우연히 앞면이 나올 확률은 약 1,000번 중 한 번의 드문 확률이다.

이번엔 어느 스포츠 경기장의 장내 아나운서가 경기장에 온 2만 명에게 동전을 10번 던져서 10번 모두 앞면이 나오면 알려달라고 했다고 하자. 이때 경기장에 있는 **누군가**가 10번 모두 앞면이 나올 확률은 매우 높다(99% 이상이 될 것이다. 1에서 아무도 앞면이 10번 나오지 않을 확률을 뺀 것과 같기 때문이다). 그렇다고 경기장에서 10번 모두 앞면이 나온 사람(혹은 사람들)에 대해 특별한 능력을 가지고 있다고 생각하지는 않는다. 그냥 정말 가장 운이 좋았을 뿐이다.

빅데이터를 반복적으로 조사하는 것이 데이터 과학의 중요한 가치 명제이기 때문에, 선택편향

에 대해 조심할 필요가 있다. 데이터 과학자들이 특별히 걱정하는 선택편향의 한 형태는 존 엘더[John Elder] (존경받는 데이터 마이닝 컨설턴트이자 엘더 리서치의 설립자)가 **방대한 검색 효과**라고 부르는 것이다. 큰 데이터 집합을 가지고 반복적으로 다른 모델을 만들고 다른 질문을 하다 보면, 언젠가 흥미로운 것을 발견하기 마련이다. 그 결과는 정말로 의미 있는 것인가? 아니면 우연히 얻은 예외 경우인가?

성능을 검증하기 위해 둘 이상의 홀드아웃[holdout] 세트를 이용하면 이를 방지할 수 있다. 또한 엘더는 데이터 마이닝 모델에서 제시하는 예측들을 검증하기 위해, **목푯값 섞기**[target shuffling] (본질적으로는 순열검정)라는 것을 추천했다.

방대한 검색 효과 외에도, 통계에서 일반적으로 나타나는 선택편향으로는 비임의표본추출(2.1절 참고), 데이터 체리 피킹(선별), 특정한 통계적 효과를 강조하는 시간 구간 선택, '흥미로운' 결과가 나올 때 실험을 중단하는 것 등이 여기에 포함된다.

2.2.1 평균으로의 회귀

평균으로의 회귀[regression to the mean]란 주어진 어떤 변수를 연속적으로 측정했을 때 나타나는 현상이다. 예외적인 경우가 관찰되면 그다음에는 중간 정도의 경우가 관찰되는 경향이 있다. 따라서 예외 경우를 너무 특별히 생각하고 의미를 부여하면 선택편향으로 이어질 수 있다.

스포츠를 좋아하는 사람이라면 '신인상 수상자의 2년 차 슬럼프'라는 얘기를 한 번쯤은 들어봤을 것이다. 어떤 시즌이든 처음 경력을 시작하는 신인 선수들 중에는, 항상 나머지 선수들보다 더 잘하는 선수가 있기 마련이다. 보통 이 '신인상 수상자'들은 2년 차부터 성적이 좋지 않다. 왜 그럴까?

거의 모든 스포츠에는, 적어도 공이나 퍽으로 경기를 치르는 스포츠에는 매우 중요한 두 요소가 있다.

- **실력**
- **행운**

평균에 대한 회귀는 일종의 선택편향으로 인해 나타나는 결과이다. 성적으로 신인을 뽑을 때, 진짜 실력도 있지만 운도 동시에 따랐을 것이다. 다음 시즌에는 실력은 그대로 유지되지만, 대부분의 경우 운은 그렇지 않다. 따라서 성적은 나빠질 것이다. 이 현상은 1886년 프랜시스 골턴이 처음 밝혔는데,[2] 유전적 경향성과 관련하여 기술했다. 예를 들어 키가 엄청나게 큰 남성의 자식들도 아버지처럼 키가 큰 것은 아니었다(그림 2-5).

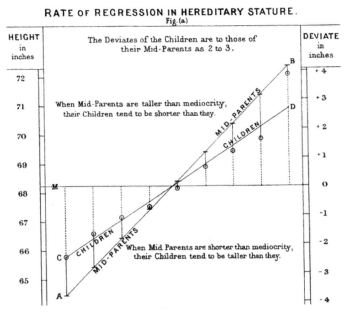

그림 2-5 골턴의 연구는 평균으로의 회귀 현상을 확인했다.

CAUTION_ 여기서 회귀는 '돌아간다'는 의미로서 통계적 모델링 방법의 하나인 선형회귀와는 구분되어야 한다. 선형회귀는 예측변수와 결과변수 사이의 선형적 관계를 추정하는 방법이다.

주요 개념

- 가설을 구체적으로 명시하고 임의표본추출 원칙에 따라 데이터를 수집하면 편향을 피할 수 있다.
- 모든 형태의 데이터 분석은 데이터 수집/분석 프로세스에서 생기는 편향의 위험성을 늘 갖고 있다(데이터 마이닝에서의 모델 반복 실행, 연구 시 데이터 스누핑, 흥미로운 사건의 사후 선택 등).

2 Galton, Francis. "Regression towards mediocrity in Hereditary stature." *The Journal of the Anthropological Institute of Great Britain and Ireland*, 15:246–273. JSTOR 2841583.

2.2.2 더 읽을 거리

- (놀랍게도 통계학 저널이 아닌) 의학 저널 『Plastic and Reconstructive Surgery』 2010년 8월호에 실린 크리스토퍼 파누치Christopher Pannucci와 에드윈 윌킨스Edwin Wilkins의 논문 「Identifying and Avoiding Bias in Research」는 선택편향을 포함하여 연구에서 발생할 수 있는 다양한 유형의 편향에 대해 훌륭한 리뷰를 제공한다.

- 마이클 해리스Michael Harris가 쓴 'Fooled by Randomness Through Selection Bias'는 거래자의 관점에서 주식시장 매매 방식의 선택편향에 대한 흥미로운 리뷰를 제공한다. *https://www.priceactionlab.com/Blog/2012/06/fooled-by-randomness-through-selection-bias*

2.3 통계학에서의 표본분포

통계의 **표본분포**라는 용어는 하나의 동일한 모집단에서 얻은 여러 샘플에 대한 표본통계량의 분포를 나타낸다. 고전 통계의 대부분은 (작은) 표본을 가지고 (매우 큰) 모집단을 추론하는 것과 관련 있다.

> **용어 정리**
>
> - **표본통계량**sample statistic : 더 큰 모집단에서 추출된 표본 데이터들로부터 얻은 측정 지표
> - **데이터 분포**data distribution : 어떤 데이터 집합에서의 각 개별 **값**의 도수분포
> - **표본분포**sampling distribution : 여러 표본들 혹은 재표본들로부터 얻은 표본통계량의 도수분포
> - **중심극한정리**central limit theorem : 표본크기가 커질수록 표본분포가 정규분포를 따르는 경향
> - **표준오차**standard error : 여러 표본들로부터 얻은 **표본통계량**의 변량(개별 데이터 **값**들의 변량을 뜻하는 **표준편차**와 혼동하지 말 것)

일반적으로 우리는 (**표본통계량**으로) 어떤 것을 측정하거나 (통계 또는 머신러닝 모델로) 뭔가를 모델링하기 위해 표본을 뽑는다. 우리는 표본을 통해 추정이나 모델을 하기 때문에 오류가 있을 수 있다. 다른 표본을 뽑았다면 결과가 다를 수 있으므로, 표본에 따라 결과가 얼마나 달라질지에 관심이 있다. 주요 관심사는 **표본의 변동성**sampling variability이다. 우리가 많은 양의 데

이터를 가지고 있다면 추가로 표본을 얻어서 통계의 분포를 직접 관찰할 수 있다. 보통은, 이미 최대한 많은 데이터를 사용하여 추정치 또는 모델을 계산했을 것이므로, 모집단에서 추가 표본을 얻는 옵션은 쉽게 이용할 수 없을 것이다.

> CAUTION_ 흔히 **데이터 분포**라고 알려진 개별 데이터 포인트의 분포와 **표본분포**라고 알려진 표본통계량의 분포를 구별하는 것이 중요하다.

평균과 같은 표본통계량의 분포는 데이터 자체의 분포보다 규칙적이고 종 모양일 가능성이 높다. 통계의 기반이 되는 표본이 클수록, 그럴 가능성이 높은 것이 사실이다. 또한 표본이 클수록 표본통계량의 분포가 좁아진다.

렌딩 클럽에 대출을 신청한 사람들을 평가하기 위해 연간 소득 정보를 사용하는 예를 통해 이를 설명할 수 있다(데이터에 대한 좀 더 자세한 설명은 6.1.1절을 참고). 이 데이터에서 단순히 1,000개 값으로 이뤄진 표본, 5개 값의 평균 1,000개로 이뤄진 표본, 20개 값의 평균 1,000개로 이뤄진 표본, 이렇게 3개의 표본을 뽑는다고 생각해보자. [그림 2-6]은 각 샘플의 히스토그램을 보여준다.

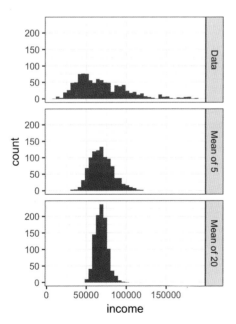

그림 2-6 대출 신청자 1,000명의 연간 소득의 히스토그램(위), n = 5일 때 1,000개 평균(중간), n = 20일 때 평균 1,000개 평균(아래)

개별 데이터 값의 히스토그램은 예상대로 넓게 분산되어 있고 한쪽으로 기울어져 있다. 5와 20의 평균에 대한 히스토그램은 갈수록 좁고 벨 모양이 된다. 다음은 시각화 패키지 **ggplot2**를 사용하여 이러한 히스토그램을 생성하는 R 코드이다.

```
library(ggplot2)
# 단순임의표본을 하나 취한다.
samp_data <- data.frame(income=sample(loans_income, 1000),
                        type='data_dist')
# 5개 값의 평균으로 이뤄진 표본을 하나 취한다.
samp_mean_05 <- data.frame(
  income = tapply(sample(loans_income, 1000*5),
                  rep(1:1000, rep(5, 1000)), FUN=mean),
  type = 'mean_of_5')
# 20개 값의 평균으로 이뤄진 표본을 하나 취한다.
samp_mean_20 <- data.frame(
  income = tapply(sample(loans_income, 1000*20),
                  rep(1:1000, rep(20, 1000)), FUN=mean),
  type = 'mean_of_20')
# data.frame 바인딩 후 factor로 형 변환
income <- rbind(samp_data, samp_mean_05, samp_mean_20)
income$type = factor(income$type,
                     levels=c('data_dist', 'mean_of_5', 'mean_of_20'),
                     labels=c('Data', 'Mean of 5', 'Mean of 20'))
# 히스토그램 그리기
ggplot(income, aes(x=income)) +
  geom_histogram(bins=40) +
  facet_grid(type ~ .)
```

파이썬 코드에서는 이 세 가지 히스토그램을 표시하기 위해 **seaborn**의 **FacetGrid**를 사용한다.

```
import pandas as pd
import seaborn as sns

sample_data = pd.DataFrame({
    'income': loans_income.sample(1000),
    'type': 'Data',
})
sample_mean_05 = pd.DataFrame({
    'income': [loans_income.sample(5).mean() for _ in range(1000)],
```

```
    'type': 'Mean of 5',
})
sample_mean_20 = pd.DataFrame({
    'income': [loans_income.sample(20).mean() for _ in range(1000)],
    'type': 'Mean of 20',
})
results = pd.concat([sample_data, sample_mean_05, sample_mean_20])

g = sns.FacetGrid(results, col='type', col_wrap=1, height=2, aspect=2)
g.map(plt.hist, 'income', range=[0, 200000], bins=40)
g.set_axis_labels('Income', 'Count')
g.set_titles('{col_name}')
```

2.3.1 중심극한정리

방금 설명한 이러한 현상을 **중심극한정리**라고 한다. 모집단이 정규분포가 아니더라도, 표본크기가 충분하고 데이터가 정규성을 크게 이탈하지 않는 경우, 여러 표본에서 추출한 평균은 종 모양의 정규곡선을 따른다(2.6절 참고). 중심극한정리 덕분에, 추론을 위한 표본분포에, 즉 신뢰구간이나 가설검정을 계산하는 데에 t 분포 같은 정규근사 공식을 사용할 수 있다.

중심극한정리는 전통적인 통계 교과서에서 절반 정도를 할애할 정도로 중요하게 다루는 가설검정과 신뢰구간의 밑바탕이 되기 때문에, 모든 참고서에서 중요하게 다룬다. 데이터 과학자들도 이 중요성을 알고 있어야 한다. 하지만 형식적인 가설검정이나 신뢰구간이 데이터 과학에서는 이 정도로 중요하지 않다. 대부분의 경우 **부트스트랩**(2.4절 참고)을 사용할 수 있기 때문에, 데이터 과학의 관점에서는 중심극한정리가 그렇게 중요하지는 않다.

2.3.2 표준오차

표준오차는 통계에 대한 표본분포의 변동성을 한마디로 말해주는 단일 측정 지표이다. 표준오차는 표본 값들의 표준편차 s와 표본크기 n을 기반으로 한 통계량을 이용하여 추정할 수 있다.

$$표준오차 = SE = \frac{s}{\sqrt{n}}$$

표본크기가 커지면 [그림 2-6]에서와 같이 표준오차가 줄어든다. 표준오차와 표본크기 사이의 관계를 때로는 **n 제곱근의 법칙**square-root of n rule이라고 한다. 즉 표준오차를 2배로 줄이려면 표본 크기를 4배 증가시켜야 한다.

표준오차 공식의 유효성은 중심극한정리를 통해 증명된다. 하지만 실제 표준오차를 이해하기 위해 중심극한정리에 너무 의존할 필요는 없다. 표준오차를 측정할 때 고려할 사항은 다음과 같다.

1. 모집단에서 완전히 새로운 샘플들을 많이 수집한다.

2. 각각의 새 샘플에 대해 통계량(예: 평균)을 계산한다.

3. 2단계에서 얻은 통계량의 표준편차를 계산한다. 이것을 표준오차의 추정치로 사용한다.

실질적으로 표준오차를 추정하기 위해 새 샘플을 수집하는 접근 방식은 일반적으로 불가능하다(통계적으로도 낭비가 심하다). 다행히 새로운 샘플을 뽑을 필요가 없다는 사실이 밝혀졌다. 대신 **부트스트랩** 재표본을 사용할 수 있다. 현대 통계에서 부트스트랩은 표준오차를 추정하는 표준 방법이 되었다. 사실상 모든 통계에 사용할 수 있으며 중심극한정리 또는 기타 분포 가정에 의존하지 않는다.

CAUTION_ **표준편차와 표준오차**

개별 데이터 포인트의 변동성을 측정하는 표준편차와 표본 측정 지표의 변동성을 측정하는 표준오차를 혼동하지 말자.

주요 개념

- 표본통계량의 도수분포는 그 해당 지표가 표본마다 다르게 나타날 수 있음을 보여준다.
- 부트스트랩 방식 혹은 중심극한정리에 의존하는 공식을 통해 표본분포를 추정할 수 있다.
- 표준오차는 표본통계량의 변동성을 요약하는 주요 지표이다.

2.3.3 더 읽을 거리

• 데이비드 레인은 온라인 멀티미디어 자료로 표본통계량, 표본크기 및 반복 횟수를 선택하면 그 결과로 나오는 도수분포를 히스토그램으로 보여주는 쓸 만한 시뮬레이션을 제공한다. *http://onlinestatbook.com/stat_sim/sampling_dist*

2.4 부트스트랩

통계량이나 모델 파라미터(모수)의 표본분포를 추정하는 쉽고 효과적인 방법은, 현재 있는 표본에서 추가적으로 표본을 복원추출하고 각 표본에 대한 통계량과 모델을 다시 계산하는 것이다. 이러한 절차를 **부트스트랩**bootstrap이라 하며, 데이터나 표본통계량이 정규분포를 따라야 한다는 가정은 꼭 필요하지 않다.

> **용어 정리**
>
> • **부트스트랩 표본**bootstrap sample : 관측 데이터 집합으로부터 얻은 복원추출 표본
> • **재표본추출(재표집, 리샘플링)**resampling : 관측 데이터로부터 반복해서 표본추출하는 과정. 부트스트랩과 순열(셔플링) 과정을 포함한다.

개념적으로 부트스트랩은 원래 표본을 수천, 수백만 번 복제하는 것이라고 생각할 수 있다. 그리고 이를 통해 원래 표본으로부터 얻어지는 모든 정보를 포함하는 가상 모집단을 얻게 된다. 그런 다음 이 가상 모집단으로부터 표본분포를 추정할 목적으로 표본을 수집할 수 있다. [그림 2-7]을 참고하자.

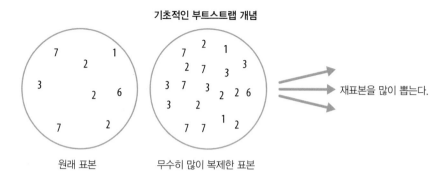

기초적인 부트스트랩 개념

원래 표본　　　　무수히 많이 복제한 표본

재표본을 많이 뽑는다.

그림 2-7 부트스트랩의 아이디어

그렇다고 표본을 실제로 엄청난 횟수로 반복 복제한다는 것은 아니다. 대신 각각의 표본을 뽑은 후 각 관측치를 다시 원래 자리에 돌려놓는다. 즉, **복원추출**한다. 이런 식의 효과적인 방법으로, 뽑을 때마다 각 원소가 뽑힐 확률은 그대로 유지하면서 무한한 크기의 모집단을 만들어낼 수 있다. 크기 n의 샘플의 평균을 구하는 부트스트랩 재표본추출 알고리즘은 다음과 같다.

1. 샘플 값을 하나 뽑아서 기록하고 다시 제자리에 놓는다.

2. n번 반복한다.

3. 재표본추출된 값의 평균을 기록한다.

4. 1~3단계를 R번 반복한다.

5. R개의 결과를 사용하여

    a. 표준편차(표본평균의 표준오차)를 계산한다.

    b. 히스토그램 또는 상자그림을 그린다.

    c. 신뢰구간을 찾는다.

R(부트스트랩 반복 횟수)은 임의로 설정한다. 반복 횟수가 많을수록 표준오차나 신뢰구간에 대한 추정이 더 정확해진다. 이런 절차를 통해 표본통계량 혹은 추정한 모델 파라미터의 부트스트랩 집합을 얻게 되고, 결과적으로 이 집합이 얼마나 변하는지를 조사할 수 있다.

R 패키지 boot는 이런 여러 단계를 하나의 함수로 제공한다. 예를 들어 다음은 앞에서 사용한 대출 신청자의 소득 데이터에 부트스트랩을 적용하는 코드다.

```
library(boot)
stat_fun <- function(x, idx) median(x[idx])
boot_obj <- boot(loans_income, R=1000, statistic=stat_fun)
```

stat_fun 함수는 인덱스 idx로 지정된 표본의 중앙값을 계산한다. 결과는 다음과 같다.

```
Bootstrap Statistics :
    original    bias    std. error
t1*   62000  -70.5595   209.1515
```

중간값의 원래 추정치는 62,000달러이다. 부트스트랩 분포는 추정치에서 약 −70달러만큼의 **편향**이 있고 약 209달러의 표준오차가 있는 것으로 나타난다. 이 알고리즘을 연속해서 여러 번 실행할 경우 결과는 약간씩 달라진다.

주요 파이썬 패키지에서는 부트스트랩 방식의 구현을 제공하지 않는다. scikit-learn의 resample 메서드를 사용하여 이를 구현할 수 있다.

```
results = []
for nrepeat in range(1000):
    sample = resample(loans_income)
    results.append(sample.median())
results = pd.Series(results)
print('Bootstrap Statistics:')
print(f'original: {loans_income.median()}')
print(f'bias: {results.mean() - loans_income.median()}')
print(f'std. error: {results.std()}')
```

부트스트랩은 다변량 데이터에도 적용될 수 있다. 여기서 각 행은 여러 변수들의 값을 포함하는 하나의 샘플을 의미한다(그림 2–8). 모델 파라미터의 안정성(변동성)을 추정하거나 예측력을 높이기 위해, 부트스트랩 데이터를 가지고 모델을 돌려볼 수 있다. 분류 및 회귀 트리(**의사 결정 트리**라고도 함)를 사용할 때, 여러 부트스트랩 샘플을 가지고 트리를 여러 개 만든 다음 각 트리에서 나온 예측값을 평균 내는 것이(분류 문제에서는 과반수 투표를 한다) 일반적으로 단일 트리를 사용하는 것보다 효과적이다. 이 프로세스를 **배깅**이라고 부른다(6.3절 참고).

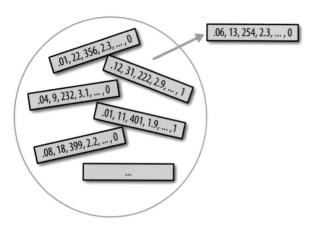

그림 2-8 다변량 부트스트랩 표본추출

부트스트랩의 반복적인 재표본추출은 개념적으로는 단순하다. 경제학자이자 인구통계학자인 줄리언 시몬Julian Simon은 『Basic Research Methods in Social Science』(Random House, 1969)에서 부트스트랩을 포함한 재표본추출 예제의 개요를 발표했다. 하지만 이는 엄청난 계산을 필요로 하는 방법이기 때문에, 고성능 컴퓨터가 널리 보급되기 전에는 현실적으로 불가능한 옵션이었다. 이 기술은 1970년대 후반과 1980년대 초, 스탠퍼드 통계학자인 브래들리 에프론Bradley Efron의 논문들과 책이 출간되면서 이름을 얻고 알려지기 시작했다. 통계학자는 아니지만 통계를 사용하는, 특히 수학적 근사가 쉽지 않은 측정 지표나 모델을 사용하는 연구자들에게 인기가 있었다. 평균의 표본분포는 1908년 이후로 잘 확립된 반면, 다른 많은 지표들의 표본분포는 그렇지 않다. 크기 n에 따라 표본분포가 어떻게 달라지는지 알아보기 위한 실험을 통해, 표본크기를 결정하는 데에 부트스트랩을 사용할 수도 있다.

부트스트랩이 처음 소개되었을 때는 상당한 의심을 받았다. 많은 사람에게 이것은 마치 짚으로 금을 만든다는 느낌이었다. 이런 의심은 부트스트랩의 목적에 대한 잘못된 이해에서 비롯된 것이다.

> **CAUTION_** 부트스트랩은 표본크기가 작은 것를 보완하기 위한 것이 아니다. 새 데이터를 만드는 것도 아니며 기존 데이터 집합의 빈 곳을 채우는 것도 아니다. 모집단에서 추가적으로 표본을 뽑는다고 할 때, 그 표본이 얼마나 원래 표본과 비슷할지를 알려줄 뿐이다.

2.4.1 재표본추출 대 부트스트래핑

종종 **재표본추출**이라는 용어는 앞서 소개한 **부트스트랩**과 비슷한 의미로 사용된다. 보통 재표본추출은 여러 표본이 결합되어 비복원추출을 수행할 수 있는 순열 과정(3.3.1절 참고)을 포함한다. 부트스트랩은 항상 관측된 데이터로부터 복원추출한다는 것을 의미한다.

주요 개념

- 부트스트랩(데이터로부터 복원추출)은 표본통계량의 변동성을 평가하는 강력한 도구이다.
- 부트스트랩은 표본분포의 수학적 근사치에 대한 엄청난 연구 없이도 다양한 환경에서 유사한 방식으로 적용될 수 있다.
- 또한 수학적 근사가 어려운 통계량에 대해서도 샘플링 분포를 추정할 수 있다.
- 예측 모델을 적용할 때, 여러 부트스트랩 표본들로부터 얻은 예측값을 모아서 결론을 만드는 것(배깅)이 단일 모델을 사용하는 것보다 좋다.

2.4.2 더 읽을 거리

- 브래들리 에프론과 로버트 팁시라니[Robert Tibshirani]가 쓴 『An Introduction to the Bootstrap』(1993, Chapman Hall)은 부트스트랩에 대한 첫 번째 책이다. 여전히 널리 읽힌다.

- 『Statistical Science』 2003년 5월호(18권 2호)에서는 기존의 부트스트랩 연구들을 회고하면서, 줄리언 시몬이 1969년에 처음으로 소개한 부트스트랩에 관한 내용을 다루었다.

- 개러스 제임스[Gareth James], 다니엘라 위튼[Daniela Witten], 트레버 해스티[Trevor Hastie], 로버트 팁시라니 등이 쓴 『An Introduction to Statistical Learning』(Springer, 2013)에서 부트스트랩, 특히 배깅 부분을 참고하자.

2.5 신뢰구간

도수분포표, 히스토그램, 상자그림, 표준오차는 모두 표본추정에서 잠재적인 오차를 이해하는 방법이다. 신뢰구간은 이들과 다른 방법이다.

- **신뢰수준**confidence level : 같은 모집단으로부터 같은 방식으로 얻은, 관심 통계량을 포함할 것으로 예상되는, 신뢰구간의 백분율
- **구간끝점**interval endpoint : 신뢰구간의 최상위, 최하위 끝점

사람들은 보통 불확실성에 대해 자연스러운 반감이 있다. 사람들(특히 전문가)은 '잘 모른다'는 식으로 말하는 것을 꺼려한다. 분석가들이나 관리자들은 불확실성을 인정하면서도, 그것이 어떤 단일 수치(**점추정**)로 제시될 때, 추정치에 과도한 믿음을 둔다. 단일 수치가 아닌 어떤 범위로 추정치를 제시하는 것이 이러한 경향을 막는 방법이다. 신뢰구간은 통계적 샘플링 원칙에 근거한다.

신뢰구간은 항상 90% 또는 95%와 같이 (높은) 백분율로 표현되는 포함 수준과 함께 나온다. 90% 신뢰구간이란, 표본통계량의 부트스트랩 표본분포의 90%를 포함하는 구간을 말한다(1.4절 참고). 더 일반적으로, 표본추정치 주위의 x% 신뢰구간이란, 평균적으로 유사한 표본추정치 x% 정도(비슷한 샘플링 절차를 따랐을 때)가 포함되어야 한다.

표본크기 n과 관심 있는 표본통계량이 주어졌을 때, 부트스트랩 신뢰구간을 구하는 법은 다음과 같다.

1. 데이터에서 복원추출 방식으로 크기 n인 표본을 뽑는다(재표본추출).

2. 재표본추출한 표본에 대해 원하는 통계량을 기록한다.

3. 1~2단계를 R번 반복한다.

4. x% 신뢰구간을 구하기 위해, R개의 재표본 결과의 분포 양쪽 끝에서 $[(100-x)/2]$%만큼 잘라낸다.

5. 절단한 점들은 x% 부트스트랩 신뢰구간의 양 끝점이다.

[그림 2-9]는 대출 신청자의 평균 연간 소득에 대한 90% 신뢰구간을 보여준다. 평균이 55,734달러[3]인 20개 표본에서 얻은 결과다.

3　옮긴이_ [그림 2-9]에 표시된 평균 55,836은 부트스트랩 분석의 평균이므로 혼동하지 말자.

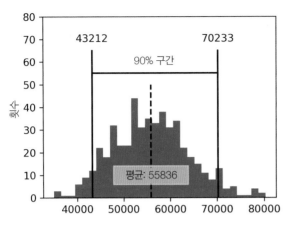

그림 2-9 20명 표본으로 구한 대출 신청자의 연간 소득에 대한 부트스트랩 신뢰구간

부트스트랩은 대부분의 통계량 혹은 모델 파라미터에 대한 신뢰구간을 생성하는 데 사용할 수 있는 일반적인 기법이다. 반세기 넘도록 컴퓨터가 없던 시절 통계 교과서 및 소프트웨어에서는 수식, 특히 t 분포(2.8절 참고)로 구한 신뢰구간을 사용했다.

> **NOTE_** 물론 표본 결과를 얻었을 때 정말로 궁금한 것은 '참값이 일정 구간 안에 있을 확률은 얼마인가?'이다. 신뢰구간이 이 질문에 대한 답을 주는 것은 아니지만, 결국 대부분의 사람이 이 질문에 대한 대답을 설명하는 근거로 신뢰구간을 사용한다.
>
> 신뢰구간과 관련된 확률 문제는 '표본추출 절차와 모집단이 주어지면 ~할 확률은 얼마인가?'라는 문구로 시작된다. 반대로 '표본 결과가 주어졌을 때, (모집단에 대해 어떤 것이 참일) 확률은 무엇인가?'라는 질문은 더 복잡한 계산과 불확실한 요소를 필요로 한다.

신뢰구간과 관련된 백분율을 **신뢰수준**이라고 부른다. 신뢰수준이 높을수록 구간이 더 넓어진다. 또한, 표본이 작을수록 구간이 넓어진다(즉, 불확실성이 더 커진다). 두 가지 모두 말이 된다. 더 확실할수록, 데이터가 적을수록, 확실히 참값을 얻기에 충분한 신뢰구간을 확보해야 한다.

> **NOTE_** 데이터 과학자는 신뢰구간을 통해 표본 결과가 얼마나 달라질 수 있는지 알 수 있다. 데이터 과학자들이 학술 논문을 발표하거나 규제 기관에 결과를 보고하는 데 이런 정보들을 사용하지는 않을 것이다. 대신 추정에 대한 잠재적인 오류를 알려주거나, 더 큰 표본이 필요한지 여부를 파악하는 용도로 이것들을 사용할 것이다.

2.5.1 더 읽을 거리

• 신뢰구간에 대한 부트스트랩 접근법은 피터 브루스의 『Introductory Statistics and Analytics: A Resampling Perspective』(Wiley, 2014) 또는 로빈 록[Robin Lock] 등이 쓴 『Statistics: Unlocking the Power of Data, 2nd ed.』(Wiley, 2016)를 참고하라.

• 측정의 정확도를 눈여겨볼 필요가 있는 엔지니어링 분야에서는 다른 많은 분야들보다 신뢰구간을 자주 사용한다. 톰 라이언[Tom Ryan]이 쓴 『Modern Engineering Statistics』(Wiley, 2007)는 신뢰구간에 대한 논의를 담고 있다. 또한 유용성에 비해 관심을 별로 받지 못하는 예측구간(평균 또는 다른 요약통계와는 다른, 단일 값 주위의 구간)에 대해서도 다룬다.

2.6 정규분포

종 모양의 **정규분포**[normal distribution]는 전통적인 통계의 상징이다.[4] 표본통계량 분포가 보통 어떤 일정한 모양이 있다는 사실은 이 분포를 근사화하는 수학 공식을 개발하는 데 강력한 도구가 되었다.

---

4 이 종형 곡선은 통계에서 매우 상징적인 동시에 아마도 과대평가된 측면이 있다. 통계학 개론 교육 이론에 이바지한 것으로 알려진 마운트 홀리오크 칼리지의 통계학자 조지 W. 콥(George W. Cobb)은 2015년 11월 『American Statistician』의 사설에서 "정규분포를 중심으로 하는 표준적인 입문 과정 때문에 실제 유용함 이상으로 그 중심성이 유지되어왔다"라고 주장했다.

- **오차**error : 데이터 포인트와 예측값 혹은 평균 사이의 차이
- **표준화(정규화)하다**standardize : 평균을 빼고 표준편차로 나눈다.
- **z 점수**z-score : 개별 데이터 포인트를 정규화한 결과
- **표준정규분포**standard normal distribution : 평균=0, 표준편차=1인 정규분포
- **QQ 그림**QQ-plot : 표본분포가 특정 분포(예: 정규분포)에 얼마나 가까운지를 보여주는 그림

정규분포(그림 2-10)에서 데이터의 68%는 평균의 표준편차 내에 속하며 95%는 표준편차 두 배수 내에 있다.

CAUTION_ 대부분의 데이터가 정규분포를 따르기 때문에, 즉 이게 정상이기 때문에 정상적인normal 분포라고 부르는 것은 아니다. 실제로 전형적인 데이터 과학 프로젝트에서 사용되는 대부분의 변수들, 실제 대부분의 원시 데이터는 전반적으로 정규분포를 따르지 **않는다**(2.7절 참고). 표본분포에서 대부분의 통계량이 정규분포를 **따른다**는 점에서 정규분포의 유용함이 드러날 뿐이다. 설령 그렇다 해도 일반적으로 정규분포 가정은 경험적 확률분포나 부트스트랩 분포를 구할 수 없는 경우 사용되는 최후의 수단이다.

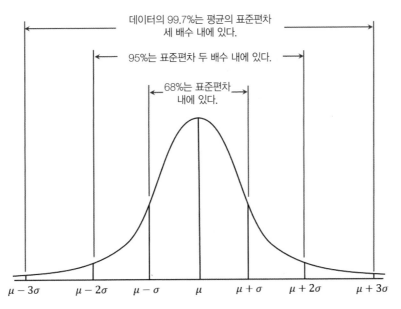

그림 2-10 정규곡선

2.6.1 표준정규분포와 QQ 그림

표준정규분포는 x축의 단위가 평균의 표준편차로 표현되는 정규분포를 말한다. 데이터를 표준정규분포와 비교하려면 데이터에서 평균을 뺀 다음 표준편차로 나누면 된다. 이를 **정규화**^{normalization} 또는 **표준화**^{standardization}라고 한다(6.1.4절 참고). 여기서의 '표준화'는 데이터베이스 레코드의 표준화(공통 포맷으로의 변환)와 관련이 없다는 점에 유의하자. 이렇게 변환한 값을 **z 점수**라고 하며, 정규분포를 **z 분포**^{z-distribution}라고도 한다.

QQ 그림은 표본이 특정 분포(이 경우 정규분포)에 얼마나 가까운지를 시각적으로 판별하는 데 사용된다. QQ 그림은 z 점수를 오름차순으로 정렬하고 각 값의 z 점수를 y축에 표시한다. x축은 정규분포에서의 해당 분위수를 나타낸다. 데이터가 표준화되었기 때문에, 단위는 평균으로부터 떨어진 데이터의 표준편차 수에 해당한다. 점들이 대략 대각선 위에 놓이면 표본분포가 정규분포에 가까운 것으로 간주할 수 있다. [그림 2-11]은 정규분포에서 임의로 생성한 100개의 값에 대한 QQ 그림을 보여준다. 예상대로 점들이 대각선에 가깝게 따라가는 것을 볼 수 있다. 이 그림은 R의 qqnorm 함수를 사용하여 만들 수 있다.

```
norm_samp <- rnorm(100)
qqnorm(norm_samp)
abline(a=0, b=1, col='grey')
```

파이썬에서는 scipy.stats.probplot 메서드를 사용하여 QQ 그림을 만든다.

```
fig, ax = plt.subplots(figsize=(4, 4))
norm_sample = stats.norm.rvs(size=100)
stats.probplot(norm_sample, plot=ax)
```

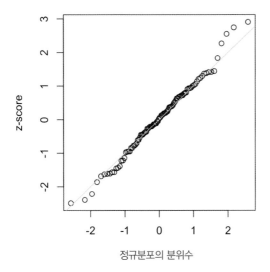

그림 2-11 표준정규분포로부터 추출한 100개 표본의 QQ 그림

주요 개념

- 정규분포는 불확실성과 변동성에 관한 수학적 근사가 가능하도록 했다. 이는 통계의 역사적 발전에 필수적이었다.
- 원시 데이터 자체는 대개 정규분포가 아니지만, 표본들의 평균과 합계, 그리고 오차는 많은 경우 정규분포를 따른다.
- 데이터를 z 점수로 변환하려면 데이터의 값에서 평균을 빼고 표준편차로 나눈다. 그러면 데이터를 정규분포와 비교할 수 있다.

2.7 긴 꼬리 분포

역사적으로 통계에서의 정규분포의 중요성에도 불구하고, 그리고 그 이름에 담긴 '정상적'이라는 의미와는 달리, 데이터는 일반적으로 정규분포를 따르지 않는다.

오차나 표본통계량의 분포를 볼 때 정규분포는 적절하고 유용하지만, 정규분포가 일반적으로 원시 데이터 분포의 특징을 나타내지는 않는다. 때로는 분포가 소득 데이터와 같이 비스듬(비대칭asymmetric)하게 기울어져 있거나 이항 데이터같이 이산적일 수 있다. 대칭 및 비대칭 분포 모두 **긴 꼬리**long tail를 가질 수 있다. 분포의 꼬리는 양 극한값에 해당한다. 실무에서는 긴 꼬리와 긴 꼬리를 잘 들여다보는 것을 중요하게 여긴다. 나심 탈레브는 주식시장의 붕괴와 같은 이례적인 사건이, 정규분포로 예측되는 것보다 훨씬 더 자주 일어날 수 있다고 예측하는 **흑고니 이론**black swan theory을 제안했다.

주가수익률은 데이터의 긴 꼬리 특성을 설명하기 위한 좋은 예다.

[그림 2-12]는 넷플릭스(NFLX)의 일일 주식 수익률에 대한 QQ 그림이다. 이 그림은 다음 R 코드로 생성한다.

```r
nflx <- sp500_px[,'NFLX']
nflx <- diff(log(nflx[nflx>0]))
qqnorm(nflx)
abline(a=0, b=1, col='grey')
```

파이썬 코드에서는 다음과 같이 생성한다.

```python
nflx = sp500_px.NFLX
nflx = np.diff(np.log(nflx[nflx>0]))
fig, ax = plt.subplots(figsize=(4, 4))
stats.probplot(nflx, plot=ax)
```

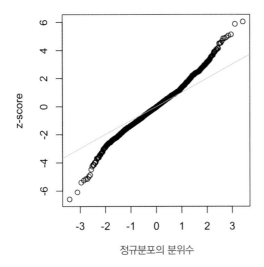

그림 2-12 넷플릭스(NFLX)의 일일 주식 수익률에 대한 QQ 그림

[그림 2-12]는 [그림 2-11]과 달리 낮은 값의 점들은 대각선보다 훨씬 낮고 높은 값은 선보다 훨씬 위에 위치한다. 이는 데이터가 정규분포를 따르지 않는다는 것을 의미한다. 또한 이는 데이터가 정규분포를 따른다고 할 때 예상되는 것보다 훨씬 더 많은 극단값을 관찰할 가능성이 있음을 의미한다. [그림 2-12]는 또 한 가지 다른 일반적인 현상을 보여준다. 평균에서 표준편차 이내에 있는 데이터의 점들은 선에 가까이 있다. 투키는 데이터가 '중간에서는 정상'이면서 더 긴 꼬리를 갖는 현상에 대해 언급한 바 있다.[5]

> **NOTE_** 관측된 자료에 적합한 통계 분포를 찾는 작업에 관한 통계학 문헌이 많다. 적합한 통계 분포를 찾는 일은 과학 못지않은 일종의 기술이다. 너무 데이터만을 보고 판단하지 말라. 데이터는 가변적이며, 겉으로 보기에는 하나가 아닌 여러 유형의 분포와 일치할 수 있다. 일반적으로 주어진 상황을 묘사하기에 적합한 분포 유형을 결정하기 위해, 분야 지식과 통계 지식을 모두 활용해야 한다. 예를 들어 5초마다 연속적으로 서버의 인터넷 트래픽 수준에 대한 데이터를 얻는다고 하자. 푸아송 분포가 '시간 주기별 이벤트'를 모델링하는 데 가장 적합한 분포라는 사전 지식이 있다면 큰 도움이 될 것이다(2.10절 참고).

5 Tukey, John W. *The Collected Works of John W. Tukey. Vol. 4, Philosophy and Principles of Data Analysis: 1965–1986*, edited by Lyle V. Jones, Boca Raton, Fla.: Chapman & Hall/CRC Press, 1987.

> **주요 개념**
>
> • 대부분의 데이터는 정규분포를 따르지 않는다.
>
> • 정규분포를 따를 것이라는 가정은, 자주 일어나지 않는 예외 경우('흑고니')에 관한 과소평가를 가져올 수 있다.

2.7.1 더 읽을 거리

• 나심 니콜라스 탈레브, 『블랙 스완』(동녘사이언스, 2018)

• K. 크리슈나무티K. Krishnamoorthy, 『Handbook of Statistical Distributions with Applications, 2nd ed.』(Chapman & Hall/CRC Press, 2016)

2.8 스튜던트의 t 분포

t 분포t-distribution는 정규분포와 생김새가 비슷하지만, 꼬리 부분이 약간 더 두껍고 길다. t 분포는 표본통계량의 분포를 설명하는 데 광범위하게 사용된다. 표본평균의 분포는 일반적으로 t 분포와 같은 모양이며, 표본크기에 따라 다른 계열의 t 분포가 있다. 표본이 클수록 더 정규분포를 닮은 t 분포가 형성된다.

> **용어 정리**
>
> • **n** : 표본크기
>
> • **자유도**degrees of freedom : 다른 표본크기, 통계량, 그룹의 수에 따라 t 분포를 조절하는 변수

1908년 윌리엄 고셋이 『Biometrika』에 '학생(Student)'이라는 필명으로 논문을 발표하는 바람에, 종종 **스튜던트의 t 분포**라고 불린다. 고셋이 근무하던 기네스는 자신들이 통계 방법을 사용한다는 사실을 경쟁 업체에게 알리고 싶지 않았다. 그래서 고셋은 이 논문에 자신의 이름을 사용하지 못했다.

고셋은 '더 큰 모집단에서 추출한 표본평균의 표본분포는 무엇인가?'라는 질문에 대한 답을 찾고 싶어했다. 그는 재표본추출 실험을 시작했다. 범죄자들의 신장과 왼손 가운뎃손가락 길이 데이터 3,000건에서 무작위로 4개의 표본을 추출한다(우생학 시대가 되면서, 범죄자들에 대한 데이터와 신체적 또는 심리적 특징들과 범죄 경향 사이의 상관관계를 밝히는 데 관심이 많아졌다). 그는 x축에 표준화된 결과(z 점수)를, y축에 빈도를 나타내는 도표를 만들었다. 별도로 그는 오늘날 스튜던트의 t로 알려진 함수를 유도해냈고, 표본 결과에 가장 적합한 함수를 구했으며, 그림으로 둘을 비교해 보았다(그림 2-13).

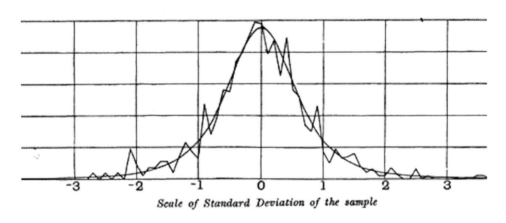

그림 2-13 고셋의 재표본추출 실험 결과와 t 곡선(1908년 『Biometrika』에 실린 논문에서)

표준화된 여러 통계 자료를 t 분포와 비교하여 신뢰구간을 추정할 수 있다. 표본평균이 $\bar{x}$ 인, 크기 n의 표본이 있다고 가정하자. s가 표본표준편차라면, 표본평균 주위의 90% 신뢰구간은 다음과 같이 주어진다.

$$\bar{x} \pm t_{n-1}\left(0.05\right) \cdot \frac{s}{\sqrt{n}}$$

여기서 $t_{n-1}(.05)$는 $(n-1)$ 자유도(3.7절 참고)를 갖는 t 분포의 양쪽 끝에서 5%를 '잘라내는' t 통계량을 의미한다. 표본평균, 두 표본평균 간의 차이, 회귀 파라미터, 그 외 다른 통계량들의 분포를 구할 때 t 분포를 사용한다.

지금과 같은 성능의 컴퓨터가 1908년부터 널리 보급됐다면, 초기부터 통계학은 계산을 많이 필요로 하는 재표본추출 방법을 훨씬 더 많이 이용했을 것이다. 컴퓨터가 없던 시절, 통계학자들은 표본분포를 근사화하기 위한 수학적 기법과 t 분포와 같은 함수로 눈을 돌렸다. 1980년대 들어오면서 컴퓨터로 실용적인 재표본추출 실험이 가능해졌지만, 그땐 이미 교과서와 소프트웨어에 t 분포나 그와 유사한 다른 분포함수들을 사용하는 것이 깊이 자리 잡혀 있었다.

표본통계량의 상태를 묘사할 때 t 분포의 정확도는 표본에 대한 통계량의 분포가 정규분포를 따른다는 조건을 필요로 한다. 원래 모집단이 정규분포를 따르지 않을 때조차도, 표본통계량은 보통 정규분포를 **따르는** 것으로 나타났다(t 분포가 널리 적용되는 이유). 이는 이미 앞에서 봤던 현상으로 **중심극한정리**라고 부른다(2.3.1절 참고).

> **NOTE_** 데이터 과학자가 t 분포와 중심극한정리에 대해 알아야 할 것은 무엇일까? 실은 별로 없다. t 분포는 고전적인 통계적 추론에 사용되기는 하지만, 데이터 과학이 주로 추구하는 목적과는 조금 거리가 있다. 데이터 과학자에게는 불확실성과 변동성을 이해하고 정량화하는 것이 중요하다. 이러한 목적을 위해서라면, 경험적 부트스트랩 표본추출을 통해서도 표본 오차에 대한 대부분의 질문에 답을 얻을 수 있다. 하지만 데이터 과학자들은 R과 같은 통계 소프트웨어 혹은 A/B 검정이나 회귀분석 같은 통계 절차를 통해 나온 t 통계량을 매일 만나게 될 테니 알아두면 도움이 된다.

> **주요 개념**
>
> - t 분포는 정규분포와 비슷한데 꼬리만 조금 더 두꺼운 형태이다.
> - t 분포는 표본평균, 두 표본평균 사이의 차이, 회귀 파라미터 등의 분포를 위한 기준으로 널리 사용된다.

2.8.1 더 읽을 거리

- 1908년 『Biometrika』에 실린 윌리엄 고셋의 논문은 PDF로 볼 수 있다. *http://seismo.berkeley.edu/~kirchner/eps_120/Odds_n_ends/Students_original_paper.pdf*

- t 분포의 표준 사용법은 데이비드 레인의 온라인 자료에서 찾을 수 있다. *http://onlinestatbook.com/2/estimation/t_distribution.html*

2.9 이항분포

이항식(예/아니요)의 결론은 구매/구매하지 않음, 클릭/클릭하지 않음, 생존/사망 등과 같은 의사 결정 과정에서 아주 중요하기 때문에, 분석에서 핵심이라고 할 수 있다. 이항분포를 이해할 때 핵심은 일련의 **시행**들이라는 아이디어인데, 각 시행은 정해진 확률로 두 가지 결과를 갖는다.

예를 들어 동전 던지기를 10번 하는 것은 2가지 가능한 결과(앞면 혹은 뒷면)를 갖는 시행을 10번 하는 이항 실험이다(그림 2-14). 이렇게 예/아니요 또는 0/1 결과를 **이진** 결과라고 하며, 꼭 50대 50의 확률을 가질 필요는 없다. 확률의 합이 1.0이 되면 된다. 통계에서는 통상적으로 1이 **성공**을 의미한다. 또한 덜 나오는 결과에 1을 지정하는 것이 일반적이다. 성공이라는 용어가 꼭 결과가 바람직하거나 유익하다는 것을 의미하지는 않지만, 관심 있는 결과를 나타내는 데 사용하는 경향이 있다. 예를 들어 대출 연체 또는 사기 거래는 예상하고자 하는 상대적으로 드문 사건이므로 1 또는 '성공'이라고 한다.

그림 2-14 버팔로 니켈 동전의 뒷면

용어 정리

- **시행**trial : 독립된 결과를 가져오는 하나의 사건(예: 동전 던지기)
- **성공**success : 시행에 대한 관심의 결과(유의어: 1, 즉 0에 대한 반대)
- **이항식**binomial : 두 가지 결과를 갖는다(유의어: 예/아니요, 0/1, 이진)
- **이항시행**binomial trial : 두 가지 결과를 가져오는 시행(유의어: 베르누이 시행)
- **이항분포**binomial distribution : n번 시행에서 성공한 횟수에 대한 분포(유의어: 베르누이 분포)

이항분포란, 각 시행마다 그 성공 확률(p)이 정해져 있을 때, 주어진 시행 횟수(n) 중에서 성공한 횟수(x)의 도수분포를 의미한다. n과 p 값에 따라 다양한 이항분포들이 있다. 이항분포로 답하고자 하는 것은 다음과 같은 질문이다.

> 한 번의 클릭이 판매로 이어질 확률이 0.02일 때, 200회 클릭으로 0회 매출을 관찰할 확률은 얼마인가?

R 함수 dbinom은 이항 확률을 계산할 때 사용한다.

```
dbinom(x=2, size=5, p=0.1)
```

위 코드는 0.0729를 반환할 것이다. 이는 size = 5인 시행에서 각 시행의 성공 확률이 p = 0.1일 때 정확히 x = 2인 성공이 나올 확률을 의미한다. 위의 예에서는 x = 0, size = 200, p = 0.02를 사용한다. 이러한 인수를 사용할 때 dbinom은 0.0176의 확률을 반환한다.

보통은 n번의 시도에서 x번 또는 그 이하로 성공할 확률이 얼마일지 알아보는 데 관심이 있다. 이럴 경우, pbinom 함수를 사용한다.

```
pbinom(2, 5, 0.1)
```

이것은 0.9914를 출력할 것이다. 이는 성공 확률이 0.1인 시행을 다섯 번 했을 때, 두 번 이하의 성공을 관찰할 확률을 의미한다.

파이썬에서 scipy.stats 모듈은 다양한 통계 분포를 구현해놓았다. 이항분포의 경우 stats.binom.pmf와 stats.binom.cdf 함수를 사용한다.

```
stats.binom.pmf(2, n=5, p=0.1)
stats.binom.cdf(2, n=5, p=0.1)
```

이항분포의 평균은 $n \times p$이다. 성공 확률 = p인 경우, n번의 시행에서 예상되는 성공 횟수로 생각할 수도 있다.

분산은 $n \times p(1-p)$이다. 시행 횟수가 충분할 경우(특히 p가 0.50에 가까울 때) 이항분포는 사실상 정규분포와 구별이 어렵다. 실제로 표본크기가 커질수록 이항 확률을 구하기 위해선 많은 계산이 필요하다 보니, 대부분의 통계 절차에서는 평균과 분산으로 근사화한 정규분포를 사용한다.

> **주요 개념**
>
> - 이항 결과는 무엇보다도 중요한 결정 사항들(구매/구매하지 않거나, 클릭/ 클릭하지 않거나, 생존/죽음 등)을 나타내므로 모델을 만드는 데 매우 중요하다.
> - 이항시행은 두 가지 결과, 즉 하나는 확률 p, 다른 하나는 확률 $(1-p)$인 실험을 말한다.
> - n이 크고 p가 0 또는 1에 너무 가깝지 않은 경우, 이항분포는 정규분포로 근사할 수 있다.

2.9.1 더 읽을 거리

- 이항분포를 설명하기 위한 핀볼 같은 시뮬레이션 장치로 quincunx라는 것이 있다. *https://www.mathsisfun.com/data/quincunx.html*

- 이항분포는 기초 통계의 필수 요소이며, 모든 기초 통계 학습서에서 한 장 혹은 두 장에 걸쳐 다루는 주제이다.

2.10 카이제곱분포

통계학에서 중요한 개념에는 범주의 수에 대해 기댓값에서 이탈하는 것이 있다. 기댓값이란 '데이터에서 특이하거나 주목할 만한 것이 없다'(예: 변수 혹은 예측 가능한 패턴 사이에 상관관계가 없음)는 의미로 대략 정의할 수 있다. 이를 '귀무가설(영가설)' 또는 '귀무 모델'이라고도 한다(3.2.1절 참고). 예를 들어 한 변수(예를 들어 성별을 나타내는 행 변수)가 다른 변수(예를 들어 '직장에서 승진'을 나타내는 열 변수)와 독립적인지 검정하고 데이터 테이블의 각 셀에 있는 숫자에 의미가 있는지 검정할 수 있다. 카이제곱통계량은 검정 결과가 독립성에 대한 귀무 기댓값에서 벗어난 정도를 측정하는 통계량이다. 이것은 관측값과 기댓값의 차이를 기댓값의 제곱근으로 나눈 값을 다시 제곱하고 모든 범주에 대해 합산한 값이다. 이 과정은 통계량을 표준화하여 참조 분포와 비교가 가능하다. 더 일반적으로 카이제곱통계량은 관측 데이터가 특정 분포에 '적합'한 정도를 나타낸다(적합도검정). 여러 처리('A/B/C … 검정')의 효과가 서로 다른지 여부를 결정하는 데 유용하다.

카이제곱분포는 귀무 모델에서 반복적으로 재표본추출한 통계량 분포다. 자세한 알고리즘은 3.9절을 참고하고 데이터 테이블에 대한 카이제곱 공식을 참조한다. 개수 집합에 대해 카이제곱 값이 낮다는 것은 기대 분포를 거의 따르고 있음을 나타낸다. 카이제곱 값이 높은 것은 기대한 것과 현저하게 다르다는 것을 나타낸다. 다양한 자유도에 따라 다양한 카이제곱분포가 있다 (예를 들어, 관측 데이터 수에 따라 다르다. 3.7절 참조).

> **주요 개념**
> - 카이제곱분포는 일반적으로 범주에 속하는 주제 또는 항목의 수와 관련이 있다.
> - 카이제곱통계는 귀무 모델의 기댓값에서 벗어난 정도를 측정한다.

2.10.1 더 읽을 거리

- 카이제곱분포는 현대 통계에서 위대한 통계 학자 칼 피어슨과 가설검정의 탄생 덕분이다. 데이비드 살스버그의 『The Lady Tasting Tea : How Statistics Revolutionized Science in the 20th Century』(W. H. 프리먼, 2001)에서 이에 대해 자세히 다룬다.

- 더 자세한 설명은 3.9절 카이제곱검정 부분을 참조하자.

2.11 F 분포

과학 실험의 일반적인 절차는 여러 그룹에 걸쳐 서로 다른 처리를 테스트하는 것이다. 예를 들어 어떤 밭에 구역별로 다른 비료를 사용한다. 이것은 카이제곱분포(2.10절 참조)에서 말한 A/B/C 검정과 유사하지만 횟수가 아닌 연속된 관측값을 처리한다. 이 경우 그룹 평균 간의 차이가 정규 무작위 변동에서 예상할 수 있는 것보다 얼마나 큰지에 관심이 있다. F 통계량은 이를 측정하는 것이고, 각 그룹 내 변동성(잔차 변동성이라고도 한다)에 대한 그룹 평균 간 변동성의 비율을 의미한다. 이러한 비교를 **분산분석**analysis of variance (ANOVA)이라고 한다(3.8절 참조). F 통계량의 분포는 모든 그룹의 평균이 동일한 경우(즉, 귀무 모델) 무작위 순열 데이터에 의해 생성되는 모든 값의 빈도 분포다. 서로 다른 자유도에 따라 다양한 F 분포가 있다(예를 들어, 그룹 수. 3.7절 참조). F 계산은 3.8절에서 자세히 설명한다. F 통계량은 회귀모형에 의해 설명된 변동성을 데이터 전체의 변동과 비교하기 위해 선형회귀에도 사용된다. F 통계량은 회귀 및 ANOVA 루틴의 일부로 R과 파이썬에 의해 자동으로 생성된다.

> **주요 개념**
> - F 분포는 측정된 데이터와 관련한 실험 및 선형 모델에 사용된다.
> - F 통계량은 관심 요인으로 인한 변동성과 전체 변동성을 비교한다.

2.11.1 더 읽을 거리

- 조지 코브의 『Introduction to Design and Analysis of Experiments』(Wiley, 2008)에서 분산성분 분해에 대해 훌륭하게 설명한다. ANOVA와 F 통계를 이해하는 데 도움이 된다.

2.12 푸아송 분포와 그 외 관련 분포들

- 많은 작업이 주어진 어떤 비율에 따라 임의로 사건들을 발생시킨다. 웹사이트 방문객 수, 톨게이트에 들어오는 자동차(시간에 따른 사건), 혹은 1제곱미터당 건물의 결함, 코드 100줄당 오타(공간에 따른 사건) 같은 예를 들 수 있다.

용어 정리

- **람다**lambda : 단위 시간이나 단위 면적당 사건이 발생하는 비율
- **푸아송 분포**Poisson distribution : 표집된 단위 시간 혹은 단위 공간에서 발생한 사건의 도수분포
- **지수분포**exponential distribution : 한 사건에서 그다음 사건까지의 시간이나 거리에 대한 도수분포
- **베이불 분포**Weibull distribution : 사건 발생률이 시간에 따라 변화하는, 지수분포의 일반화된 버전

2.12.1 푸아송 분포

이전 집계 데이터(예: 연간 독감 감염 수)를 통해, 시간 단위 혹은 공간 단위에서의 평균적인 사건의 수(예: 일일 감염 혹은 인구 조사 단위당 감염 수)를 추정할 수 있다. 하지만 시간별 혹은 공간별로 사건 발생이 얼마나 다른지 알고 싶을 때가 있다. 푸아송 분포는 시간 단위 또는 공간 단위로 표본들을 수집할 때, 그 사건들의 분포를 알려준다. '5초 동안 서버에 도착한 인터넷 트래픽을 95%의 확률로 완벽하게 처리하는 데 필요한 용량은 얼마일까?' 같은 대기행렬 관련 질문을 처리할 때 유용하다.

푸아송 분포의 핵심 파라미터는 λ(람다)이다. 람다는 어떤 일정 시간/공간의 구간 안에서 발생한 평균 사건 수를 의미한다. 푸아송 분포의 분산 역시 λ이다.

대기행렬 시뮬레이션에서 푸아송 분포를 따르는 난수를 생성하는 것이 잘 알려진 기법이다. R의 rpois 함수는 발생시킬 난수의 개수과 람다, 이 두 인수를 입력받아 처리한다.

```
rpois(100, lambda=2)
```

파이썬에서 같은 역할을 하는 scipy 함수는 stats.poisson.rvs다.

```
stats.poisson.rvs(2, size=100)
```

이 코드는 $\lambda = 2$인 푸아송 분포에서 난수 100개를 생성한다. 예를 들어 고객 서비스 센터에 1분당 평균 2회로 문의 전화가 접수된다면, 이 코드는 100분을 시뮬레이션하여 100분당 문의 전화 횟수를 알려준다.

2.12.2 지수분포

푸아송 분포에 사용된 것과 동일한 변수 λ를 사용하여 사건과 사건 간의 시간 분포를 모델링할 수 있다. 웹사이트 방문이 일어난 시간 또는 톨게이트에 자동차가 도착하는 시간 사이를 예로 들 수 있다. 공학 분야에서는 고장이 발생하는 시간을 모델링한다거나, 프로세스 관리에서는 개별 고객 상담에 소요되는 시간을 모델링하는 데도 사용한다. 지수분포에서 난수를 생성하기 위한 R 코드에는 두 개의 인수, **n**(난수 발생 개수)과 **비율**(시간 주기당 사건 수)을 사용한다.

```
rexp(n=100, rate=0.2)
```

stats.expon.rvs 함수에서 인수의 순서는 정반대다.

```
stats.expon.rvs(scale=1/0.2, size=100)
stats.expon.rvs(scale=5, size=100)
```

이 코드는 주기별 평균 사건 수가 0.2인 지수분포에서 난수 100개를 생성한다. 따라서 분당 평균적으로 0.2회 서비스 문의 전화가 걸려오는 경우, 100분 동안의 서비스 센터 문의 전화를 시뮬레이션할 수 있다.

푸아송이나 지수분포에 대한 시뮬레이션 연구에서 핵심은 λ가 해당 기간 동안 일정하게 유지된다는 가정이다. 전반적으로 이는 거의 적절하지 않다. 예를 들어 도로의 교통 상황이나 데이터 망의 트래픽은 시간대와 요일에 따라 같을 수가 없다. 그러나 시간 주기 또는 공간을, 일정 기간 충분히 동일하도록homogeneous 영역을 잘 나눈다면, 해당 기간 내의 분석 및 시뮬레이션이 가능하다.

2.12.3 고장률 추정

많은 응용 분야에서 사건 발생 비율 λ는 이미 알려져 있거나, 이전 데이터를 통해 추정할 수 있다. 하지만 드물게 발생하는 사건의 경우 반드시 그렇지는 않다. 예를 들어 항공기 엔진 고장은 감사하게도 정말 드물게 일어나는 사건이다. 주어진 엔진 유형에 대해, 고장이 발생하는 사건 사이의 시간을 예측하기 위한 데이터가 거의 없다. 데이터가 전혀 없다면 사건 발생률을 추정할 아무런 근거도 없다. 그러나 몇 가지 추측을 할 수는 있다. 20시간 후에도 아무런 일도 일어나지 않았다면, 시간당 발생률이 1이 아니라는 것은 분명히 알 수 있다. 이렇게 시뮬레이션 또는 확률의 직접 계산을 통해 다른 가상 사건 발생률을 평가하고, 그 이하로 떨어지지 않을 임곗값을 추산할 수 있다. 데이터가 있긴 하지만 정확하고 신뢰할 만한 발생률을 추정하기에 충분하지 않은 경우, 적합도검정(3.9절 참고)을 통해 적용한 여러 발생률 중 어떤 것이 관찰된 데이터에 가장 적합한지를 알 수 있다.

2.12.4 베이불 분포

많은 경우에 사건 발생률은 시간에 따라 일정하지 않다. 변화 주기가 일반적인 사건 발생 구간보다 훨씬 길다면 문제가 안 된다. 앞서 언급했듯이 비율이 상대적으로 일정한 구간으로 분석을 세분화하면 되기 때문이다. 그러나 사건 발생률이 시간에 따라 지속적으로 변한다면 지수(또는 푸아송)분포는 더는 유용하지 않다. 기계 고장이 대표적인 예이다. 시간이 지날수록 고장 위험은 증가한다. **베이불 분포**는 지수분포를 확장한 것으로, 형상shape 파라미터 β(베타)로 지정된 대로 발생률이 달라질 수 있다. $\beta > 1$일 경우, 발생률은 시간이 지남에 따라 증가하며, $\beta < 1$이면 감소한다. 베이불 분포는 사건 발생률 대신 고장 시간 분석에 사용되기 때문에 두 번째 인수는 구간당 사건 발생률보다는 특성 수명으로 표현된다. 기호로 그리스 문자 η(에타)를 사용한다. **척도**scale 변수라고도 한다.

베이불을 사용할 때는 두 변수 β와 η의 추정이 포함된다. 가장 적합한 베이불 분포를 추정하고 데이터를 모델링하는 데에는 소프트웨어를 사용한다.

베이불 분포에서 난수를 생성하는 R 코드는 n(발생 개수), shape, scale 세 가지 인수를 사용한다. 예를 들어 다음 코드는 1.5의 형상 파라미터와 5,000의 특성 수명을 갖는 베이불 분포에서 난수 100개(수명)를 생성한다.

```
rweibull(100, 1.5, 5000)
```

파이썬에서 동일한 결과를 얻으려면 stats.weibull_min.rvs 함수를 사용한다.

```
stats.weibull_min.rvs(1.5, scale=5000, size=100)
```

> **주요 개념**
> - 일정 비율로 발생하는 사건의 경우, 시간 단위 또는 공간 단위당 발생하는 사건의 수를 푸아송 분포로 모델링할 수 있다.
> - 또한 한 사건과 다음 사건 간의 시간/거리를 지수분포로 모델링할 수도 있다.
> - 시간에 따라 변화하는 사건 발생률(예를 들어 증가하는 고장률)은 베이불 분포로 모델링할 수 있다.

2.12.5 더 읽을 거리

• 토머스 라이언의 『Modern Engineering Statistics』(Wiley, 2007)에 공학 응용 분야에서 사용되는 확률분포를 다루는 장이 있다.

• 베이불 분포의 사용에 대해 공학적 관점을 제시하는 글들이 있다. *https://oreil.ly/1x-ga* 및 *https://oreil.ly/9bn-U*

2.13 마치며

빅데이터 시대에 정확한 추정이 요구되는 경우, 임의표본추출의 원칙을 지키는 것이 매우 중요하다. 데이터를 무작위로 선택해 주어진 데이터를 그냥 사용하는 것보다 편향을 줄이고 질적으로 더 좋은 데이터를 얻을 수 있다. 다양한 표본추출 및 데이터 생성 분포에 대한 지식을 바탕으로, 랜덤 변이로 인한 추정치의 잠재적 오차를 정량화할 수 있다. 동시에 부트스트랩(관찰된 데이터로부터 복원추출하는 방법)은 표본추정에서 잠재적 오차를 판별할 때 유용한 '모든 문제에 적용 가능한' 방법이다.

## CHAPTER 3

통계적 실험과 유의성검정

실험설계는 사실상 모든 응용 연구 분야에서 통계분석의 토대가 된다. 실험설계는 어떤 가설을 확인하거나 기각하기 위한 목표를 갖고 있다. 특히나 데이터 과학자들은 종종 사용자 인터페이스나 제품 마케팅 실험과 같이 지속적으로 어떤 실험을 수행해야 하는 상황에 있다. 이 장에서는 전통적인 실험설계에 대해 알아보고 데이터 과학에도 적용되는 몇몇 어려움에 대해 논의한다. 또한 통계적 추론에서 자주 인용되는 일부 개념들을 다루고 데이터 과학에서의 의미와 관련성(또는 무관련성)을 설명한다.

통계적 유의성, t 검정, p 값 등에 대한 자료를 찾아보면, 전형적인 통계적 추론이라는 '파이프라인' 속에 있음을 알 수 있다(그림 3-1). 이 과정은 '약품 A가 기존의 표준 약품보다 낫다' 혹은 '가격 A가 기존 가격 B보다 수익성이 높다'라는 식의 가설을 세우는 것에서 출발한다. (A/B 검정과 같은) 실험은 가설을 검정하기 위해 설계되고, 원하는 최종적인 결론을 도출할 수 있도록 설계된다. 그리고 데이터를 수집하고 분석한 다음 마침내 결론을 도출한다. **추론**inference이라는 용어는 제한된 데이터로 주어진 실험 결과를 더 큰 과정 또는 모집단에 적용하려는 의도를 반영한다.

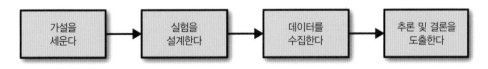

그림 3-1 전형적인 통계 추론 과정

3.1 A/B 검정

A/B 검정은 두 가지 처리 방법, 제품, 절차 중 어느 쪽이 다른 쪽보다 더 우월하다는 것을 입증하기 위해 실험군을 두 그룹으로 나누어 진행하는 실험이다. 종종 두 가지 처리 방법 중 하나는 기준이 되는 기존 방법이거나 아예 아무런 처리도 적용하지 않는 방법이 된다. 이를 **대조군**이라고 한다. 새로운 처리 방법을 적용하는 것이 대조군보다 더 낫다는 것이 일반적인 가설이 된다.

용어 정리

- **처리**treatment : 어떤 대상에 주어지는 특별한 환경이나 조건(약, 가격, 인터넷 뉴스 제목)
- **처리군(처리 그룹)**treatment group : 특정 처리에 노출된 대상들의 집단
- **대조군(대조 그룹)**control group : 어떤 처리도 하지 않은 대상들의 집단
- **임의화(랜덤화)**randomization : 처리를 적용할 대상을 임의로 결정하는 과정
- **대상**subject : 처리를 적용할 개체 대상(유의어: 피실험자)
- **검정통계량**test statistic : 처리 효과를 측정하기 위한 지표

A/B 검정은 그 결과를 쉽게 측정할 수 있으므로 웹 디자인이나 마케팅에서 일반적으로 사용된다. A/B 검정의 몇 가지 예는 다음과 같다.

- 종자 발아가 어디에서 더 잘되는지 알아보기 위해 두 가지 토양 처리를 검정한다.
- 암을 더 효과적으로 억제하는 두 가지 치료법을 검정한다.
- 두 가지 가격을 검정하여 더 많은 순이익을 산출하는 쪽을 결정한다.
- 두 개의 인터넷 뉴스 제목을 검정하여 더 많은 클릭을 생성하는 쪽을 결정한다(그림 3-2).
- 두 개의 인터넷 광고를 검정하여 어느 것이 더 높은 전환율을 얻을지 판단한다.

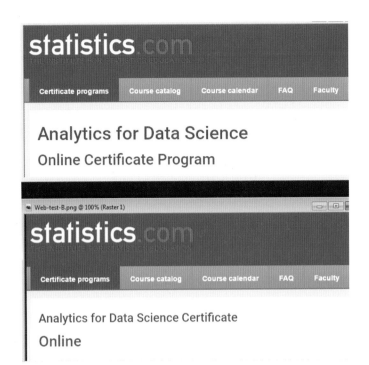

그림 3-2 마케팅 담당자는 서로 다른 웹 디자인을 지속적으로 비교 검정한다.

제대로 된 A/B 검정에는 둘 중 어느 한쪽의 처리를 할당할 수 있는 **대상**이 주어진다. 대상은 사람이 될 수도 있고, 식물의 씨앗이나 웹 방문자가 될 수도 있다. 핵심은 피험자가 어떤 특정 처리에 노출된다는 것이다. 이상적으로, 피험자는 **무작위**로 어느 처리에 할당된다. 그러면 처리군 간의 차이는 다음 두 가지 이유 중 하나 때문이라고 할 수 있다.

- 다른 처리의 효과
- 어떤 대상이 어떤 처리에 배정될지에 대한 경우의 수(즉, 무작위로 배정한 결과 자연스럽게 더 좋은 결과를 보이는 대상들이 A 또는 B 한쪽에 집중됨)

또한 그룹 A와 그룹 B를 비교하는 데 사용하는 **검정통계량** 또는 측정 지표에 주의를 기울여야 한다. 데이터 과학에서 일반적으로 사용되는 지표는 클릭/클릭하지 않음, 구매/구매하지 않음, 사기/사기 아님 등과 같은 이진변수이다. 그 결과를 2 × 2 표로 요약할 수 있다. [표 3-1]은 실제 가격 검정을 위한 2 × 2 표이다(이러한 결과에 대한 자세한 내용은 3.4절 참조).

표 3-1 전자 상거래 실험 결과를 담은 2×2 표

결과	가격 A	가격 B
전환	200	182
전환되지 않음	23,539	22,406

측정 지표가 연속형 변수(구매액, 수익 등)인지 횟수를 나타내는 변수(입원 일수, 방문한 페이지 수)인지에 따라, 결과가 다르게 표시될 수 있다. 전환율보다 페이지 뷰당 수익에 더 관심이 있다면, [표 3-1]의 가격 검정 결과는 일반적인 소프트웨어에서 다음과 같이 나올 것이다.

- **가격 A의 페이지 뷰당 수익**: 평균 = 3.87, SD = 51.10
- **가격 B의 페이지 뷰당 수익**: 평균 = 4.11, SD = 62.98

SD는 각 그룹의 표준편차를 나타낸다.

> **CAUTION_** R과 파이썬을 포함하여 모든 통계 소프트웨어가 디폴트로 어떤 결과들을 보여준다고 해서, 모든 출력이 유용하거나 관련 있다는 말은 아니다. 앞선 예에서 표준편차는 그다지 유용한 정보가 아니다. 딱 봐도, 수익이 음수가 될 수 없는데 결과는 값들이 음수일 수 있다고 제안하고 있다. 이 데이터는 적은 수의 상대적으로 높은 값(전환이 있는 페이지 뷰)과 많은 수의 0(전환이 없는 페이지 뷰)으로 구성된다. 이처럼 데이터의 변동성을 숫자 하나로 요약한다는 것은 참 어렵다. 이 경우에는 평균절대편차(A의 경우 7.68, B의 경우 8.15)가 표준편차보다 합리적이라고 볼 수도 있다.

3.1.1 대조군은 왜 필요할까?

대조군 없이, 관심 있는 처리를 적용한 그룹에만 실험을 하고 그 결과를 단순히 이전 경험과 비교해보면 안 될까?

대조군이 없다면 '모든 다른 것들은 동일하다'는 보장이 없으며 어떤 차이가 처리(또는 우연) 때문인지 확신할 수 없다. 대조군의 경우, 관심 처리를 뺀 나머지는 처리군과 동일한 조건이 적용된다. 단순히 '기준선' 또는 이전 경험과 비교할 경우, 처리 이외의 다른 요소가 다를 수도 있기 때문이다.

데이터 과학 분야에서 A/B 검정은 웹 환경에서 많이 사용된다. 웹 페이지의 디자인, 제품의 가격, 헤드라인의 어감 등 많은 항목이 처리 조건이 될 수 있다. 무작위 원칙을 지키기 위해서는 약간의 아이디어가 필요하다. 이때, 대상은 일반적으로 웹 페이지 방문자이며 측정하고자 하는 결과는 클릭 수, 구매 수, 방문 기간, 방문한 페이지 수, 특정 페이지 방문 여부 등이다. 일반적인 A/B 검정 실험에서는 미리 하나의 측정 지표를 결정해야 한다. 여러 행동 유형과 관련된 지표들이 수집 대상이 될 수 있지만, 실험이 결국 처리 A와 처리 B 사이의 결정으로 이어질 경우, 단일 지표 또는 검정통계량을 사전에 미리 정해놓아야 한다. 실험을 수행한 뒤 **나중에** 검정통계량을 선택한다면 연구자 편향이라는 함정에 빠지게 된다.

3.1.2 왜 하필 A/B일까? C, D, …가 아니라?

A/B 검정은 마케팅 및 전자 상거래 분야에서 널리 사용되지만 그렇다고 이것이 유일한 통계 실험 유형인 것은 아니다. 당연히 추가적인 처리가 포함될 수 있다. 피실험자를 대상으로 반복 측정을 할 수도 있다. 제약회사의 임상 실험과 같이 대상이 매우 귀하고 비용이 비싸며 측정에 많은 시간이 필요할 경우, 실험을 중간에 중단하고 결론을 얻을 수 있는 장치를 마련해두고 실험을 설계한다.

전통적인 의미의 통계적 실험설계는 특정 처리 방법의 효과에 대한 정적인 질문에 답하는 데 초점을 맞추었다. 데이터 과학자들은 이러한 질문에는 별로 관심이 없다.

가격 A와 가격 B의 차이가 통계적으로 유의한가?

그보다는 이러한 질문에 더 관심 있다.

가능한 여러 가격 중에서 가장 좋은 가격은 얼마일까?

이러한 실험을 위해서는, **멀티암드 밴딧**[1] (3.10절 참고)과 같은 새로운 유형의 실험설계가 필요하다.

CAUTION_ 허가받기

대상이 사람인 과학 및 의학 연구 분야에서는 일반적으로 심사위원회의 승인 및 허가가 필요하다. 사업자가 이미 사업의 일환으로 진행하는 실험의 경우에는 사실 이러한 승인 혹은 허가 절차를 거치지 않는다. 대부분의 경우(예를 들면 가격 책정 실험 또는 어떤 헤드라인을 노출할지 또는 어떤 할인 조건을 제시해야 할지에 대한 실험), 이러한 현실은 별 저항 없이 받아들여진다. 그러나 페이스북이 2014년 사용자들의 뉴스피드에서 정서적인 감정에 대해 진행한 실험의 경우 일반적인 인식과 충돌이 있었다. 페이스북은 감정 분석을 통해 뉴스피드 게시물을 긍정적 또는 부정적으로 분류한 다음, 그 결과를 가지고 사용자에게 보여줄 긍정적/부정적 게시물의 비율을 조정했다. 일부 무작위로 선택된 사용자는 긍정적인 게시물을 많이 보았고 다른 사용자는 부정적인 게시물을 많이 보았다. 페이스북은 긍정적인 뉴스피드를 경험한 사용자가 긍정적으로 그것들을 포스팅할 가능성이 높고 그 반대도 마찬가지라는 사실을 발견했다. 그러나 페이스북은 이를 통해 큰 효과를 거두지 못했고, 사용자들 모르게 실험을 진행했다는 것 때문에 많은 비판을 받았다. 일부 사용자들은 심각한 우울증을 겪고 있는 사용자들이 부정적인 뉴스피드에 노출되었다면, 병이 더 악화되었을 수도 있다는 주장도 제기했다.

주요 개념

- 연구 대상을 두 가지 이상의 그룹 중 하나에 할당한다. 여기서 서로 다른 처리 조건을 제외한 나머지 조건들은 정확히 동일하게 처리된다.
- 이상적으로, 대상들은 그룹에 무작위로 배정된다.

3.1.3 더 읽을 거리

- 두 그룹 비교(A/B 검정)는 전통적인 통계의 필수 요소이며, 어느 통계 관련 입문 자료든 설계 원칙 및 추론 절차를 광범위하게 다룰 것이다. 데이터 과학의 맥락에서 A/B 검정을 수행하고 재표본추출을 사용하는 것에 대한 논의는 피터 브루스의 『Introductory Statistics and Analytics: A Resampling Perspective』(Wiley, 2014)를 참고하자.

- 웹 테스트의 경우 테스트의 논리적 측면이 통계적 테스트만큼 어려울 수 있다. 실험 시작 전

---

1 옮긴이_ 직역하면 팔 여러 개 달린 강도라는 의미이다.

에 구글 애널리틱스 도움말을 참고하자. *https://marketingplatform.google.com/about/optimize*

- 웹에서 쉽게 접할 수 있는 A/B 검정에 대한 여러 조언들에 주의하자. 예를 들면 '총 방문객 약 1,000명을 기다려야 하고, 일주일 동안 테스트를 실행하시오'라는 식의 조언들 말이다. 이러한 경험칙들은 통계적으로는 전혀 의미가 없을 수도 있다. 자세한 내용은 3.11절을 참고하자.

3.2 가설검정

가설검정hypothesis test 혹은 **유의성검정**significance test은 지금까지 발표된 대부분의 연구 논문에 등장하는 전통적인 통계분석 방법이다. 목적은 관찰된 효과가 우연에 의한 것인지 여부를 알아내는 것이다.

> **용어 정리**
>
> - **귀무가설**null hypothesis : 우연 때문이라는 가설(유의어: 영가설)
> - **대립가설**alternative hypothesis : 귀무가설과의 대조(증명하고자 하는 가설)
> - **일원검정**one-way test : 한 방향으로만 우연히 일어날 확률을 계산하는 가설검정
> - **이원검정**two-way test : 양방향으로 우연히 일어날 확률을 계산하는 가설검정

A/B 검정(3.1절 참고)을 계획할 때, 일반적으로 가설을 염두에 둔다. 예를 들면 가격 B가 더 높은 이익을 산출한다는 가설이 있을 수 있다. 왜 군이 가설을 세워야 할까? 단순히 실험 결과를 보고 더 나은 치료법을 선택하면 안 될까?

이에 대한 답은 임의성을 과소평가하려는 인간의 경향에 있다. 이를 잘 보여주는 예는, '흑고니'(2.7절 참고) 같은 예외적인 사건을 예상하지 못하는 것이다. 또 다른 예로는, 무작위 사건을 어떤 중요한 의미가 있는 패턴을 갖는 것으로 오해하는 경향이 있다. 통계적 가설검정은 연구자가 랜덤하게 우연히 일어난 일에 속지 않도록 보호하기 위한 방법으로 개발되었다.

다음 실험에서 임의성을 과소평가하려는 인간의 경향을 볼 수 있다. 몇 명의 친구에게 동전 던지기를 50번 수행하도록 부탁하자. 먼저 그들에게 임의로 앞면(H)과 뒷면(T)을 예측해서 기록하라고 하자. 그런 다음 동전을 실제로 50번 던져 나온 결과를 기록하도록 한다. 그들에게 실제로 동전을 던진 결과를 임의로 예측한 결과와 구분하여 서로 다른 더미에 놓게 하자. 어떤 결과가 진짜인지 쉽게 알 수 있다. 실제 결과에서는 H 또는 T가 연속적 나오는 경우가 더 길게 나타난다. **실제로** 동전 뒤집기를 50번 했을 때, H 또는 T가 5~6번 연속적으로 나오는 것은 그렇게 이상한 일이 아니다. 그러나 대부분의 사람에게 랜덤한 동전 던지기를 예측하라고 하면, H를 3~4번 연속으로 나오게 한 뒤에는 무작위이기 위해서는 이제 T가 나올 차례라고 스스로에게 주문을 걸게 된다.

동전 던지기 예제의 또 다른 측면은, H가 6번 연속으로 나오는 **실제** 상황을 대할 때(비슷한 예로, 어떤 헤드라인이 다른 것보다 10% 정도 더 나은 결과를 보일 때) 우리가 그것을 뭔가 의미 있다고, 단순한 우연은 아닐 것이다라고 생각하는 경향이 있다는 점이다.

적절하게 설계된 A/B 검정에서는, A와 B 사이의 관찰된 차이가 다음 원인들로 설명될 수 있도록 A와 B에 대한 데이터를 수집한다.

- 우연한 대상 선정
- A와 B의 진정한 차이

통계 가설검정은 그룹 A와 그룹 B 사이에서 보이는 차이가 우연에 의한 것인지를 평가하기 위해 A/B 검정이나 더 나아가 그 외 여러 무작위 실험을 포함하는 분석을 의미한다.

3.2.1 귀무가설

가설검정은 다음과 같은 논리를 사용한다. '인간은 실제로 우연히 발생한 일이라도 그것이 흔하지 않다면, 그것에 뭔가 의미가 있을 것이라고 해석하는 경향을 가지고 있다. 그러므로 실험에서 얻은 그룹 간의 차이가 무작위로 얻을 수 있는 합리적인 수준과는 극단적으로 다르다는 증거가 필요하다.' 또한 그룹들이 보이는 결과는 서로 동일하며, 그룹 간의 차이는 우연에 의한 결과라는 것을 기본 가정으로 설정한다. 이 기본 가정을 **귀무가설**이라고 부른다. 결국, 귀무가설이 **틀렸다**는 것을 입증해서, A 그룹과 B 그룹 간의 차이가 우연이 아니라는 것을 보여주는 것이 모두의 희망이다.

이를 위한 한 가지 방법으로 재표본추출 순열검정을 통한 방법이 있다. 이는 A와 B 그룹의 결과를 서로 섞어서 비슷한 크기의 그룹들을 반복적으로 만든 다음, 관찰된 차이를 각 경우에서 발생되는 차이와 비교했을 때 얼마나 극단적인지 관찰하는 방법이다. 그룹 A와 B를 섞어서 만든 결과들을 결합한 것과 이들로부터 재표본하는 절차는 그룹 A와 B가 동등하고 상호 교환이 가능하다는 귀무가설을 구현하는 것이다. 이것을 귀무 모델이라고 한다. 3.3절에서 자세한 내용을 다룬다.

3.2.2 대립가설

가설검정은 그 성격상 귀무가설뿐만 아니라 그와 대립하는 가설을 포함한다. 여기 몇 가지 예가 있다.

- **귀무가설**: 그룹 A와 그룹 B의 평균에는 차이가 없다.
  대립가설: A는 B와 다르다(더 크거나 작을 수 있다)
- **귀무가설**: A ≤ B
  대립가설: A > B
- **귀무가설**: B는 A보다 X% 더 크지 않다.
  대립가설: B는 A보다 X% 크다.

결국, 귀무가설과 대립가설이 모든 가능성을 설명할 수 있어야 한다. 귀무가설의 본질은 가설검정의 구조를 결정한다.

3.2.3 일원/이원 가설검정

A/B 검정을 통해 기존에 기본으로 사용하던 옵션(A라고 하자)과 비교하여 새 옵션(B라고 하자)이 어떠한지 검증한다고 하자. 새 옵션이 완벽히 더 나은 것으로 입증되지 않는 이상, 기본 옵션을 계속 사용한다는 게 가정이다. 이 경우에는 B를 선호하는 방향으로 우연에 의해 속지 않도록 가설검정을 하기 원할 것이다. B가 확실하게 증명되지 않는다면 A를 계속 고수하면 되기 때문에, 우연에 의해 반대로 속는 경우는 없을 것이다. 따라서 우리는 **방향성을 고려한(단방**

향^{directional}) 대립가설이 필요하다(B는 A보다 낮다). 이 경우 **일원**(또는 한쪽 꼬리) 가설검정을 사용한다. 즉 우연에 의한 극단적인 결과에 대해 한 방향만을 고려하여 p 값을 계산한다는 의미이다.

어느 쪽으로도 속지 않도록 가설검정을 원한다면 대립가설은 **양방향**^{bidirectional}(A는 B와 다르며 더 크거나 더 작을 수 있음)이 된다. 이 경우 **이원**(또는 양쪽 꼬리) 가설을 사용한다. 우연에 의한 극단적인 결과가 양쪽에서 나타날 p 값을 계산한다는 것을 의미한다.

새로운 옵션이 더 좋은 것으로 증명되지 않는 한 일반적으로 원래 옵션이 '기본값'으로 지정되는 상황에서는 의사 결정을 필요로 하는 A/B 검정의 특성상 한쪽 꼬리 가설검정과 잘 어울린다. 그러나 R과 파이썬의 **scipy**를 포함해서 여러 소프트웨어들은 일반적으로 양쪽 꼬리 검정 결과를 기본으로 제공하며, 많은 통계 전문가도 논쟁이 야기되는 것을 피하기 위해 좀 더 보수적인 양쪽 꼬리 검정을 선택한다. 한쪽 꼬리 대 양쪽 꼬리는 아직 논란이 있는 주제이나, p 값의 정확성이 그리 중요하지 않은 데이터 과학에서는 그렇게 중요하지 않다.

주요 개념

- **귀무가설**은 우리가 관찰한 어떤 효과가 특별한 것이 아니고 우연에 의해 발생한 것이라는 개념을 구체화하는 일종의 논리적 구조이다.
- **가설검정**은 귀무가설이 사실이라고 가정하고, '영모형'^{null model}(확률모형^{probability model})을 생성하여 관찰한 효과가 해당 모델로부터 합리적으로 나올 수 있는 결과인지를 검증하는 것이다.

3.2.4 더 읽을 거리

- 레너드 플로디노프의 『춤추는 술고래의 수학 이야기』(까치, 2009)는 '무작위성이 우리의 삶을 지배한다'는 주제에 대해 일반인들도 읽을 수 있도록 쓴 책이다.

- 데이비드 프리드먼 등이 쓴 『Statistics, 4th ed.』(W. W. Norton, 2007)은 가설검정을 포함한 대부분의 통계 관련 주제들에 대해 탁월한 비수학적인 처리 방법들을 소개한다.

- 피터 브루스의 『Introductory Statistics and Analytics: A Resampling Perspective』(Wiley, 2014)는 재표본추출을 이용한 가설검정 개념에 대해 자세히 설명한다.

3.3 재표본추출

통계학에서 **재표본추출**이란 랜덤한 변동성을 알아보자는 일반적인 목표를 가지고, 관찰된 데이터의 값에서 표본을 반복적으로 추출하는 것을 의미한다. 또한 일부 머신러닝 모델의 정확성을 평가하고 향상시키는 데에도 적용할 수 있다(예를 들면 여러 부트스트랩 데이터 집합을 기반으로 하는 각각의 의사 결정 트리 모델에서 나온 예측들로부터 **배깅**이라는 절차를 통해 평균 예측값을 구할 수 있다. 6.3절 참고).

재표본추출에는 **부트스트랩**과 **순열검정**이라는 두 가지 주요 유형이 있다. 이미 이전 장에서 다룬 것처럼, 부트스트랩은 추정의 신뢰성을 평가하는 데 사용된다(2.4절 참고). 이번 절에서는 일반적으로 두 개 이상의 그룹과 관련된 가설을 검증하는 데 사용되는 순열검정을 알아본다.

> **용어 정리**
>
> - **순열검정**permutation test : 두 개 이상의 표본을 함께 결합하여 관측값들을 무작위로(또는 전부를) 재표본으로 추출하는 과정을 말한다(유의어: 임의화검정, 임의순열검정, 정확검정).
> - **재표본추출** : 관측 데이터로부터 반복해서 표본추출하는 과정.
> - **복원/비복원**with or without replacement : 표본을 추출할 때, 이미 한 번 뽑은 데이터를 다음번 추출을 위해 다시 제자리에 돌려 놓거나/다음 추출에서 제외하는 표본추출 방법

3.3.1 순열검정

순열 과정에는 두 개 이상의 표본이 관여되며 이들은 통상적으로 A/B 또는 기타 가설검정을 위해 사용되는 그룹들이다. **순서를 바꾼다**permute라는 의미의 영어 표현은 말 그대로 어떤 값들의 집합에서 값들의 순서를 변경한다는 의미다. 순열검정의 첫 단계는 그룹 A와 그룹 B(더 필요하다면 C, D, …)의 결과를 하나로 합치는 것이다. 이것은 그룹들에 적용된 처리의 결과가 다르지 않다는 귀무가설을 논리적으로 구체화한 것이다. 그런 다음이 결합된 집합에서 무작위로 그룹을 뽑아 그 가설을 검정하고 서로 얼마나 다른지 살핀다. 순열 절차는 다음과 같다.

1. 여러 그룹의 결과를 단일 데이터 집합으로 결합한다.

2. 결합된 데이터를 잘 섞은 후, 그룹 A와 동일한 크기의 표본을 무작위로(비복원) 추출한

다(당연히 다른 그룹의 일부 데이터를 포함한다).

3. 나머지 데이터에서 그룹 B와 동일한 크기의 샘플을 무작위로(비복원) 추출한다.

4. C, D 등의 그룹에 대해서도 동일한 작업을 수행한다. 이제 원본 표본의 크기를 반영하는 재표본을 수집했다.

5. 원래 샘플(예를 들면 그룹 비율의 차이)에 대해 구한 통계량 또는 추정치가 무엇이었든 간에 지금 추출한 재표본에 대해 모두 다시 계산하고 기록한다. 이것으로 한 번의 순열 반복이 진행된다.

6. 앞선 단계들을 *R*번 반복하여 검정통계량의 순열분포를 얻는다.

이제 실험을 통해 관찰했던 그룹 간의 차이점으로 돌아가서 순열 과정에서 얻은 집합에서의 차이와 비교해보자. 관찰된 차이가 순열로 보이는 차이의 집합 안에 잘 들어 있다면, 우리는 어떤 것도 증명할 수 없다. 즉, 관찰된 차이가 우연히 일어날 수 있는 범위 안에 있다는 말이다. 하지만, 관찰된 차이가 대부분의 순열분포 바깥에 있다면, 우리는 이것은 우연 때문이 **아니라고** 결론 내릴 수 있다. 전문적인 표현으로, 이 차이는 **통계적으로 유의미하다**statistically significant (3.4절 참고).

3.3.2 예제: 웹 점착성

상대적으로 고가의 서비스를 제공하는 한 회사에서 두 가지 웹 디자인을 놓고 어느 쪽이 더 나은 판매 효과를 가져올지를 검증하려고 한다. 판매되는 서비스가 고가이다 보니 판매가 자주 있지 않으며 판매 주기가 상당히 길다. 실제 매출 데이터를 충분히 얻는 데는 너무 오랜 시간이 걸려, 이를 통해 디자인의 우수성을 검증하기가 어렵다. 이런 이유로 이 회사는 서비스를 상세히 설명하는 내부 페이지의 이용을 대리변수로 사용하여 그 결과를 측정하기로 결정한다.

> TIP_ **대리변수**proxy variable란 참된 관심 변수를 대신하는 변수를 말한다. 관심 변수를 직접 얻을 수 없거나, 측정하는 데 많은 비용이나 시간이 소요될 경우 이를 대체하여 사용된다. 예를 들어 기후 연구에서, 고대 빙하 중심부의 산소 함량은 당시 온도의 대체재로 사용된다. 관심 가는 진짜 변수에 대한 실제 데이터가 있다면 **소량**이라 할지라도 유용하게 사용할 수 있다. 최소한 이를 통해 대리변수가 실제 변수를 대신해서 사용할 만한지 그 상관성이 얼마나 있는지를 평가할 수 있다.

이 회사의 잠재적 대리변수 중 하나는 상세한 랜딩 페이지에 대한 클릭 수이다. 더 좋은 방법은 사람들이 페이지에 머문 시간을 측정하는 것이다. 사람들의 관심을 더 오래 끌 수 있는 웹 디자인이 더 많은 매출을 만들 거라고 생각하는 것은 합리적이다. 따라서 측정 지표를 페이지 A와 페이지 B에서의 평균 세션 시간을 비교하는 것으로 정할 수 있다.

특별한 목적의 내부 페이지이므로 많은 방문객을 받지는 못한다. 또한 평균 방문 시간을 측정하기 위해 많이 사용하는 구글 애널리틱스로는 사용자가 마지막으로 방문한 세션의 시간을 측정할 수 없다는 점도 고려해야 한다. 구글 애널리틱스는 사용자가 마지막 세션에서 어떤 행동 (예를 들어 클릭이나 스크롤 등)을 하지 않는 한 마지막 방문 페이지의 세션을 0으로 기록한다. 이는 단일 페이지로 이루어진 세션에서도 동일하다. 따라서 해당 세션 정보를 포함하기 위해서는 추가적인 처리가 필요하다. 결과적으로 두 가지 서로 다른 디자인에 대해 총 36세션, 페이지 A는 21, 페이지 B는 15가 기록됐다. ggplot을 이용한 상자그림을 통해 세션 시간을 시각적으로 비교해보자.

```
ggplot(session_times, aes(x=Page, y=Time)) +
  geom_boxplot()
```

파이썬에서 이 그래프를 만들기 위해서 팬더스 boxplot 명령에서 키워드 인수 by를 사용한다.

```
ax = session_times.boxplot(by='Page', column='Time')
ax.set_xlabel('')
ax.set_ylabel('Time (in seconds)')
plt.suptitle('')
```

[그림 3-3]의 상자그림은 페이지 B가 방문객들을 더 오래 붙잡은 것으로 나타난다.

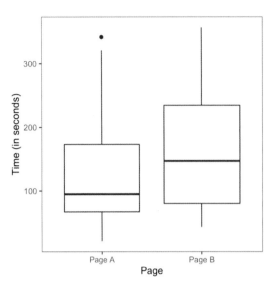

그림 3-3 웹 페이지 A와 B의 세션 시간

각 그룹의 평균은 다음과 같이 확인할 수 있다.

```
mean_a <- mean(session_times[session_times['Page'] == 'Page A', 'Time'])
mean_b <- mean(session_times[session_times['Page'] == 'Page B', 'Time'])
mean_b - mean_a
[1] 35.66667
```

파이썬에서는 팬더스 데이터 프레임을 먼저 페이지별로 필터링한 다음 **Time** 열의 평균을 구한다.

```
mean_a = session_times[session_times.Page == 'Page A'].Time.mean()
mean_b = session_times[session_times.Page == 'Page B'].Time.mean()
mean_b - mean_a
```

페이지 B는 페이지 A와 비교하여 세션 시간이 평균 35.67초 정도 더 길다. 문제는 이 차이가 우연에 의한 것인지 아니면 통계적으로 중요한 것인지를 판단하는 일이다. 이에 대한 한 가지 대답은 순열검정을 적용하는 것이다. 모든 세션 시간을 결합한 다음, 잘 섞은 후 21개의 그룹(A 페이지의 경우 $n_A = 21$)과 15개의 그룹(B의 경우 $n_B = 15$)으로 반복하여 표본을 추출한다.

순열검정을 적용하려면 36개의 세션 시간을 21개(페이지 A)와 15개(페이지 B)의 그룹에 랜덤하게 할당하는 기능이 필요하다. 이 함수를 R로 다음과 같이 구현할 수 있다.

```r
perm_fun <- function(x, nA, nB)
{
  n <- nA + nB
  idx_b <- sample(1:n, nB)
  idx_a <- setdiff(1:n, idx_b)
  mean_diff <- mean(x[idx_b]) - mean(x[idx_a])
  return(mean_diff)
}
```

순열검정을 파이썬으로 구현하면 다음과 같다.

```python
def perm_fun(x, nA, nB):
    n = nA + nB
    idx_B = set(random.sample(range(n), nB))
    idx_A = set(range(n)) - idx_B
    return x.loc[idx_B].mean() - x.loc[idx_A].mean()
```

이 **perm_fun** 함수는 비복원추출 방식으로 n_B개의 표본을 추출하고 그룹 B에 할당한다. 그리고 나머지 n_A개는 그룹 A에 할당한다. 이때 두 평균의 차이를 결과로 반환한다. $n_A = 21$, $n_B = 15$로 지정한 후, 이 함수를 1,000번($R = 1000$) 호출한다. 이렇게 얻은 세션 시간의 차이를 히스토그램으로 표시해보자. R에서는 다음과 같이 **hist** 함수를 사용하여 이 작업을 수행한다.

```r
perm_diffs <- rep(0, 1000)
for (i in 1:1000) {
  perm_diffs[i] = perm_fun(session_times[, 'Time'], 21, 15)
}
hist(perm_diffs, xlab='Session time differences (in seconds)')
abline(v=mean_b - mean_a)
```

파이썬에서는 **matplotlib**을 사용하여 비슷한 그래프를 만들 수 있다.

```
perm_diffs = [perm_fun(session_times.Time, nA, nB) for _ in range(1000)]

fig, ax = plt.subplots(figsize=(5, 5))
ax.hist(perm_diffs, bins=11, rwidth=0.9)
ax.axvline(x = mean_b - mean_a, color='black', lw=2)
ax.text(50, 190, 'Observed\ndifference', bbox={'facecolor':'white'})
ax.set_xlabel('Session time differences (in seconds)')
ax.set_ylabel('Frequency')
```

[그림 3-4]의 히스토그램을 통해, 무작위 순열로 구한 평균 세션 시간의 차이가 가끔 실제 관찰된 세션 시간의 차이(수직선)를 넘어가는 것을 볼 수 있다. 실행 결과, 이 경우는 12.6%의 확률로 발생한다.

```
mean(perm_diffs > (mean_b - mean_a))

0.126
```

난수를 사용하기 때문에 시뮬레이션 결과는 조금씩 달라질 수 있다. 예를 들어 파이썬 버전에서는 12.1%를 얻었다.

```
np.mean(np.array(perm_diffs) > mean_b - mean_a)

0.121
```

이는 페이지 A와 페이지 B 사이의 세션 시간의 차이가 확률분포의 범위 내에 있음을 의미하고, 따라서 차이는 통계적으로 유의하지 않다.

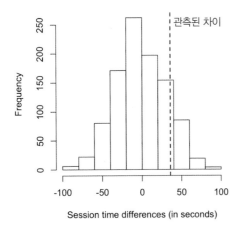

그림 3-4 페이지 A와 페이지 B 사이의 세션 시간 차이에 대한 도수분포. 여기서 수직선(점선)은 관측된 차이를 보여준다.

3.3.3 전체 및 부트스트랩 순열검정

앞서 살펴본 랜덤 셔플링 절차를 **임의순열검정**random permutation test 또는 **임의화검정**randomization test이라고 부르며, 이외에도 순열검정에는 두 가지 변종이 있다.

- **전체순열검정**exhaustive permutation test
- **부트스트랩 순열검정**bootstrap permutation test

전체순열검정에서는 데이터를 무작위로 섞고 나누는 대신 실제로 나눌 수 있는 모든 가능한 조합을 찾는다. 이것은 샘플 크기가 비교적 작을 때만 실용적이다. 셔플링을 많이 반복할수록, 임의순열검정 결과는 전체순열검정의 결과와 거의 유사하게 근접한다. 전체순열검정은 영모형이 어떤 유의수준 이상으로 더 '유의미하다'라는 식의 다소 애매한 결론(3.4절 참고)이 아닌 좀 더 정확한 결론을 보장하는 통계적 속성 때문에 **정확검정**exact test이라고도 한다.

부트스트랩 순열검정에서는 무작위 순열검정의 2단계와 3단계에서 비복원으로 하던 것을 **복원추출**로 수행한다. 이런 식으로 재표본추출 과정에서 모집단에서 개체를 선택할 때 임의성을 보장할 뿐만 아니라, 개체가 처리군에 할당될 때에도 임의성을 보장한다. 두 과정 모두 통계학에서 자주 접하게 된다. 하지만 이들 사이를 구별하는 일은 다소 복잡하고, 데이터 과학의 입장에서는 별로 실용적이지 않다.

3.3.4 순열검정: 데이터 과학의 최종 결론

순열검정은 랜덤한 변이가 어떤 역할을 하는지 알아보기 위해 사용되는 휴리스틱한 절차이다. 이는 상대적으로 코딩하고, 해석하고, 설명하기 쉽다. 그리고 정확성을 보증할 수 없는, 수식에 기반을 둔 통계학이 빠지기 쉬운 형식주의와 '거짓 결정론'에 대한 유용한 우회로를 제공한다.

수학적 접근과 다른 재표본추출의 장점은 추론에서 '모두에게 맞는' 접근 방식이라고 말할 수 있다는 점이다. 데이터는 숫자형 또는 이진형일 수 있다. 샘플 크기는 같을 수도 다를 수도 있다. 데이터가 정규분포를 따라야 한다는 가정도 필요 없다.

> **주요 개념**
>
> - 순열검정에서는 여러 표본을 결합한 다음 잘 섞는다.
> - 그런 다음 섞인 값들을 이용해 재표본추출 과정을 거쳐, 관심 있는 표본통계량을 계산한다.
> - 이 과정을 반복하고 재표본추출한 통계를 도표화한다.
> - 관측된 통계량을 재표본추출한 분포와 비교하면 샘플 간에 관찰된 차이가 우연에 의한 것인지를 판단할 수 있다.

3.3.5 더 읽을 거리

- 유진 에징턴Eugene Edgington과 패트릭 옹게나Patrick Onghena의 『Randomization Tests, 4th ed.』 (Chapman & Hall/CRC Press, 2007). 비임의 표본추출이라는 주제로는 너무 깊게 들어가지 말자.

- 피터 브루스의 『Introductory Statistics and Analytics: A Resampling Perspective』 (Wiley, 2014).

3.4 통계적 유의성과 p 값

통계적 유의성이란, 통계학자가 자신의 실험(또는 기존 데이터에 대한 연구) 결과가 우연히 일어난 것인지 아니면 우연히 일어날 수 없는 극단적인 것인지를 판단하는 방법이다. 결과가 우연히 벌어질 수 있는 변동성의 바깥에 존재한다면 우리는 이것을 통계적으로 유의하다고 말한다.

앞서 다뤘던 웹 테스트의 결과가 담긴 [표 3-2]를 살펴보자.

표 3-2 전자 상거래 실험 결과를 담은 2×2 표

결과	가격 A	가격 B
전환	200	182
전환되지 않음	23,539	22,406

가격 A는 가격 B에 비해 약 5% 정도 우수한 결과를 보였다($0.8425\% = 200/(23539 + 200) \times 100$ 대 $0.8057\% = 182/(22406 + 182) \times 100$로, 약 $0.0368\%p$ 개선). 물량이 큰 사업에서는 충분히 의미가 있는 차이다. '빅데이터'라고도 볼 수 있는 45,000개 이상의 많은 데이터를 가지고 이 결과를 얻다 보니, 통계적 유의성검정(주로 작은 표본에서 표본의 변동성을 설명하기 위해 사용)이 필요 없다고 생각할지 모르겠다. 하지만 전환율이 너무 낮아(1% 미만), 실제 필요한 표본크기를 결정하는 데 매우 중요한 값(전환 횟수)은 정작 200개 정도에 불과하다. 재표본추출 절차를 사용하면 가격 A와 B 간의 전환 차이가 우연에 의한 것인지 검정할 수 있다. 여기서 우연에 의한 차이란 곧 두 전환율 사이에 차이가 없다는 귀무가설(3.2.1절 참고)의 확률모형을 가지고 생성한 데이터의 랜덤 변이를 의미한다. 다음 순열 절차는 '두 가격이 동일한 전환율을 공유하는지, 이 랜덤 변이가 5%만큼의 차이를 만들어낼 수 있는지'를 묻는 질문에 대한 답을 준다.

1. 0과 1이 적힌 카드를 박스에 넣는다. 그러면 전체 전환율은 45,945개의 0과 382개의 1
이므로 0.008246 = 0.8246%라고 할 수 있다.

2. 크기 23,739(가격 A)의 표본을 섞어서 뽑고 그중 1이 몇 개인지 기록하자.

3. 나머지 22,588개(가격 B)에서 1의 수를 기록하자.

4. 1의 비율 차이를 기록하자.

5. 2~4단계를 반복한다.

6. 이 차이가 얼마나 자주 >= 0.0368인가?

3.3.2절에서 소개한 perm_fun 함수를 다시 사용하여, R에서 무작위로 순열 추출한 전환율 차
이에 대한 히스토그램을 그릴 수 있다.

```r
obs_pct_diff <- 100 * (200 / 23739 - 182 / 22588)
conversion <- c(rep(0, 45945), rep(1, 382))
perm_diffs <- rep(0, 1000)
for (i in 1:1000) {
  perm_diffs[i] = 100 * perm_fun(conversion, 23739, 22588)
}
hist(perm_diffs, xlab='Conversion rate (percent)', main='')
abline(v=obs_pct_diff)
```

여기에 상응하는 파이썬 코드는 다음과 같다.

```python
obs_pct_diff = 100 * (200 / 23739 - 182 / 22588)
print(f'Observed difference: {obs_pct_diff:.4f}%')
conversion = [0] * 45945
conversion.extend([1] * 382)
conversion = pd.Series(conversion)

perm_diffs = [100 * perm_fun(conversion, 23739, 22588)
              for _ in range(1000)]

fig, ax = plt.subplots(figsize=(5, 5))
ax.hist(perm_diffs, bins=11, rwidth=0.9)
ax.axvline(x=obs_pct_diff, color='black', lw=2)
ax.text(0.06, 200, 'Observed\ndifference', bbox={'facecolor':'white'})
```

```
ax.set_xlabel('Conversion rate (percent)')
ax.set_ylabel('Frequency')
```

[그림 3-5]는 1,000개의 재표본추출 결과를 보여주는 히스토그램이다. 이 경우 관측된 0.0368%의 차이는 랜덤 변이의 범위 내에 있다.

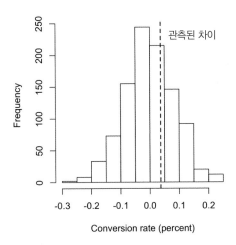

그림 3-5 가격 A와 가격 B 사이의 전환율 차이에 대한 도수분포

3.4.1 p 값

그래프를 눈으로 보는 것보다는, **p 값**과 같이 통계적 유의성을 정확히 측정하기 위한 지표가 필요하다. 이것은 확률모형이 관측된 결과보다 더 극단적인 결과를 생성하는 빈도라고 할 수 있다. 다시 말해 순열검정으로 얻은 결과 중에서, 관찰된 차이와 같거나 더 큰 차이를 보이는 경우의 비율로 p 값을 추정할 수 있다.

```
> mean(perm_diffs > obs_pct_diff)
[1] 0.308
```

```
np.mean([diff > obs_pct_diff for diff in perm_diffs])
```

R과 파이썬 모두 참은 1, 거짓은 0으로 해석한다.

p 값은 0.308이다. 즉, 우연히 얻은 결과의 30% 정도가 관찰한 것과 비슷한 정도로 예외적인

결과를 얻을 것으로 기대된다.

사실 이 경우에는 p 값을 얻기 위해 순열검정을 할 필요가 없다. 가설이 이항분포를 따르기 때문에, p 값을 근사할 수 있다. R에서 **prop.test** 함수를 사용하여 구할 수 있다.

```
> prop.test(x=c(200, 182), n=c(23739, 22588), alternative='greater')

        2-sample test for equality of proportions with continuity correction

data:  c(200, 182) out of c(23739, 22588)
X-squared = 0.14893, df = 1, p-value = 0.3498
alternative hypothesis: greater
95 percent confidence interval:
 -0.001057439  1.000000000
sample estimates:
     prop 1      prop 2
0.008424955 0.008057376
```

인수 x는 각 그룹의 성공 횟수이고 인수 n은 시행 횟수이다.

파이썬에서 **scipy.stats.chi2_contingency** 메서드는 [표 3-2]에 표시된 값을 사용한다.

```
survivors = np.array([[200, 23739 - 200], [182, 22588 - 182]])
chi2, p_value, df, _ = stats.chi2_contingency(survivors)

print(f'p-value for single sided test: {p_value / 2:.4f}')
```

정규근사법을 통해, 순열검정에서 얻은 p 값과 비슷한 0.3498을 얻은 것을 볼 수 있다.

3.4.2 유의수준

통계학자는 어떤 결과가 우연히 발생한 것인지 아니면 '진짜 특별한' 것인지 결정하는 것을 연구원의 재량에 맡기는 관행에 난색을 표한다. 오히려 '우연히 얻은(귀무가설) 결과의 5%보다 더 극단적인' 결과와 같이 어떤 임곗값(5%)을 미리 지정하는 것을 선호한다. 이 임곗값을 보통 유의수준(알파)이라고 한다. 많이 사용되는 유의수준은 5%와 1%이다. 이 값은 임의로 선택된다. 올바른 $x\%$ 값을 보장하는 프로세스는 없다. 이는 확률 문제가 '우연히 일어날 확률은 무엇인가?'가 **아니라** '랜덤 모델이 주어졌을 때, 극단적인 결과가 나올 확률은 어느 정도인가?'이기 때문이다. 즉 랜덤 모델의 적합도에 관해 역으로 추적하는 것이고, 그에 대한 판단은 어떤 확률로 나타나지 않는다. 이런 점에서 많은 혼란을 가져온다.

p 값에 대한 논란

최근 몇 년 사이에 p 값의 의미를 두고 상당한 논란이 있었다. 한 심리학 저널에서는 그동안 p 값만을 가지고 논문 출판을 결정한 것이 저널의 질을 낮추었다는 고민 끝에, 논문을 제출할 때 p 값의 사용을 '금지'하기까지 했다. 너무 많은 연구자가 p 값이 무엇인지 제대로 이해하지 못한 상태로, 논문이 통과될 수 있도록 유의미한 p 값이 나올 때까지 온갖 가설검정을 수행한다.

진짜 문제는 사람들이 p 값을 통해 실제 의미하는 것보다 더 많은 의미를 찾으려 한다는 것이다. 우리가 p 값을 통해 전달**하고자 하는** 의미는 다음과 같다.

> 결과가 우연에서 비롯될 확률

우리는 더 낮은 p 값을 원하고 결국 뭔가를 증명했다고 결론을 내릴 수 있기를 바란다. 많은 저널 편집자들이 p 값을 이런 식으로 해석한 것이다. 그러나 **실제** p 값이 나타내는 것은 다음과 같다.

> **랜덤 모델이 주어졌을 때**, 그 결과가 관찰된 결과보다 더 극단적일 확률.

이 차이가 미묘해 보이지만, 이게 사실이다. p 값이 유의미하다고 해서 그것이 기대처럼 바로 '증거'가 되는 것은 아니다. p 값의 진짜 의미를 이해하면 '통계적으로 유의미하다'는 결론에 대한 논리적 뒷받침이 다소 약하다는 것을 알게 된다.

2016년 3월 미국통계협회American Statistical Association는 내부 심의를 거쳐, p 값의 사용에 대한 경고를 촉구하는 성명서를 통해 p 값에 대한 오해들을 밝혔다.

미국통계협회의 성명서(`https://oreil.ly/WVfYU`)는 연구자들과 저널 편집자들에게 아래 6가지 원칙을 강조했다.

1. p 값은 이 데이터가 특정 통계 모델과 얼마나 상반되는지 나타낼 수 있다.

2. p 값은 연구 가설이 사실일 확률이나, 데이터가 랜덤하게 생성되었을 확률을 측정하는

것이 아니다.

3. 과학적 결론, 비즈니스나 정책 결정은 p 값이 특정 임곗값을 통과하는지 여부를 기준으로 해서는 안 된다.

4. 적절한 추론을 위해서는 완전한 보고와 투명성이 요구된다.

5. p 값 또는 통계적 유의성은 효과의 크기나 결과의 중요성을 의미하지 않는다.

6. p 값 그 자체는 모델이나 가설에 대한 증거를 측정하기 위한 좋은 지표가 아니다.

실제적인 유의미

결과가 통계적으로 유의미하다고해서 실제적으로 유의미하다는 뜻은 아니다. 실질적으로 의미가 없는 작은 차이라도 표본이 충분히 클 경우 통계적으로 유의하다는 결과가 나올 수 있다. 표본이 클수록, 작고 의미 없는 효과가 우연이라고 볼 수 없을 만큼 충분히 크게 보일 수 있다. 우연이 아니라고 해서 본질적으로 중요하지 않은 결과가 마술처럼 중요해지는 것은 아니다.

3.4.3 제1종과 제2종 오류

통계적 유의성을 평가할 때는 두 가지 유형의 오류가 발생할 수 있다.

- **1종 오류**: 어떤 효과가 우연히 발생한 것인데, 그것이 사실이라고 잘못 판단하는 경우
- **2종 오류**: 어떤 효과가 실제로 있는 것인데, 그것이 우연히 발생한 것이라고 잘못 판단하는 경우

실제로 2종 오류는 어떤 오류라기보다 표본크기가 너무 작아서 효과를 알아낼 수 없다고 판단하는 것과 같다. p 값이 통계적 유의성에 미치지 못하는 경우(예를 들면 5% 초과), 실제 의미는 '효과가 아직 입증되지 않았다'는 뜻이다. 표본크기가 더 클수록 p 값이 더 작아진다.

유의성검정(가설검정)의 기본 기능은 어쩌다 우연히 일어난 일에 속지 않도록 하는 것이다. 따라서 보통은 1종 오류를 최소화하도록 가설을 설계한다.

3.4.4 데이터 과학과 p 값

데이터 과학자들은 과학 저널에 논문을 게재하기 위해 일하는 게 아니다. p 값의 가치에 대한 논쟁은 다소 학문적이다. 데이터 과학자에게 p 값은, 관심 있고 유용한 모델의 결과가 일반적

인 랜덤 변이의 범위 내에 있는지를 알고 싶을 때 유용한 측정 지표이다. p 값을 모든 실험에서 의사 결정을 좌우하는 도구로서 간주해서는 안 된다. p 값은 어떤 결정에 관련된 정보의 일부일 뿐이다. 예를 들어 p 값은 일부 통계 또는 머신러닝 모델에서 중간 입력으로 사용되기도 한다. p 값에 따라, 어떤 피처를 모델에 포함하거나 제외하기도 한다.

> **주요 개념**
> - 유의성검정은 관찰된 효과가 귀무가설 모형에 대한 무작위 변이의 범위 내에 있는지 결정하는 데 사용된다.
> - p 값은 귀무가설로부터 나올 수 있는 결과가 관찰된 결과만큼 극단적으로 나타날 확률이다.
> - 유의수준(알파)이란, 귀무가설 모델에서 '비정상'이라고 판단할 임곗값을 말한다.
> - 유의성검정은 데이터 과학보다는 좀 더 공식적인 연구 보고와 관련이 있다(그러나 공식적인 연구 보고의 경우에도 최근에는 중요성이 희미해지고 있다).

3.4.5 더 읽을 거리

- 스티븐 스티글러가 쓴 「Fisher and the 5% Level」(『Chance』 21권, 4호, 2008)은 로널드 피셔가 1925년 발표한 『Statistical Methods for Research Workers』(Oliver & Boyd)에 대한 짧은 논평이다. 피셔는 5% 유의수준의 중요성을 강조했다.

- 3.2절의 '더 읽을 거리'를 참고하자.

3.5 t 검정

데이터가 횟수나 측정값을 포함하는지, 표본이 얼마나 큰지, 측정 대상이 무엇인지에 따라 다양한 유형의 유의성검정 방법이 있다. 가장 자주 사용되는 것은 **t 검정**t-test으로, 스튜던트 t 분포의 이름을 따서 붙인 것이다. 이것은 원래 윌리엄 고셋이 단일 표본평균의 분포를 근사화하기 위해 개발한 것이다(2.8절 참고).

- **검정통계량**test statistic : 관심의 차이 또는 효과에 대한 측정 지표
- **t 통계량**t-statistic : 평균과 같이 표준화된 형태의 일반적인 검정통계량
- **t 분포**t-distribution : 관측된 t 통계량을 비교할 수 있는, (귀무가설에서 파생된) 기준분포.

모든 유의성검정은 관심 있는 효과를 측정하기 위한 **검정통계량**을 지정하고, 관찰된 효과가 정상적인 랜덤 변이의 범위 내에 있는지 여부를 판단하는 데 도움을 준다. 재표본 검정에서 (3.3.1절 참고) 데이터의 척도는 큰 문제가 되지 않는다. 데이터로부터 기준(귀무가설) 분포를 생성하고 같은 검정통계량을 그대로 사용하면 된다.

통계적 가설검정이 한창 개발 중이던 1920년대와 1930년대에는, 재표본 검정을 위해 무작위로 데이터를 수천 번 섞는다는 것이 거의 불가능했다. 통계학자들은 순열(섞인)분포에 대한 좋은 근사가 고셋의 t 분포에 기초한 t 검정이라는 것을 발견했다. 이는 데이터가 수치형인 아주 일반적인 2표본 비교(A/B 검정)에 주로 사용한다. 그러나 척도에 상관없이 t 분포를 사용하려면, 표준화된 형태의 검정통계량을 사용해야 한다.

고전적인 통계학 참고서들은 고셋의 분포를 통합한 다양한 수식들을 보여주며 데이터를 표준화하여 표준 t 분포와 비교하는 방법을 보여준다. 여기에서 이를 다루지는 않겠지만, R이나 파이썬뿐 아니라 모든 통계 소프트웨어들은 이미 이 수식들을 구현한 명령을 제공한다. R에서 이 함수는 **t.test**이다.

```
> t.test(Time ~ Page, data=session_times, alternative='less')

        Welch Two Sample t-test

data:  Time by Page
t = -1.0983, df = 27.693, p-value = 0.1408
alternative hypothesis: true difference in means is less than 0
95 percent confidence interval:
      -Inf 19.59674
sample estimates:
mean in group Page A mean in group Page B
          126.3333             162.0000
```

파이썬에서는 **scipy.stats.ttest_ind** 함수를 사용할 수 있다.

```
res = stats.ttest_ind(session_times[session_times.Page == 'Page A'].Time,
                      session_times[session_times.Page == 'Page B'].Time,
                      equal_var=False)
print(f'p-value for single sided test: {res.pvalue / 2:.4f}')
```

대안가설은 페이지 A에 대한 평균 세션 시간이 페이지 B에 대한 평균보다 작다는 것이다. 0.1408의 p 값은 순열검정을 통해 얻은 p 값 0.121과 0.126에 매우 가깝다(3.3.2절 참고).

이렇게 재표본추출을 설명할 때, 데이터가 수치형인지 또는 이진형인지, 표본크기가 균형 잡혀 있는지, 표본분산이 얼마나 큰지 등 다양한 다른 요인에 대해 걱정하지 않고, 관측된 데이터와 검증할 가설만을 가지고 답을 구했다. 수식적으로 접근하는 방법에는 고려해야 할 수많은 변형들이 존재하며 형태도 아주 복잡하다. 통계학자는 그 세계를 탐색하고 지도를 보는 법도 배워야 하지만, 데이터 과학자들은 그럴 일이 없다. 논문 발표를 준비하는 학자처럼 가설검정과 신뢰구간 분석을 위한 세부 사항 때문에 진땀 흘리는 일은 하지 않는다.

주요 개념

- 컴퓨터가 널리 보급되기 전에, 재표본 검정은 실용적이지 않았다. 통계학자들은 대신 표준적인 분포를 참고했다.
- 이렇게 하면 검정통계량이 표준화되어 참고할 분포와 비교할 수 있다.
- 널리 사용되는 표준화된 통계량 중 하나가 t 통계량이다.

3.5.1 더 읽을 거리

- 입문자를 위한 통계학 참고서에는 t 통계량 및 그 용도에 대해 자세히 나올 것이다. 추천할 만한 두 권은 데이비드 프리드먼 등이 쓴 『Statistics, 4th ed.』(W. W. Norton, 2007)과 데이비드 S. 무어David S. Moore, 빌리암 I. 노츠William I. Notz, 마이클 A. 플링어Michael A. Fligner가 쓴 『The Basic Practice of Statistics』(제8판, W. H. Freeman, 2017)이다.

- t 검정과 재표본추출 절차를 동시에 다루는 책으로는, 피터 브루스의 『Introductory

Statistics and Analytics: A Resampling Perspective』(Wiley, 2014) 또는 로빈 록과 그의 가족 4명이 함께 쓴『Statistics: Unlocking the Power of Data, 2nd ed.』(Wiley, 2016)을 참고하라.

3.6 다중검정

앞서 언급했듯 통계학에서는 '데이터를 충분히 오래 고문하다 보면 언젠간 뭐든 털어놓을 것이다'라는 말이 있다. 다양한 관점으로 데이터를 보고 충분한 질문을 던지다 보면 거의 항상 통계적으로 유의미한 결과가 나오게 된다.

예를 들어 20개의 예측변수와 1개의 결과변수가 모두 **임의로** 생성되었다고 하자. 유의수준 0.05에서 20번의 일련의 유의성검정을 수행하면 적어도 하나의 예측변수에서 통계적으로 유의미한 결과를 (실수로) 초래할 가능성이 꽤 있다. 앞에서 설명한 것처럼 이것을 **1종 오류**라고 한다. 0.05의 유의수준에서 항상 유의미하지 않는다는 올바른 검정 결과가 나올 확률을 먼저 계산해서 1에서 빼면 이 확률을 구할 수 있다. 무의미하다고 정확하게 검정할 확률이 0.95이므로, 20번 모두 무의미하다라고 올바른 검정 결과를 보일 확률은 $0.95 \times 0.95 \times 0.95 \cdots = 0.95^{20} = 0.36$이다.[2] 적어도 하나의 예측값이 유의미하다고 검정 결과가 나올 확률은 이 확률의 나머지, 즉 1 − (모든 것이 무의미하다는 결론이 나올 확률) = 0.64이다. 이것을 **알파 인플레이션**이라고 한다.

이 문제는 데이터 마이닝에서 '모델이 잡음까지 학습하는' **오버피팅** 문제와 관련이 있다. 추가하는 변수가 많을수록 또는 더 많은 모델을 사용할수록 뭔가가 우연에 의해 '유의미한' 것으로 나타날 확률이 커진다.

지도 학습supervised learning에서는 이런 위험을 낮추기 위해, 홀드아웃 세트를 사용해서 이전에 보지 못했던 데이터를 통해 모델을 평가한다. 이런 홀드아웃 세트를 사용하지 않는 통계 및 머신러닝 방법은 지속적으로 통계적 잡음에 근거한 위험한 결론을 내리게 된다.

---

2 n개의 서로 독립적인 사건이 모두 일어날 확률은 각각의 확률을 모두 곱한 것이라는 확률의 곱셈법칙이다. 예를 들면 두 사람이 각각 동전을 한 번씩 던져서 동전이 모두 앞면이 나올 확률은 $0.5 \times 0.5 = 0.25$이다.

용어 정리

- **제1종 오류**type I error : 어떤 효과가 통계적으로 유의미하다고 잘못된 결론을 내린다.
- **거짓 발견 비율(FDR)**false discovery rate : 다중검정에서 1종 오류가 발생하는 비율
- **알파 인플레이션**alpha inflation : 1종 오류를 만들 확률인 **알파**가 더 많은 테스트를 수행할수록 증가하는 다중검정 현상.
- **p 값 조정**adjustment of p-value : 동일한 데이터에 대해 다중검정을 수행하는 경우에 필요하다.
- **과대적합(오버피팅)**overfitting : 잡음까지 피팅

통계학에는 특정 상황에서 이러한 문제를 다루기 위한 몇 가지 방법이 있다. 예를 들어 여러 처리군 간의 결과를 비교하는 경우, 여러 질문을 할 수 있다. 처리 A~C의 경우 다음과 같은 질문을 할 수 있다.

- A와 B가 서로 다른가?
- B와 C가 서로 다른가?
- A와 C가 서로 다른가?

또는 임상 실험의 경우는, 여러 단계별로 치료 결과를 볼 수 있다. 각각의 경우에 여러 가지 질문을 하다 보니, 각 질문마다 우연에 속을 기회는 증가한다. 통계학의 수정adjustment 절차는 보통 단일 가설검정을 할 때보다 통계적 유의성에 대한 기준을 더 엄격하게 설정함으로써 이를 보완한다. 이러한 수정 절차는 일반적으로 검정 횟수에 따라 '유의수준을 나누는' 방법이다. 이는 각 검정에 대해 더 작은 알파를, 즉 통계적 유의성에 대해 더 엄격한 잣대를 적용한다. 이러한 절차 중 하나인 본페로니 수정Bonferroni adjustment에서는 간단히 알파를 비교 횟수 n으로 나눈다. 여러 그룹의 평균을 비교하는 또 다른 방법은 **투키의 HSD**라고 부르는 투키의 '정직유의차honest significant difference'다. 이 테스트는 그룹 평균 간의 최대 차이(모든 값을 함께 섞고 원래 그룹과 동일한 크기의 재표본 그룹을 뽑아서 재표본한 그룹 평균 간의 최대 차이)에 적용되며 t 분포를 기반으로 한 벤치마크와 비교한다.

그러나 다중검정 문제는 이렇게 잘 구조화된 경우 말고도 데이터를 고문한다는 말이 나올 정도로 반복적으로 데이터를 '샅샅이 훑는' 현상과 관련이 있다. 달리 말하면, 충분히 복잡한 데이터가 주어졌을 때 흥미로운 것을 발견하지 못했다면 그저 오랫동안 열심히 들여다보지 않은 탓이다. 오늘날엔 여느 때보다 더 많은 데이터가 사용 가능하다. 2002년에서 2010년 사이에 출판

된 저널 논문 수가 거의 두 배로 증가했다. 이로 인해 다음과 같은 중복 문제를 포함하여 데이터에서 흥미로운 것을 발견할 수 있는 기회가 더욱 많아졌다.

- 여러 그룹 간의 쌍별 차이를 조사
- 여러 부분군에서의 결과 알아보기(예를 들면 '전반적으로는 아무런 유의미한 결과를 찾을 수 없었다. 하지만 30세 미만 미혼 여성들에서는 어떤 효과를 발견했다.')
- 여러 가지 통계 모델 적용하기
- 모델에서 많은 변수들을 사용하기
- 수많은 서로 다른 질문들(즉, 서로 다른 가능한 결과들)을 묻기

NOTE_ 거짓 발견 비율

거짓 발견 비율(FDR)은 원래 주어진 여러 개의 가설검정들 가운데 하나가 유의미한 효과가 있다고 잘못 판단하는 비율을 나타내는 데 사용되었다. 게놈 연구의 등장과 함께, 엄청난 수의 통계적 검정이 유전자 시퀀싱 프로젝트에서 중요한 역할을 하면서 특히 유용해졌다. 이때 이 용어는 검정 프로토콜에 해당하며, 하나의 거짓 '발견'이 한 가설검정의 결과(예를 들어 두 표본 사이의)일 때 사용하는 용어였다. 연구원들은 특정 수준에서 FDR을 제어하기 위해 검정 단계에서 변수를 설정했다. 한편 이 용어는 데이터 마이닝 쪽에서도 분류 문제를 다루는 데 사용되는데, 클래스 1 예측 내의 오분류비율misclassification rate이다. 또는 다른 말로 하면 '발견'(레코드를 1로 표시)이 거짓일 확률이다. 일반적으로 대부분이 0이고 1은 흥미롭고 드문 경우를 다룬다(5.4.2절 참고).

'중복도' 같은 일반적인 문제를 포함하여 여러 가지 이유로, 더 많은 연구가 반드시 더 나은 연구를 의미하는 것은 아니다. 예를 들어 바이엘 제약 회사는 2011년에 67개의 과학 연구를 재현하려 시도했으나, 그중 14개만 완전히 재현할 수 있다는 사실을 발견했다. 거의 2/3를 전혀 재현할 수 없었다.

어쨌든 정의가 분명하고 이미 잘 구조화된 통계 검정을 위한 수정 절차는, 데이터 과학자들이 일반적으로 사용하기에는 너무 특정한 경우를 위한 것이어서 문제에 맞게 변경하기가 어렵다. 중복에 대한 데이터 과학자의 결론은 다음과 같다.

- 예측 모델링의 경우, 교차타당성검사(4.2.3절 참고)와 홀드아웃 표본 사용을 통해, 실제 우연히 발생한 것을 겉보기에 유효한 것처럼 보이도록 잘못된 모델을 만들 위험을 낮춘다.
- 미리 분류되어 있는 홀드아웃 표본이 없는 다른 절차의 경우, 다음 사항에 의존해야 한다.
  - 데이터를 더 여러 번 사용하고 조작할수록 우연이 더 큰 역할을 할 수 있다는 것을 인식해야 한다.
  - 재표본추출과 시뮬레이션 결과들을 사용하여 무작위 모델의 기준값을 만들어 관찰된 결과를 비교한다.

> **주요 개념**
>
> - 연구 조사나 데이터 마이닝 프로젝트에서 다중성(다중비교, 많은 변수, 많은 모델 등)은 일부가 우연히 유의미하다는 결론을 내릴 위험을 증가시킨다.
> - 여러 통계 비교(즉, 여러 유의성검정)와 관련된 상황의 경우 통계적 수정 절차가 필요하다.
> - 데이터 마이닝에서, 라벨이 지정된 결과변수가 있는(즉 분류 결과를 알고 있는) 홀드아웃 표본을 사용하면 잘못된 결과를 피할 수 있다.

3.6.1 더 읽을 거리

- 다중비교 수정 방법(더넷 검정$^{Dunnett's\ test}$)을 간략히 보려면 데이비드 레인의 온라인 통계 텍스트를 참고하자. *http://davidmlane.com/hyperstat/B112114.html*

- 메건 골드먼의 자료는 본페로니 수정 절차를 좀 더 깊이 다룬다. *https://www.stat.berkeley.edu/~mgoldman/Section0402.pdf*

- p 값을 수정하는 더 유연한 통계적 절차 방법에 대한 심도 있는 설명은 피터 웨스트폴$^{Peter\ Westfall}$과 스탠리 영$^{Stanley\ Young}$이 쓴 『Resampling-Based Multiple Testing』(Wiley, 1993)을 참고하라.

- 예측 모델링에서 데이터 분할과 홀드아웃 표본 사용에 대한 설명은 갈리트 시뮤엘리, 피터 브루스, 니틴 파텔, 인발 야하브$^{Inbal\ Yahav}$, 케네스 리흐텐달$^{Kenneth\ Lichtendahl}$이 쓴 『비즈니스 애널리틱스를 위한 데이터마이닝(4판)』(이앤비플러스, 2018) 2장을 참고하라.[3]

3.7 자유도

많은 통계 검정과 확률분포 관련 자료에서 '자유도'에 대한 설명을 볼 수 있다. 이 개념은 표본 데이터에서 계산된 통계량에 적용되며 변화가 가능한 값들의 개수를 나타낸다. 예를 들면 10

---

3 옮긴이_ 이 책의 원서 『Data Mining for Business Analytics』는 파이썬과 R 버전을 나눠 두 권으로 출간되었다. 국내에는 R 버전의 책만 번역 출간되었다. 이 책의 저자이기도 한 피터 게데크는 파이썬 버전의 원서에만 저자로 참여했다.

개의 값으로 이뤄진 표본에서 평균값을 알고 있다면, 여기에는 9개의 자유도가 있다(표본 중 9개를 알고 있다면 10번째는 계산할 수 있으며 자유롭게 변경할 수 없다). 많은 확률분포에 적용되는 자유도 모수는 분포의 모양에 영향을 준다.

자유도는 많은 통계 검정에서 입력으로 주어지는 값이다. 예를 들면 분산과 표준편차에 대한 계산에서 분모에 표시된 $n-1$을 자유도라고 부른다. 이것이 왜 이렇게 중요할까? 표본을 통해 모집단의 분산을 추정하고자 할 때 분모에 n을 사용하면 추정치가 살짝 아래쪽으로 편향될 것이다. 분모에 $n-1$을 사용하면 추정값에 편향이 발생하지 않는다.

용어 정리

- **표본크기 n** : 해당 데이터에서 관측값의 개수(행 혹은 기록값의 개수와 같은 의미)
- **d.f.**^{degrees of freedom} : 자유도

전형적인 통계 수업이나 교재 대부분은 다양한 표준 가설검정 방법(t 검정, F 검정 등)을 설명하는 데 많은 부분을 할애한다. 표본통계량이 전통적인 통계 공식에 맞게 표준화된 경우, 자유도는 표준화된 데이터가 그에 적합한 기준분포(t 분포, F 분포 등)에 맞도록 하기 위한 표준화 계산의 일부이다.

과연 이것이 데이터 과학에서도 중요할까? 적어도 유의성검정이란 측면에선 그렇지 않다. 첫째, 공식적인 통계 검정은 데이터 과학 분야에서 아주 드물게 사용된다. 다른 하나는 데이터 크기가 대개 충분히 크기 때문에, 분모가 n인지 $n-1$인지가 데이터 과학자에게는 거의 차이가 없다(n이 커질수록 분모에 n을 사용할 때 발생할 수 있는 편향이 사라진다).

그러나 관련성이 있는 영역이 하나 있다. 회귀에서 요인변수를 사용할 때다(로지스틱 회귀 포함). 완전히 불필요한 예측변수들이 있는 경우 회귀 알고리즘을 사용하기 어렵다. 이것은 범주형 변수를 이진 지표(더미)로 변요인화^{factoring}할 때 가장 많이 일어난다. '요일'이라는 변수를 한번 생각해보자. 일주일에 7일이 있지만 요일을 지정할 때 자유도는 6개이다. 예를 들면 월요일부터 토요일이 아닌 요일이라고 한다면 그날은 반드시 일요일이어야 한다. 따라서 월~토 지표를 포함하면서 **동시에** 일요일까지 포함한다면 **다중공선성**^{multicollinearity} 오차로 인해 회귀를 실패하게 된다.

3.7.1 더 읽을 거리

- 자유도에 관한 좋은 웹 튜토리얼이 있다. *http://blog.minitab.com/blog/statistics-and-quality-data-analysis/what-are-degrees-of-freedom-in-statistics* 혹은 *https://oreil.ly/VJyts*

3.8 분산분석

이제 A/B 검정 말고 여러 그룹, 예를 들어 A/B/C/D의 수치 데이터들을 서로 비교한다고 가정해보자. 여러 그룹 간의 통계적으로 유의미한 차이를 검정하는 통계적 절차를 **분산분석**^{analysis of variance}, 줄여서 **ANOVA**라고 한다.

용어 정리

- **쌍별 비교**^{pairwise comparison} : 여러 그룹 중 두 그룹 간의 (예를 들면 평균에 대한) 가설검정
- **총괄검정**^{omnibus test} : 여러 그룹 평균들의 전체 분산에 관한 단일 가설검정
- **분산분해**^{decomposition of variance} : 구성 요소 분리. 예를 들면 전체 평균, 처리 평균, 잔차 오차로부터 개별 값들에 대한 기여를 뜻한다.
- **F 통계량**^{F-statistic} : 그룹 평균 간의 차이가 랜덤 모델에서 예상되는 것에서 벗어나는 정도를 측정하는 표준화된 통계량
- **SS**^{sum of squares} : 어떤 평균으로부터의 편차들의 제곱합

[표 3-3]은 4개 웹 페이지의 점착성, 즉 방문자가 페이지에서 보낸 시간을 의미하며 초 단위로 보여준다. 네 페이지는 무작위로 전환되며 각 웹 방문자는 무작위로 그중 한 곳에 접속된다. 각 페이지에는 총 5명의 방문자가 있으며 [표 3-3]에서 각 열은 독립적인 데이터 집합이다. 페이지 1의 첫 번째 뷰어는 페이지 2의 첫 번째 뷰어와 아무 관련이 없다. 이와 같은 웹 테스트에서는 일부 방문자를 어떤 커다란 모집단에서 무작위로 선택하는 식의, 전통적인 임의표본추출 설계를 완전히 구현할 수 없다. 우리가 선택하는 것이 아니라, 방문자가 오는 대로 바로 대상이 된다. 방문자는 시간대, 요일, 계절, 인터넷 환경, 사용하는 장치 등에 따라 체계적으로 다를 수 있다. 실험 결과를 검토할 때 이러한 요소들을 잠재적 편향의 요인으로 고려해야 한다.

표 3-3 네 웹 페이지의 점착성(단위: 초)

	Page 1	Page 2	Page 3	Page 4
	164	178	175	155
	172	191	193	166
	177	182	171	164
	156	185	163	170
	195	177	176	168
Average(평균)	172	185	176	162
Grand average(총평균)				173.75

자, 이제 한 가지 어려운 문제가 남았다(그림 3-6). 단지 두 그룹을 비교하는 것이라면 문제는 단순할 것이다. 이 표로는 각 그룹 평균의 차이만 알 수 있다. 4개 평균에 대해서 다음과 같이 그룹 간에 6가지 비교가 가능하다.

- 1 페이지와 2 페이지 비교
- 1 페이지와 3 페이지 비교
- 1 페이지와 4 페이지 비교
- 2 페이지와 3 페이지 비교
- 2 페이지와 4 페이지 비교
- 3 페이지와 4 페이지 비교

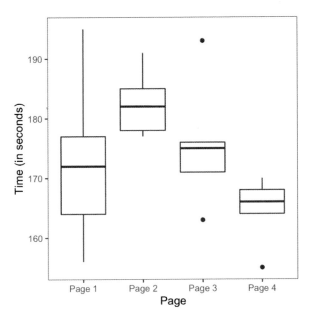

그림 3-6 네 그룹의 상자그림은 이들 사이에 상당한 차이가 있음을 보여준다.

우리가 이렇게 **한 쌍씩** 비교하는 횟수가 증가할수록 우연히 일어난 일에 속을 가능성이 커진다 (3.6절 참고). 개별 페이지 간의 가능한 모든 비교에 대해 걱정하는 대신, '모든 페이지가 동일한 기본적인 점착성을 갖는가? 그리고 이들 사이의 차이는 우연에 의한 것이고 원래 4개의 페이지에 할당된 세션 시간 역시 무작위로 할당된 것인가?'라는 질문을 다루는 전체적인 **총괄검정**을 할 수 있다.

ANOVA가 바로 이 검정에 사용되는 방법이다. 앞의 웹 페이지 점착성을 예로 들어, ANOVA의 토대가 되는 재표본추출 과정(웹 페이지 점착성의 A/B/C/D 검정을 위해 여기에 구체화했다)을 살펴보자.

1. 모든 데이터를 한 상자에 모은다.

2. 5개의 값을 갖는 4개의 재표본을 섞어서 추출한다.

3. 각 그룹의 평균을 기록한다.

4. 네 그룹 평균 사이의 분산을 기록한다.

5. 2~4단계를 여러 번 반복한다(예를 들면 1,000번).

재표본추출한 분산이 관찰된 변화를 초과한 시간은 어느 정도일까? 이것이 바로 p 값이다.

이런 형태의 순열검정은 3.3.1절에서 사용한 것보다 조금 더 복잡하다. 다행히도 lmPerm 패키지의 aovp 함수는 이런 경우에 대한 순열검정 계산을 지원한다.

```
> library(lmPerm)
> summary(aovp(Time ~ Page, data=four_sessions))

[1] "Settings:  unique SS "
Component 1 :
            Df R Sum Sq R Mean Sq Iter Pr(Prob)
Page         3    831.4    277.13 3104  0.09278 .
Residuals   16   1618.4    101.15
---
Signif. codes:  0 '***' 0.001 '**' 0.01 '*' 0.05 '.' 0.1 ' ' 1
```

Pr(Prob) 값이 바로 p 값으로 결과는 0.09278이다. 즉, 동일한 기본 점착성을 감안할 때 네 페이지 사이의 응답률이 9.3%의 확률로 실제 관측된 것과 달라지는 경우가 우연히 발생할 수 있다. 이러한 비개연성의 정도가 통상적인 통계 임곗값인 5%에 미치지 못하므로 네 페이지 간의 차이가 우연히 발생할 수 있다고 결론을 내렸다.

Iter 열은 순열검정에서 수행한 반복 횟수를 나타낸다. 다른 열은 전통적인 ANOVA 테이블에 대응하며, 이에 대해 이어서 자세히 설명한다.

파이썬에서는 다음 코드를 사용하여 순열검정을 계산할 수 있다.

```python
observed_variance = four_sessions.groupby('Page').mean().var()[0]
print('Observed means:', four_sessions.groupby('Page').mean().values.ravel())
print('Variance:', observed_variance)

def perm_test(df):
    df = df.copy()
    df['Time'] = np.random.permutation(df['Time'].values)
    return df.groupby('Page').mean().var()[0]

perm_variance = [perm_test(four_sessions) for _ in range(3000)]
print('Pr(Prob)', np.mean([var > observed_variance for var in perm_variance]))
```

3.8.1 F 통계량

두 그룹의 평균을 비교하기 위해 순열검정 대신 t 검정을 사용할 수 있는 것처럼, **F 통계량**을 기반으로 한 ANOVA 통계 검정도 있다. F 통계량은 잔차 오차residual error로 인한 분산과 그룹 평균(처리 효과)의 분산에 대한 비율을 기초로 한다. 이 비율이 높을수록 통계적으로 유의미하다고 할 수 있다. 데이터가 정규분포를 따를 경우, 통계 이론에 따르면 해당 통계량은 특정 분포를 따르게 되어 있다. 이를 토대로 p 값을 계산할 수 있다.

R의 aov 함수를 통해 **ANOVA 테이블**을 손쉽게 계산할 수 있다.

```
> summary(aov(Time ~ Page, data=four_sessions))

            Df Sum Sq Mean Sq F value Pr(>F)
Page         3  831.4   277.1    2.74 0.0776 .
Residuals   16 1618.4   101.2
---
Signif. codes:  0 '***' 0.001 '**' 0.01 '*' 0.05 '.' 0.1 ' ' 1
```

`statsmodels` 패키지는 파이썬에서 ANOVA 구현을 제공한다.

```
model = smf.ols('Time ~ Page', data=four_sessions).fit()

aov_table = sm.stats.anova_lm(model)
aov_table
```

파이썬 코드의 출력은 R의 출력과 거의 동일하다.

`Df`는 자유도, `Sum Sq`는 제곱합, `Mean Sq`는 평균제곱(평균제곱편차를 줄여서), `F value`는 F 통계량을 가리킨다. 총평균의 경우, 제곱합은 0에서부터 총평균까지의 거리를 구하고, 제곱한 다음, 20(관측 수)을 곱한 값과 같다. 따라서 총평균에 대한 자유도는 정의에 따라 1이 된다.

처리 방법에 대한 평균의 자유도는 3이다(3개의 평균과 함께 총평균이 정해지면 나머지 평균은 달라질 수 없다). 처리 평균에 대한 제곱합은 각 처리 평균과 총평균 사이의 편차를 제곱한 값들의 합이다.

잔차의 경우 자유도는 16(즉 20개 관측값 중에 16개는 총평균과 처리 평균이 정해지면 달라질 수 있음)이며 SS는 개별 관측치와 처리 평균의 차의 제곱합이다. 평균제곱(MS)은 제곱합을 자유도로 나눈 값이다.

F 통계량은 MS(처리)/MS(오차)이다. F 값은 이 비율에 따라 결정되며, 표준 F 분포와 비교하여 그룹 평균 간의 차이가 랜덤 변이에서 예상되는 것보다 큰지 여부를 결정할 수 있다.

NOTE_ 분산분해

데이터에서 관측된 값들은 다른 구성 요소의 합으로 생각할 수 있다. 데이터 내의 관측값의 경우, 평균, 처리 효과, 잔차 오차로 분류할 수 있다. 이것을 '분산의 분해'라고 한다.

1. 총평균(웹 페이지 점착성 데이터의 경우 173.75)으로부터 시작한다.
2. 음수인 처리 효과를 추가한다(독립변수 = 웹 페이지).
3. 음수일 수 있는 잔차 오차를 더한다.

이에 따르면, A/B/C/D 검정을 위한 표(표 3-3)의 왼쪽 상단 값에 대한 분산분해는 다음과 같다.

1. 총평균에서 시작: 173.75
2. 처리 (그룹) 효과를 추가: -1.75 (172 - 173.75)
3. 잔차 오차를 추가: -8 (164-172)
4. 최종값: 164

3.8.2 이원 분산분석

방금 설명한 A/B/C/D 검정은 변하는 요소(그룹)가 하나인 '일원' ANOVA이다. 그런데 '주말 대 평일'이라는 두 번째 요소를 고려한 각 조합(그룹 A 주말, 그룹 A 평일, 그룹 B 주말 등등)에 관한 데이터가 있다고 가정하자. 이럴 때 필요한 것이 '이원' ANOVA이다. 이는 '상호작용 효과'를 확인하는 식으로, 일원 ANOVA와 방식은 비슷하다. 총평균 효과와 처리 효과를 확인한 후, 각 그룹의 주말과 평일 데이터를 따로 분리한다. 그리고 그 부분집합들에 대한 평균과 처리 평균 사이의 차이를 찾아본다.

여러 요인과 그 효과를 모델링할 수 있는 회귀와 로지스틱 회귀 같은 완전한 통계 모델을 위한 첫걸음이 바로 이 ANOVA, 그리고 이원 ANOVA라고 할 수 있다(4장 참고).

3.8.3 더 읽을 거리

- 피터 브루스의 『Introductory Statistics and Analytics: A Resampling Perspective』 (Wiley, 2014)에서 ANOVA 챕터를 참고하자.

- 조지 W. 콥의 『Introduction to Design and Analysis of Experiments』(Wiley, 2008) 는 이와 관련된 주제들을 종합적이면서도 재미있게 잘 정리했다.

3.9 카이제곱검정

웹 테스트 시에는, 종종 단순한 A/B 검정을 넘어 동시에 여러 가지 처리를 한 번에 테스트할 필요가 있다. **카이제곱검정**chi-square test은 횟수 관련 데이터에 주로 사용되며 예상되는 분포에 얼마나 잘 맞는지를 검정한다. 통계적 관행에서 **카이제곱통계량**은 일반적으로 변수 간 독립성에 대한 귀무가설이 타당한지를 평가하기 위해 $r \times c$ 분할표를 함께 사용한다.

카이제곱검정은 칼 피어슨이 1900년에 처음 개발했다(*http://www.economics.soton.ac.uk/staff/aldrich/1900.pdf*). '카이'라는 용어는 피어슨이 논문에서 사용한 그리스 문자 χ에서 유래한다.

용어 정리

- **카이제곱통계량**chi-square statistic : 기댓값으로부터 어떤 관찰값까지의 거리를 나타내는 측정치
- **기댓값**expectation(expected) : 어떤 가정(보통 귀무가설)으로부터 데이터가 발생할 때, 그에 대해 기대하는 정도
- **d.f.**degrees of freedom : 자유도

> **NOTE_** $r \times c$는 각각 '행과 열'을 의미한다. 즉 2×3의 경우, 2행 3열을 의미한다.

3.9.1 카이제곱검정: 재표본추출 방법

A, B, C 세 가지 헤드라인을 비교한다고 가정하자. 이때 각각 방문자 1,000명에 관한 결과가 [표 3-4]와 같다.

표 3-4 서로 다른 3가지 헤드라인에 대한 웹 테스트 결과

	헤드라인 A	헤드라인 B	헤드라인 C
클릭	14	8	12
클릭하지 않음	986	992	988

결과적으로 이들 셋의 효과가 확실히 다른 것처럼 보인다. 실제 수는 적지만, A는 B에 비해 거의 두 배의 클릭을 유도했다. 재표본추출을 통해, 클릭률이 우연히 발생할 수 있는 것보다 유의미한 정도로 큰 것인지를 검정할 수 있다. 이 검정을 하려면 클릭의 '기대' 분포가 필요하며, 이 경우 각 헤드라인 모두가 동일한 클릭률을 갖는다는 가정이 귀무가설에 속한다. 전체 클릭률은 34/3,000이다. 이 가정하에 분할표는 [표 3-5]와 같을 것이다.

표 3-5 3가지 헤드라인이 모두 같은 클릭률을 갖는다고 가정했을 때의 기댓값

	헤드라인 A	헤드라인 B	헤드라인 C
클릭	11.33	11.33	11.33
클릭하지 않음	988.67	988.67	988.67

피어슨 잔차 Pearson residual는 다음과 같이 정의된다.

$$R = \frac{관측값 - 기댓값}{\sqrt{기댓값}}$$

R은 실제 횟수와 기대한 횟수 사이의 차이를 나타낸다(표 3-6).

표 3-6 피어슨 잔차

	헤드라인 A	헤드라인 B	헤드라인 C
클릭	0.792	−0.990	0.198
클릭하지 않음	−0.085	0.106	−0.021

카이제곱통계량은 바로 이 피어슨 잔차들의 제곱합이다.

$$X = \sum_{i}^{r}\sum_{j}^{c} R^2$$

여기에서 r과 c는 각각 행과 열의 수를 의미한다. 따라서 이 경우 카이제곱통계량은 1.666이 된다. 과연 이 값이 귀무가설로부터 얻을 수 있는 값보다 크다고 할 수 있을까?

재표본추출 알고리즘으로 이를 검정할 수 있다.

1. 34개의 1(클릭한 경우)과 2,966개의 0(클릭하지 않은 경우)이 들어 있는 상자를 만들자.

2. 상자의 내용물을 잘 섞은 다음 1,000개의 표본을 세 번씩 가져와서 각각의 클릭 수를 계산한다.

3. 이렇게 얻은 횟수와 기대한 횟수의 차이를 제곱해서 합산한다.

4. 2~3 단계를 1,000번 반복한다.

5. 재표본추출을 통해 얻은 편차의 제곱합이 얼마나 자주 관측값을 초과하는가? 이것이 바로 p 값이다.

R에서는 chisq.test 함수를 통해 이 값을 계산할 수 있다. 그 결과는 다음과 같다.

```
> chisq.test(clicks, simulate.p.value=TRUE)

        Pearson's Chi-squared test with simulated p-value (based on 2000 replicates)

data:  clicks
X-squared = 1.6659, df = NA, p-value = 0.4853
```

검정 결과는 관찰된 결과가 귀무가설(랜덤)로부터 얼마든지 얻을 수 있는 결과임을 보여준다.

파이썬에서 순열검정을 실행하려면 다음 코드를 사용한다.

```python
box = [1] * 34
box.extend([0] * 2966)
random.shuffle(box)

def chi2(observed, expected):
    pearson_residuals = []
    for row, expect in zip(observed, expected):
        pearson_residuals.append([(observe - expect) ** 2 / expect
                                  for observe in row])
    # 제곱의 합을 반환한다.
    return np.sum(pearson_residuals)

expected_clicks = 34 / 3
expected_noclicks = 1000 - expected_clicks
expected = [34 / 3, 1000 - 34 / 3]
chi2observed = chi2(clicks.values, expected)

def perm_fun(box):
    sample_clicks = [sum(random.sample(box, 1000)),
                     sum(random.sample(box, 1000)),
                     sum(random.sample(box, 1000))]
    sample_noclicks = [1000 - n for n in sample_clicks]
    return chi2([sample_clicks, sample_noclicks], expected)

perm_chi2 = [perm_fun(box) for _ in range(2000)]

resampled_p_value = sum(perm_chi2 > chi2observed) / len(perm_chi2)
print(f'Observed chi2: {chi2observed:.4f}')
print(f'Resampled p-value: {resampled_p_value:.4f}')
```

3.9.2 카이제곱검정: 통계적 이론

점근적asymptotic 통계 이론은 카이제곱통계량의 분포가 **카이제곱분포**chi-square distribution로 근사화될 수 있음을 보여준다. 적절한 표준 카이제곱분포는 **자유도**에 의해 결정된다(3.7절 참고). 분할 표에서 자유도는 다음과 같이 행(r)과 열(c)의 수와 관련이 있다.

$$자유도 = (r-1) \times (c-1)$$

카이제곱분포는 일반적으로 한쪽으로 기울어져 있고 오른쪽으로 긴 꼬리가 있다. 자유도가 1, 2, 5, 10인 경우의 분포는 [그림 3-7]을 참고하자. 관찰된 통계량이 카이제곱분포의 바깥쪽에 위치할수록 p 값은 낮아진다.

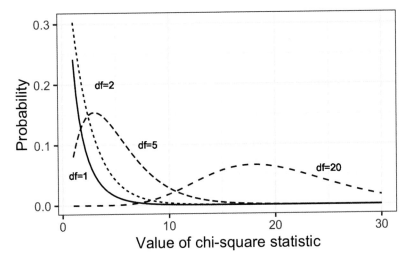

그림 3-7 다양한 자유도에 따른 카이제곱분포

chisq.test 함수를 이용해 카이제곱분포에 대한 p 값을 계산할 수 있다.

```
> chisq.test(clicks, simulate.p.value=FALSE)

        Pearson's Chi-squared test

data:  clicks
X-squared = 1.6659, df = 2, p-value = 0.4348
```

파이썬에서는 `scipy.stats.chi2_contingency` 함수를 사용한다.

```
chisq, pvalue, df, expected = stats.chi2_contingency(clicks)
print(f'Observed chi2: {chi2observed:.4f}')
print(f'p-value: {pvalue:.4f}')
```

p 값을 보면, 재표본추출해서 얻은 p 값보다 약간 작다. 이는 카이제곱분포가 실제 통계 분포가 아니라 근사치이기 때문이다.

3.9.3 피셔의 정확검정

이렇게 카이제곱분포는 재표본 검정의 좋은 근사치를 제공한다. 사건 발생 횟수가 매우 낮을 때(한 자리 숫자이거나, 특히 5개 이하인 경우)는 예외이지만, 이런 예외적인 경우에도 재표본추출 방법을 통해 더 정확한 p 값을 얻을 수 있다. 실제로, 대부분의 통계 소프트웨어는 발생할 수 있는 **모든** 조합(순열)을 실제로 열거하고, 빈도를 집계하고, 관찰된 결과가 얼마나 극단적으로 발생할 수 있는지를 정확하게 결정하는 절차를 제공한다. 이를 위대한 통계학자 피셔의 이름을 붙여, **피셔의 정확검정**이라고 한다. 피셔의 정확검정을 위한 R 코드는 다음과 같이 아주 간단하다.

```
> fisher.test(clicks)

        Fisher's Exact Test for Count Data

data:  clicks
p-value = 0.4824
alternative hypothesis: two.sided
```

이렇게 얻은 p 값은 재표본추출 방법을 사용하여 얻은 p 값 0.4853과 아주 가깝다.

일부 값이 매우 낮고 다른 값이 상대적으로 매우 높은 경우(예를 들면 전환율 계산에서 분모) 모든 가능한 순열을 계산하기는 어렵기 때문에, 완전한 정확검정 대신, 순열검정을 수행해야 할 수 있다. 앞서 사용한 R 함수에는 이 근사 방법을 사용할지 여부(`simulate.p.value`를 TRUE 또는 FALSE로 지정), 반복할 횟수(B), 그리고 정확한 결과에 대한 계산을 얼마나 수행할지를 제한하는 계산 제약 조건(workspace) 등 몇 가지 인수를 제공한다.

파이썬에서는 피셔의 정확검정을 쉽게 사용할 수 있도록 구현해놓은 것이 없다.

과학 사기를 밝히다

1991년 터프츠 대학교의 한 연구원인 테레자 이마니시–카리[Thereza Imanishi-Kari]는 연구 데이터를 조작한 것으로 기소되며 논란이 되었다. 존 딩겔[John Dingell] 미 하원 의원까지 연루되었던 이 사건은, 결국 공저자였던 데이비드 볼티모어가 록펠러 대학교의 총장 자리에서 사임하는 데까지 이어졌다.

이 사건의 중요한 요소 중 하나는 실험실에서 관찰한 데이터의 숫자 분포에 관한 통계적 증거에 있었다. 수사관은 **균등확률분포**[uniform random distribution]를 따를 것으로 기대되는 **중간** 자리의 숫자들(어떤 수의 첫 번째 자릿수와 마지막 자릿수를 무시)에 초점을 맞췄다. 즉, 중간 숫자들은 동일한 확률로 무작위로 나타나야 했다(첫 자리는 주로 하나의 값이었고, 마지막 자리는 반올림에 의해 영향을 받으므로 제외). [표 3-7]에는 실제 데이터의 내부 숫자의 도수가 나와 있다.

표 3-7 실험실 데이터에서 나타난 중간 숫자들의 도수

숫자	도수
0	14
1	71
2	7
3	65
4	23
5	19
6	12
7	45
8	53
9	6

[그림 3-8]은 이렇게 수집한 315개의 숫자 분포를 보여준다. 분명히 무작위가 아닌 것처럼 보인다.

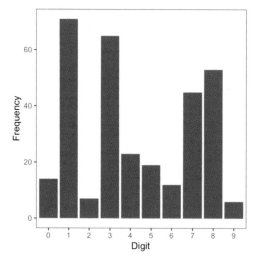

그림 3-8 이마니시-카리 연구 데이터의 도수 히스토그램

수사관들은 기댓값(31.5. 정확히 균일한 분포에서 각 숫자가 뽑힐 때)과의 차이를 계산하고, 카이제곱검정을 사용해(재표본추출 절차를 사용해도 똑같았을 것이다) 실제 분포가 정상적인 랜덤 변이의 범위를 훨씬 넘는다는 것을 보였다. 이는 데이터가 조작되었을 수 있음을 보여준다(참고로 이마니시-카리는 장기간 조사 끝에 결국 무혐의 처분을 받았다).

3.9.4 데이터 과학과의 관련성

카이제곱검정이나 피셔의 정확검정은 어떤 효과가 실제인지 아니면 우연인지 알고 싶을 때 사용한다. 대부분의 고전적 통계 응용 분야에서 카이제곱검정의 역할은 통계적 유의성을 결정하는 것이며, 일반적으로 연구 또는 실험이 논문에 실리기 전에 할 필요가 있다. 하지만 이것은 데이터 과학자에게 그렇게 중요하지 않다. A/B나 A/B/C나 상관없이, 대부분의 데이터 과학 실험에서의 목표는 단순히 통계적 유의성을 조사하는 것이 아니라 최적의 처리 방법을 찾는 것이다. 이를 위해서는 멀티암드 밴딧 방법(3.10절 참고)이 더 정확한 해결책이라고 할 수 있다.

데이터 과학에서 카이제곱검정, 특히 피셔의 정확검정을 활용하는 대표적인 예로, 웹 실험에 적합한 표본크기를 판별하는 일을 들 수 있다. 이러한 실험은 종종 클릭률이 매우 낮기 때문에 수천 번의 실험에도 불구하고 집계 비율이 너무 낮아 실험을 통해 확실한 결론을 내리기 어렵다. 이러한 경우 피셔의 정확검정, 카이제곱검정, 그리고 기타 검정은 검정력이나 표본크기를 계산하는 데 유용할 수 있다(3.11절 참고).

카이제곱검정은 논문 게제를 위해 통계적으로 유의미한 p 값을 찾는 연구에서 널리 사용된다. 데이터 과학 응용 분야에서는 카이제곱검정이나 이와 유사한 재표본추출 시뮬레이션을 필터로 더 많이 사용한다. 즉 어떤 효과나 특징에 대해 기본적인 유의성검정을 넘어 더 심층적인 분석이 필요할지 여부를 결정한다. 예를 들면 공간 통계학에서 공간 데이터가 어떤 특정 영분포를 따르는지 여부(랜덤인 경우보다 특정 영역에 범죄가 집중되고 있는가?)를 결정하는 데 사용한다. 또한 머신러닝에서는 자동 특성 선택을 위해 사용한다. 특성에 따라 클래스의 분포가 어떠한지 조사하고, 특정 클래스의 분포가 랜덤 변이에 비해 비정상적으로 크거나 작은 특성을 알아내는 등에 사용한다.

주요 개념

- 통계학에서 흔한 절차는 관측된 데이터가 독립성 가정(예를 들면 특정 항목을 구매하려는 성향이 성별과 무관함)을 따르는지 검증하는 것이다.
- 카이제곱분포는 카이제곱통계량을 비교할 기준분포(독립성 가정 포함)이다.

3.9.5 더 읽을 거리

- 그 유명한 로널드 피셔의 '차를 시음하는 부인$^{lady\ tasting\ tea}$' 사례는 20세기 초부터 지금까지 정확검정에 대해 간단하면서도 효과적인 설명을 제공한다. 구글에서 검색하면 관련된 다양한 글들을 찾을 수 있다.

- Stat Trek은 카이제곱검정에 대한 유용한 튜토리얼을 제공한다. *http://stattrek.com/chi-square-test/independence.aspx*

3.10 멀티암드 밴딧 알고리즘

멀티암드 밴딧[4] 알고리즘은 실험설계에 대한 전통적인 통계적 접근 방식보다 명시적인 최적화와 좀 더 빠른 의사 결정을 가능하게 하며, 여러 테스트, 특히 웹 테스트를 위해 사용된다.

용어 정리

- **멀티암드 밴딧(MAB)**multi-armed bandit : 고객이 선택할 수 있는 손잡이가 여러 개인 가상의 슬롯머신을 말하며, 각 손잡이는 각기 다른 수익을 가져다준다. 다중 처리 실험에 대한 비유라고 생각할 수 있다.
- **손잡이**arm : 실험에서 어떤 하나의 처리를 말한다(예를 들면 '웹 테스트에서 헤드라인 A').
- **상금(수익)**win : 슬롯머신으로 딴 상금에 대한 실험적 비유(예를 들면 '고객들의 링크 클릭 수')

전통적인 A/B 검정은 특정하게 설계된 실험을 통해 수집된 데이터를 이용하여 '처리 A나 처리 B 둘 중 어느 쪽이 더 좋은가?'와 같이 정해진 질문에 대한 답을 준다. 일단 답을 얻고 나면 실험은 멈추고 결과에 따라 행동한다.

이러한 접근에 몇 가지 어려움을 느낄 수도 있다. 첫째, 결론을 내리기 어려울 수 있다. '입증되지 않은 효과', 즉 실험 결과를 통해 효과가 있다는 것을 유추할 수는 있지만, 효과가 있더라도 그것을 입증할 만한(전통적인 통계 표준을 만족시킬 만한) 크기의 표본이 없을 수 있다. 어떤 결론을 내릴 수 있을까? 두 번째로, 우리는 실험이 끝나기 전에 이미 얻은 결과들을 이용하기 시작할 수도 있다. 셋째, 마음을 바꿔서 실험이 끝난 후에 추가적으로 들어오는 데이터를 기반으로 다른 것을 시도하고 싶을 수 있다. 실험과 가설검정에 대한 전통적인 방법들은 1920년대에 시작된 것으로, 다소 유연하지 않다. 컴퓨터 성능과 소프트웨어의 출현으로 더 강력하고 유연한 접근 방식이 가능해졌다. 게다가 데이터 과학, 그리고 비즈니스 전반에서는 통계적 유의성보다는 제반 비용과 결과를 최적화하는 데 더 관심이 있다.

웹 테스트에서 널리 사용되는 밴딧 알고리즘을 사용하면 한 번에 여러 가지 처리를 테스트하고 기존의 통계 설계보다 빠르게 결론을 얻을 수 있다. 이 알고리즘은 도박에서 사용되는 슬롯머신을 지칭하는 속어에서 이름을 가져왔다. 슬롯머신을 속칭 팔 하나인 강도bandit라고 부르기 때문이다(도박꾼들이 지속적으로 조금씩 돈을 잃게 되어 있는 구조이므로). 둘 이상의 손잡이가

---

4 옮긴이_ 우리말로 번역하면 손잡이가 여러 개인 슬롯머신(밴딧)을 뜻한다. 슬롯머신에 달린 여러 개의 손잡이 중에서 어느 것을 당겨야 더 많은 수익을 올릴 수 있을지 결정하는 방법을 찾는 것이 목표다.

달려 있고 각 손잡이는 다른 속도로 돈을 지불하는 슬롯머신을 상상해보자. 그것이 이 알고리즘의 정식 이름(팔 여러 개 달린 강도)이라고 할 수 있다.

우리의 목표는 가능한 한 많은 돈을 얻는 것이고, 더 구체적으로 말하면 많은 상금이 나오는 손잡이를 나중에 확인하는 것이 아니라 빨리 확인하는 것이다. 어려운 점은 손잡이를 잡아당길 때 총 얼마를 지불할지 모른다는 것이다. 손잡이를 당겼을 때 개별적인 결과만 알 수 있다. 어떤 '손잡이'든지 간에 '상금'이 모두 같은 금액이라고 가정하자. 다른 점은 승리할 확률이다. 처음에 각 손잡이마다 50번 시도한 후 다음과 같은 결과를 얻었다고 가정하자.

- **손잡이 A**: 50번 중 10번 승리
- **손잡이 B**: 50번 중 2번 승리
- **손잡이 C**: 50번 중 4번 승리

그러면 단순히 다음과 같은 극단적인 결론을 내릴 수 있을 것이다. '손잡이 A가 최고인 것으로 보인다. 다른 손잡이는 시도하지 말고 A만 당기자.' 이것은 초기 시험에서 얻은 정보를 최대한 활용하는 방법이다. A가 정말로 우월하다면, 우리는 그 이익을 초기에 얻게 된다. 하지만 사실은 B나 C가 더 좋다면 우리는 이 사실을 발견할 기회를 놓치게 된다. 또 다른 극단적인 접근법은 '모두가 무작위인 것으로 보인다. 모두 똑같이 잡아당기자.'이다. 이것은 A 외의 다른 것들의 확률을 알 수 있는 최대한의 기회를 제공한다. 그러나 그 과정에서 우리는 어쩔 수 없이 수익이 낮을 것으로 예상되는 행위를 자주 시도해야 한다. 이것을 얼마나 지속해야 할까? 밴딧 알고리즘은 하이브리드 접근 방식을 취한다. A의 우위를 활용하기 위해 A를 더 자주 잡아당기는 것으로 시작하긴 하지만 그렇다고 B와 C를 포기하지는 않는다. A에서 계속해서 성과를 거둔다면, B와 C를 당길 기회를 A에게 더 줘서 A를 더 자주 잡아당긴다. 반면 C가 더 좋아지고 A가 더 나빠지기 시작하면 A로 가던 기회를 C에게 돌린다. 그중 하나가 A보다 우수하고 이것이 초기 실험에서 우연히 감춰졌던 결과라면, 이제는 더 많은 테스트를 통해 이 사실이 밝혀질 수 있는 기회가 생기게 된다.

이제 이것을 웹 테스트에 적용하는 방법을 생각해보자. 여러 개의 슬롯머신 손잡이 대신에 웹사이트에서 여러 가지 제안, 헤드라인, 색상 등을 테스트할 수 있다. 고객은 클릭(상품 판매자 입장에서는 '승리')하거나 클릭하지 않을 것이다. 처음에는 여러 제안이 무작위로 균등하게 표시된다. 그러다가 한 제안이 다른 제안보다 좋은 결과를 내기 시작하면 더 자주 표시('잡아당기기')될 수 있게 한다. 그러나 잡아당기는 비율을 수정하는 알고리즘을 위한 파라미터는 무엇이 되어야 할까? 잡아당기는 비율을 언제 어떻게 수정해야 할까?

엡실론–그리디 알고리즘epsilon-greedy algorithm이라는 A/B 검정을 위한 간단한 알고리즘은 다음과 같다.

1. 0부터 1 사이의 균등분포의 난수를 생성한다.

2. 이 숫자가 0과 엡실론(0과 1 사이의 값으로 일반적으로 아주 작다) 사이에 존재하면, 50/50의 확률로 동전 뒤집기를 시행한다.

   a. 그 결과 동전이 앞면이면 제안 A를 표시한다.

   b. 동전이 뒷면이면 제안 B를 표시한다.

3. 숫자가 엡실론보다 크면, 지금까지 가장 좋은 결과를 보인 제안을 표시한다.

엡실론은 이 알고리즘을 제어하는 단일 파라미터이다. 엡실론이 1이면 우리는 결국 간단한 표준 A/B 검정(매 실험마다 A와 B를 무작위로 할당)을 하게 되는 셈이다. 엡실론이 0이라면 완전한 **탐욕 알고리즘**greedy algorithm이 되어버린다. 즉 당장 최상의 즉각적인 옵션(지역 최적)을 선택한다. 더 이상의 실험 없이, 피실험자(웹 방문자)들을 항상 지금까지 알려진 가장 좋은 제안에 할당한다.

여기서 조금 더 복잡한 알고리즘은 '톰슨의 샘플링Thompson's sampling'을 사용하는 방법이다. 여기서는 각 단계마다 '표본을 추출'(손잡이를 당김)하여 최고의 손잡이를 선택할 확률을 최대화한다. 당연히 어느 것이 가장 좋은 손잡이인지 모른다(이것이 늘 문제다). 그러나 연속적인 추출을 통해 얻는 수익을 관찰하면 더 많은 정보를 얻을 수 있다. 톰슨 샘플링은 베이즈 방식을 사용한다. 즉 **베타 분포**beta distribution(베이즈 문제에서 사전 정보를 지정하는 일반적인 메커니즘)를 사용하여 수익의 일부 사전 분포를 가정한다. 각 추출 정보가 누적되면서 정보가 업데이트되기 때문에, 다음번에 최고 손잡이를 선택할 확률을 효과적으로 최적화할 수 있다.

밴딧 알고리즘은 3가지 이상의 처리를 효율적으로 다루고 '최고'를 위한 최적의 선택을 하도록 돕는다. 전통적인 통계 검정의 경우, 3가지 이상의 처리를 위한 의사 결정은 전통적인 A/B 검정의 의사 결정보다 훨씬 복잡하며, 이 경우 밴딧 알고리즘의 장점이 훨씬 더 커진다.

3.10.1 더 읽을 거리

- 존 마일즈 화이트의 『Bandit Algorithms for Website Optimization』(O'Reilly, 2012) 에서 MAB에 대한 짧지만 아주 훌륭한 설명을 찾아볼 수 있다. 화이트는 파이썬 코드뿐만 아니라 이 알고리즘의 성능을 평가하기 위한 시뮬레이션 결과도 기술했다.

- 톰슨 샘플링에 대한 (다소 기술적인) 추가 정보는 시프라 아그라와[Shipra Agrawal]와 나빈 고얄[Navin Goyal]의 「Analysis of Thompson Sampling for the Multi-armed Bandit Problem」을 참고하자. *http://proceedings.mlr.press/v23/agrawal12/agrawal12.pdf*

3.11 검정력과 표본크기

웹 테스트를 수행할 경우 실행 시간(즉, 처리당 얼마나 많은 노출이 필요할까?)은 어떻게 결정할까? 웹 테스트에 대한 수많은 관련 자료들을 인터넷에서 쉽게 찾을 수 있다. 하지만 모든 경우에 딱 맞는 일반적인 방법은 없고, 다만 원하는 달성 목표에 따라 조절해야 한다.

- **효과크기**effect size : '클릭률의 20% 향상'과 같이 통계 검정을 통해 판단할 수 있는 효과의 최소 크기
- **검정력**power : 주어진 표본크기로 주어진 효과크기를 알아낼 확률
- **유의수준**significance level : 검증 시 사용할 통계 유의수준

표본크기에 대한 고려는 '가설검정이 실제로 처리 A와 B의 차이를 밝혀낼 수 있을까?'라는 질문과 바로 연결된다. 가설검정의 결과라고 할 수 있는 p 값은 A와 B 사이에 실제 차이가 있는지에 따라 달라진다. 물론 실험에서 누가 어떤 그룹에 속하느냐는 선택의 운에 따라 결과가 달라질 수도 있다. 그렇다 하더라도 실제 차이가 크면 클수록, 그것을 밝혀낼 가능성도 따라서 커질 것이고, 그 차이가 작을수록 더 많은 데이터가 필요하다는 생각에는 모두 동의할 수 있다. 야구에서 3할 5푼 타자와 2할 타자를 구분하기 위해 많은 타석이 필요하지는 않다. 하지만 3할 타자와 2할 8푼 타자를 구분하기 위해서는 더 많은 타석 정보가 필요할 것이다.

검정력이란 바로 특정 표본 조건(크기와 변이)에서 특정한 **효과크기**를 알아낼 수 있는 확률을 의미한다. 예를 들어 25타석에서 3할 3푼 타자와 2할 타자를 구분할 수 있을 확률이 0.75라고 (가정해서) 말할 수 있다. 여기서 효과크기란 바로 1할 3푼의 타율 차이(0.130)를 의미한다. 그리고 '알아낸다'는 것은 가설검정을 통해 차이가 없을 것이라는 영가설을 기각하고 실제 효과가 있다고 결론을 내리는 것을 의미한다. 다시 말해 두 타자를 대상으로한 25타석($n = 25$) 실험은 0.130의 효과크기에 대해 0.75 혹은 75%의 (가설상의) 검정력을 가진다고 볼 수 있다.

몇 가지 '움직이는 부분'이 있다. 가설검정에서는 표본 변이, 효과크기, 표본크기, 유의수준 등을 특정하는 데 필요한 수많은 통계적 가설과 수식에 말려들기 십상이다. 실제로 검정력을 계산하기 위한 특별한 목적의 통계 소프트웨어가 있다. 대부분의 데이터 과학자들은 (예를 들어 논문 출판에 필요한) 검정력을 구하기 위해 형식적인 절차를 모두 지킬 필요는 거의 없다. 하지만 A/B 검정을 위해 데이터를 수집하고 처리하는 데 비용이 발생하는 경우, 가끔 사용해야 할 수도 있다. 이럴 경우, 데이터 수집을 위해 대충 얼마의 비용이 발생할지 안다면 데이터를 수집하고도 결론을 내리지 못하는 상황을 피할 수 있을 것이다. 여기에서 꽤 직관적인 방법 하나를 소개한다.

1. 최대한 (사전 정보를 이용해서) 결과 데이터가 비슷하게 나올 수 있는 가상의 데이터를 생각해보자. 예를 들면 2할 타자를 위해 20개의 1과 80개의 0이 들어 있는 상자를 생각

한다든지, 웹 페이지 방문 시간을 관측한 자료가 담겨 있는 상자를 생각할 수 있다.

2. 첫 표본에서 원하는 효과크기를 더해서 두 번째 표본을 만든다. 예를 들면 33개의 1과 67개의 0를 가진 두 번째 상자, 혹은 각 초기 방문 시간에 25초를 더한 두 번째 상자를 만들 수 있다.

3. 각 상자에서 크기 n인 부트스트랩 표본을 추출한다.

4. 두 부트스트랩 표본에 대해서 순열 가설검정(혹은 수식 기반의 가설검정)을 진행한다. 그리고 여기에 통계적으로 유의미한 차이가 있는지 기록한다.

5. 3~4단계를 여러 번 반복한 후, 얼마나 자주 유의미한 차이가 발견되는지 알아본다. 이 확률이 바로 검정력 추정치다.

3.11.1 표본크기

검정력 계산의 주된 용도는 표본크기가 어느 정도 필요한가를 추정하는 것이다.

예를 들면 기존 광고와 새로운 광고를 비교하기 위해 클릭률(노출당 클릭이 발생하는 백분율)을 조사한다고 가정하자. 이 조사를 위해 얼마나 많은 클릭 수를 수집해야 할까? 50% 정도의 큰 차이에만 관심이 있다면 상대적으로 적은 수의 표본으로도 목표를 이룰 수 있을 것이다. 하지만 그것보다 훨씬 작은 차이에도 관심이 있다면 훨씬 큰 표본이 필요하다. 이런 식으로 새 광고가 기존 광고에 비해 얼마큼(예를 들어 10%) 더 효과적이어야 하는지, 어느 정도 이상 효과적이지 않다면 기존 광고를 계속 쓸지에 대한 기준을 설정하는 것이 표준적인 접근법이다. 이러한 목표, 즉 '효과크기'가 표본크기를 좌우한다.

예를 들면 현재 클릭률이 약 1.1% 수준인데 여기서 10% 증가한 1.21%를 원한다고 가정하자. 이때 우리는 두 상자, 1.1%의 1이 들어 있는 상자 A(110개의 1과 9,890개의 0)와 1.21%의 1이 들어 있는 상자 B(121개의 1과 9,879개의 0)가 있다고 생각할 수 있다. 먼저 각 상자에서 300개씩 뽑는다고 하자(이는 마치 각 광고에 대한 300명의 '첫인상'이라고 할 수 있다). 결과가 다음과 같다고 가정하자.

- **상자 A**: 3개의 1
- **상자 B**: 5개의 1

어떤 가설검정을 해도 이 차이(5개와 3개)가 유의미하지 않게 나올 것이라고 쉽게 눈치챘을 것이다. 이 표본크기(300개)와 효과크기(10% 차이)의 조합은 가설검정을 통해 이 차이를 보이기에는 너무 작다.

따라서 이번에는 표본크기를 증가시켜 2,000개의 첫인상을 알아보자. 그리고 더 큰 효과크기(10% 대신 50%)를 생각해보자.

다시 클릭률은 여전히 1.1% 수준이라고 가정한다. 대신 50% 증가한 1.65를 원한다고 생각해보자. 아까와 마찬가지로 두 상자, 1.1%의 1이 들어 있는 상자 A(110개의 1과 9,890개의 0)와 1.65%의 1이 들어 있는 상자 B(165개의 1과 9,835개의 0)가 있다고 생각할 수 있다. 이제 각 상자에서 2,000개를 뽑는다. 이렇게 뽑은 결과가 다음과 같다고 하자.

- **상자 A**: 19개의 1
- **상자 B**: 34개의 1

하지만 유의성검정을 해도 이 차이(34개와 19개)가 여전히 '유의미하지 않다'고 결론이 날 것이다(앞선 5개와 3개의 차이보다는 유의미한 결과에 훨씬 더 가깝기는 하지만). 검정력을 계산하기 위해서는 이러한 과정을 여러 번 반복해야 한다. 아니면 검정력 계산을 지원하는 소프트웨어를 사용할 수도 있다. 하지만 앞 예제를 통해 알 수 있듯이 50% 정도의 효과를 알기 위해선 수천 개 이상의 광고 첫인상 정보가 필요할 것이다.

요약하면, 검정력 혹은 필요한 표본크기의 계산과 관련한 다음 4가지 중요한 요소들이 있다.

- 표본크기
- 탐지하고자 하는 효과크기
- 가설검정을 위한 유의수준
- 검정력

이 중 3가지를 정하면 나머지 하나를 알 수 있다. 가장 일반적으로, 표본크기를 알고 싶을 경우가 많다. 이때, 나머지 3가지 요소를 정해야 한다. R과 파이썬을 사용할 경우, 단방향 검정을 하려면 대립가설을 '더 크다'고 지정해야 한다. 단방향 검정과 양방향 검정에 대한 자세한 내용은 3.2.3절을 참조한다. 아래 R 코드는 같은 크기의 두 표본을 고려한 검정을 위해 사용된다. 이를 위해 `pwr` 패키지를 사용한다.

```
effect_size = ES.h(p1=0.0121, p2=0.011)
pwr.2p.test(h=effect_size, sig.level=0.05, power=0.8, alternative='greater')

     Difference of proportion power calculation for binomial distribution
                                               (arcsine transformation)

            h = 0.01029785
            n = 116601.7
    sig.level = 0.05
        power = 0.8
  alternative = greater

NOTE: same sample sizes
```

ES.h 함수는 효과크기를 계산한다. 80%의 검정력을 원하면 거의 120,000번 정도의 표본크기가 필요하다. 효과크기를 50% 증가시킬(p1 = 0.0165) 경우 표본크기는 5,500번 정도로 줄어든다.

statsmodels 패키지에는 검정력 계산을 위한 여러 가지 메서드가 포함되어 있다. 여기에서는 proportion_effectsize를 사용하여 효과크기를 계산하고 표본크기를 구하기 위해 TTestIndPower를 사용한다.

```
effect_size = sm.stats.proportion_effectsize(0.0121, 0.011)
analysis = sm.stats.TTestIndPower()
result = analysis.solve_power(effect_size=effect_size,
                              alpha=0.05, power=0.8, alternative='larger')
print('Sample Size: %.3f' % result)

Sample Size: 116602.393
```

여기서 h는 효과크기(비율)이고 n은 표본크기, sig.level은 검정을 수행할 유의수준(알파), power는 검정력(효과크기를 알아낼 확률)이다.

3.11.2 더 읽을 거리

- 이 주제에 대한 자세하고 읽기 쉬운 리뷰를 원한다면, 톰 라이언의 『Sample Size Determination and Power』(Wiley, 2013)을 참고하자.

- 통계 컨설턴트인 스티브 사이먼[Steve Simon]이 쓴 매우 매력적인 이야기 형식의 게시글을 참고하자. *http://www.pmean.com/09/AppropriateSampleSize.html*

3.12 마치며

실험설계 원칙(대상을 서로 다른 처리군으로 랜덤하게 할당하는 원칙)을 통해 실험이 얼마나 잘 진행되었는지 타당한 결론을 도출할 수 있다. '아무런 변화도 가하지 않은' 대조 처리군을 포함하는 것은 필수적이다. 전형적인 통계 추론 주제들, 즉 가설검정, p 값, t 검정 등 같은 주제들은 기존의 통계 강의나 참고 자료에서 가장 많은 부분을 차지한다. 데이터 과학의 입장에서 보면 이런 기존의 틀은 거의 필요하지 않다. 하지만 랜덤 변이가 사람을 속이는 데 중요한 역할을 한다는 것을 이해하는 것은 여전히 중요하다. 데이터 과학자들은 직관적인 재표본추출 과정(순열과 부트스트랩)을 통해 데이터 분석에서 우연에 의한 변이가 어느 정도까지 영향을 미치는지 측정할 수 있게 되었다.

## CHAPTER 4

회귀와 예측

아마 통계학에서 가장 일반적인 목표는 다음 질문들에 대한 답을 찾는 것이다. 변수 X(혹은 $X_1, \cdots, X_p$)가 변수 Y와 관련이 있는가? 있다면 어떤 관련이 있는가? 이를 이용해 Y를 예측할 수 있는가?

특히 '예측' 변숫값을 기반으로 결과(목표) 변수를 예측하는 영역만큼 통계와 데이터 과학이 서로 강하게 연결되는 부분도 없다. 이미 결과를 알고 있는 데이터로 모델을 훈련하고 이후에 아직 결과를 모르는 데이터에 적용하는 이 프로세스를 **지도 학습**supervised learning이라고 한다. 데이터 과학과 통계학 사이의 또 다른 중요한 연결 고리는 **이상 검출** 영역이다. 회귀진단은 원래 데이터 분석을 위해 개발되었고, 이것이 발전하면서 비정상적인 데이터를 검출하는 데도 사용되고 있다.

4.1 단순선형회귀

단순선형회귀는 한 변수와 또 다른 변수의 크기 사이에 어떤 관계, 예를 들면 X가 증가하면 Y도 증가, 아니면 반대로 X가 증가하면 Y는 감소하는 식의 관계에 대한 모델을 제공한다. 앞서 다룬 상관관계 역시 두 변수가 서로 어떤 관계인지를 보여주는 방법 중 하나이다(1.7절 참고). 상관관계가 두 변수 사이의 전체적인 관련 강도를 측정하는 것이라면, 회귀는 관계 자체를 정량화하는 방법이라는 점에서 차이가 있다.

용어 정리

- **응답변수 (반응변수)**response variable : 예측하고자 하는 변수(유의어: 종속변수, 변수 Y, 목표, 출력)
- **독립변수**independent variable : 응답치를 예측하기 위해 사용되는 변수(유의어: 예측변수, 변수 X, 피처, 속성)
- **레코드**record : 한 특정 경우에 대한 입력과 출력을 담고 있는 벡터(유의어: 행, 사건, 예시instance, 예제example)
- **절편**intercept : 회귀직선의 절편. 즉, $X = 0$일 때 예측값(유의어: b_0, β_0)
- **회귀계수**regression coefficient : 회귀직선의 기울기(유의어: 기울기slope, b_1, β_1, 모수 추정값, 가중치)
- **적합값**fitted value : 회귀선으로부터 얻은 추정치 $\hat{Y}_i$(유의어: 예측값)
- **잔차**residual : 관측값과 적합값의 차이(유의어: 오차)
- **최소제곱**least square : 잔차의 제곱합을 최소화하여 회귀를 피팅하는 방법(유의어: 보통최소제곱, OLS)

4.1.1 회귀식

단순선형회귀를 통해 X가 얼마큼 변하면 Y가 어느 정도 변하는지를 정확히 추정할 수 있다. 상관계수의 경우, 변수 X와 Y가 서로 바뀌어도 상관없다. 회귀에서는 다음과 같은 식으로 선형관계(즉, 직선)를 이용해서 변수 X로부터 변수 Y를 예측하고자 한다.

$$Y = b_0 + b_1 X$$

이는 'Y는 X에 b_1을 곱하고 거기에 b_0를 더한 값과 같다'라는 뜻이다. b_0는 **절편**(상수) 그리고 b_1은 X의 **기울기**slope라고 한다. 보통은 b_1을 주로 **계수**coefficient라고 하는데, R에서는 둘 다 계수라고 출력된다. 변수 Y는 X에 따라 달라지기 때문에, **응답변수** 혹은 **종속변수**라고 불린다. 변수 X는 **독립변수** 혹은 **예측변수**라고 한다. 머신러닝 분야에서는 Y는 **목표벡터**, X는 **피처벡터**라고 달리 부른다. 이 책에서는 **예측**과 **피처**이라는 용어를 같은 의미로 사용한다.

[그림 4-1]에 보이는 산점도는 노동자들이 면진에 노출(Exposure)된 연수와 폐활량(PEFR)을 표시한 것이다. PEFR과 Exposure 변수 사이에 어떤 관계가 있을까? 이 그림만 보고는 뭐라 말하기가 어렵다.[1]

----

1 옮긴이_ 4장 예제를 실행하기 위해서는 R에서 lubridate 패키지를 설치해야 한다.

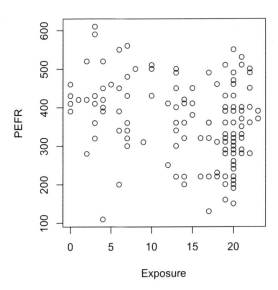

그림 4-1 면진에 대한 노출 연수와 폐활량

단순선형회귀는 예측변수 Exposure에 대한 함수로 응답변수 PEFR을 예측하기 위한 가장 최선의 직선을 찾으려 시도한다.

$$\text{PEFR} = b_0 + b_1 \text{ 노출}$$

R 함수 lm으로 선형회귀 함수를 피팅한다.

```
model <- lm(PEFR ~ Exposure, data=lung)
```

lm이라는 함수 이름은 **선형모형**을 뜻하는 linear model의 줄임말이다. 그리고 ~ 기호는 Exposure를 통해 PEFR을 예측한다는 것을 의미한다. 이 모델 정의에는 자동으로 절편이 포함되고 함께 피팅된다. 모델에서 절편을 제거하려면 다음과 같이 모델 정의를 작성해야 한다.

```
PEFR ~ Exposure - 1
```

model 객체를 출력해보면, 다음과 같은 결과를 볼 수 있다.

```
Call:
lm(formula = PEFR ~ Exposure, data = lung)

Coefficients:
(Intercept)    Exposure
   424.583      -4.185
```

절편 b_0는 424.583이고, 이는 노동자가 노출된 연수가 0일 때 예측되는 PEFR이라고 해석이 가능하다. 회귀계수 b_1에 대해서는, 노동자가 면진에 노출되는 연수가 1씩 증가할 때마다, PEFR은 −4.185의 비율로 줄어든다고 해석할 수 있다.

파이썬에서는 사이킷런 패키지의 LinearRegression을 사용할 수 있다(statsmodels 패키지에는 R과 더 유사한 선형회귀 구현(sm.OLS)이 있다. 이 장의 뒷부분에서 사용할 것이다).

```python
predictors = ['Exposure']
outcome = 'PEFR'

model = LinearRegression()
model.fit(lung[predictors], lung[outcome])

print(f'Intercept: {model.intercept_:.3f}')
print(f'Coefficient Exposure: {model.coef_[0]:.3f}')
```

[그림 4-2]는 이 모델의 회귀선을 보여준다.

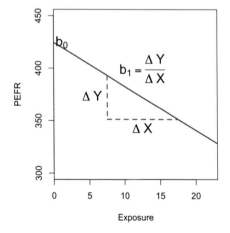

그림 4-2 폐활량 회귀 적합도의 기울기 및 절편

4.1.2 적합값과 잔차

회귀분석에서 중요한 개념은 **적합값**(예측값)과 **잔차**(예측 오차)이다. 보통 모든 데이터가 정확히 한 직선 안에 들어오지는 않는다. 따라서 회귀식은 명시적으로 오차항 e_i를 포함한다.

$$Y_i = b_0 + b_1 X_i + e_i$$

적합값은 **예측값**을 지칭하는 말로, 보통 $\hat{Y}_i$ (Y 햇)으로 나타낸다. 다음과 같이 쓸 수 있다.

$$\hat{Y}_i = \hat{b}_0 + \hat{b}_1 X_i$$

$\hat{b}_0$ 와 $\hat{b}_1$ 은 이미 알려진 값이 아닌 추정을 통해 얻은 값이라는 것을 의미한다.

> **TIP_ 햇(^) 표기법: 추정치**
>
> 모자 같은 모양(^)의 기호가 문자 위에 있는 이러한 표기법을 햇^{hat} 표기법이라고 한다. 햇 표기법은 추정치와 미리 알고 있는 값을 구분하기 위해 사용한다. $\hat{b}$('비 햇'이라고 읽는다) 기호는 정확히 모르는 b라는 값의 추정치를 의미한다. 통계학자들은 왜 이렇게 추정값과 참값을 구분하려는 것일까? 참값은 불변의 확실한 값이라는 의미가 있는 반면, 추정치라는 것은 불확실성을 내포하고 있기 때문이다.[2]

여기서 잔차 $\hat{e}_i$는 원래 값에서 예측한 값을 빼서 구한다.

$$\hat{e}_i = Y_i - \hat{Y}_i$$

R에서 제공하는 **predict**와 **residuals** 함수를 통해 적합값과 잔차를 구할 수 있다.

```
fitted <- predict(model)
resid <- residuals(model)
```

사이킷런의 LinearRegression 모델을 사용하면 훈련 데이터에 대한 predict 메서드를 사용하여 fitted 값과 그에 따른 residuals를 얻을 수 있다. 보다시피, 이것은 사이킷런에 있는

2　베이즈 통계학에서 참값은 특정 분포를 갖는 랜덤 변수라고 가정한다. 베이즈 관점에서는, 미지의 모수에 대한 추정보다는 사후 혹은 사전 분포라는 개념을 사용한다.

모든 모델이 따르는 일반적인 패턴이다.

```
fitted = model.predict(lung[predictors])
residuals = lung[outcome] - fitted
```

[그림 4-3]은 폐활량에 대한 회귀선으로부터 얻은 잔차를 설명한다. 데이터 포인트에서 직선 사이에 수직으로 그은 점선들이 바로 잔차를 의미한다.

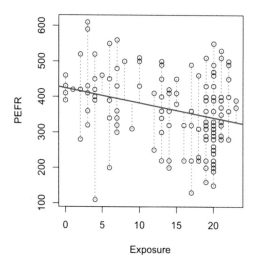

그림 4-3 회귀선에 대한 잔차(모든 데이터 포인트를 담기 위해 [그림 4-2]와 y축의 축척이 다르다 보니 기울기가 달라 보이지만 같은 회귀선을 의미한다)

4.1.3 최소제곱

그럼 데이터를 피팅한 모델을 어떻게 만들 수 있을까? 관련성이 명확하다면 아마 손으로 피팅하여 선을 그릴 수 있을지도 모른다. 실무에서 회귀선은 잔차들을 제곱한 값들의 합인 **잔차제곱합**residual sum of squares(RSS)을 최소화하는 선이다.

$$RSS = \sum_{i=1}^{n} \left(Y_i - \hat{Y}_i \right)^2$$

$$= \sum_{i=1}^{n} \left(Y_i - \hat{b}_0 - \hat{b}_1 X_i \right)^2$$

다시 말해 추정치 $\hat{b}_0$와 $\hat{b}_1$은 RSS를 최소화하는 값이다.

잔차제곱합을 최소화하는 이러한 방법을 **최소제곱회귀** 혹은 **보통최소제곱**^{ordinary least squares}(OLS) 회귀라고 한다. 종종 이것이 독일의 수학자 카를 프리드리히 가우스의 작품이라고 생각하지만, 사실 1805년 프랑스의 수학자 아드리앵마리 르장드르가 처음 발표했다. 최소제곱회귀는 대부분의 표준 통계 소프트웨어를 사용하여 빠르고 쉽게 계산할 수 있다.

역사적으로, 최소제곱이 회귀에서 널리 쓰이게 된 이유 중 하나가 바로 이 계산의 편의성 때문이다. 빅데이터 시대가 되었어도, 계산 속도가 여전히 중요한 요소 중 하나이다. 최소제곱은 평균과 마찬가지로 특잇값에 매우 민감하다(1.3.2절 참고). 이러한 경향은 크기가 작거나 중간 정도 되는 문제에서 심각한 문제가 될 수 있다. 회귀에서 특잇값에 대한 논의는 4.6.1절을 참고하자.

> **NOTE_ 회귀 용어**
>
> 데이터를 분석하고 연구하는 사람들이 **회귀**라는 용어를 사용할 때는 일반적으로 선형회귀를 의미하며, 이들은 예측변수와 수치형 출력값 사이의 관계를 설명하는 선형모형을 만드는 것에 초점을 둔다. 좀 더 공식적으로 통계적 관점에서의 회귀는 예측변수와 결과변수 사이의 일반적인 함수 관계를 다루는 비선형모형도 포함한다. 머신러닝 커뮤니티에서는 예측값이 수치형인 예측 모델을 사용하는 것을 의미하기도 한다(예측값이 이진형 혹은 범주형일 때는 이와 구분해 '분류'라고 부른다).

4.1.4 예측 대 설명(프로파일링)

역사적으로, 예측변수와 결과변수 사이에 있을 것으로 추정되는 선형 관계를 밝히는 것이 회귀분석의 주된 용도였다. 회귀로 피팅한 데이터를 통해, 데이터 간의 관계를 이해하고 그것을 설명하는 것을 목표로 해왔다.

즉 회귀방정식의 기울기 $\hat{b}$을 추정하는 것에 주로 초점이 맞춰졌다. 경제학자들은 소비자 지출과 GDP 성장 간의 관계를 알고 싶어 한다. 공중 보건 기관은 안전한 성생활을 장려하는 데 어떤 홍보 캠페인이 더 효과적인지를 알고 싶어 할 수 있다. 이럴 경우 개별 사건을 예측하는 것이 아니라 변수들 간의 전체적인 관계를 이해하는 데 초점을 두어야 한다.

빅데이터의 출현과 함께 회귀분석은 수중에 있는 데이터를 설명하기보다는 새로운 데이터에 대한 개별 결과를 예측하는 모델(예측 모델)을 구성하는 데 널리 사용된다. 이때 주요 관심 사항은 적합값 $\hat{Y}$이다. 마케팅에서는 회귀분석을 사용하여 광고 캠페인의 크기에 따른 수익 변화를 예측할 수 있다. 대학에서는 회귀분석을 사용하여 SAT 점수에 따라 학생의 평점을 예측하기도 한다.

데이터를 피팅한 회귀모형은 X의 변화가 Y의 변화를 유도하도록 설정된다. 하지만 회귀방정식 자체가 인과관계를 정확히 증명하는 것은 아니다. 인과관계에 대한 결론은 그 관계에 대한 더 폭넓은 이해를 바탕으로 해야 한다. 예를 들면 회귀방정식은 웹 광고에서 클릭 수와 전환률 간의 명확한 관계를 보여줄 수 있다. 회귀방정식이 아닌, 마케팅 프로세스에 대한 지식을 발휘하면 광고 클릭이 판매로 연결된다는 결론을 이끌어낼 수 있다. 그 반대는 상식적으로 말이 안 된다.

주요 개념

- 회귀방정식은 응답변수 Y와 예측변수 X 간의 관계를 선형함수로 모델링한다.
- 회귀모형은 적합값과 잔차, 즉 반응에 대한 예측과 그 예측 오차를 산출한다.
- 회귀모형은 일반적으로 최소제곱법을 이용해 피팅한다.
- 회귀는 예측과 설명 모두에 사용된다.

4.1.5 더 읽을 거리

- 예측과 설명에 관한 자세한 내용은 갈리트 시뮤엘리의 논문 「To Explain or to Predict」를 참고하자. *https://projecteuclid.org/euclid.ss/1294167961*

4.2 다중선형회귀

예측변수가 여러 개라면 수식은 이들을 모두 포함하는 다음과 같은 형태가 된다.

$$Y = b_0 + b_1 X_1 + b_2 X_2 + \cdots + b_p X_p + e$$

이것은 더는 직선의 형태는 아니지만, 각 계수와 그 변수(특징)들 사이의 관계는 여전히 선형이므로 선형모형이다.

> **용어 정리**
>
> - **제곱근평균제곱오차(RMSE)**root mean squared error : 회귀 시 평균제곱오차의 제곱근. 회귀모형을 평가하는 데 가장 널리 사용되는 측정 지표다.
> - **잔차 표준오차(RSE)**residual standard error : 평균제곱오차와 동일하지만 자유도에 따라 보정된 값
> - **R 제곱**r-squared : 0에서 1까지 모델에 의해 설명된 분산의 비율(유의어: 결정계수coefficient of determination, R^2)
> - **t 통계량**t-statistic : 계수의 표준오차로 나눈 예측변수의 계수. 모델에서 변수의 중요도를 비교하는 기준이 된다(3.5절 참고).
> - **가중회귀**weighted regression : 다른 가중치를 가진 레코드들을 회귀하는 방법

최소제곱법을 이용한 피팅, 적합값과 잔차의 정의 같은 단순선형회귀에서 다룬 기타 모든 개념은 다중선형회귀에도 그대로 확장되어 적용된다. 일례로 적합값은 다음과 같다.

$$\hat{Y}_i = \hat{b}_0 + \hat{b}_1 X_{1,i} + \hat{b}_2 X_{2,i} + \cdots + \hat{b}_p X_{p,i}$$

4.2.1 킹 카운티 주택 정보 예제

다중선형회귀분석을 사용하는 대표적인 사례 중에 하나는 주택 가치를 추정하는 것이 있다. 주택 가격 평가사는 세금을 산정할 목적으로 주택 가치를 추정해야 한다. 미국에서 부동산 전문가와 주택 구매자는 질로닷컴(*https://zillow.com*) 같은 웹사이트를 참고하여 공정한 가격을 확인한다. 다음은 house라는 변수명을 가진 **data.frame** 객체에 저장된, 킹 카운티(워싱턴 시애틀에 위치)의 주택 가격 데이터 일부이다.

```
head(house[, c('AdjSalePrice', 'SqFtTotLiving', 'SqFtLot', 'Bathrooms',
               'Bedrooms', 'BldgGrade')])
Source: local data frame [6 x 6]

  AdjSalePrice SqFtTotLiving SqFtLot Bathrooms Bedrooms BldgGrade
         (dbl)         (int)   (int)     (dbl)    (int)     (int)
```

1	300805	2400	9373	3.00	6	7
2	1076162	3764	20156	3.75	4	10
3	761805	2060	26036	1.75	4	8
4	442065	3200	8618	3.75	5	7
5	297065	1720	8620	1.75	4	7
6	411781	930	1012	1.50	2	8

파이썬에서 팬더스 데이터 프레임의 head 메서드는 맨 위 행들을 나열한다.

```
subset = ['AdjSalePrice', 'SqFtTotLiving', 'SqFtLot', 'Bathrooms',
         'Bedrooms', 'BldgGrade']
house[subset].head()
```

결국 목표는 이런 변수들로부터 판매 금액을 예측하는 것이다. lm 함수의 우변에 더 많은 항을 추가함으로써 다중회귀 사례를 처리한다. na.action = na.omit 인수는 모델을 만들 때 결측값이 있는 레코드를 삭제하는 옵션이다. 다음은 R에서 실행하는 코드이다.

```
house_lm <- lm(AdjSalePrice ~ SqFtTotLiving + SqFtLot + Bathrooms +
               Bedrooms + BldgGrade,
               data=house, na.action=na.omit)
```

파이썬에서 사이킷런의 LinearRegression은 다중선형회귀에도 사용할 수 있다.

```
predictors = ['SqFtTotLiving', 'SqFtLot', 'Bathrooms', 'Bedrooms', 'BldgGrade']
outcome = 'AdjSalePrice'

house_lm = LinearRegression()
house_lm.fit(house[predictors], house[outcome])
```

house_lm 객체의 실행 결과는 다음과 같다.

```
house_lm

Call:
lm(formula = AdjSalePrice ~ SqFtTotLiving + SqFtLot + Bathrooms +
    Bedrooms + BldgGrade, data = house, na.action = na.omit)
```

```
Coefficients:
  (Intercept)  SqFtTotLiving      SqFtLot      Bathrooms
   -5.219e+05      2.288e+02   -6.047e-02     -1.944e+04
     Bedrooms       BldgGrade
   -4.777e+04      1.061e+05
```

LinearRegression 모델의 경우 절편과 계수는 피팅된 모델의 intercept_와 coef_ 필드다.

```
print(f'Intercept: {house_lm.intercept_:.3f}')
print('Coefficients:')
for name, coef in zip(predictors, house_lm.coef_):
    print(f' {name}: {coef}')
```

계수를 해석하는 방식은 단순선형회귀와 같다. 다른 모든 변수 X_k(단 $k \neq j$)가 고정되었다고 가정했을 때, X_j가 변하는 정도에 따라, 예측값 $\hat{Y}$도 계수 b_j에 비례해 변화한다. 예를 들어 주택에 1제곱피트를 추가하면 예상 가격이 대략 229달러 정도 증가할 것이다(SqFtTotLiving). 1,000제곱피트를 추가하면 228,800달러 증가할 것이다.

4.2.2 모형 평가

데이터 과학의 관점에서 가장 중요한 성능 지표는 바로 **제곱근평균제곱오차**(RMSE)이다. RMSE는 예측된 $\hat{y}_i$ 값들의 평균제곱오차의 제곱근을 말한다.

$$RMSE = \sqrt{\frac{\sum_{i=1}^{n} (y_i - \hat{y}_i)^2}{n}}$$

이것은 전반적인 모델의 정확도를 측정하고 다른 모델(머신러닝 기술로 학습된 모델을 포함) 과 비교하기 위한 기준이 된다. 이외에도 RMSE와 유사한 **잔차 표준오차**(RSE)가 있다. 예측변수가 p개일 때 RSE는 다음과 같다.

$$RSE = \sqrt{\frac{\sum_{i=1}^{n} (y_i - \hat{y}_i)^2}{(n - p - 1)}}$$

유일한 한 가지 차이점은 분모가 데이터 수가 아닌 자유도라는 점이다(3.7절 참고). 실무에서 선형회귀분석을 할 때, RMSE와 RSE의 차이는 아주 작다. 특히 빅데이터 분야에서는 더 그렇다.

R의 summary 함수는 회귀모형에 대한 RSE뿐 아니라 다른 지표들도 계산한다.

```
summary(house_lm)

Call:
lm(formula = AdjSalePrice ~ SqFtTotLiving + SqFtLot + Bathrooms +
    Bedrooms + BldgGrade, data = house, na.action = na.omit)

Residuals:
    Min      1Q   Median      3Q      Max
-1199479  -118908  -20977   87435  9473035

Coefficients:
                 Estimate Std. Error t value Pr(>|t|)
(Intercept)    -5.219e+05  1.565e+04 -33.342  < 2e-16 ***
SqFtTotLiving   2.288e+02  3.899e+00  58.694  < 2e-16 ***
SqFtLot        -6.047e-02  6.118e-02  -0.988    0.323
Bathrooms      -1.944e+04  3.625e+03  -5.363 8.27e-08 ***
Bedrooms       -4.777e+04  2.490e+03 -19.187  < 2e-16 ***
BldgGrade       1.061e+05  2.396e+03  44.277  < 2e-16 ***
---
Signif. codes: 0 '***' 0.001 '**' 0.01 '*' 0.05 '.' 0.1 ' ' 1

Residual standard error: 261300 on 22681 degrees of freedom
Multiple R-squared:  0.5406,   Adjusted R-squared:  0.5405
F-statistic:  5338 on 5 and 22681 DF,  p-value: < 2.2e-16
```

사이킷런은 회귀나 분류를 위한 여러 지표들을 제공한다. 여기에서 결정계수에 대한 RMSE와 r2_score를 얻기 위해 mean_squared_error를 사용한다.

```
fitted = house_lm.predict(house[predictors])
RMSE = np.sqrt(mean_squared_error(house[outcome], fitted))
r2 = r2_score(house[outcome], fitted)
print(f'RMSE: {RMSE:.0f}')
print(f'r2: {r2:.4f}')
```

파이썬에서 회귀모형에 대한 더 자세한 분석을 하려면 statsmodels를 사용한다.

```
model = sm.OLS(house[outcome], house[predictors].assign(const=1))
results = model.fit()
results.summary()
```

여기에 사용된 팬더스의 **assign** 메서드는 값이 1인 상수 열을 예측변수에 추가한다. 이것은 절편을 모델링하기 위해 필요하다.

소프트웨어 출력에서 볼 수 있는 또 다른 유용한 지표는 **결정계수**라고도 부르는 **R 제곱 통계량** (R^2)이다. R 제곱의 범위는 0에서 1까지이며 모델 데이터의 변동률을 측정한다. 모델이 데이터에 얼마나 적합한지 평가하고자 할 때, 회귀분석을 설명하기 위한 용도로 활용된다. R^2을 구하는 공식은 다음과 같다.

$$R^2 = 1 - \frac{\sum_{i=1}^{n}\left(y_i - \hat{y}_i\right)^2}{\sum_{i=1}^{n}\left(y_i - \overline{y}\right)^2}$$

분모는 Y의 분산에 비례한다. 위 R 출력에서는 자유도를 고려한 **수정 R 제곱**adjusted R-squared 값을 보여준다. 이는 모델에 더 많은 예측변수를 추가하는 것에 대해 효과적으로 페널티를 가한다. 큰 데이터 집합에 대한 다중회귀분석에서 일반 R 제곱과 크게 다르지 않다.

R 및 파이썬의 **statsmodels**에서는 추정한 계수들과 함께, 계수의 표준오차(SE)와 **t 통계량**을 함께 출력하여 보여준다.

$$t_b = \frac{\hat{b}}{\text{SE}\left(\hat{b}\right)}$$

t 통계량, 그리고 늘 함께 따라다니는 p 값은 계수가 '통계적으로 유의미한' 정도, 즉 예측변수와 목표변수를 랜덤하게 재배치했을 때 우연히 얻을 수 있는 범위를 어느 정도 벗어났는지를 측정한다. t 통계량이 높을수록(p 값이 낮을수록) 예측변수는 더욱 유의미하다. **사고 절약의 원리**Principle of Parsimony[3]는 모델을 만드는 데 중요한 특징이므로, 예측변수로 포함할 변수를 어떻게 고르면 좋을지 알 방법이 있다면 아주 유용할 것이다(4.2.4절 참고).

---

3 옮긴이_ 어떤 현상을 설명할 때 불필요한 가정을 최소화하고 가장 단순하게 설명해야 한다는 것이다. 오컴의 면도날(Occam's Razor) 이라고도 부른다.

4.2.3 교차타당성검사

지금까지 다룬 전형적인 통계적 회귀 측정 지표들(R^2, F 통계량, p 값)은 모두 '표본 내$^{in-sample}$' 지표들이다. 즉, 모델을 구하는 데 사용했던 데이터를 똑같이 그대로 사용한다. 직관적으로, 원래 데이터의 일부를 따로 떼어놓고 적합한 모델을 찾는 데 사용하지 않고, 모델을 만든 후 그 떼어놓았던(홀드아웃) 데이터를 모델에 적용하면 모델의 성능을 확인할 수 있을 것이다. 일반적으로 데이터의 다수는 적합한 모델을 찾는 데 사용하고, 소수는 모델을 테스트하는 데 사용한다.

'표본 밖$^{out-of-sample}$' 유효성 검사라는 이 아이디어가 새로운 것은 아니지만, 더 큰 데이터 집합들이 등장하면서 실제로 의미가 생기기 시작했다. 데이터 집합이 작다면, 누구나 일반적으로 가능한 모든 데이터를 사용해서 최상의 모델을 얻고자 할 것이다.

홀드아웃 샘플을 사용한다 하더라도, 상대적으로 작은 홀드아웃 샘플의 변동성으로 인해 불확실성을 초래할 수 있다. 다른 홀드아웃 표본을 선택했다면 평가는 어떻게 달라질까?

교차타당성검사$^{cross-validation}$란, 홀드아웃 샘플 아이디어를 여러 개의 연속된 홀드아웃 샘플로 확장한 것이다. 기본적인 **k 다중 교차타당성검사**$^{k-fold\ cross-validation}$ 알고리즘은 다음과 같다.

1. $1/k$의 데이터를 홀드아웃 샘플로 따로 떼어놓는다.

2. 남아 있는 데이터로 모델을 훈련시킨다.

3. 모델을 $1/k$ 홀드아웃에 적용(점수를 매김)하고 필요한 모델 평가 지표를 기록한다.

4. 데이터의 첫 번째 $1/k$을 복원하고 다음 $1/k$(앞에서 선택했던 레코드는 제외)을 따로 보관한다.

5. 2~3단계를 반복한다.

6. 모든 레코드가 홀드아웃 샘플로 사용될 때까지 반복한다.

7. 모델 평가 지표들을 평균과 같은 방식으로 결합한다.

훈련을 위한 샘플과 홀드아웃 샘플로 데이터를 나누는 것을 **폴드**[fold]라고 한다.

4.2.4 모형 선택 및 단계적 회귀

어떤 회귀분석 문제에서는 많은 변수를 예측변수로 사용할 수 있다. 예를 들어 주택 가치를 예측하기 위해 지하실 크기나 건축 연도와 같은 변수를 추가로 사용할 수 있다. R에서는 회귀방정식에 다음과 같이 쉽게 변수들을 추가할 수 있다.

```
house_full <- lm(AdjSalePrice ~ SqFtTotLiving + SqFtLot + Bathrooms +
                Bedrooms + BldgGrade + PropertyType + NbrLivingUnits +
                SqFtFinBasement + YrBuilt + YrRenovated +
                NewConstruction,
             data=house, na.action=na.omit)
```

파이썬에서는 범주형 혹은 불 변수를 숫자로 변환해야 한다.

```
predictors = ['SqFtTotLiving', 'SqFtLot', 'Bathrooms', 'Bedrooms', 'BldgGrade',
              'PropertyType', 'NbrLivingUnits', 'SqFtFinBasement', 'YrBuilt',
              'YrRenovated', 'NewConstruction']

X = pd.get_dummies(house[predictors], drop_first=True)
X['NewConstruction'] = [1 if nc else 0 for nc in X['NewConstruction']]

house_full = sm.OLS(house[outcome], X.assign(const=1))
results = house_full.fit()
results.summary()
```

그러나 더 많은 변수를 추가한다고 해서 꼭 더 좋은 모델을 얻는 것은 아니다. 통계학자들은 모델 선택을 위한 지침으로 **오컴의 면도날**이라는 원리를 사용한다. 모든 것이 동일한 조건에서는, 복잡한 모델보다는 단순한 모델을 우선 사용해야 한다는 원리이다.

변수를 추가할수록 학습 데이터에 대해 항상 RMSE는 감소하고 R^2은 증가한다. 따라서 이렇게 추가하는 변수들은 모델 선택에 별로 도움이 되지 않는다. 모델 복잡성을 함께 고려하는 한 가지 방법은 수정 R 제곱을 사용하는 것이다.

$$R_{adj}^2 = 1 - (1 - R^2) \frac{n-1}{n-P-1}$$

여기서 n은 레코드 수를, P는 모델의 변수 개수를 의미한다.

1970년대에 일본의 저명한 통계 전문가, 아카이케 히로쓰구^{赤池弘次}는 모델에 항을 추가할수록 불이익을 주는 **AIC**^{Akaike's information criteria}라는 측정 기준을 개발했다. 회귀분석의 경우 AIC는 다음과 같은 형식을 취한다.

$$AIC = 2P + n \log(RSS / n)$$

여기서 P는 변수의 개수이고 n은 레코드의 개수이다. 당연히 목표는 AIC를 최소화하는 모델을 찾는 것이다. 모델에 k개의 변수를 추가한다면, $2k$만큼 불이익을 받게 된다.

CAUTION_ AIC, BIC, 맬로즈 C_p

AIC에 대한 수식은 살짝 이상할 수 있다. 하지만 사실 이 수식은 정보이론에서 나온 점진적 결론에 의한 것이다. AIC의 몇 가지 변형이 있다.

- **AICc** : 크기가 작은 표본을 위해 수정된 AIC
- **BIC**^{Bayesian information criteria} : AIC와 비슷하지만 변수 추가에 대해 더 강한 벌점을 주는 정보기준
- **맬로즈 C_p** : 콜린 링우드 맬로즈^{Colin Lingwood Mallows}가 제안한 AIC 변형

이들은 일반적으로 표본 내 측정 지표(즉, 훈련 데이터)로 보고되며, 모델 평가를 위해 홀드아웃 데이터를 사용하는 데이터 과학자들은 보통 이와 같은 표본 내 측정 지표들 사이의 차이나 이들을 뒷받침하는 이론에 대해 크게 걱정하지 않아도 된다.

AIC를 최소로하거나 수정 R 제곱을 최대로하는 모델을 어떻게 찾을 수 있을까? 한 가지 방법은 **부분집합회귀**^{all subset regression}로서 모든 가능한 모델을 검색하는 방법이다. 이것은 계산 비용이 많이 들며, 대용량 데이터와 변수가 많은 문제에 적합하지 않다. 매력적인 대안은 **단계적 회귀**^{stepwise regression}를 사용하는 것이다. 전체 모델부터 시작하여 별로 의미 없는 변수들을 연속적으로 삭제해나갈 수 있다(이를 **후진제거**^{backward elimination}라고 한다). 또는 상수 모델에서 시작하여 연속적으로 변수를 추가할 수 있다(**전진선택**^{Forward Selection}). 세 번째 옵션으로 단계적 회귀분

석을 사용하면 예측변수를 연속적으로 추가/삭제하여 AIC를 낮추는 혹은 R 제곱을 높이는 모델을 찾을 수 있다. W. N. 베너블스$^{W. N. Venebles}$와 B. D. 리플리$^{B. D. Ripley}$가 개발한 MASS라는 R 패키지는 stepAIC이라는 단계적 회귀 함수를 제공한다.

```
library(MASS)
step <- stepAIC(house_full, direction="both")
step

Call:
lm(formula = AdjSalePrice ~ SqFtTotLiving + Bathrooms + Bedrooms +
    BldgGrade + PropertyType + SqFtFinBasement + YrBuilt, data = house,
    na.action = na.omit)

Coefficients:
              (Intercept)          SqFtTotLiving
                6.179e+06              1.993e+02
                Bathrooms               Bedrooms
                4.240e+04             -5.195e+04
                BldgGrade  PropertyTypeSingle Family
                1.372e+05              2.291e+04
    PropertyTypeTownhouse        SqFtFinBasement
                8.448e+04              7.047e+00
                  YrBuilt
               -3.565e+03
```

사이킷런은 단계적 회귀를 구현해놓지 않았다. dmba 패키지에서는 stepwise_selection, forward_selection, backward_elimination 함수를 구현했다.

```
y = house[outcome]

def train_model(variables):      #①
    if len(variables) == 0:
        return None
    model = LinearRegression()
    model.fit(X[variables], y)
    return model

def score_model(model, variables):      #②
    if len(variables) == 0:
        return AIC_score(y, [y.mean()] * len(y), model, df=1)
```

```
        return AIC_score(y, model.predict(X[variables]), model)

best_model, best_variables = stepwise_selection(X.columns, train_model,
                                                score_model, verbose=True)

print(f'Intercept: {best_model.intercept_:.3f}')
print('Coefficients:')
for name, coef in zip(best_variables, best_model.coef_):
    print(f' {name}: {coef}')
```

1. 주어진 변수 집합에 대해 적합 모델을 반환하는 함수를 정의한다.

2. 주어진 모델과 변수 세트에 대한 점수를 반환하는 함수를 정의한다. 이 경우 dmba 패키지에 구현된 AIC_score를 사용한다.

함수 실행 결과 house_full에서 SqFtLot, NbrLivingUnits, YrRenovated, NewConstruction이라는 변수들이 삭제된 모델을 선택했다.

더 단순한 방법으로는 **전진선택**과 **후진선택**^{backward selection}이 있다. 전진선택에서는 예측변수 없이 시작하여 각 단계에서 R^2에 가장 큰 기여도를 갖는 예측변수를 하나씩 추가하고 기여도가 통계적으로 더는 유의미하지 않을 때 중지한다. 후진선택 또는 **후진제거**에서는 전체 모델로 시작해서, 모든 예측변수가 통계적으로 유의미한 모델이 될 때까지, 통계적으로 유의하지 않은 예측변수들을 제거해나간다.

벌점회귀^{penalized regression}는 개념적으로 AIC와 같다. 개별 모델 집합들을 명시적으로 검색하는 대신 모델 적합 방정식에 많은 변수(파라미터)에 대해 모델에 불이익을 주는 제약 조건을 추가한다. 단계적, 전진선택, 후진선택처럼 예측변수를 완전히 제거하는 대신, 벌점회귀에서는 계수 크기를 감소시키거나 경우에 따라 거의 0으로 만들어 벌점을 적용한다. 많이 사용되는 벌점회귀 방법으로는 **능형회귀**와 **라소**가 있다(6.4.3절에서 '능형회귀와 라소 회귀' 박스 참고).

단계적 회귀분석과 모든 부분집합회귀는 모델을 평가하고 조정하는 **표본 내** 방법이다. 따라서 선택된 모델이 과대적합(오버피팅, 즉 데이터의 잡음까지 적합)될 수 있으며, 새 데이터를 적용할 때 잘 맞지 않을 수도 있다는 의미다. 이를 방지하기 위한 공통적인 접근법 중 하나는 교차타당성검사를 통해 모델의 유효성을 알아보는 것이다. 선형회귀분석에서는 데이터에 주어진 모델이 단순한 (선형) 전역 구조를 갖고 있기 때문에, 일반적으로 과적합 문제가 크게 나타나지 않는다. 더 복잡한 모델 유형, 특히 좁은 영역의 데이터 구조에 반응하는 반복적인 절차의 경우 교차타당성검사는 매우 중요한 도구이다. 자세한 내용은 4.2.3절을 참고하자.

4.2.5 가중회귀

통계학자들은 다양한 목적으로 가중회귀를 사용한다. 특히 복잡한 설문 분석에 중요하다. 데이터 과학자들은 아래 두 가지 점에서 가중회귀의 유용성을 발견할 수 있다.

- 서로 다른 관측치를 다른 정밀도로 측정했을 때, 역분산 가중치를 얻을 수 있다. 분산이 높을수록 가중치가 낮다.
- 가중치 변수가 집계된 데이터의 각 행이 나타내는 원본 관측치의 수를 인코딩하도록, 행이 여러 경우를 의미하는 데이터를 분석할 수 있다.

예를 들면 주택 가격 데이터의 경우, 오래된 매매 정보일수록 최근 정보보다는 신뢰하기 어렵다. 다음과 같이 DocumentDate 값을 이용해서 2005년(데이터 수집을 시작한) 이래 지난 연수를 가중치로 사용할 수 있다.

R에서는 다음과 같이 사용한다.

```
library(lubridate)
house$Year = year(house$DocumentDate)
house$Weight = house$Year - 2005
```

파이썬에서는 다음과 같이 사용한다.

```
house['Year'] = [int(date.split('-')[0]) for date in house.DocumentDate]
house['Weight'] = house.Year - 2005
```

다음 예제와 같이 lm 함수에서 weight 인수를 사용하면 가중회귀를 계산할 수 있다.

```
house_wt <- lm(AdjSalePrice ~ SqFtTotLiving + SqFtLot + Bathrooms +
                 Bedrooms + BldgGrade,
             data=house, weight=Weight)
round(cbind(house_lm=house_lm$coefficients,
          house_wt=house_wt$coefficients), digits=3)
```

```
                house_lm    house_wt
(Intercept)   -521871.368  -584189.329
SqFtTotLiving     228.831      245.024
SqFtLot            -0.060       -0.292
Bathrooms      -19442.840   -26085.970
Bedrooms       -47769.955   -53608.876
BldgGrade      106106.963   115242.435
```

가중회귀의 계수를 보면 기존 회귀분석의 결과와는 살짝 다른 것을 알 수 있다.

사이킷런의 대부분 모델은 `fit` 메서드 호출 시, 키워드 인수 `sample_weight`로 가중치를 허용한다.

```
predictors = ['SqFtTotLiving', 'SqFtLot', 'Bathrooms', 'Bedrooms', 'BldgGrade']
outcome = 'AdjSalePrice'

house_wt = LinearRegression()
house_wt.fit(house[predictors], house[outcome], sample_weight=house.Weight)
```

4.2.6 더 읽을 거리

- 개러스 제임스, 다니엘라 위튼, 트레버 해스티, 로버트 팁시라니 등이 쓴 『An Introduction to Statistical Learning』(Springer, 2013)에서 교차 검증과 재표본에 대해 탁월한 설명을 찾을 수 있다.

주요 개념

- 다중선형회귀모형은 한 응답변수 Y와 여러 개의 예측변수($X_1, \cdots, X_p$) 간의 관계를 나타낸다.
- 모델을 평가하는 가장 중요한 지표는 제곱근평균제곱오차(RMSE)와 R 제곱(R^2)이다.
- 계수들의 표준오차는 모델에 대한 변수 기여도의 신뢰도를 측정하는 데 사용된다.
- 단계적 회귀는 모델을 만드는 데 필요한 변수들을 자동으로 결정하는 방법이다.
- 가중회귀는 방정식을 피팅할 때 레코드별로 가중치를 주기 위해 사용한다.

4.3 회귀를 이용한 예측

데이터 과학에서 회귀의 주된 목적은 예측이다. 기존의 오랫동안 자리 잡은 전통적인 의미의 통계학에서, 회귀는 예측보다는 설명을 위한 모델링에 더 적합했다는 점을 눈여겨볼 필요가 있다.

> **용어 정리**
>
> - **예측구간**prediction interval : 개별 예측값 주위의 불확실한 구간
> - **외삽법**extrapolation : 모델링에 사용된 데이터 범위를 벗어난 부분까지 모델을 확장하는 것

4.3.1 외삽의 위험

회귀모형을 데이터 범위를 초과하면서까지 외삽하는 데 사용해서는 안 된다(시계열 예측을 위해 회귀를 고려하지 않는다). 회귀모형은 충분한 데이터 값이 있는 예측변수에 대해서만 유효하다(충분한 데이터가 있다 하더라도 다른 문제가 있을 수 있다. 4.6절 참고). 극단적으로 model_lm을 가지고 5,000제곱피트의 공터 가격을 예측하는 데 사용한다고 하자. 이때 건물과 관련된 모든 예측변수의 값은 0이 되고, 회귀방정식의 결과는 $-521,900 + 5,000 \times -0.0605 = -522,202$달러라는 황당한 예측 결과가 된다. 왜 이런 일이 일어날까? 데이터에는 건물이 있는 구획만 포함되어 있다. 빈 땅에 해당하는 레코드는 없다. 결과적으로 이 모델에는 공터 가격을 예측하는 방법을 알려줄 정보가 없다.

4.3.2 신뢰구간과 예측구간

통계학은 변동성(불확실성)을 이해하고 측정하는 것을 포함한다. 회귀분석 결과에 나오는 t 통계량과 p 값은 이 변동성을 다루는 아주 일반적인 방법이고, 종종 변수 선택을 위해 활용된다(4.2.2절 참고). 이외에 더 유용한 지표로 회귀계수와 예측을 둘러싼 불확실성 구간을 의미하는 신뢰구간이 있다. 부트스트랩을 통해 이것을 쉽게 이해할 수 있다(일반적인 부트스트랩 절차에 대한 자세한 내용은 2.4절을 참고하자). 소프트웨어 출력에서 가장 일반적으로 마주치는 회귀 관련 신뢰구간은 회귀 파라미터(계수)의 신뢰구간이다. 다음은 P개의 예측변수와 n개의

레코드(행)가 있는 데이터에 대해, 회귀 파라미터(계수)에 대한 신뢰구간을 생성하기 위한 부트스트랩 알고리즘이다.

1. 각 행(결과변수를 포함)을 하나의 티켓으로 생각하고 개수가 모두 n개인 티켓을 박스에 넣었다고 가정하자.

2. 무작위로 티켓을 뽑아 값을 기록하고 다시 박스에 넣는다.

3. 2번 과정을 n번 반복한다. 이를 통해, 부트스트랩 재표본을 하나 만든다.

4. 이 부트스트랩 표본을 가지고 회귀모형을 구한다. 그리고 추정된 계수들을 기록한다.

5. 2~4번 과정을 1,000번 반복한다.

6. 이제 각 계수에 대해 1,000개의 부트스트랩 값을 갖게 된다. 각각에 대해 적합한 백분위수를 구한다(90% 신뢰구간을 위해 5번째에서 95번째 백분위수를 구한다).

R의 **Boot** 함수를 사용하면 계수에 대한 실제 부트스트랩 신뢰구간을 구하거나 일반적인 R의 출력 결과같이 신뢰구간을 간단하게 구할 수 있다. 데이터 과학자들은 회귀계수가 얼마인지에 관심이 있지 이들에 대한 개념적 의미와 해석에는 별로 관심이 없다. 데이터 과학자들이 더 큰 관심을 갖는 것은 예측된 y 값($\hat{Y}_i$)의 구간이다. 이 값의 불확실성은 아래 두 가지 원인에서 비롯된다.

- 무엇이 적합한 예측변수인지, 그리고 계수가 얼마인지에 따른 불확실성(부트스트랩 알고리즘 참고)
- 개별 데이터 값에 존재하는 추가적인 오류

개별 데이터 값의 오차는 다음과 같이 생각할 수 있다. 회귀방정식이 무엇인지 정확히 알았다 하더라도(예를 들면 엄청난 수의 데이터가 있어서), 주어진 예측변숫값에 대한 **실제** 결괏값은 달라질 수 있다. 예를 들면 방이 8개, 실 평수 6,500제곱피트, 욕실 3개, 지하실이 있는 주택이 여러 채 있다고 했을 때, 이들의 값은 서로 다를 수 있다. 우리는 이 개별 오차를 적합값으로부터의 잔차로 모델링할 수 있다. 회귀모형에 따른 오차와 개별 데이터 값에 따른 오차를 모두 모델링하기 위한 부트스트랩 알고리즘은 다음과 같다.

1. 데이터로부터 부트스트랩 표본을 뽑는다(앞에서 자세히 설명했다).

2. 회귀모형을 찾고 새로운 값을 예측한다.

3. 원래의 회귀 적합도에서 임의로 하나의 잔차를 취하여 예측값에 더하고 그 결과를 기록한다.

4. 1~3단계를 1,000번 반복한다.

5. 결과의 2.5번째 백분위수와 97.5번째 백분위수를 찾는다.

CAUTION_ 예측구간이냐, 신뢰구간이냐?

예측구간은 하나의 값에 대한 불확실성과 관련되는 반면, 신뢰구간은 여러 값에서 계산된 평균이나 다른 통계량과 관련된다. 따라서 예측구간은 일반적으로 같은 값에 대해 신뢰구간보다 훨씬 넓다. 부트스트랩 모델에서 예측값에 추가할 개별 잔차를 선택하는 방식으로 이 개별 값의 오차를 모델링한다. 어느 것을 사용해야 할까? 이는 상황과 분석 목적에 따라 다르지만 일반적으로 데이터 과학자는 특정 개별 예측에 관심이 있으므로 예측구간이 더 적절할 수 있다. 예측구간을 사용해야 하는데 신뢰구간을 사용하면 주어진 예측값의 불확실성이 지나치게 낮은 것으로 나올 수 있다.

주요 개념

- 데이터 범위를 벗어나는 외삽은 오류를 유발할 수 있다.
- 신뢰구간은 회귀계수 주변의 불확실성을 정량화한다.
- 예측구간은 개별 예측값의 불확실성을 정량화한다.
- R을 포함한 대부분의 소프트웨어는 수식을 사용하여 예측/신뢰구간을 기본 또는 지정된 출력으로 생성한다.
- 예측 및 신뢰 구간 생성을 위해 수식 대신 부트스트랩을 사용할 수도 있다. 해석과 개념은 같다.

4.4 회귀에서의 요인변수

범주형 변수라고도 불리는 **요인변수**factor variable는 개수가 제한된 이산값을 취한다. 예를 들면 대출 목적이라는 변수는 '부채 정리', '결혼', '자동차' 등의 값을 가질 수 있다. **지표변수**indicator variable라고도 불리는 이진변수(예/아니요)는 요인변수의 특수한 경우이다. 회귀분석에는 수치 입력이 필요하기 때문에, 모델에 사용할 수 있도록 요인변수를 다시 수치화해야 한다. 이를 위한 가장 일반적인 방법은 변수를 이진 **가변수**들의 집합으로 변환하는 것이다.

용어 정리

- **가변수**dummy variable : 회귀나 다른 모델에서 요인 데이터를 사용하기 위해 0과 1의 이진변수로 부호화한 변수
- **기준 부호화**reference coding : 통계학자들이 많이 사용하는 부호화 형태. 여기서 한 요인을 기준으로 하고 다른 요인들이 이 기준에 따라 비교할 수 있도록 한다(유의어: 처리 부호화treatment coding).
- **원−핫 인코딩**one−hot encoding : 머신러닝 분야에서 많이 사용되는 부호화. 모든 요인 수준이 계속 유지된다. 어떤 머신러닝 알고리즘에서는 유용한 반면, 다중선형회귀에는 적합하지 않다.
- **편차 부호화**deviation coding : 기준 수준과는 반대로 전체 평균에 대해 각 수준을 비교하는 부호화 방법(유의어: 총합 대비sum contrast)

4.4.1 가변수 표현

킹 카운티 주택 가격 데이터에서 주거 형태에 관한 요인변수를 찾아볼 수 있다. 그 가운데 일부 6개를 출력하면 다음과 같다.

R에서 출력한 결과는 다음과 같다.

```
head(house[, 'PropertyType'])
Source: local data frame [6 x 1]

    PropertyType
          (fctr)
1      Multiplex
2  Single Family
3  Single Family
4  Single Family
5  Single Family
6      Townhouse
```

파이썬에서는 아래 코드로 출력한다.

```
house.PropertyType.head()
```

이때 가능한 값은 Multiplex, Single Family, Townhouse 세 가지다. 이 요인변수를 사용하기 위해 이진변수들로 변환해보자. 요인변수에서 각각의 가능한 값에 대해 이진변수를 만들어야 한다. R의 model.matrix 함수[4]를 통해 다음과 같이 구현할 수 있다.

```
prop_type_dummies <- model.matrix(~PropertyType -1, data=house)
head(prop_type_dummies)

  PropertyTypeMultiplex PropertyTypeSingle Family PropertyTypeTownhouse
1                     1                         0                     0
2                     0                         1                     0
3                     0                         1                     0
4                     0                         1                     0
5                     0                         1                     0
6                     0                         0                     1
```

model.matrix 함수는 데이터 프레임 객체를 선형모형에 적합한 행렬 형태로 변환한다. 결과를 보면 3가지 수준을 갖는 요인변수 PropertyType이 3개의 열을 갖는 행렬로 표현되었다. 머신러닝 커뮤니티에서는 이런 식의 표현법을 **원-핫 인코딩**이라고 부른다(6.1.3절 참고).

파이썬에서는 팬더스 메서드 get_dummies를 사용하여 범주형 변수를 더미로 변환할 수 있다.

```
pd.get_dummies(house['PropertyType']).head()   #①
pd.get_dummies(house['PropertyType'], drop_first=True).head()   #②
```

① 기본적으로 범주형 변수의 원-핫 인코딩을 반환한다.
② 키워드 인수 drop_first는 $P-1$개의 열을 반환한다. 다중공선성 문제를 피하려면 이것을 사용한다.

최근접 이웃 알고리즘이나 트리 모델 같은 머신러닝 알고리즘에서, 요인변수를 표현하는 데 원-핫 인코딩을 많이 사용한다(6.2절 참고).

회귀분석에서 P개의 개별 수준을 갖는 요인변수는 보통 $P-1$개의 열을 갖는 행렬로 표시된다. 회귀모형에 일반적으로 절편이 포함되기 때문이다. 절편이 있기 때문에 $P-1$개의 이진변수의 값을 정의하고 나면, P번째 값을 알 수 있고, 따라서 P번째 값까지 넣게 되면 이러한 중복성이

---

4 model.matrix 함수에서 -1이라는 인수는 원-핫 인코딩 표시법을 사용한다는 의미이다(- 기호는 절편을 삭제한다는 것을 뜻한다). 이렇게 하지 않으면 기본 설정대로, 첫 요인을 기준으로 삼는 $P-1$개 열로 이루어진 행렬을 출력한다.

문제가 될 수 있다. 다시 말해, P번째 열을 추가하면 다중공선성 오류가 발생할 수 있다(4.5.2 절 참고).

R의 기본 표현법은 첫 번째 요인 수준을 **기준**reference으로 하고, 나머지 수준을 이 기준에 상대적 인 것으로 해석한다.

```
lm(AdjSalePrice ~ SqFtTotLiving + SqFtLot + Bathrooms +
        Bedrooms + BldgGrade + PropertyType, data=house)

Call:
lm(formula = AdjSalePrice ~ SqFtTotLiving + SqFtLot + Bathrooms +
    Bedrooms + BldgGrade + PropertyType, data = house)

Coefficients:
             (Intercept)              SqFtTotLiving
              -4.468e+05                  2.234e+02
                 SqFtLot                  Bathrooms
              -7.037e-02                 -1.598e+04
                Bedrooms                  BldgGrade
              -5.089e+04                  1.094e+05
 PropertyTypeSingle Family       PropertyTypeTownhouse
              -8.468e+04                 -1.151e+05
```

get_dummies 메서드는 첫 번째 요소를 참조로 제외하기 위해 선택적 키워드 인수 drop_ first를 사용한다.

```
predictors = ['SqFtTotLiving', 'SqFtLot', 'Bathrooms', 'Bedrooms',
              'BldgGrade', 'PropertyType']

X = pd.get_dummies(house[predictors], drop_first=True)

house_lm_factor = LinearRegression()
house_lm_factor.fit(X, house[outcome])

print(f'Intercept: {house_lm_factor.intercept_:.3f}')
print('Coefficients:')
for name, coef in zip(X.columns, house_lm_factor.coef_):
    print(f' {name}: {coef}')
```

R 회귀분석 결과에서 두 PropertyType에 대응하는 두 계수 PropertyTypeSingle Family와 PropertyTypeTownhouse를 볼 수 있다. PropertyTypeSingle Family == 0이고 PropertyTypeTownhouse == 0일 때, Multiplex는 암묵적으로 정의되기 때문에 Multiplex에 대한 계수를 따로 설정할 필요는 없다. 이 계수들은 Multiplex에 상대적인 값이기 때문에, 결과적으로 Single Family인 주택은 거의 $85,000 정도 가치가 더 낮고, Townhouse는 $150,000 정도 가치가 더 낮다.[5]

CAUTION_ 그 밖의 요인변수 코딩법들

요인변수를 인코딩하는 데는 **대비 부호화**contrast coding 시스템이라는 여러 다른 방법이 있다. 예를 들어 **총합 대비**라고도 하는 **편차 부호화** 방법은 각 수준을 전반적인 평균과 비교한다. 또 다른 대비 방법은 **다항식 부호화**polynomial coding이며, 이는 순서가 있는 요인변수에 적합하다(4.4.3절 참고). 이런 순서가 있는 요인변수를 제외하면, 데이터 과학자는 일반적으로 기준 코딩이나 원-핫 인코딩 이외에 다른 유형의 코딩을 접할 일이 거의 없다.

4.4.2 다수의 수준을 갖는 요인변수들

어떤 요인변수는 가능한 수준의 수가 많아, 많은 양의 이진 더미를 생성 할 수 있다. 예를 들면 우편번호는 요인변수이며 미국에는 43,000개의 우편번호가 있다. 이러한 경우 데이터와 예측 변수와 결과 간의 관계를 탐색하여 유용한 정보가 범주에 포함되는지 여부를 판단하는 것이 유용하다. 그렇다면 모든 요소를 유지하는 것이 좋을지 아니면 수준을 통합하는 것이 나을지를 결정해야 한다.

킹 카운티의 주택 매매 데이터에는 80개의 우편번호가 있다.

```
table(house$ZipCode)

98001 98002 98003 98004 98005 98006 98007 98008 98010 98011 98014 98019
  358   180   241   293   133   460   112   291    56   163    85   242
98022 98023 98024 98027 98028 98029 98030 98031 98032 98033 98034 98038
  188   455    31   366   252   475   263   308   121   517   575   788
98039 98040 98042 98043 98045 98047 98050 98051 98052 98053 98055 98056
```

5　이는 직관적이지는 않지만 주택의 위치가 교란변수(confounding variable)로 영향을 미쳤다고 설명할 수 있다. 4.5.3절을 참고하자.

47	244	641	1	222	48	7	32	614	499	332	402
98057	98058	98059	98065	98068	98070	98072	98074	98075	98077	98092	98102
4	420	513	430	1	89	245	502	388	204	289	106
98103	98105	98106	98107	98108	98109	98112	98113	98115	98116	98117	98118
671	313	361	296	155	149	357	1	620	364	619	492
98119	98122	98125	98126	98133	98136	98144	98146	98148	98155	98166	98168
260	380	409	473	465	310	332	287	40	358	193	332
98177	98178	98188	98198	98199	98224	98288	98354				
216	266	101	225	393	3	4	9				

팬더스 데이터 프레임의 value_counts 메서드는 동일한 정보를 반환한다.

```
pd.DataFrame(house['ZipCode'].value_counts()).transpose()
```

ZipCode는 주택 가격에 대한 위치의 효과를 볼 수 있는 중요한 변수이다. 다만 모든 수준을 포함하려면 자유도 79에 해당하는 79개의 계수가 필요하다. 원래 모델인 house_lm은 자유도가 단지 5에 불과했다(4.2.2절 참고). 또한 우편번호 중 몇몇은 매물이 하나뿐인 경우도 있다. 어떤 상황에서는, 대도시 지역의 지리적 위치에 대응되는 처음 두 자리 또는 세 자리만을 사용하여 우편번호를 통합할 수 있다. 하지만 킹 카운티의 경우 거의 모든 판매가 980xx 또는 981xx에서 이루어지기 때문에 이런 방법이 큰 도움이 되지 않는다.

대안은 매매 가격과 같은 다른 변수에 따라 우편번호를 그룹으로 묶는 것이다. 아니면 초기 모델의 잔차를 사용하여 우편번호 그룹을 만드는 방법도 좋다. 다음 dplyr R 코드는 80개의 우편번호를 house_lm 회귀 결과의 잔차값의 중간값을 기준으로 5개의 그룹으로 통합한다.

```
zip_groups <- house %>%
  mutate(resid = residuals(house_lm)) %>%
  group_by(ZipCode) %>%
  summarize(med_resid = median(resid),
            cnt = n()) %>%
  arrange(med_resid) %>%
  mutate(cum_cnt = cumsum(cnt),
         ZipGroup = ntile(cum_cnt, 5))
house <- house %>%
  left_join(select(zip_groups, ZipCode, ZipGroup), by='ZipCode')
```

각 우편번호에 대한 잔차의 중간값을 계산하고, **ntile** 함수를 사용해 중간값으로 정렬한 우편번호를 5개의 그룹으로 분할한다. 회귀분석에서 원래 피팅 결과를 개선하기 위해 이것을 어떻게 사용하는지 예를 보려면 4.5.3절을 참고하자.

파이썬에서는 다음과 같이 이 정보를 계산할 수 있다.

```python
zip_groups = pd.DataFrame([
    *pd.DataFrame({
        'ZipCode': house['ZipCode'],
        'residual' : house[outcome] - house_lm.predict(house[predictors]),
    })
    .groupby(['ZipCode'])
    .apply(lambda x: {
        'ZipCode': x.iloc[0,0],
        'count': len(x),
        'median_residual': x.residual.median()
    })
]).sort_values('median_residual')
zip_groups['cum_count'] = np.cumsum(zip_groups['count'])
zip_groups['ZipGroup'] = pd.qcut(zip_groups['cum_count'], 5, labels=False,
                                 retbins=False)

to_join = zip_groups[['ZipCode', 'ZipGroup']].set_index('ZipCode')
house = house.join(to_join, on='ZipCode')
house['ZipGroup'] = house['ZipGroup'].astype('category')
```

회귀 적합화를 돕는 데 잔차를 사용한다는 개념은 모델링 과정의 기본 단계이다. 이에 대한 내용은 4.6절을 참고하자.

4.4.3 순서가 있는 요인변수

일부 요인변수는 요인의 수준이 순서를 갖는다. 이것을 **순서 요인변수**ordered factor variable 또는 **순서 범주형 변수**ordered categorical variable라고 한다. 예를 들면 대출 등급은 A, B, C 등이 될 수 있다. 각 등급은 이전 등급보다 위험이 더 크다. 순서 요인변수는 일반적으로 숫자 값으로 변환하여 그대로 사용할 수 있다. 예를 들면 변수 **BldgGrade**는 순서 요인변수이다. 등급 유형 중 한 예를 [표 4-1]에서 볼 수 있다. 등급이 특별한 의미를 가지는 반면, 수치형 변수는 낮은 값에서 높은 값으로 정렬이 가능하다. 4.2절에서 회귀모형 house_lm을 얻기 위해, BldgGrade를 수치형 변수로 처리한 바 있다.

표 4-1 건물 등급 및 대응 수치

값	설명
1	오두막
2	기준 미달
5	적당함
10	매우 좋음
12	호화로움
13	대저택

순서 요인변수를 수치형 변수로 다루는 것은, 그냥 요인변수로 다루면 잃어버릴 수 있는 순서에 담긴 정보를 유지하기 위함이다.

> **주요 개념**
> - 요인변수는 회귀를 위해 수치형 변수로 변환해야 한다.
> - 요인변수를 P개의 개별 값으로 인코딩하기 위한 가장 흔한 방법은 $P-1$개의 가변수를 만들어 사용하는 것이다.
> - 다수의 수준을 갖는 요인변수의 경우, 더 적은 수의 수준을 갖는 변수가 되도록 수준들을 통합해야 한다.
> - 순서를 갖는 요인변수의 경우, 수치형 변수로 변환하여 사용할 수 있다.

4.5 회귀방정식 해석

다시 말하지만 데이터 과학에서 회귀의 가장 중요한 용도는 일부 종속변수(결과변수)를 예측하는 것이다. 하지만 때로는 예측변수와 결과 간 관계의 본질을 이해하기 위해 방정식 자체로부터 통찰을 얻는 것이 중요할 때도 있다. 이 섹션에서는 회귀방정식을 검토하고 해석하는 방법에 대한 지침을 제공한다.

용어 정리

- **변수 간 상관**correlated variables : 변수들이 같은 방향으로 움직이려는 경향을 가짐(예를 들어 한 변수가 올라갈 때 다른 변수도 올라가고 그 반대 경우에도 동일하다. 부정적인 상관관계일 때는 한 변수가 올라갈 때 다른 변수는 반대로 내려간다). 예측변수끼리 서로 높은 상관성을 가질 때는 개별 계수를 해석하는 것이 어렵다.

- **다중공선성**multicollinearity : 예측변수들이 완벽하거나 거의 완벽에 가까운 상관성을 갖는다고 할 때, 회귀는 불안정하며 계산이 불가능하다(유의어: 공선성collinearity)

- **교란변수**confounding variable : 중요한 예측변수이지만 회귀방정식에 누락되어 결과를 잘못되게 이끄는 변수

- **주효과**main effect : 다른 변수들과 독립된, 하나의 예측변수와 결과변수 사이의 관계

- **상호작용**interaction : 둘 이상의 예측변수와 응답변수 사이의 상호 의존적인 관계

4.5.1 예측변수 간 상관

다중회귀분석에서 예측변수는 종종 서로 상관성이 있다. 한 예로 4.2.4절에서 구한 회귀모형 `step_lm`의 회귀계수를 검토해보자.

R에서는 다음과 같이 실행한다.

```
step_lm$coefficients

              (Intercept)            SqFtTotLiving                 Bathrooms
             6.178645e+06             1.992776e+02              4.239616e+04
                 Bedrooms                 BldgGrade PropertyTypeSingle Family
            -5.194738e+04             1.371596e+05              2.291206e+04
     PropertyTypeTownhouse           SqFtFinBasement                   YrBuilt
             8.447916e+04             7.046975e+00             -3.565425e+03
```

파이썬에서는 다음과 같이 실행한다.

```
print(f'Intercept: {best_model.intercept_:.3f}')
print('Coefficients:')
for name, coef in zip(best_variables, best_model.coef_):
    print(f' {name}: {coef}')
```

여기서 침실 개수를 뜻하는 변수 Bedrooms의 계수가 음수인 것을 볼 수 있다. 즉 침실 개수를 늘릴수록 그 가치가 감소한다는 것을 의미한다. 어떻게 이럴 수 있을까? 이는 예측변수들이 서로 연관되어 있기 때문이다. 집이 클수록 침실이 더 많은 경향이 있으며, 침실 수보다는 주택의 크기가 주택 가격에 더 큰 영향을 준다. 똑같은 크기의 두 집이 있다고 하면, 작은 크기의 침실이 여러 개 있는 것을 선호하지 않는 것이 합리적이다.

이렇게 상호 연관된 예측변수들을 사용하면 회귀계수의 부호와 값의 의미를 해석하기가 어려울 수 있다(또한 추정치의 표준오차가 커진다). 침실 수, 평수, 욕실 수에 대한 변수들은 모두 상관관계가 있다. R을 이용해 방정식에서 변수 SqFtTotLiving, SqFtFinBasement, Bathrooms를 제거한 후 얻은 회귀모형을 통해 이것을 설명할 수 있다.

```
update(step_lm, . ~ . - SqFtTotLiving - SqFtFinBasement - Bathrooms)

Call:
lm(formula = AdjSalePrice ~ Bedrooms + BldgGrade + PropertyType +
    YrBuilt, data = house, na.action = na.omit)

Coefficients:
              (Intercept)                       Bedrooms
                  4913973                          27151
                BldgGrade    PropertyTypeSingle Family
                   248998                         -19898
      PropertyTypeTownhouse                        YrBuilt
                   -47355                          -3212
```

update 함수를 사용해서, 모델의 변수를 추가하거나 제외할 수 있다. 이제 침실 수에 대한 계수가 우리가 기대했던 대로 양수인 것을 확인할 수 있다(침실 수가 실제 주택 크기에 대한 대리변수로 작용했지만, 이제는 해당 변수가 제거된 상태이다).

파이썬에는 R의 update 함수와 동일한 함수가 없다. 수정된 예측변수 목록으로 다시 모델 적합을 해야 한다.

```
predictors = ['Bedrooms', 'BldgGrade', 'PropertyType', 'YrBuilt']
outcome = 'AdjSalePrice'

X = pd.get_dummies(house[predictors], drop_first=True)
```

```
reduced_lm = LinearRegression()
reduced_lm.fit(X, house[outcome])
```

변수 간 상관관계는 회귀계수를 해석할 때 고려해야 할 여러 문제들 가운데 한 가지일 뿐이다. 모델 house_lm에는 주택의 위치를 고려할 변수가 따로 없는 상태에서, 서로 다른 유형의 지역들 정보가 섞여 있다. 이 경우, 위치 정보는 **교란변수**일 수 있다. 자세한 내용은 4.5.3절을 참고하자.

4.5.2 다중공선성

변수 상관의 극단적인 경우 다중공선성이 나타난다. 이는 예측변수 사이의 중복성을 판단하는 조건이 된다. 완전 다중공선성은 한 예측변수가 다른 변수들의 선형결합으로 표현된다는 것을 의미한다. 다중공선성은 다음 경우 발생한다.

- 오류로 인해 한 변수가 여러 번 포함된 경우
- 요인변수로부터 $P-1$개가 아닌 P개의 가변수가 만들어진 경우(4.4절 참고)
- 두 변수가 서로 거의 완벽하게 상관성이 있는 경우

회귀분석에서는 다중공선성 문제를 반드시 해결해야 한다. 다중공선성이 사라질 때까지 변수를 제거해야 한다. 완전 다중공선성이 존재하는 상황에서는 회귀를 통해 제대로 된 답을 얻을 수가 없다. R과 파이썬을 포함한 많은 소프트웨어 패키지는 특정 유형의 다중공선성 문제를 자동으로 처리한다. 예를 들면 SqFtTotLiving을 주택 가격 데이터의 회귀에 두 번 포함하더라도 결과는 기존 house_lm 모델의 경우와 동일하다. 하지만 불완전 다중공선성의 경우, 소프트웨어를 통해 답을 얻을 수는 있지만, 결과가 불안정할 수 있다.

NOTE_ 다중공선성은 트리, 클러스터링, 최근접 이웃 알고리즘 등 비선형회귀 유형이 아닌 방법에서는 그다지 문제가 되지 않으며, 이들 방법에서는 $P-1$개 대신에 P개의 가변수를 유지하는 것이 좋다. 물론 이러한 방법에서도 예측변수의 비중복성을 유지하는 것이 여전히 미덕이다.

4.5.3 교란변수

변수 상관은 응답변수와 비슷한 예측 관계를 갖는 다른 변수가 포함되는 바람에 비롯된 문제인 반면, **교란변수**는 회귀방정식에 중요한 변수가 포함되지 못해서 생기는 누락의 문제이다. 이 경우 방정식 계수에 대한 순진한 해석은 잘못된 결론으로 이어질 수 있다.

예를 들면 4.2.1절에서 킹 카운티 관련 데이터를 통해 얻은 회귀모형 house_lm을 다시 생각해보자. SqFtLot, Bathrooms, Bedrooms의 회귀계수는 모두 음수였다. 원래의 회귀모형에는 주택 가격에 아주 결정적인, 위치를 나타내는 변수가 포함되어 있지 않았다. 위치 정보를 고려하기 위해, 우편번호를 가장 싼 지역(1)에서 가장 비싼 지역(5)까지 5개의 그룹으로 분류하는 새로운 변수 ZipGroup을 포함해보자.[6]

```
lm(formula = AdjSalePrice ~ SqFtTotLiving + SqFtLot + Bathrooms +
    Bedrooms + BldgGrade + PropertyType + ZipGroup, data = house,
    na.action = na.omit)

Coefficients:
              (Intercept)            SqFtTotLiving
               -6.666e+05                2.106e+02
                  SqFtLot                Bathrooms
                4.550e-01                5.928e+03
                 Bedrooms                BldgGrade
               -4.168e+04                9.854e+04
 PropertyTypeSingle Family     PropertyTypeTownhouse
                1.932e+04               -7.820e+04
                ZipGroup2                ZipGroup3
                5.332e+04                1.163e+05
                ZipGroup4                ZipGroup5
                1.784e+05                3.384e+05
```

파이썬에서 동일한 모델은 다음과 같다.

```
predictors = ['SqFtTotLiving', 'SqFtLot', 'Bathrooms', 'Bedrooms',
              'BldgGrade', 'PropertyType', 'ZipGroup']
outcome = 'AdjSalePrice'
```

---

6 킹 카운티에는 80개의 우편번호가 있으며, 몇 군데나 매매 건수가 아주 적다. 요인변수로 우편번호를 직접 사용하는 대신, ZipGroup 변수를 이용해 비슷한 유형의 우편번호를 한 그룹으로 묶었다. 자세한 내용은 4.4.2절을 참고하자.

```
X = pd.get_dummies(house[predictors], drop_first=True)

confounding_lm = LinearRegression()
confounding_lm.fit(X, house[outcome])

print(f'Intercept: {confounding_lm.intercept_:.3f}')
print('Coefficients:')
for name, coef in zip(X.columns, confounding_lm.coef_):
    print(f' {name}: {coef}')
```

ZipGroup이 분명히 중요한 변수라는 것을 알 수 있다. 가장 비싼 우편번호 그룹의 주택 가격이 약 340,000달러나 더 높다. SqFtLot과 Bathrooms의 계수는 이제 양수이며, 욕실을 하나 추가하면 판매 가격이 5,928달러까지 증가한다.

Bedrooms에 대한 계수는 여전히 음수이다. 이 결과가 그렇게 직관적이지는 않지만, 이것은 부동산 업계에서 잘 알려진 현상이다. 살기 좋은 지역에서는 욕실 수가 같은 주택의 경우 작은 침실이 여러 개 있으면 오히려 값어치가 떨어진다.

4.5.4 상호작용과 주효과

통계학자는 **주효과**(독립변수)와 주효과 사이의 **상호작용**을 구별하기 좋아한다. 주효과는 회귀방정식에서 종종 **예측변수**라고 불린다. 모델에서 주효과만 사용한다면, 여기에는 예측변수와 응답변수 간의 관계가 다른 예측변수들에 대해 독립적이라는 암묵적인 가정이 있다. 하지만 이것은 종종 사실이 아니다.

예를 들면 4.5.3절의 킹 카운티 주택 데이터에 적합한 모델은 ZipCode를 비롯한 여러 변수를 주효과로 포함하고 있다. 부동산에서 위치가 가장 중요하다는 사실은 모두 알고 있다. 주택 크기와 매매 가격 간의 관계가 위치에 달려 있다고 가정하는 것은 자연스러운 일이다. 임대료가 싼 지역에 지어진 큰 집은 비싼 지역에 지어진 큰 집과 같은 가치를 유지하기가 어려울 것이다. R에서 * 연산자를 사용하면 모델에 변수의 상호작용을 포함시킬 수 있다. 다음은 킹 카운티 데이터를 모델링할 때, SqFtTotLiving과 ZipGroup 간의 상호작용을 고려하는 예를 보여준다.

```
lm(formula = AdjSalePrice ~ SqFtTotLiving * ZipGroup + SqFtLot +
    Bathrooms + Bedrooms + BldgGrade + PropertyType, data = house,
```

```
         na.action = na.omit)

     Coefficients:
                    (Intercept)           SqFtTotLiving
                     -4.853e+05               1.148e+02
                      ZipGroup2               ZipGroup3
                     -1.113e+04               2.032e+04
                      ZipGroup4               ZipGroup5
                      2.050e+04              -1.499e+05
                         SqFtLot               Bathrooms
                      6.869e-01              -3.619e+03
                       Bedrooms               BldgGrade
                     -4.180e+04               1.047e+05
        PropertyTypeSingle Family    PropertyTypeTownhouse
                      1.357e+04              -5.884e+04
          SqFtTotLiving:ZipGroup2   SqFtTotLiving:ZipGroup3
                      3.260e+01               4.178e+01
          SqFtTotLiving:ZipGroup4   SqFtTotLiving:ZipGroup5
                      6.934e+01               2.267e+02
```

이 결과에서는 **SqFtTotLiving:ZipGroup2**, **SqFtTotLiving:ZipGroup3** 등의 4가지 새로운 정보들을 볼 수 있다.

파이썬에서는 상호작용이 있는 선형회귀모형을 학습시키기 위해 **statsmodels** 패키지를 사용한다. 이 패키지는 R과 비슷하게 설계되었으며 공식 인터페이스를 사용하여 모델을 정의할 수 있다.

```
model = smf.ols(formula='AdjSalePrice ~ SqFtTotLiving*ZipGroup + SqFtLot + ' +
     'Bathrooms + Bedrooms + BldgGrade + PropertyType', data=house)
results = model.fit()
results.summary()
```

statsmodels 패키지는 범주형 변수(예를 들면 **ZipGroup[T.1]**, **PropertyType[T.Single Family]**) 및 상호작용 관련 항(예를 들면 **SqFtTotLiving:ZipGroup [T.1]**)을 처리한다.

주택의 위치와 크기에는 강한 상호작용이 있는 것으로 보인다. 가격대가 가장 낮은 **ZipGroup**에서 집에 대한 기울기는 제곱피트당 115달러로, 주효과 **SqFtTotLiving**에 해당하는 계수와 같다(이는 R이 요인변수에 대해 **기준 부호화**를 사용하고 있기 때문이다. 4.4절 참고). 가장 비싼 ZipGroup에 대한 계수는 이 주효과 계수에 SqFtTotLiving:ZipGroup5의 경우를 더한 합, 즉 115 + 227 = 342달러와 같다. 다시 말해서, 가격대가 가장 비싼 지역에서는 주택의 크기가 1제곱피트 늘어날 때 가격대가 가장 낮은 지역의 평균적인 상승에 비해 예상 매매가에서 거의 3배 정도 차이가 난다.

TIP_ 상호작용 항들을 이용한 모델 선택

다수의 변수가 존재하는 문제의 경우, 모델에서 어떤 상호작용을 고려해야 할지 결정하기가 매우 어렵다. 이러한 문제에 접근하는 몇 가지 방법에 대해 알아보자.

- 어떤 문제에서는 사전 지식이나 직관이 이러한 상호작용을 결정하는 데 큰 도움이 된다.
- 단계적 선택(4.2.4절 참고)을 사용해서 다양한 모델들을 걸러낼 수 있다.
- 벌점을 부여하는 방식의 회귀 방법을 사용하여 자동으로 가능한 상호작용들을 최대한 가려내도록 한다.
- 아마 가장 일반적으로 사용하는 방법은 **랜덤 포레스트**나 **그레이디언트 부스팅 트리** 같은 **트리 모델**일 것이다. 이러한 모델들은 자동으로 최적의 상호작용 항들을 걸러낸다(6.2절 참고).

주요 개념

- 예측변수들 사이의 상관성 때문에, 다중선형회귀에서 계수들을 해석할 때는 주의해야 한다.
- 다중공선성은 회귀방정식을 피팅할 때, 수치 불안정성을 유발할 수 있다.
- 교란변수란 모델에서 생략된 중요한 예측변수를 의미하며, 이에 따라 실제로 관계가 없는데 허위로 있는 것처럼 회귀 결과가 나올 수 있다.
- 변수와 결과가 서로 의존적일 때, 두 변수 사이의 상호작용을 고려할 필요가 있다.

4.6 회귀진단

설명을 위한 모델링에서는(즉 연구 목적에서는) 앞서 설명한 여러 측정 지표들을 고려하여 (4.2.2절 참고), 매 단계마다 모델이 데이터에 얼마나 적합한지를 평가한다. 대부분은 잔차 분석을 기본으로 한다. 이런 단계들은 직접적으로 예측 정확도를 다루는 것은 아니지만 예측 설정에 중요한 통찰을 줄 수 있다.

용어 정리

- **표준화잔차**standardized residual : 잔차를 표준오차로 나눈 값

- **특잇값**outlier : 나머지 데이터(혹은 예측값)와 멀리 떨어진 레코드(혹은 출력값)

- **영향값**influential value : 있을 때와 없을 때 회귀방정식이 큰 차이를 보이는 값 혹은 레코드

- **지렛대 (레버리지)**leverage : 회귀식에 한 레코드가 미치는 영향력의 정도(유의어: 햇 값hat-value)

- **비정규 잔차**non-normal residual : 정규분포를 따르지 않는 잔차는 회귀분석의 요건을 무효로 만들 수 있다. 데이터 과학에서는 별로 중요하게 다루지 않는다.

- **이분산성**heteroskedasticity : 어떤 범위 내 출력값의 잔차가 매우 높은 분산을 보이는 경향(어떤 예측변수를 회귀식이 놓치고 있다는 것을 의미할 수 있다)

- **편잔차그림**partial residual plot : 결과변수와 특정 예측변수 사이의 관계를 진단하는 그림(유의어: 추가변수그림added variable plot)

4.6.1 특잇값

일반적으로 **특잇값**이라고 부르는 극단값은 대부분의 측정치에서 멀리 벗어난 값을 의미한다. 위치와 변이를 추정할 때 이미 살펴본 것처럼(1.3절과 1.4절 참고), 회귀모형에서도 동일한 문제를 야기할 수 있다. 회귀에서 특잇값은 실제 y 값이 예측된 값에서 멀리 떨어져 있는 경우를 말한다. 잔차를 표준오차로 나눈 값을 **표준화잔차**라고 하는데 바로 이 값을 조사해서 특잇값을 발견할 수 있다.

특잇값을 정상값들과 구분하는 것에 관한 통계 이론은 없다. 그보다는 어떤 관측값을 특잇값이라고 부르려면 다수 데이터로부터 얼마나 떨어져 있어야 하는지에 대한 (임의의) 경험칙이 존재한다. 예를 들어 상자그림에서 상자 경계선 바깥에 위치한 점들을 특잇값이라고 본다. 여기서 '너무 멀리 떨어져 있다'는 말은 곧 '사분위범위의 1.5배보다 더 바깥에 있다'는 말과 같다. 이와 비슷하게, 회귀에서는 표준화잔차가 특잇값을 검출하는 데 주로 사용된다. 표준화잔차는 곧 '회귀선으로부터 떨어진 정도를 표준오차 개수로 표현한 값' 정도로 해석할 수 있다.

킹 카운티 주택 매매 데이터에서 우편번호가 98105인 지역의 데이터만 가지고 회귀모형을 구해보자.

R에서는 다음과 같이 실행한다.

```
house_98105 <- house[house$ZipCode == 98105,]
lm_98105 <- lm(AdjSalePrice ~ SqFtTotLiving + SqFtLot + Bathrooms +
                    Bedrooms + BldgGrade, data=house_98105)
```

파이썬에서는 다음과 같이 실행한다.

```
house_98105 = house.loc[house['ZipCode'] == 98105, ]

predictors = ['SqFtTotLiving', 'SqFtLot', 'Bathrooms', 'Bedrooms', 'BldgGrade']
outcome = 'AdjSalePrice'

house_outlier = sm.OLS(house_98105[outcome],
                       house_98105[predictors].assign(const=1))
result_98105 = house_outlier.fit()
```

다음과 같이 R에서 **rstandard** 함수를 이용해 표준화잔차를 구하고, **order** 함수를 가지고 가장 작은 잔차의 위치를 얻을 수 있다.

```
sresid <- rstandard(lm_98105)
idx <- order(sresid)
sresid[idx[1]]

   20429
-4.326732
```

statsmodels에서 잔차를 분석하기 위해 **OLSInfluence**를 사용한다.

```
influence = OLSInfluence(result_98105)
sresiduals = influence.resid_studentized_internal
sresiduals.idxmin(), sresiduals.min()
```

결과를 보면 표준오차의 4배 이상이나 회귀식과 차이를 보이는데 이에 해당하는 추정치는 757,754달러다. R에서 이 특잇값에 해당하는 레코드는 다음과 같다.

```
house_98105[idx[1], c('AdjSalePrice', 'SqFtTotLiving', 'SqFtLot',
          'Bathrooms', 'Bedrooms', 'BldgGrade')]

AdjSalePrice SqFtTotLiving SqFtLot Bathrooms Bedrooms BldgGrade
        (dbl)          (int)   (int)    (dbl)    (int)    (int)
20429   119748          2900    7276        3        6        7
```

파이썬에서는 다음과 같다.

```
outlier = house_98105.loc[sresiduals.idxmin(), :]
print('AdjSalePrice', outlier[outcome])
print(outlier[predictors])
```

이 경우, 레코드가 뭔가 잘못됐다는 것을 알 수 있다. 이 우편번호에 해당하는 지역에서 이 정도 평수라면 119,748달러보다는 더 비싸야 정상이다. [그림 4-4]는 이 판매에 대한 법정 담보 증서의 일부이다. 이런 경우는 비정상적인 판매에 해당하며 회귀에 포함되어서는 안 된다. 특 잇값은 '부주의한' 데이터 입력 또는 단위 실수(예를 들어 일 달러 단위가 아닌 천 달러 단위로 기재하는 경우) 같은 문제들 때문에 발생할 수 있다.

그림 4-4 예측값과 가장 큰 차이를 보이는 거래 데이터에 대한 법정 담보 증서

빅데이터의 경우, 새로운 데이터를 예측하기 위한 회귀분석에서 특잇값이 그렇게 문제가 되지는 않는다. 그러나 특잇값을 찾는 것이 주목적인 특잇값 검출의 경우 이 값들이 매우 중요해진 다. 또한 특잇값은 사기 사건이나 갑작스러운 사건 발생과도 관련이 있다. 따라서 특잇값을 발견하는 것은 사업적으로 아주 중요한 가치가 될 수 있다.

4.6.2 영향값

회귀모형에서 제외됐을 때 모델에 중요한 변화를 가져오는 값을 **주영향관측값**[influential observation]이라고 한다. 회귀분석에서, 잔차가 크다고 해서 모두 이런 값이 되는 것은 아니다. 예를 들면 [그림 4-5]의 회귀선을 생각해보자. 실선은 모든 데이터를 고려한 회귀선에 해당하며, 점선은 오른쪽 위의 한 점을 제거했을 때의 회귀선을 보여준다. 분명히 그 데이터 값은 회귀 결과에 큰 영향을 미치지만, 원래 회귀에서 큰 특잇값으로 나타난 것은 아니다. 이 데이터 값은 회귀에 대한 높은 **레버리지**를 가진 것으로 볼 수 있다.

표준화잔차(4.6.1절 참고) 외에도 통계학자들은 회귀분석에서 단일 레코드의 영향력을 결정하는 몇 가지 지표를 개발했다. 레버리지를 측정하는 일반적인 척도는 **햇 값**[hat-value]이다.[7] $2(P + 1)/n$ 이상의 값들은 레버리지가 높은 데이터 값을 나타낸다.

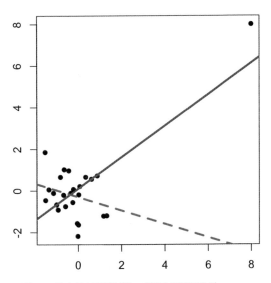

그림 4-5 회귀에서 영향력 있는 데이터 포인트의 예

또 다른 측정 지표는 **쿡의 거리**[Cook's distance]이다. 이것은 레버리지와 잔차의 크기를 합쳐서 영향력을 판단한다. 경험칙에 따르면, 쿡의 거리가 $4/(n-P-1)$보다 크면 영향력이 높다고 보는 편이다.

7　**햇 값**이라는 용어는 회귀의 햇 행렬 표기법에서 유래한 것이다. 다중선형회귀를 식으로 표시하면 $\hat{Y} = HY$이고 여기서 H가 햇 행렬이다. 햇 값은 H의 대각값에 해당한다.

영향력그림influence plot 또는 거품그림bubble plot은 표준화잔차, 햇 값, 쿡의 거리를 모두 한 그림에 표현한다. [그림 4-6]은 킹 카운티 주택 데이터에 대한 영향력그림을 보여준다. 다음과 같은 R 코드를 이용해 그릴 수 있다.

```
std_resid <- rstandard(lm_98105)
cooks_D <- cooks.distance(lm_98105)
hat_values <- hatvalues(lm_98105)
plot(subset(hat_values, cooks_D > 0.08), subset(std_resid, cooks_D > 0.08),
     xlab='hat_values', ylab='std_resid',
     cex=10*sqrt(subset(cooks_D, cooks_D > 0.08)), pch=16, col='lightgrey')
points(hat_values, std_resid, cex=10*sqrt(cooks_D))
abline(h=c(-2.5, 2.5), lty=2)
```

비슷한 그래프를 만드는 파이썬 코드는 다음과 같다.

```
influence = OLSInfluence(result_98105)
fig, ax = plt.subplots(figsize=(5, 5))
ax.axhline(-2.5, linestyle='--', color='C1')
ax.axhline(2.5, linestyle='--', color='C1')
ax.scatter(influence.hat_matrix_diag, influence.resid_studentized_internal,
           s=1000 * np.sqrt(influence.cooks_distance[0]),
           alpha=0.5)
ax.set_xlabel('hat values')
ax.set_ylabel('studentized residuals')
```

회귀에서 몇몇 데이터 포인트가 정말로 큰 영향력을 보임을 알 수 있다. 쿡의 거리는 `cooks.distance` 함수를 사용해 계산하고 `hatvalues` 함수를 이용해 회귀진단을 구할 수 있다. 햇 값은 x축, 잔차 정보는 y축에 위치하며, 쿡의 거리에 해당하는 값은 원의 크기로 나타낸다.

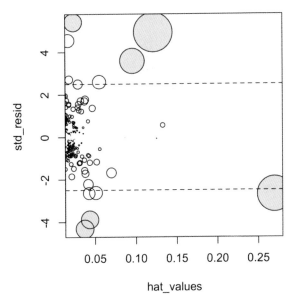

그림 4-6 이 그림을 통해 어떤 관측값이 높은 영향력을 보이는지 볼 수 있다. 쿡의 거리가 0.08보다 큰 점은 회색으로 강조하여 표시한다.

[표 4-2]는 전체 데이터를 모두 사용했을 때의 회귀 결과와 가장 영향력인 큰 데이터들(쿡의 거리 > 0.08)을 제외하고 얻은 회귀 결과를 비교한다.

Bathrooms 변수의 회귀계수가 엄청나게 변화하는 것을 볼 수 있다.[8]

표 4-2 전체 데이터를 사용했을 때와 영향력 있는 값들을 제외했을 때의 회귀계수를 비교한다.

	기존 결과	영향값 제거 후
(절편)	−772,550	−647,137
SqFtTotLiving	210	230
SqFtLot	39	33
Bathrooms	2,282	−16,132
Bedrooms	−26,320	−22,888
BldgGrade	130,000	114,871

8　Bathrooms에 대한 계수가 다시 음수가 된다. 쉽게 이해가 가지 않는 부분이다. 위치 정보가 정확히 고려되지 않았고 우편번호 98105 는 여러 유형의 주택들이 섞여 있는 지역을 포함한다. 4.5.3절에서 교란변수 설명을 참조하자.

회귀모형을 구하는 목적이 새로 들어오는 값에 대해 믿을 만한 예측값을 얻기 위함이라면, 데이터의 크기가 작을 경우에만 영향력이 큰 관측 데이터를 확인하는 작업이 유용하다. 데이터 수가 클 경우, 어떤 한 값이 회귀방정식에 엄청난 변화를 가져오기란 쉽지 않다(회귀 결과 여전히 특잇값들이 존재한다 하더라도). 물론 이상 검출이 목적이라면 영향력이 높은 값들을 찾는 것이 큰 도움이 된다.

4.6.3 이분산성, 비정규성, 오차 간 상관

통계학자들은 잔차 분포에 상당한 주의를 기울인다. 보통최소제곱추정(4.1.3절 참고)은 다양한 분포 가정하에서 편향성도 없고 경우에 따라 '최적'이라고 할 수 있는 추정을 제공한다. 즉, 대부분의 문제에서 데이터 과학자라면 잔차 분포에 너무 많은 신경을 쓸 필요는 없다.

잔차의 분포는 주로 공식적인 통계적 추론(가설검정 및 p 값)의 유효성과 관련이 있으므로 예측 정확도를 중요하게 생각하는 데이터 과학자들에게는 별로 중요하지 않다. 오차가 정규분포를 따른다는 것은 모델이 완전하다는 신호다. 오차가 정규분포를 따르지 않는다면 모델에서 뭔가가 누락되었을 수 있음을 의미한다. 형식적 추론이 완전히 유효하려면 잔차는 (1) 동일한 분산을 가지며 (2) 정규분포를 따르고 (3) 서로 독립이라는 가정[9]이 필요하다. 데이터 과학자가 신경 쓰는 것 한 가지는, 잔차에 대한 가정을 기반으로 예상 값에 대한 신뢰구간을 계산하는 방법이다(4.3.2절 참고).

3가지 가정 중 먼저 **이분산성**은 다양한 범위의 예측값에 따라 잔차의 분산이 일정하지 않은 것을 의미한다. 다시 말해서, 어떤 일부분에서의 오차가 다른 데보다 훨씬 크게 나타나는 것을 말한다. 데이터 시각화를 통해 잔차들의 분포를 쉽게 분석할 수 있다.

아래 R 코드는 4.6.1절에서 구한 회귀모델 **lm_98105**에서 절대잔차와 예측값의 관계를 도식화한다.

```
df <- data.frame(resid = residuals(lm_98105), pred = predict(lm_98105))
ggplot(df, aes(pred, abs(resid))) + geom_point() + geom_smooth()
```

---

9 옮긴이_ 통계학에서는 흔히 1번을 등분산 가정, 2번은 정규성 가정, 3번은 독립성 가정이라고 부르며, 각 가정을 검정하는 잘 알려진 방법들이 존재한다.

[그림 4-7]은 그 결과로 나오는 그림이다. geom_smooth 함수를 이용해, 절대잔차들을 부드럽게 연결하는 선을 분포 그림 위에 쉽게 추가할 수 있다. 이렇게 산점도에서 x축과 y축 변수들 사이의 관계를 부드럽게 연결하는 추세선을 얻기 위해 이 함수에서는 loess 메서드(지역적으로 추정한 산점도 평활)를 호출한다(뒤에 나올 '산점도 평활기' 노트 참고).

파이썬에서 seaborn 패키지에는 비슷한 그래프를 그리기 위한 regplot 함수가 있다.

```python
fig, ax = plt.subplots(figsize=(5, 5))
sns.regplot(result_98105.fittedvalues, np.abs(result_98105.resid),
            scatter_kws={'alpha': 0.25}, line_kws={'color': 'C1'},
            lowess=True, ax=ax)
ax.set_xlabel('predicted')
ax.set_ylabel('abs(residual)')
```

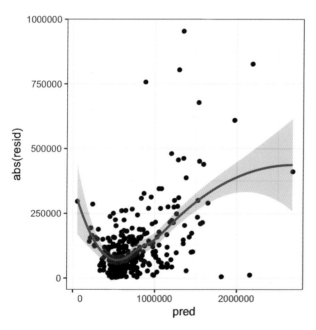

그림 4-7 잔차의 절댓값과 예측값에 관한 산점도

분명히 잔차의 분산은 고가의 주택일수록 증가하는 경향이 있다. 가격이 낮은 주택의 경우에도 마찬가지로 큰 편이다. 이를 통해, 회귀모형 **lm_98105**는 **이분산성** 오차를 갖고 있다고 볼 수 있다.

두 번째로, [그림 4-8]은 lm_98105 회귀모형에서 표준화잔차에 대한 히스토그램이다. 정규분포보다 확연히 더 긴 꼬리를 가지며, 더 큰 잔차에 대해 약간의 왜곡을 보인다.

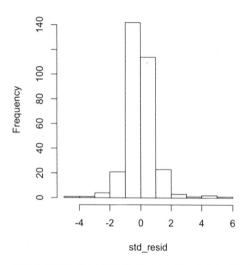

그림 4-8 주택 데이터의 회귀모형로부터 얻은 잔차에 대한 히스토그램

끝으로 통계학자들은 오차가 독립적이라는 가정을 점검하기도 한다. 시간과 공간에 따라 데이터를 수집하는 경우 특히 그렇다. 시계열 데이터를 다루는 회귀분석에서 유의미한 자기상관autocorrelation이 있는지를 탐지하는 데에는 **더빈-왓슨 통계량**Durbin-Watson statistic을 사용할 수 있다. 만약 회귀모형 오차들 간에 상관관계가 있는 경우, 이 정보는 단기 예측에 유용할 수 있으며 모델을 만들 때 함께 고려해야 한다. 시계열 데이터에 대한 회귀모형에 자기상관 정보를 구축하는 방법에 대한 자세한 설명은 갈리트 시뮤엘리와 케네스 리흐텐달이 쓴『Practical Time Series Forecasting with R(2nd Edition)』(Axelrod Schnall, 2018)을 참고한다. 좀 더 장기적인 예측이나 설명 모델이 필요할 경우, 너무 자세하게 과도한 자기상관 데이터는 오히려 방해가 될 수 있다. 이 경우에는 우선 데이터를 평활화하거나 또는 데이터 수집을 듬성듬성하는 것이 필요할 수 있다.

회귀가 분포 가정 중 한 가지만 위반해도 신경 써야 할까? 데이터 과학에서 가장 중요한 것은 보통 예측 정확도이기 때문에, 이분산성에 대한 검토는 그다음으로 이루어질 수 있다. 검토 결과 모델이 설명하지 못하는 데이터가 있음을 발견할 수 있을지도 모른다. 그러나 단순히 공식 통계적 추론(p 값, F 통계량 등)을 입증하기 위해서 분포 가정을 만족시키는 것은 데이터 과학자에게 그리 중요한 일이 아니다.

NOTE_ 산점도 평활기

회귀분석은 응답변수와 예측변수 간의 관계를 모델링하는 것이다. 회귀모형을 평가할 때는 두 변수 사이의 관계를 시각적으로 강조하기 위해 **산점도 평활기**scatterplot smoother를 사용하는 것이 좋다.

예를 들면 [그림 4-7]에서 절대잔차와 예측값 간의 관계를 부드럽게 나타낸 곡선을 통해, 잔차의 분산이 잔차의 값에 의존한다는 것을 쉽게 알 수 있다. 이 경우 loess 함수를 사용한다. loess는 일련의 구간별 지역 회귀모형을 구한 후 그것들을 연속적으로 부드럽게 만들어낸다(이를 평활화smoothing라고 부른다). loess가 가장 널리 사용되는 평활기일 것이다. 하지만 R에서는 슈퍼 평활(supsmu 함수)이나 커널 평활(ksmooth 함수)과 같이, 다른 산점도 평활기를 사용할 수도 있다. 파이썬에서는 scipy(wiener 혹은 sav)나 statsmodels(kernel_regression)에서 추가적인 평활기를 찾을 수 있다. 회귀모형을 평가할 목적이라면, 일반적으로 이러한 산점도 평활기에 대한 구체적인 내용을 알 필요는 없다.

4.6.4 편잔차그림과 비선형성

편잔차그림은 예측 모델이 예측변수와 결과변수 간의 관계를 얼마나 잘 설명하는지 시각화하는 방법이다. 편잔차그림의 기본 개념은 하나의 예측변수와 응답변수 사이의 관계를 모든 다른 예측변수로부터 분리하는 것이다. 편잔차는 단일 예측변수를 기반으로 한 예측값과 전체를 고려한 회귀식의 실제 잔차를 결합하여 '만든 결과'라고 할 수 있다. 예측변수 X_i의 편잔차는 일반 잔차에 X_i와 연관된 회귀 항을 더한 값이다.

$$\text{편잔차} = \text{잔차} + \hat{b}_i X_i$$

여기서 $\hat{b}_i$는 물론 회귀계수의 추정치를 의미한다. R의 predict 함수를 이용해서 개별 회귀 항 $\hat{b}_i X_i$를 얻을 수 있다.

```
terms <- predict(lm_98105, type='terms')
partial_resid <- resid(lm_98105) + terms
```

편잔차그림에서 x축은 예측변수 X_i를, 그리고 y축은 편잔차를 의미한다. ggplot2를 사용하면 편잔차 분포 위에 평활곡선을 손쉽게 추가할 수 있다.

```
df <- data.frame(SqFtTotLiving = house_98105[, 'SqFtTotLiving'],
                 Terms = terms[, 'SqFtTotLiving'],
                 PartialResid = partial_resid[, 'SqFtTotLiving'])
ggplot(df, aes(SqFtTotLiving, PartialResid)) +
  geom_point(shape=1) + scale_shape(solid = FALSE) +
  geom_smooth(linetype=2) +
  geom_line(aes(SqFtTotLiving, Terms))
```

파이썬 statsmodels 패키지에는 편잔차그림을 비슷하게 만드는 sm.graphics.plot_ccpr 메서드가 있다.

```
sm.graphics.plot_ccpr(result_98105, 'SqFtTotLiving')
```

R과 파이썬 그래프는 상수항에 따른 차이가 있다. R에서는 항의 평균이 0이 되도록 상수항이 추가된다.

이 결과를 [그림 4-9]에서 볼 수 있다. 편잔차는 SqFtTotLiving 변수가 주택 가격에 얼마나 영향을 미치는지 보여준다. SqFtTotLiving 변수와 가격 사이의 관계는 분명히 비선형이다 (점선). 회귀선(실선)에 따르면 1,000제곱피트보다 작은 평수의 집에 대해서는 가격을 원래 보다 낮게 추정하고, 2,000~3,000제곱피트 집에 대해서는 더 높게 추정하고 있다. 4,000제 곱피트 이상에 관해서는 데이터 개수가 너무 작아 뭐라고 결론을 내릴 수가 없다.

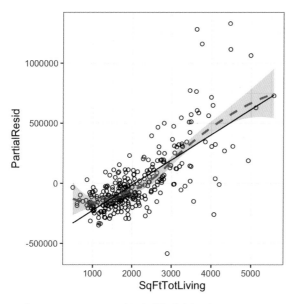

그림 4-9 SqFtTotLiving 변수에 대한 편잔차그림

이러한 비선형성은 다음과 같이 이해할 수 있다. 원래 큰 집에 500제곱피트를 추가하는 것 보다, 작은 집에 500제곱피트를 추가하는 것이 훨씬 더 큰 차이를 만든다. 따라서 SqFtTot Living에 대해 단순선형 항 대신, 비선형 항을 고려할 것을 생각해볼 수 있다(4.7절 참고).

> **주요 개념**
> - 특이점은 데이터 크기가 작을 때 문제를 일으킬 수 있지만, 주요 관심사는 데이터에서 문제점을 발견한다 든지 이상을 찾아내는 것이다.
> - 데이터 크기가 작을 때는 단일 레코드(회귀 특잇값 포함)가 회귀방정식에 큰 영향을 미치는 경우도 있다. 하지만 빅데이터에서는 이러한 효과가 대부분 사라진다.
> - 회귀모형을 일반적인 추론(p 값 등)을 위해 사용할 경우 잔차 분포에 대한 특정 가정을 확인해야 한다. 하 지만 보통 데이터 과학에서 잔차의 분포는 그렇게 중요하지 않다.
> - 편잔차그림을 사용하여 각 회귀 항의 적합성을 정량적으로 평가할 수 있다. 즉 대체 모델에 대한 아이디어 를 얻을 수 있다.

4.7 다항회귀와 스플라인 회귀

응답변수와 예측변수 간의 관계가 반드시 선형일 필요가 없다. 약물 복용량에 따른 반응은 일반적으로 비선형성을 띈다. 복용량을 두 배로 늘린다고 두 배의 반응이 나타나지는 않는다. 제품에 대한 수요 역시 어떤 시점에서는 포화 상태가 되기 쉽다 보니, 마케팅 비용은 선형함수가 아니다. 비선형효과를 회귀분석에 담기 위해 회귀모형을 확장하는 여러 방법이 있다.

용어 정리

- **다항회귀**polynomial regression : 회귀모형에 다항식(제곱, 세제곱 등) 항을 추가한 방식
- **스플라인 회귀**spline regression : 다항 구간들을 부드러운 곡선 형태로 피팅한다.
- **매듭**knot : 스플라인 구간을 구분하는 값들
- **일반화가법모형(GAM)**generalized additive model : 자동으로 구간을 결정하는 스플라인 모델

> **TIP_ 비선형회귀**
>
> 통계학자가 **비선형회귀**nonlinear regression에 관해 말한다면, 이는 최소제곱 방법으로 피팅할 수 없는 모델을 의미한다. 어떤 모델이 비선형일까? 본질적으로 예측변수들의 선형결합 또는 일부 변환으로 응답변수를 표현할 수 없는 모든 모델을 말한다. 비선형회귀모형은 수치 최적화가 필요하기 때문에 피팅하기가 어렵고 더 많은 계산을 필요로 한다. 이러한 이유로 가능하면 선형모형을 이용하는 것이 일반적이다.

4.7.1 다항식

다항회귀란, 회귀식에 다항 항을 포함한 것을 말한다. 다항회귀를 사용한 것은 회귀분석 자체가 개발되기 시작한 1815년, 조제프 디에즈 제르곤Joseph Diez Gergonne이 쓴 논문으로 거슬러 올라간다. 예를 들면 응답변수 Y와 예측변수 X 사이의 이차 회귀는 다음과 같은 식으로 표현할 수 있다.

$$Y = b_0 + b_1 X + b_2 X^2 + e$$

다항회귀는 poly 함수를 이용해 구할 수 있다. 예를 들면 다음은 킹 카운티 주택 데이터로 구한 SqFtToLiving에 대해 이차 다항식을 피팅하는 과정을 보여준다.

```
lm(AdjSalePrice ~  poly(SqFtTotLiving, 2) + SqFtLot +
            BldgGrade + Bathrooms + Bedrooms,
               data=house_98105)

Call:
lm(formula = AdjSalePrice ~ poly(SqFtTotLiving, 2) + SqFtLot +
   BldgGrade + Bathrooms + Bedrooms, data = house_98105)

Coefficients:
          (Intercept)  poly(SqFtTotLiving, 2)1  poly(SqFtTotLiving, 2)2
          -402530.47               3271519.49                776934.02
              SqFtLot                BldgGrade                Bathrooms
                32.56                135717.06                 -1435.12
             Bedrooms
             -9191.94
```

statsmodels에서는 I(SqFtTotLiving**2)를 사용하여 모델 정의에 제곱항을 추가한다.

```
model_poly = smf.ols(formula='AdjSalePrice ~  SqFtTotLiving + ' +
               '+ I(SqFtTotLiving**2) + ' +
               'SqFtLot + Bathrooms + Bedrooms + BldgGrade', data=house_98105)
result_poly = model_poly.fit()
result_poly.summary()    #①
```

① 절편과 다항식 계수는 R의 결과와 다르다. 구현한 방식이 약간 다르기 때문이다. 나머지 계수와 예측은 동일
  하다.

결과를 통해 **SqFtToLiving**에 대한 두 가지 계수가 있는 것을 볼 수 있다. 하나는 선형 항(일
차 항)이고 나머지 하나는 이차 항이다.

편잔차그림(4.6.4절 참고)은 **SqFtToLiving**에 관한 회귀식의 곡률을 보여준다. 회귀 결과가
선형회귀 때의 결과에 비해 편잔차의 평활곡선(4.7.2절 참고)에 훨씬 더 가까운 것을 볼 수 있
다(그림 4-10).

statsmodels 구현은 선형 항에 대해서만 동작한다. 함께 제공되는 소스 코드는 다항식 회귀
에도 적용되는 구현을 제공한다.

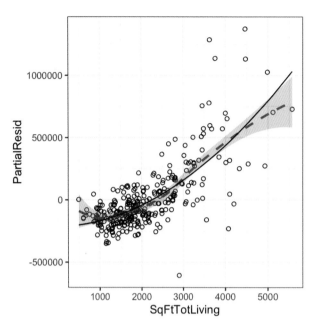

그림 4-10 SqFtTotLiving 변수에 대한 다항회귀 결과(실선)와 평활곡선(점선, 다음 절에서 더 자세히 설명)

4.7.2 스플라인

다항회귀는 비선형 관계에 대해 어느 정도의 곡률을 담아낼 수 있다. 하지만 3차, 4차 다항식과 같이 고차 항을 추가하는 것은 종종 회귀방정식에 바람직하지 않은 '흔들림'을 초래한다. 비선형 관계를 모델링하는 또 다른 더 나은 방법은 **스플라인**을 사용하는 것이다. 스플라인은 고정된 점들 사이를 부드럽게 보간하는 방법을 말한다. 스플라인은 원래 선박이나 항공기를 건조할 때, 부드러운 곡선을 그리기 위해 사용되었다.

'덕^duck'이라는 추를 사용하여 얇은 나무 조각을 구부려서 스플라인을 만들곤 했다(그림 4-11).

그림 4-11 스플라인은 원래 잘 휘는 나무와 '덕'을 사용하여 만들었다. 이는 제도하는 사람들이 곡선을 그리기 위해 사용하는 도구가 되었다. 사진 제공: 밥 페리(Bob Perry)

스플라인에 대한 좀 더 기술적인 정의는 일련의 조각별 연속 다항식을 뜻한다. 루마니아 출신 수학자 이자크 야코프 쇤베르크Isaac Jacob Schoenberg에 의해 2차 세계대전 중 미국의 애버딘 전차 주행 시험장에서 처음 개발되었다. 구간별 다항식은 예측변수를 위한 일련의 고정된 점(**매듭**knot) 사이를 부드럽게 연결한다. 스플라인을 구하는 것은 다항회귀보다 훨씬 복잡하다. 통계 소프트웨어는 일반적으로 스플라인 피팅을 위한 구체적인 사항들을 모두 다룰 수 있도록 지원한다. R 패키지 splines는 회귀모형에서 **b-스플라인**b-spline (기본 스플라인) 항을 만드는 데 사용할 수 있는 bs 함수를 포함한다. 예를 들면 다음은 b-스플라인 항을 주택 회귀모형에 추가하는 방법이다.

```
library(splines)
knots <- quantile(house_98105$SqFtTotLiving, p=c(.25, .5, .75))
lm_spline <- lm(AdjSalePrice ~ bs(SqFtTotLiving, knots=knots, degree=3) +
  SqFtLot + Bathrooms + Bedrooms + BldgGrade,  data=house_98105)
```

이를 위해서는 다항식의 차수와 매듭의 위치, 이 두 가지 파라미터를 설정해야 한다. 위의 경우 예측변수 SqFtTotLiving은 3차 스플라인(degree = 3)을 사용하여 모델에 포함되었다. bs의 기본 설정은 매듭을 경계에 배치한다. 위에서는 매듭을 하위 사분위(.25), 중간 사분위(.5), 상위 사분위(.75)에 배치했다.

statsmodels의 formula 인터페이스는 R과 유사한 방식으로 스플라인 사용을 지원한다. 여기서는 자유도 df를 사용하여 b-스플라인을 지정한다. 이렇게 하면 위의 R 코드에서와 같은 방식으로 계산된 위치에 df - degree = 6 - 3 = 3개의 내부 매듭이 생성된다.

```
formula = 'AdjSalePrice ~ bs(SqFtTotLiving, df=6, degree=3) + ' +
          'SqFtLot + Bathrooms + Bedrooms + BldgGrade'
model_spline = smf.ols(formula=formula, data=house_98105)
result_spline = model_spline.fit()
```

선형 항에서는 계수가 변수에 대한 직접적인 의미를 갖는 반면, 스플라인 항의 계수는 해석하기 어렵다. 대신, 스플라인의 적합도를 확인하기 위해 시각화 방법을 사용하는 것이 더 유용하다. [그림 4-12]는 회귀분석에 대한 편잔차그림을 보여준다. 다항회귀모형과 달리 스플라인 모형은 좀 더 매끄럽게 매칭되며 스플라인의 유연성이 뛰어난 것을 볼 수 있다. 이 경우, 회귀선이 데이터에 더 가깝게 맞는 것을 알 수 있다. 하지만 이것이 스플라인 회귀가 더 좋다는 것을 의미할까? 반드시 그런 것은 아니다. 크기가 아주 작은 주택(1,000제곱피트 미만)이 약간 큰 주택보다 더 높은 가치를 가질 것이라는 예측 결과는 경제적으로 맞지 않다. 이것은 교란변수 때문일 수 있다(4.5.3절 참고).

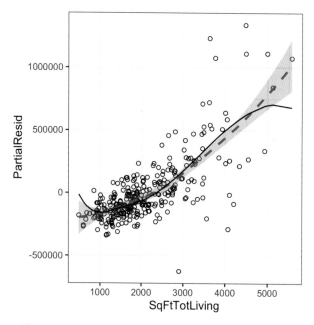

그림 4-12 변수 SqFtTotLiving에 대한 스플라인 회귀 결과(실선)와 평활곡선(점선)

4.7.3 일반화가법모형

사전 지식이나 회귀진단을 통해 응답변수와 예측변수 사이에 비선형 관계가 있다는 것을 알았다고 하자. 다항 항은 관계를 포착하기에 유연성이 부족할 수 있으며 스플라인 항은 매듭을 어디로 할지 정해줘야 한다. **일반화가법모형**(GAM)은 스플라인 회귀를 자동으로 찾는 데 사용할 수 있는 유동적인 모델링 기술이다. R의 gam 패키지로 주택 데이터에 GAM을 피팅해보자.

```
library(mgcv)
lm_gam <- gam(AdjSalePrice ~ s(SqFtTotLiving) + SqFtLot +
                 Bathrooms + Bedrooms + BldgGrade,
                 data=house_98105)
```

s(SqFtTotLiving)라는 옵션이 스플라인 항에 대한 '최적' 매듭 점을 찾도록 gam 함수에 지시한다(그림 4-13).

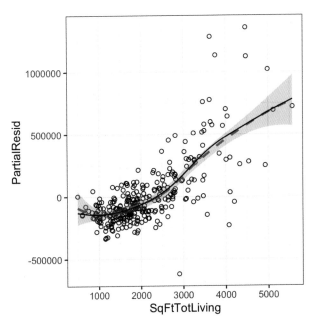

그림 4-13 변수 SqFtTotLiving에 대한 GAM 회귀 결과(실선)와 평활곡선(점선)

4.7.4 더 읽을 거리

- 스플라인 모형 및 GAM에 대한 자세한 내용은 트레버 헤이스티, 로버트 팁시라니, 제롬 프리드먼의 『The Elements of Statistical Learning, 2nd ed.』(Springer, 2009)과 개러스 제임스 등이 쓴 『An Introduction to Statistical Learning』(Springer, 2013)이라는 R을 기반으로 한 책을 참고하자.

- 시계열 예측에 회귀모형을 사용하는 방법에 대해 더 자세히 공부하려면 갈리트 시뮤엘리와 케네스 리흐텐달이 쓴 『Practical Time Series Forecasting with R(2nd Edition)』(Axelrod Schnall, 2018)을 참고하자.

4.8 마치며

여러 예측변수와 결과변수 간의 관계를 설정하는 과정, 즉 회귀만큼 오랫동안 사용되어온 통계 방법도 아마 없을 것이다. 기본 형태는 선형이다. 즉, 각 예측변수는 결과변수와의 선형 관계를 뜻하는 계수를 갖는다. 다항회귀나 스플라인 회귀와 같이 일반 회귀보다 발전된 형태에서는 비선형 관계도 가능하다. 고전적인 통계에서는, 어떤 현상을 설명하거나 묘사하기 위해 관측한 데이터에 적합한 모델을 찾는 것을 강조한다. 또한 모델을 평가할 때 적합도가 얼마나 되는지를 판단하기 위해 기존 '표본 내' 측정 지표를 사용한다. 이와는 대조적으로 데이터 과학에서는 일반적으로 새 데이터의 값을 예측하는 것이 목적이다 보니 외부 데이터에 대한 예측 정확도를 기반으로 한 지표들을 사용한다. 차원을 줄이고 더 컴팩트한 모델을 만들기 위한 변수 선택 방법을 사용한다.

## CHAPTER 5

분류

데이터 과학자들은 자동으로 어떤 결정을 해야 하는 종류의 문제들을 자주 접한다. 이메일이 피싱 메일은 아닐까? 고객이 이탈할 가능성은 없을까? 웹 사용자가 광고를 클릭하려고 할까? 이러한 문제들을 **분류**classification 문제라고 한다. 이것은 결과를 알고 있는 데이터를 이용해 모델을 학습한 다음 결과가 알려지지 않은 데이터에 모델을 적용하는 지도 학습의 한 형태이다. 분류는 가장 중요한 예측 유형이라고 할 수 있다. 데이터가 1인지 0인지(피싱인지/피싱이 아닌지, 클릭할지/클릭하지 않을지, 변경할지/변경하지 않을지)를 분류하거나, 여러 카테고리 중 어디에 속할지 예측하는 것을 목표로 한다(예를 들면 지메일이 받은편지함 이메일을 '소셜', '홍보', '프로모션' 등으로 필터링하는 것).

종종 단순한 (예/아니요 같은) 이진 분류가 아닌, 범주의 개수가 두 가지 이상인 분류를 해야 할 필요도 있다. 각 클래스에 속할 예측 확률이 알고 싶은 것이다.

모델에 단순히 이진 분류 결과를 할당하는 대신, 대부분의 알고리즘은 관심 클래스에 속할 확률 점수(경향propensity)를 반환한다. 사실 R에서 로지스틱 회귀분석에 대한 기본 출력은 로그 오즈 척도를 따르며, 이것은 어떤 경향 점수로 변형된다. 파이썬의 사이킷런에서 로지스틱 회귀는 대부분의 분류 방법과 마찬가지로 predict(클래스를 반환)와 predict_proba(각 클래스에 대한 확률을 반환)의 두 가지 예측 메서드를 제공한다. 이후 이동 컷오프(절사)를 통해 경향 점수로부터 결정을 내릴 수 있다. 일반적인 접근 방식은 다음과 같다.

1. 어떤 레코드가 속할 거라고 생각되는 관심 클래스에 대한 컷오프 확률을 정한다.

2. 레코드가 관심 클래스에 속할 확률을 (모든 모델과 함께) 추정한다.

3. 그 확률이 컷오프 확률 이상이면 관심 클래스에 이 레코드를 할당한다.

컷오프가 높을수록 1로 예측되는(관심 클래스에 속할) 레코드가 적어질 것이다. 컷오프가 낮을수록 더 많은 레코드가 1로 예측된다.

이 장에서는 분류와 확률 추정을 위한 몇 가지 핵심 기술을 다룬다. 분류와 수치 예측 모두에 사용할 수 있는 방법은 다음 장에서 추가로 설명한다.

범주 항목이 두 가지 이상이라면

대다수의 문제는 응답이 이진 형태이다. 그러나 일부 분류 문제에서는 세 가지 이상의 결과가 있을 수 있다. 예를 들면 가입한 지 1년 되는 고객들을 다음 세 가지로 분류할 수 있다. 계약을 해지하거나($Y = 2$), 월별 계약으로 변경하거나($Y = 1$), 새로운 장기 계약 ($Y = 0$)에 서명하거나. 목표는 $j = 0, 1, 2$에 대해 $Y = j$를 예측하는 것이다. 이 장에서 다루는 대부분의 분류 방법들을 세 가지 이상의 결과가 있는 문제에도 바로 사용하거나 살짝 변경해서 적용할 수 있다. 결과가 세 개 이상인 경우도, 조건부확률을 사용하여 여러 개의 이진 문제로 돌려서 생각해볼 수 있다. 예를 들면 앞의 재계약 문제의 경우도, 두 가지 이진 예측 문제로 볼 수 있다.

- $Y = 0$인지 아니면 $Y > 0$인지 예측한다.
- $Y > 0$이라면, $Y = 1$인지 $Y = 2$인지를 예측한다.

이 경우 문제를 두 가지 경우, (1) 고객이 계약을 해지하는 경우와 (2) 재계약에 동의하는 경우(동의할 경우, 다시 어떤 유형의 재계약을 원하는지 고르면 된다)로 나누는 것이 좋다. 모델 피팅 관점에서도, 멀티 클래스 문제를 일련의 이진 문제로 변환하는 것이 종종 유리하다. 하나의 카테고리가 다른 카테고리보다 훨씬 더 일반적인 경우 특히 그렇다.

5.1 나이브 베이즈

나이브 베이즈^{naive Bayes} 알고리즘은 주어진 결과에 대해 예측변숫값을 관찰할 확률을 사용하여, 예측변수가 주어졌을 때, 결과 $Y = i$를 관찰할 확률, 즉 정말 관심 있는 것을 추정한다.[1]

> **용어 정리**
>
> - **조건부확률**^{conditional probability} : 어떤 사건($Y = i$)이 주어졌을 때, 해당 사건($X = i$)을 관찰할 확률 $P(X_i \mid Y_i)$
> - **사후확률**^{posterior probability} : 예측 정보를 통합한 후 결과의 확률(이와 달리, **사전확률**에서는 예측변수에 대한 정보를 고려하지 않는다).

나이브 베이즈 분류를 이해하기 위해, 완전한 혹은 정확한 베이즈 분류를 먼저 떠올려보자. 각 레코드는 다음과 같이 분류할 수 있다.

1. 예측변수 프로파일이 동일한(즉, 예측변수의 값이 동일한) 모든 레코드들을 찾는다.

2. 해당 레코드들이 가장 많이 속한(즉, 가능성이 가장 많은) 클래스를 정한다.

3. 새 레코드에 해당 클래스를 지정한다.

이 방법은 모든 예측변수들이 동일하다면 같은 클래스에 할당될 가능성이 높기 때문에, 표본에서 새로 들어온 레코드와 정확히 일치하는 데이터를 찾는 것에 무게를 두는 방식이다.

> **NOTE_** 표준 나이브 베이즈 알고리즘에서 예측변수는 범주형 변수(요인변수)여야 한다. 연속형 변수를 다루는 두 가지 방법에 대해서는 5.1.3절에서 설명한다.

5.1.1 나이브하지 않은 베이즈 분류는 왜 현실성이 없을까?

예측변수의 개수가 일정 정도 커지게 되면, 분류해야 하는 데이터들은 대부분은 서로 완전 일치하는 경우가 거의 없다. 인구통계 변수를 기반으로 투표 결과를 예측하는 모델을 만든다고

---

1 5~7장은 데이터스탯(2020, Datastats, LLC)에서 사용 허가를 받은 내용을 포함한다.

하자. 크기가 꽤 큰 표본이라 하더라도, 지난 선거에서 투표한 미국 중서부 출신의 히스패닉계 남성이면서, 고소득자이고, 더 이전 선거에서는 투표 경험이 없고, 딸 셋과 아들 하나가 있으며, 현재 이혼한 상태에 있는 새로운 레코드에 대해 단 한 건도 정확히 일치하는 데이터는 없을 수 있다. 이건 단지 8가지 변수만을 고려했을 뿐이다. 대부분의 분류 문제에서 변수 8개는 결코 많은 편이 아니다. 변수 하나만 추가한다고 해도, 변수가 확률이 동일한 5가지 범주 중 하나에 속한다면 레코드가 정확히 일치할 확률은 5배 정도 감소한다.

CAUTION_ 그 이름과는 달리 나이브 베이즈는 베이즈 통계의 방법으로 간주되지 않는다. 나이브 베이즈는 상대적으로 통계 지식이 거의 필요 없는 데이터 중심의 경험적 방법이다. **베이즈 규칙**과 비슷한 예측 계산이 들어가다 보니 이름을 그렇게 붙였을 뿐이다. 구체적으로는 결과가 주어졌을 때, 초반에 예측변수의 확률을 계산하는 부분과 결과 확률을 최종적으로 계산하는 부분이 그렇다.

5.1.2 나이브한 해법

앞서 알아본 나이브하지 않은 베이즈 방법과 달리, 나이브 베이즈 방법에서는 확률을 계산하기 위해 정확히 일치하는 레코드로만 제한할 필요가 없다. 대신 전체 데이터를 활용한다. 나이브 베이즈 방법에서 바뀌는 부분은 다음과 같다.

1. 이진 응답 $Y = i$ ($i = 0$ 또는 1)에 대해, 각 예측변수에 대한 조건부확률 $P(X_j \mid Y = i)$ 를 구한다. 이것은 $Y = i$가 주어질 때, 예측변수의 값이 나올 확률이다. 이 확률은 훈련 데이터training set에서 $Y = i$인 레코드들 중 X_j 값의 비율로 구할 수 있다.

2. 각 확률값을 곱한 다음, $Y = i$에 속한 레코드들의 비율을 곱한다.

3. 모든 클래스에 대해 1~2단계를 반복한다.

4. 2단계에서 모든 클래스에 대해 구한 확률값을 모두 더한 값으로 클래스 i의 확률을 나누면 결과 i의 확률을 구할 수 있다.

5. 이 예측변수에 대해 가장 높은 확률을 갖는 클래스를 해당 레코드에 할당한다.

이 나이브 베이즈 알고리즘은 또한 예측변수 $X_1, \cdots, X_p$가 주어졌을 때의 출력 $Y = i$의 확률에 대한 방정식으로 표현될 수 있다.

$$P(Y = i \mid X_1, X_2, \cdots, X_p)$$

정확한 베이즈 분류를 사용하여 클래스 확률을 계산하기 위한 공식은 다음과 같다.

$$P(Y = i \mid X_1, X_2, \cdots, X_p) = \frac{P(Y = i)P(X_1, \cdots, X_p \mid Y = i)}{P(Y = 0)P(X_1, \cdots, X_p \mid Y = 0) + P(Y = 1)P(X_1, \cdots, X_p \mid Y = 1)}$$

조건부 독립성에 대한 나이브 베이즈 가정하에서 이 방정식을 다음과 같이 전개한다.

$$P(Y = i \mid X_1, X_2, \cdots, X_p)$$

$$= \frac{P(Y = i)P(X_1 \mid Y = i) \cdots P(X_p \mid Y = i)}{P(Y = 0)P(X_1 \mid Y = 0) \cdots P(X_p \mid Y = 0) + P(Y = 1)P(X_1 \mid Y = 1) \cdots P(X_p \mid Y = 1)}$$

왜 이 공식을 '나이브[2]'하다고 부르는 걸까? 결과가 주어졌을 때, 예측변수 벡터의 정확한 **조건부확률**은 각 조건부확률 $P(X_j \mid Y = i)$의 곱으로 충분히 잘 추정할 수 있다는 단순한 가정을 기초로 하기 때문이다. 즉 $P(X_1, X_2, \cdots, X_p \mid Y = i)$ 대신 $P(X_j \mid Y = i)$를 추정하면서, 우리는 X_j가 $k \neq j$인 모든 X_k와 서로 **독립**이라고 가정한 것이다.

나이브 베이즈 모델을 구하기 위해 사용할 만한, 몇 가지 R 패키지가 있다. 다음은 klaR 패키지를 사용하여 대출 데이터에 관한 예제를 보여준다.

```
library(klaR)
naive_model <- NaiveBayes(outcome ~ purpose_ + home_ + emp_len_,
                          data = na.omit(loan_data))
naive_model$table

$purpose_
          var
grouping   credit_card debt_consolidation home_improvement major_purchase
  paid off 0.18759649         0.55215915       0.07150104     0.05359270
  default  0.15151515         0.57571347       0.05981209     0.03727229
          var
grouping      medical      other small_business
  paid off 0.01424728 0.09990737     0.02099599
```

2 옮긴이_ 원어 naïve는 순진한, 천진무구한 같은 의미다.

```
   default  0.01433549 0.11561025   · 0.04574126

$home_
           var
grouping   MORTGAGE      OWN      RENT
  paid off 0.4894800 0.0808963 0.4296237
   default  0.4313440 0.0832782 0.4853778

$emp_len_
           var
grouping   < 1 Year  > 1 Year
  paid off 0.03105289 0.96894711
   default  0.04728508 0.95271492
```

모델로부터 나온 결과는 조건부확률 $P(X_j \mid Y = i)$이다.

파이썬에서는 사이킷런의 **sklearn.naive_bayes.MultinomialNB**를 사용할 수 있다. 모델을 피팅하기 전에 범주형 피처들을 더미 변수로 변환해야 한다.

```
predictors = ['purpose_', 'home_', 'emp_len_']
outcome = 'outcome'
X = pd.get_dummies(loan_data[predictors], prefix='', prefix_sep='')
y = loan_data[outcome]

naive_model = MultinomialNB(alpha=0.01, fit_prior=True)
naive_model.fit(X, y)
```

feature_log_prob_ 속성을 사용하여 피팅된 모델에서 조건부확률을 유도할 수 있다.

모델을 통해 다음과 같이 새로운 대출에 대한 결과를 예측할 수 있다. 테스트를 위해 데이터 집합의 마지막 값을 사용한다.

```
new_loan <- loan_data[147, c('purpose_', 'home_', 'emp_len_')]
row.names(new_loan) <- NULL
new_loan

        purpose_    home_  emp_len_
1 small_business MORTGAGE  > 1 Year
```

파이썬에서는 다음과 같이 이 값을 얻는다.

```
new_loan = X.loc[146:146, :]
```

이 경우, R에서 이 모델은 연체[default]를 예상한다.

```
predict(naive_model, new_loan)

$class
[1] default
Levels: paid off default

$posterior
      paid off    default
[1,] 0.0.3463013 0.6536987
```

앞서 설명한대로 **scikit-learn**의 분류 모델에는 예측한 클래스를 반환하는 **predict** 메서드와 클래스 확률을 반환하는 **predict_proba** 메서드 두 가지가 있다.

```
print('predicted class: ', naive_model.predict(new_loan)[0])

probabilities = pd.DataFrame(naive_model.predict_proba(new_loan),
                             columns=loan_data[outcome].cat.categories)
print('predicted probabilities', probabilities)

predicted class:  default
predicted probabilities
    default  paid off
0  0.653696  0.346304
```

예측 결과에는 디폴트의 확률에 대한 **posterior**(사후) 추정도 함께 있다. 나이브 베이즈 분류기는 편향된 추정 결과를 예측하는 것으로 잘 알려져 있다. 하지만 $Y = 1$인 확률에 따라 레코드들에 **순위**를 매기는 것이 목적이므로 확률의 비편향된 추정치를 군이 구할 필요가 없다면, 나이브 베이즈도 나름 우수한 결과를 보인다.

5.1.3 수치형 예측변수

베이즈 분류기는 예측변수들이 범주형인 경우(스팸 메일 분류에서 특정 단어, 어구, 문자열의 존재 여부 등)에 적합하다. 수치형 변수에 나이브 베이즈 방법을 적용하기 위해서는, 두 가지 접근법 중 하나를 따라야 한다.

- 수치형 예측변수를 비닝^{binning}하여 범주형으로 변환한 뒤, 알고리즘을 적용한다.
- 조건부확률 $P(X_j \mid Y = i)$를 추정하기 위해 정규분포(2.6절 참고) 같은 확률모형을 사용한다.

> **CAUTION_** 훈련 데이터에 예측변수의 특정 카테고리에 해당하는 데이터가 없을 때에는, 다른 기법들처럼 이 변수를 무시하고 다른 변수들의 정보를 사용하는 대신, 나이브 베이즈 알고리즘은 새 데이터 결과에 대한 **확률을 0으로** 할당한다. 나이브 베이즈를 구현한 대부분의 경우에는 이를 방지하기 위해 평활화 인수(라플라스 평활화)를 사용한다.

> **주요 개념**
> - 나이브 베이즈는 예측변수와 결과변수 모두 범주형(요인)이어야 한다.
> - '각 출력 카테고리 안에서, 어떤 예측변수의 카테고리가 가장 가능성이 높은가?'가 답하고자 하는 질문이다.
> - 그리고 이 정보는 주어진 예측변수 값에 대해, 결과 카테고리의 확률을 추정하는 것으로 바뀐다.

5.1.4 더 읽을 거리

- 트레버 헤이스티, 로버트 팁시라니, 제롬 프리드먼의 『The Elements of Statistical Learning, 2nd ed.』(Springer, 2009)
- 갈리트 시뮤엘리, 피터 브루스, 니틴 파텔, 인발 야하브, 케네스 리흐텐달이 쓴 『비즈니스 애널리틱스를 위한 데이터마이닝(4판)』(이앤비플러스, 2018)에서 나이브 베이즈 관련 챕터를 참고하자.

5.2 판별분석

판별분석discriminant analysis은 초창기의 통계 분류 방법이다. 1936년 『Annals of Eugenics』 저널에 실린 로널드 피셔의 논문을 통해 소개되었다.[3]

용어 정리

- **공분산**covariance : 하나의 변수가 다른 변수와 함께 변화하는 정도(유사한 크기와 방향)를 측정하는 지표
- **판별함수**discriminant function : 예측변수에 적용했을 때, 클래스 구분을 최대화하는 함수
- **판별 가중치**discriminant weight : 판별함수를 적용하여 얻은 점수를 말하며, 어떤 클래스에 속할 확률을 추정하는 데 사용된다.

판별분석에는 여러 가지 기법이 있지만 그 가운데 가장 일반적으로 사용되는 것은 **선형판별분석**linear discriminant analysis(LDA)이다. 피셔가 처음 제안했던 원래 방법은 실제 LDA와 약간 다르지만 동작하는 원리는 본질적으로 같다. 트리 모델이나 로지스틱 회귀와 같은 더 정교한 기법이 출현한 이후로는 LDA를 그렇게 많이 사용하지 않는다.

하지만 여전히 일부 응용 분야에서는 LDA를 사용하고 있으며, 주성분분석과 같이 아직도 많이 사용되는 다른 방법들과도 연결된다(7.1절 참고).

> **CAUTION_** 선형판별분석과 약자가 같은 잠재 디리슈레 할당latent Dirichlet allocation과 혼동하지 않도록 주의하자. 잠재 디리슈레 할당은 텍스트와 자연어 처리에 사용되는 방법으로 선형판별분석과 아무런 관련이 없다.

5.2.1 공분산행렬

판별분석을 이해하려면, 두 개 이상의 변수 사이에 공분산이라는 개념을 먼저 도입해야 한다. 공분산이란 두 변수 x와 z 사이의 관계를 의미하는 지표이다. $\bar{x}$와 $\bar{z}$는 각 변수의 평균을 나

---

3 통계 분류와 관련된 첫 번째 논문이 우생학 관련 학술지에 실렸다는 점이 정말 인상적이다. 사실 통계학과 우생학은 처음 발달부터 연관성이 깊었다. *https://www.statistics.com/history-eugenics-journey-to-the-dark-side-at-the-dawn-of-statistics*

타낸다(1.3.1절 참고). x와 z 사이의 공분산 $s_{x,z}$는 다음과 같다.

$$s_{x,z} = \frac{\sum_{i=1}^{n}(x_i - \bar{x})(z_i - \bar{z})}{n-1}$$

여기서 n은 레코드의 개수를 의미한다(n 대신에 $n-1$을 사용했다는 점에 주목하자. 자세한 내용은 1.4.1절의 '자유도 n 아니면 n-1?' 박스 참고).

상관계수 때와 마찬가지로(1.7절 참고) 양수는 양의 관계를, 음수는 음의 관계를 나타낸다. 하지만 상관관계가 -1에서 1 사이에서 정의됐다면, 공분산의 척도는 변수 x와 z에서 사용하는 척도에 따라 달라진다. x와 z에 대한 공분산행렬 Σ는 각 변수의 분산 s_x^2과 s_z^2을 대각원소로 놓고, 변수들 사이의 공분산을 비대각원소에 위치시킨 행렬이다.

$$\hat{\Sigma} = \begin{bmatrix} s_x^2 & s_{x,z} \\ s_{z,x} & s_z^2 \end{bmatrix}$$

NOTE_ 변수를 z 점수로 변환할 때 표준편차를 사용했던 것을 떠올려보자. 이를 확장하여 다변량분석에서 표준화 처리를 하기 위해 공분산행렬을 사용하는 것이다. 이를 마할라노비스 거리(6.1.2절의 '다른 거리 지표' 박스 참고)라고 부르며 LDA 함수와 관련이 있다.

5.2.2 피셔의 선형판별

간단한 설명을 위해, 두 개의 연속형 변수 (x, z)를 사용하여 이진 결과변수 y를 예측하려는 분류 문제가 있다고 하자. 기술적으로, 판별분석은 보통 예측변수가 정규분포를 따르는 연속적인 변수라는 가정이 있지만 실제로는 정규분포에서 벗어나거나 이진 예측변수에 대해서도 잘 동작한다. 피셔의 선형판별은 그룹 안의 편차와 다른 그룹 간의 편차를 구분한다. 구체적으로, 레코드를 두 그룹으로 나누는 방법을 찾기 위해, 선형판별분석(LDA)은 '내부' 제곱합 $SS_{내부}$(그룹 안의 변동을 측정)에 대한 '사이' 제곱합 $SS_{사이}$(두 그룹 사이의 편차를 측정)의 비율을 최대화하는 것을 목표로 한다. 두 그룹은 $y = 0$에 대해 (x_0, z_0), $y = 1$에 대해 (x_1, z_1)으로 나뉘게 된다. 이 방법은 다음 제곱합 비율을 최대화하는 선형결합 $w_x x + w_z z$을 찾는다.

$$\frac{SS_{사이}}{SS_{내부}}$$

사이 제곱합의 각 값은 두 그룹 평균 사이의 거리 제곱을 말하며, 내부 제곱합은 공분산행렬에 의해 가중치가 적용된, 각 그룹 내의 평균을 주변으로 퍼져 있는 정도를 나타낸다. 직관적으로, 사이 제곱합을 최대화하고 내부 제곱합을 최소화하는 것이 두 그룹 사이를 가장 명확하게 나누는 방법이다.

5.2.3 간단한 예

베너블스와 리플리가 저술한 『Modern Applied Statistics with S』(Springer, 1994)와 관련이 있는 MASS 패키지는 R에서 사용 가능한 LDA 함수를 제공한다. 아래 예제는 두 예측변수 borrower_score와 payment_inc_ratio를 이용해 대출 데이터 표본에 이 함수를 적용하고 선형판별자 가중치를 구한다.

```
library(MASS)
loan_lda <- lda(outcome ~ borrower_score + payment_inc_ratio,
                 data=loan3000)
loan_lda$scaling

                      LD1
borrower_score     7.17583880
payment_inc_ratio -0.09967559
```

파이썬에서는 sklearn.discriminant_analysis의 LinearDiscriminantAnalysis를 사용할 수 있다. scalings_ property은 추정 가중치를 제공한다.

```
loan3000.outcome = loan3000.outcome.astype('category')

predictors = ['borrower_score', 'payment_inc_ratio']
outcome = 'outcome'

X = loan3000[predictors]
y = loan3000[outcome]
```

```
loan_lda = LinearDiscriminantAnalysis()
loan_lda.fit(X, y)
pd.DataFrame(loan_lda.scalings_, index=X.columns)
```

> **NOTE_ 특징 선택에 판별분석 사용하기**
>
> LDA를 돌리기 전에 미리 예측변수들을 정규화했다면, 판별자 가중치는 변수의 중요도를 의미하게 된다. 따라서 특징 선택을 위해 계산상으로 효과적인 방법이다.

`lda` 함수를 이용해 다음과 같이 상환[paid off]과 연체에 대한 확률을 계산할 수 있다.

```
pred <- predict(loan_lda)
head(pred$posterior)

    paid off    default
1  0.4464563  0.5535437
2  0.4410466  0.5589534
3  0.7273038  0.2726962
4  0.4937462  0.5062538
5  0.3900475  0.6099525
6  0.5892594  0.4107406
```

피팅된 모델의 `predict_proba` 메서드는 `default`(연체) 혹은 `paid off`(상환)에 대한 확률을 반환한다.

```
pred = pd.DataFrame(loan_lda.predict_proba(loan3000[predictors]),
                    columns=loan_lda.classes_)
pred.head()
```

예측에 대한 결과를 시각화해서 볼 수 있다면 LDA가 잘 동작하는지 쉽게 알 수 있을 것이다. `predict` 함수의 출력값을 사용하여, 다음과 같이 체납에 대한 확률값을 그래프로 시각화할 수 있다.

```
center <- 0.5 * (loan_lda$mean[1, ] + loan_lda$mean[2, ])
slope <- -loan_lda$scaling[1] / loan_lda$scaling[2]
intercept <- center[2] - center[1] * slope
```

```
ggplot(data=lda_df, aes(x=borrower_score, y=payment_inc_ratio,
                        color=prob_default)) +
  geom_point(alpha=.6) +
  scale_color_gradientn(colors=c('#ca0020', '#f7f7f7', '#0571b0')) +
  scale_x_continuous(expand=c(0,0)) +
  scale_y_continuous(expand=c(0,0), lim=c(0, 20)) +
  geom_abline(slope=slope, intercept=intercept, color='darkgreen')
```

파이썬에서는 아래 코드를 이용하여 비슷한 그래프를 만든다.

```
# 스케일링 계수와 평균값의 중간값을 이용해 결정 경계를 구한다.
center = np.mean(loan_lda.means_, axis=0)
slope = - loan_lda.scalings_[0] / loan_lda.scalings_[1]
intercept = center[1] - center[0] * slope

# payment_inc_ratio가 0 또는 20이 되는 borrower_score 값을 구한다.
x_0 = (0 - intercept) / slope
x_20 = (20 - intercept) / slope

lda_df = pd.concat([loan3000, pred['default']], axis=1)
lda_df.head()

fig, ax = plt.subplots(figsize=(4, 4))
g = sns.scatterplot(x='borrower_score', y='payment_inc_ratio',
                    hue='default', data=lda_df,
                    palette=sns.diverging_palette(240, 10, n=9, as_cmap=True),
                    ax=ax, legend=False)

ax.set_ylim(0, 20)
ax.set_xlim(0.15, 0.8)
ax.plot((x_0, x_20), (0, 20), linewidth=3)
ax.plot(*loan_lda.means_.transpose())
```

결과는 [그림 5-1]과 같다. 대각선 왼쪽의 데이터 포인트는 연체로 예측된다(확률이 0.5보다 크다).

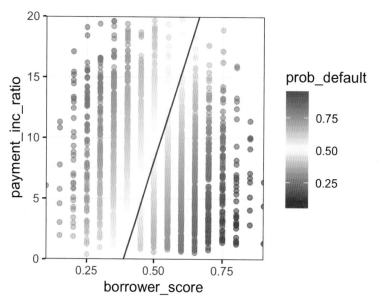

그림 5-1 두 변수(채무자의 신용점수와 소득에 대한 지급 비율)를 사용한 연체에 대한 LDA 예측 결과

판별 결과 얻은 가중치를 이용해, LDA는 실선을 이용해 예측변수 영역을 두 부분으로 나눈다. 실선으로부터 양방향으로 멀리 떨어진 예측 결과일수록 신뢰도가 높다(즉, 확률이 0.5로부터 멀어진다).

NOTE_ 판별분석의 확장

먼저 예측변수가 더 많아질 경우다. 지금까지 예제에서는 예측변수가 두 개인 경우에 대해서만 이야기했지만, LDA는 예측변수가 두 개보다 많아도 잘 동작한다. 단지 제한 요소가 있다면 데이터 개수이다. 변수당 충분한 수의 레코드가 있어야 공분산을 계산할 수 있기 때문이다. 하지만 데이터 과학 응용 분야에서는 일반적으로 문제가 되지 않는다.

다음은 이차판별분석이다. 기본 판별분석의 다른 형태가 있는데, 그 가운데 가장 많이 알려진 것이 이차판별분석quadratic discriminant analysis(QDA)이다. 이름과는 달리, QDA는 여전히 선형판별함수를 사용한다. LDA와 가장 큰 차이점은, LDA는 $Y = 0$인 그룹과 $Y = 1$인 그룹의 공분산행렬이 모두 동일해야 한다는 가정을 필요로 한다는 점이다. QDA에서는 이 두 그룹이 서로 다른 공분산을 가질 수 있다. 실무적으로는, 대부분의 경우 이 차이가 그렇게 크지 않다.

5.2.4 더 읽을 거리

• 트레버 헤이스티, 로버트 팁시라니, 제롬 프리드먼의 『The Elements of Statistical Learning, 2nd ed.』(Springer, 2009) 혹은 더 짧은 버전인 개러스 제임스 등이 쓴 『An Introduction to Statistical Learning』(Springer, 2013)을 참고하자. 두 권 모두 판별분석에 대한 내용이 있다.

• 갈리트 시뮤엘리, 피터 브루스, 니틴 파텔, 인발 야하브, 케네스 리흐텐달이 쓴 『비즈니스 애널리틱스를 위한 데이터마이닝(4판)』(이앤비플러스, 2018)에서는 판별분석에 관해 한 챕터를 할애한다.

• 역사에 관심이 있다면, 피셔의 「The Use of Multiple Measurements in Taxonomic Problems」 논문을 읽어보자. 온라인에서 볼 수 있다. *https://oreil.ly/_TCR8*

5.3 로지스틱 회귀

로지스틱 회귀는 결과가 이진형 변수라는 점만 빼면 다중선형회귀(4장 참고)와 유사하다. 선형모형에 적합한 문제로 변환하기 위해 사용되는 다양한 변환 방법이 있다. 판별분석과 비슷하면서, 동시에 k-최근접 이웃이나 나이브 베이즈와는 다르게, 로지스틱 회귀는 데이터 위주의 접근 방식이라기보다, 구조화된 모델 접근 방식이라고 할 수 있다. 빠른 계산 속도 및 새로운 데이터에 대한 빠른 점수 산정 덕분에 다양한 분야에서 널리 사용된다.

용어 정리

- **로짓**logit : (0~1이 아니라) ±∞의 범위에서 어떤 클래스에 속할 확률을 결정하는 함수 (유의어: 로그 오즈)
- **오즈**odds : '실패'(0)에 대한 '성공'(1)의 비율
- **로그 오즈**log odds : 변환 모델(선형)의 응답변수. 이 값을 통해 확률을 구한다.

5.3.1 로지스틱 반응 함수와 로짓

로지스틱 회귀의 핵심 구성 요소는 **로지스틱 반응 함수**logistic response function와 **로짓**이다. 여기서 우리는 확률(0에서 1 사이의 단위)을 선형 모델링에 적합한 더 확장된 단위로 매핑한다.

첫 번째 단계에서, 결과변수를 이진값으로 생각하기보다 라벨이 '1'이 될 확률 p로 생각해보자. 당연히 p를 다음과 같이 예측변수들의 선형함수로 모델링하고 싶은 유혹이 있을 것이다.

$$p = \beta_0 + \beta_1 x_1 + \beta_2 x_2 + \cdots + \beta_q x_q$$

그러나 이 모델을 피팅한다고 해도, 당연히 선형모델이다 보니 p가 0과 1 사이로 딱 떨어지지 않을 수 있으며 그러면 더는 확률이라고 할 수 없게 된다.

대신, 예측변수에 **로지스틱 반응** 혹은 **역 로짓** 함수라는 것을 적용해서 p를 모델링한다.

$$p = \frac{1}{1 + e^{-(\beta_0 + \beta_1 x_1 + \beta_2 x_2 + \cdots + \beta_q x_q)}}$$

이 변환을 통해 우리는 p가 항상 0에서 1 사이에 오도록 할 수 있다.

분모의 지수 부분을 구하려면 확률 대신 **오즈비**를 이용한다. 어딜 가나 내기 좋아하는 사람들에게 친숙한 오즈비는 '성공'(1)과 '실패'(0)의 비율을 말한다. 확률의 관점에서, 오즈비는 사건이 발생할 확률을 사건이 발생하지 않을 확률로 나눈 비율이다. 예를 들면 어떤 말이 이길 확률이 0.5라면 '이기지 못할 확률'은 $(1 - 0.5) = 0.5$이고 오즈비는 1.0이다.

$$\text{오즈}\left(Y = 1\right) = \frac{p}{1 - p}$$

우리는 또한 역오즈비 함수를 통해 확률값을 구할 수도 있다.

$$p = \frac{\text{오즈}}{1 + \text{오즈}}$$

오즈 수식을 로지스틱 반응 함수에 적용하면 다음과 같은 수식을 얻을 수 있다.

$$\text{오즈}\left(Y = 1\right) = e^{\beta_0 + \beta_1 x_1 + \beta_2 x_2 + \cdots + \beta_q x_q}$$

마지막으로 양변에 로그 함수를 취하면 우리는 예측변수에 대한 선형함수를 얻을 수 있다.

$$\log\left(\text{오즈}\left(Y = 1\right)\right) = \beta_0 + \beta_1 x_1 + \beta_2 x_2 + \cdots + \beta_q x_q$$

로그 오즈 함수, 또는 **로짓** 함수는 0과 1 사이의 확률 p를 $-\infty$에서 $+\infty$까지의 값으로 매핑해준다. [그림 5-2]를 참고하자. 이렇게 변환 과정이 모두 마무리되었다. 우리는 이제 어떤 확률을 예측할 수 있는 선형모형을 구했다. 이제 컷오프(절사) 기준을 이용해 그 값보다 큰 확률값이 나오면 1로 분류하는 식의 과정을 통해 클래스 라벨을 구할 수 있다.

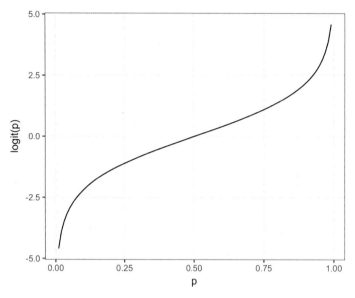

그림 5-2 확률을 선형모형에 적합한 척도(로짓)로 매핑하기 위한 로짓 함수 그래프

5.3.2 로지스틱 회귀와 GLM

앞서 유도한 로지스틱 회귀방정식에서 응답변수는 1의 이진 출력에 대한 로그 오즈 값이었다. 하지만 우리가 실제 관찰한 데이터는 로그 오즈 값이 아닌 이진 출력값이다. 따라서 이 방정식을 피팅하기 위해서는 특별한 확률 기법이 필요하다. 로지스틱 회귀는 선형회귀를 확장한 **일반화선형모형**(GLM)의 특별한 사례이다.

R에서 로지스틱 회귀를 구하려면 `family` 인수를 `binomial`로 지정하고 `glm` 함수를 사용한다. 다음은 6.1절에서 자세히 소개할 개인 대출 정보를 이용해서 로지스틱 회귀를 구하는한 코드이다.

```
logistic_model <- glm(outcome ~ payment_inc_ratio + purpose_ +
                      home_ + emp_len_ + borrower_score,
                 data=loan_data, family='binomial')
logistic_model

Call:  glm(formula = outcome ~ payment_inc_ratio + purpose_ + home_ +
    emp_len_ + borrower_score, family = "binomial", data = loan_data)
```

```
Coefficients:
                (Intercept)             payment_inc_ratio
                    1.63809                       0.07974
    purpose_debt_consolidation      purpose_home_improvement
                    0.24937                       0.40774
        purpose_major_purchase              purpose_medical
                    0.22963                       0.51048
                purpose_other        purpose_small_business
                    0.62066                       1.21526
                   home_OWN                     home_RENT
                    0.04833                       0.15732
            emp_len_ > 1 Year               borrower_score
                   -0.35673                      -4.61264


Degrees of Freedom: 45341 Total (i.e. Null);  45330 Residual
Null Deviance:      62860
Residual Deviance: 57510          AIC: 57540
```

outcome이 응답변수이다. 대출을 모두 갚았으면 0, 연체이면 1의 값을 갖는다. purpose_
와 home_으로 시작하는 변수들은 각각 대출 목적과 주택 소유 상태를 나타내는 요인변수들이
다. 선형회귀에서처럼, P개의 수준을 갖는 요인변수는 $P-1$개의 열로 표시할 수 있다. R에서
는 기본적으로 기준 코딩을 사용하고, 기준 수준에 다른 수준들을 비교해서 사용한다(4.4절
참고). 이러한 요인변수들에 대한 기준 수준들은 각각 credit_card와 MORTGAGE이다. 변수
borrower_score는 차용인의 신용도(불량에서 우수까지)를 나타내는 0에서 1까지의 점수이
다. 이 변수는 k-최근접 이웃 알고리즘을 사용하는 몇 가지 다른 변수로부터 만들어졌다. 자세
한 내용은 6.1.6절을 참고하자.

파이썬에서는 사이킷런 클래스의 sklearn.linear_model에서 LogisticRegression을 사
용한다. L1 또는 L2 정규화에 의한 과적합을 방지하기 위해 penalty와 C 인수를 사용한다.
기본적으로 정규화는 적용되어 있다. 정규화 없이 피팅하려면 C를 매우 큰 값으로 설정한다.
solver 인수는 사용할 최소화 방법을 선택한다. 기본값은 liblinear 메서드다.

```
predictors = ['payment_inc_ratio', 'purpose_', 'home_', 'emp_len_',
              'borrower_score']
outcome = 'outcome'
X = pd.get_dummies(loan_data[predictors], prefix='', prefix_sep='',
```

```
                    drop_first=True)
y = loan_data[outcome]

logit_reg = LogisticRegression(penalty='l2', C=1e42, solver='liblinear')
logit_reg.fit(X, y)
```

R과 달리 사이킷런은 y에서 하나의 값(상환 혹은 연체)으로 클래스를 결정한다. 내부적으로 클래스를 알파벳순으로 정렬(default 가 0 paid off가 1)한다. 이것은 R에 사용된 요인(paid off가 0 default 가 1)과는 반대 방향이므로 계수 부호가 반대로 나오는 것을 볼 수 있다. `predict` 메서드는 클래스 라벨을 반환하고 `predict_proba`는 `logit_reg.classes_` 속성에서 사용 가능한 순서로 확률을 반환한다.

5.3.3 일반화선형모형

일반화선형모형generalized linear model (GLM)은 다음 두 가지 주요 구성 요소로 특징지어진다.

- 확률분포 또는 분포군(로지스틱 회귀의 경우 이항분포)
- 응답을 예측변수에 매핑하는 연결(혹은 변형) 함수(로지스틱 회귀의 경우 로짓)

분명히, 로지스틱 회귀는 GLM의 가장 널리 알려진 일반적인 형태이다. 데이터 과학자는 다른 유형의 GLM을 접할 것이다. 때로는 로짓 대신에 로그 연결log link 함수를 사용하게 된다. 실제로 로그 연결을 사용하더라도, 매우 다른 결과가 발생할 가능성은 대부분의 응용 분야에서 거의 없다. 푸아송 분포는 일반적으로 카운트 데이터(예를 들면 사용자가 일정 시간 동안 웹 페이지를 방문한 횟수)를 모델링하는 데 사용된다. 다른 분포군으로는 음이항분포와 감마 분포 등이 있는데, 이들은 경과 시간(예를 들면 고장 시간)을 모델링하는 데 자주 사용된다. 로지스틱 회귀와는 달리, 이 모델들을 GLM에 적용하는 것은 더 미묘한 차이를 발생시키므로 주의를 기울여야 한다. 이러한 방법의 유용성과 위험성을 모두 잘 알고 어느 정도 익숙하지 않다면, 피하는 것이 좋다.

5.3.4 로지스틱 회귀의 예측값

로지스틱 회귀에서 예측하는 값은 로그 오즈 $\hat{Y} = \log(\text{오즈}(Y = 1))$에 관한 값이다. 예측된 확률은 로지스틱 반응 함수에 의해 주어진다.

$$\hat{p} = \frac{1}{1 + e^{-\hat{Y}}}$$

예를 들면 R에서 모델 logistic_model로부터 얻은 예측값을 살펴보자.

```
pred <- predict(logistic_model)
summary(pred)

    Min.    1st Qu.    Median    Mean    3rd Qu.    Max.
-2.704774 -0.518825 -0.008539  0.002564  0.505061  3.509606
```

파이썬에서 이 확률을 데이터 프레임으로 변환하고 describe 메서드를 사용하여 이 분포의 특성을 얻을 수 있다.

```
pred = pd.DataFrame(logit_reg.predict_log_proba(X),
                    columns=loan_data[outcome].cat.categories)
pred.describe()
```

이 값들을 다음과 같이 간단한 변환을 통해 확률값으로 바꿀 수 있다.

```
prob <- 1/(1 + exp(-pred))
> summary(prob)

   Min. 1st Qu.  Median   Mean 3rd Qu.    Max.
0.06269 0.37313 0.49787 0.50000 0.62365 0.97096
```

사이킷런에서 predict_proba 메서드를 사용하여 이 확률을 직접 구할 수 있다.

```
pred = pd.DataFrame(logit_reg.predict_proba(X),
                    columns=loan_data[outcome].cat.categories)
pred.describe()
```

이 값들은 0에서 1 사이에 있을 뿐이지, 아직 이 예측 결과가 연체인지 아니면 빚을 갚는 것인지는 분명히 말해주지 않는다. 기본으로 0.5보다 큰 값을 사용하면 판별할 수 있다. 실무에서 희귀한 클래스에 속한 구성원을 확인하는 것이 목표라면, 이 기준값을 더 낮게 할수록 좋은 경우가 종종 있다(5.4.2절 참고).

5.3.5 계수와 오즈비 해석하기

로지스틱 회귀의 장점 중 하나는 재계산 없이 새 데이터에 대해 결과를 빨리 계산할 수 있다는 점이다. 또 다른 하나는 다른 분류 방법들에 비해 모델을 해석하기가 상대적으로 쉽다는 점이다. 여기서 가장 중요한 개념은 바로 **오즈비**를 이해하는 것이다. 오즈비를 가장 쉽게 이해하는 방법은 이진 요인변수 X를 가지고 생각해보는 것이다.

$$오즈비 = \frac{오즈\ (Y = 1 \mid X = 1)}{오즈\ (Y = 1 \mid X = 0)}$$

위의 식은 $X = 1$일 때 $Y = 1$인 경우의 오즈와 $X = 0$일 때 $Y = 1$인 경우의 오즈를 비교한 것이라고 해석할 수 있다. 만약 오즈비가 2이면, 이것은 $X = 1$일 때 $Y = 1$의 오즈가 $X = 0$일 때보다 두 배 더 높다는 것을 의미한다.

왜 굳이 확률 대신 오즈비를 사용해 이렇게 귀찮은 일을 하는 걸까? 로지스틱 회귀분석에서 계수 β_j는 X_j에 대한 오즈비의 로그값이기 때문에, 오즈비를 사용한다.

다음 예제가 이를 명확하게 이해하는 데 도움이 될 것이다. 5.3.2절에서 구한 모델에서, 변수 `purpose_small_business`에 대한 회귀계수는 1.21526이었다. 이것은 신용 카드 빚을 갚기 위한 대출과 비교했을 때, 소규모 사업을 위한 대출은 $exp(1.21526) \approx 3.4$만큼 대출 상환 대비 연체의 오즈비가 증가한다는 것을 의미한다. 분명히 소규모 사업을 창업하거나 확장하기 위한 목적의 대출은 다른 유형의 대출보다 훨씬 더 위험하다.

[그림 5-3]은 오즈비가 1보다 클 경우, 오즈비와 로그 오즈비 사이의 관계를 보여준다. 계수가 로그 스케일이다 보니, 계수가 1만큼 증가할수록 결과적으로 오즈비는 $exp(1) \approx 2.72$만큼 증가한다.

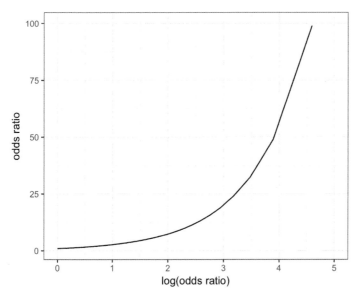

그림 5-3 오즈비와 로그 오즈비 사이의 관계

수치형 변수 X에 대해서도 마찬가지로 비슷한 의미를 갖는다. X에서 단위 크기만큼 변화할 때 오즈비에서의 변화를 생각할 수 있다. 예를 들면 소득에 대비 상환의 비율이 5에서 6만큼 증가했다고 하면, $exp(0.08244) \approx 1.09$만큼 연체할 오즈비가 증가한다. 변수 borrower_score 는 대출자의 신용도를 나타내며 0(낮음)에서 1(높음)까지 변화한다. 현재 연체 중인 최악의 차용인에 대한 가장 우수한 차용인의 오즈비는 $exp(-4.61264) \approx 0.01$ 정도로 훨씬 더 적다. 즉, 가장 신용이 불량한 차용인의 연체 위험도는 신용이 가장 좋은 차용자에 비해 100배 정도이다!

5.3.6 선형회귀와 로지스틱 회귀: 유사점과 차이점

선형회귀와 로지스틱 회귀는 공통점이 많다. 두 가지 모두 예측변수와 응답변수를 선형 관계로 가정한다. 가장 좋은 모델을 탐색하고 찾는 과정도 아주 유사하다. 대부분의 선형모형에서, 예측변수에 스플라인 변환(4.7.2절 참고)을 사용하는 방법은 로지스틱 회귀 설정에서도 똑같이 적용할 수 있다. 하지만 로지스틱 회귀는 아래 두 가지 점에서 근본적인 차이가 있다.

- 모델을 피팅하는 방식(최소제곱을 사용할 수 없다)
- 모델에서 잔차의 특징과 분석

모델 피팅

선형회귀에서는 모델 피팅을 위해 최소제곱을 사용한다. RMSE와 R 제곱 통계량을 사용하여 피팅의 성능을 평가한다. 로지스틱 회귀분석에서는 (선형회귀와는 달리) 닫힌 형태의 해가 없으므로 **최대우도추정**maximum likelihood estimation(MLE)을 사용하여 모델을 피팅해야 한다.[4] 최대우도추정이란, 우리가 보고 있는 데이터를 생성했을 가능성이 가장 큰 모델을 찾는 프로세스를 말한다. 로지스틱 회귀식에서 응답변수는 0이나 1이 아니라, 응답이 1인 로그 오즈비의 추정치이다. MLE는 예상 로그 오즈비가 관찰된 결과를 가장 잘 설명하는 모델을 찾는다. 알고리즘은 현재 파라미터에 기반하여 점수를 얻는 단계(**피셔의 점수화**Fisher's scoring)와 적합성을 향상시키는 방향으로 파라미터를 업데이트하는 단계를 계속적으로 반복하는 준뉴턴 최적화 메커니즘quasi-Newton optimization으로 동작한다.

최대우도추정

통계 기호를 사용해 좀 더 자세히 알아보자. 일련의 데이터 $(X_1, X_2, \cdots, X_n)$과 파라미터 집합 θ에 따른 확률모형 $P_\theta(X_1, X_2, \cdots, X_n)$을 가지고 시작하자. MLE의 목표는 $P_\theta(X_1, X_2, \cdots, X_n)$의 값을 최대화하는 파라미터의 집합 $\hat{\theta}$을 찾는 것이다. 즉, 다시 말해서 주어진 모델 P에서 $(X_1, X_2, \cdots, X_n)$을 관측할 확률을 최대화하는 것이다. 피팅 과정에서 **편차**라는 지표를 사용하여 모델을 평가한다.

$$\text{편차} = -2 \log\left(P_{\hat{\theta}} \left(X_1, X_2, \cdots, X_n \right) \right)$$

편차가 작을수록 모델 적합도가 높은 것을 의미한다.

다행히 소프트웨어에서 이러한 내용을 처리해주므로, 대부분의 실제 사용자는 피팅 알고리즘의 세부 사항에 신경 쓸 필요가 없다. 데이터 과학자들은 이것이 어떤 가정하에서 좋은 모델을 찾는 방법이라는 것을 이해했다면 다른 피팅 방법에 대해 걱정할 필요는 없다.

---

4   옮긴이_ likelihood를 '가능도'로 옮기는 일도 많다.

5.3.7 모델 평가하기

다른 분류 방법들과 마찬가지로, 모델이 새로운 데이터를 얼마나 정확하게 분류하는가를 기준
으로 로지스틱 회귀를 평가한다(5.4절 참고). 선형회귀와 같이, 표준 통계 도구들을 사용해 모
델을 시험하고 향상시킬 수 있다. 예측된 계수들과 함께, R은 계수들의 표준오차(SE), z 점수,
p 값을 출력한다.

```
summary(logistic_model)

Call:
glm(formula = outcome ~ payment_inc_ratio + purpose_ + home_ +
    emp_len_ + borrower_score, family = "binomial", data = loan_data)

Deviance Residuals:
    Min       1Q    Median       3Q      Max
-2.51951  -1.06908  -0.05853  1.07421   2.15528

Coefficients:
                            Estimate Std. Error z value Pr(>|z|)
(Intercept)                 1.638092   0.073708  22.224  < 2e-16 ***
payment_inc_ratio           0.079737   0.002487  32.058  < 2e-16 ***
purpose_debt_consolidation  0.249373   0.027615   9.030  < 2e-16 ***
purpose_home_improvement    0.407743   0.046615   8.747  < 2e-16 ***
purpose_major_purchase      0.229628   0.053683   4.277 1.89e-05 ***
purpose_medical             0.510479   0.086780   5.882 4.04e-09 ***
purpose_other               0.620663   0.039436  15.738  < 2e-16 ***
purpose_small_business      1.215261   0.063320  19.192  < 2e-16 ***
home_OWN                    0.048330   0.038036   1.271    0.204
home_RENT                   0.157320   0.021203   7.420 1.17e-13 ***
emp_len_ > 1 Year          -0.356731   0.052622  -6.779 1.21e-11 ***
borrower_score             -4.612638   0.083558 -55.203  < 2e-16 ***
```

```
---
Signif. codes:  0 '***' 0.001 '**' 0.01 '*' 0.05 '.' 0.1 ' ' 1

(Dispersion parameter for binomial family taken to be 1)

    Null deviance: 62857  on 45341  degrees of freedom
Residual deviance: 57515  on 45330  degrees of freedom
AIC: 57539

Number of Fisher Scoring iterations: 4
```

statsmodels 패키지에는 비슷한 상세 정보를 제공하도록 일반화선형모형(GLM)을 구현해놓았다.

```python
y_numbers = [1 if yi == 'default' else 0 for yi in y]
logit_reg_sm = sm.GLM(y_numbers, X.assign(const=1),
                      family=sm.families.Binomial())
logit_result = logit_reg_sm.fit()
logit_result.summary()
```

p 값을 해석할 때, 회귀에서 언급했던 주의사항도 같이 따라온다. 통계적인 유의성을 측정하는 지표로 보기보다는 변수의 중요성을 나타내는 상대적인 지표(4.2.2절 참고)로 봐야 한다. 이진 응답변수가 있는 로지스틱 회귀모형은 RMSE나 R 제곱이 있을 수 없다. 대신 분류 문제에서 가장 일반적으로 사용되는 측정 지표들을 사용할 수 있다(5.4절 참고).

선형회귀에 적용되었던 많은 개념이 로지스틱 회귀(그리고 다른 GLM들)에도 똑같이 이어진다. 예를 들면 여기에서도 단계적 회귀, 상호작용 항 도입, 스플라인 항 포함 등을 모두 사용할 수 있다. 로지스틱 회귀에 적용되던 교란변수나 변수 상관과 관련한 문제들도 동일하게 고려해야 한다(4.5절 참고). R에서는 mgcv 패키지를 이용해 일반화가법모형을 이용할 수도 있다(4.7.3절 참고).

```r
logistic_gam <- gam(outcome ~ s(payment_inc_ratio) + purpose_ +
                    home_ + emp_len_ + s(borrower_score),
                    data=loan_data, family='binomial')
```

파이썬에서는 statsmodels의 formula 인터페이스를 다음과 같이 확장해서 사용할 수 있다.

```
import statsmodels.formula.api as smf
formula = ('outcome ~ bs(payment_inc_ratio, df=4) + purpose_ + ' +
           'home_ + emp_len_ + bs(borrower_score, df=4)')
model = smf.glm(formula=formula, data=loan_data, family=sm.families.Binomial())
results = model.fit()
```

잔차분석

로지스틱 회귀가 선형회귀와 다른 부분은 바로 잔차에 대한 분석에 관한 내용이다. 선형회귀에서처럼(그림 4-9), R 코드로 다음과 같이 쉽게 편잔차를 계산할 수 있다.

```
terms <- predict(logistic_gam, type='terms')
partial_resid <- resid(logistic_model) + terms
df <- data.frame(payment_inc_ratio = loan_data[, 'payment_inc_ratio'],
                 terms = terms[, 's(payment_inc_ratio)'],
                 partial_resid = partial_resid[, 's(payment_inc_ratio)'])
ggplot(df, aes(x=payment_inc_ratio, y=partial_resid, solid = FALSE)) +
  geom_point(shape=46, alpha=0.4) +
  geom_line(aes(x=payment_inc_ratio, y=terms),
            color='red', alpha=0.5, size=1.5) +
  labs(y='Partial Residual')
```

실행 결과는 [그림 5-4]와 같다. 그림에서 점들이 뭉쳐 있는 구름 같은 모양이 두 군데 있고, 추정 결과로 얻은 회귀선이 그 사이를 지나간다. 위쪽 구름은 1의 응답(연체)을 의미하고, 아래쪽 구름은 0의 응답(대출 상환)을 의미한다. 결과변수가 이진형이기 때문에, 로지스틱 회귀에서 얻은 잔차는 보통 이러한 형태를 띠게 된다. 항상 유한한 값인 로짓(오즈비의 로그값)으로 예측을 측정한다. 실제 값(절대 값 0 또는 1)은 양수 혹은 음수 무한대인 로짓에 해당하므로 (적합값에 더해지는) 잔차는 절대로 0이 될 수 없다. 따라서 편잔차 그래프에서 점들은 적합 선 위와 아래에 구름처럼 퍼져 있다. 로지스틱 회귀에서 편잔차는 회귀에서보다 덜 중요하긴 하지만, 비선형성을 검증하고 영향력이 큰 레코드들을 확인하는 데 여전히 유용하다.

현재 주요 파이썬 패키지 중에는 편잔차를 구현해놓은 것이 없다. 함께 제공하는 깃허브 저장소 소스 코드에 편잔차 그래프를 생성하는 파이썬 코드가 들어 있다.

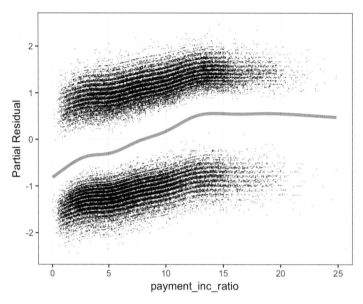

그림 5-4 로지스틱 회귀에서 얻은 편잔차

주요 개념

- 로지스틱 회귀는 출력이 이진변수라는 점만 빼면, 선형회귀와 매우 비슷하다.
- 선형모형과 비슷한 형태의 모델을 만들기 위해, 응답변수로 오즈비의 로그값을 사용하는 등의 몇 가지 변환이 필요하다.
- 반복 과정을 통해 선형모형을 피팅하고 나면, 로그 오즈비는 다시 확률값으로 변환된다.
- 로지스틱 회귀는 계산 속도가 빠르고 새로운 데이터에 대해서도 간단한 산술연산으로 빠르게 결과를 구할 수 있다는 장점 때문에 많이 사용된다.

5.3.8 더 읽을 거리

- 데이비드 호스머^{David Hosmer} 등이 쓴 『Applied Logistic Regression, 3rd ed.』(Wiley, 2013)는 로지스틱 회귀에 관한 표준 참고서라고 할 수 있다.

- 조지프 힐브^{Joseph Hilbe}가 쓴 두 권, 포괄적인 『Logistic Regression Models』(Chapman & Hall/CRC Press, 2017)와 간결한 『Practical Guide to Logistic Regression』(Chapman & Hall/CRC Press, 2015)도 유명하다.

- 트레버 헤이스티, 로버트 팁시라니, 제롬 프리드먼의 『The Elements of Statistical Learning, 2nd ed.』(Springer, 2009)과 더 간략한 버전인 개러스 제임스 등의 『An Introduction to Statistical Learning』(Springer, 2013) 모두 로지스틱 회귀에 대한 절이 있다.

- 갈리트 시뮤엘리, 피터 브루스, 니틴 파텔, 인발 야하브, 케네스 리흐텐달이 쓴 『비즈니스 애널리틱스를 위한 데이터마이닝(4판)』(이앤비플러스, 2018)에서는 로지스틱 회귀에 관한 챕터를 할애한다.

5.4 분류 모델 평가하기

예측 모델링에서, 수많은 모델을 시도해보고 각각에 홀드아웃 표본을 적용하고 성능을 평가하는 것은 아주 일반적이다. 때로는 여러 모델을 평가하고 튜닝한 후 충분한 데이터가 있으면, 이전에 사용되지 않은 세 번째 홀드아웃 샘플을 사용하여 선택한 모델이 완전히 새로운 데이터에 대해 어떤 성능을 보이는지 추정한다. 다른 분야의 실무자들도 홀드아웃 샘플을 참조하기 위해 타당성검사 및 검증이라는 용어를 사용한다. 기본적으로 이 평가 프로세스를 통해 가장 정확하고 유용한 예측을 생성하는 모델을 학습한다.

용어 정리

- **정확도**^{accuracy} : 정확히 분류된 비율
- **혼동행렬**^{confusion matrix} : 분류에서 예측된 결과와 실제 결과에 대한 레코드의 개수를 표시한 테이블(이진형인 경우 2 × 2)

- **민감도**sensitivity : 1을 정확히 1로 분류한 비율(유의어: 재현율recall)
- **특이도**specificity : 0을 정확히 0으로 분류한 비율
- **정밀도**precision : 1이라고 예측한 것들 중에 1이 맞는 경우의 비율
- **ROC 곡선**ROC curve : 민감도와 특이성을 표시한 그림
- **리프트**lift : 모델이 다른 확률 컷오프에 대해 (비교적 드문) 1을 얼마나 더 효과적으로 구분하는지 나타내는 측정 지표

분류 성능을 측정하는 가장 간단한 방법은 정확히 예측한 것들의 비율, 즉 정확도가 얼마인지 보는 것이다. 정확도는 아래 수식과 같다.

$$정확도 = \frac{\sum 참\,양성 + \sum 참\,음성}{표본\,크기}$$

대부분의 분류 알고리즘에서는 각 데이터에 대해 1이 될 확률값을 추정하여 할당한다.[5] 가장 기본적인 컷오프 기준값은 0.5, 즉 50%이다. 확률이 0.5보다 크면 분류 결과는 1, 그렇지 않으면 0이 된다. 또 다른 방법은, 실제 데이터에서 1이 차지하는 비율을 컷오프로 사용하는 방법이 있다.

5.4.1 혼동행렬

혼동행렬은 분류 결과를 나타내는 가장 대표적인 행렬이다. 혼동행렬은 응답 유형별로 정확한 예측과 잘못된 예측의 수를 한 번에 보여주는 표다. R과 파이썬에서는 여러 가지 패키지를 사용하여 혼동행렬을 구할 수 있다. 물론 이진의 경우에는 간단히 손으로 계산할 수도 있다.

혼동행렬을 설명하기 위해 균형 잡힌 데이터, 즉 동일한 수의 대출 연체/상환 데이터를 이용해 학습한 모델 `logistic_gam`을 생각해보자(그림 5-4). 일반적인 관례에 따라 $Y = 1$은 관심이 있는 사건(연체)으로, $Y = 0$은 그 반대인 통상적 사건(상환)으로 둔다. 다음은 R에서 전체 훈련 데이터(불균형)에 적용한 `logistic_gam` 모델의 혼동행렬을 계산한다.

----

5 모든 방법이 비편향 확률 예측을 하는 것은 아니다. 대부분 비편향 확률 추정을 통해 얻은 순위 정보를 알려준다. 이런 경우에도 컷오프 방법은 같은 방식으로 동작한다.

```r
pred <- predict(logistic_gam, newdata=train_set)
pred_y <- as.numeric(pred > 0)
true_y <- as.numeric(train_set$outcome=='default')
true_pos <- (true_y==1) & (pred_y==1)
true_neg <- (true_y==0) & (pred_y==0)
false_pos <- (true_y==0) & (pred_y==1)
false_neg <- (true_y==1) & (pred_y==0)
conf_mat <- matrix(c(sum(true_pos), sum(false_pos),
                     sum(false_neg), sum(true_neg)), 2, 2)
colnames(conf_mat) <- c('Yhat = 1', 'Yhat = 0')
rownames(conf_mat) <- c('Y = 1', 'Y = 0')
conf_mat

      Yhat = 1 Yhat = 0
Y = 1 14295     8376
Y = 0 8052      14619
```

파이썬으로는 다음과 같다.

```python
pred = logit_reg.predict(X)
pred_y = logit_reg.predict(X) == 'default'
true_y = y == 'default'
true_pos = true_y & pred_y
true_neg = ~true_y & ~pred_y
false_pos = ~true_y & pred_y
false_neg = true_y & ~pred_y

conf_mat = pd.DataFrame([[np.sum(true_pos), np.sum(false_neg)],
                         [np.sum(false_pos), np.sum(true_neg)]],
                        index=['Y = default', 'Y = paid off'],
                        columns=['Yhat = default', 'Yhat = paid off'])
conf_mat
```

결과에서 열은 예측값이고 행은 실제 결과를 의미한다. 행렬의 대각원소들은 정확히 예측한 데이터의 수를 의미하며 비대각원소들은 부정확한 예측의 수를 의미한다. 예를 들면 14,293건의 연체는 정확히 연체라는 예측 결과를 보였다. 하지만 8,378건의 연체는 대출을 상환한다고 잘못된 예측을 했다.

[그림 5-5]는 이진 응답변수 Y에 대한 혼동행렬과 또 다른 지표들을 보여준다(이 측정 지표들

에 대한 자세한 설명은 5.4.3절을 참고하자). 대출 데이터의 예제에서 보았듯, 실제 응답변수
는 행을 따라, 그리고 예측 응답변수는 열을 따라 표시된다(행과 열의 의미를 바꾸어 사용하
는 경우도 종종 있다). 대각 방향의 칸(왼쪽 상단, 오른쪽 하단)은 예측변수 $\hat{Y}$이 정확한 값을
예측하는 경우의 수를 의미한다. 여기서 눈에 띄지 않지만 중요한 지표 중 하나는 **거짓 양성 비
율**false positive ratio이다. 결과가 1인 데이터의 수가 희박할 때, 모든 예측 응답변수에 대해 거짓 양
성 값의 비율이 높아져, 예측 결과는 1이지만 실제로는 0일 가능성이 높은 상황이 된다. 이 문
제는 광범위하게 적용되는 의료 검진 검사(예를 들면 유방 조영술)를 어렵게 하는 요인이다.
상대적으로 발생하는 비율이 드물기 때문에, 검사 결과가 양성으로 나왔다고 해서 그것이 바로
유방암을 의미하지는 않는다. 이러한 점들이 대중에 혼동을 가져다줄 수 있다.

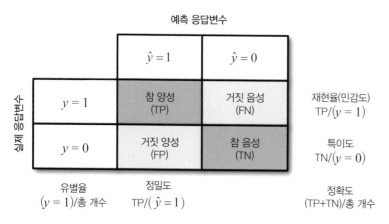

그림 5-5 이진 응답변수에 대한 혼동행렬과 그에 관련된 다른 지표들

> **NOTE_** 여기에서는 행을 따라 실제 응답을 표시하고 열을 따라 예측 응답을 표시하고 있다. 하지만 이것을
> 반대로 표시하는 경우도 있다. 주목할 만한 예는 유명한 R 패키지 caret이다.

5.4.2 희귀 클래스 문제

분류해야 할 클래스 간에 불균형이 존재하는 사례가 많다. 즉 한 클래스의 경우의 수가 다른 클
래스보다 훨씬 많은 것이다. 예를 들면, 합법적 보험 청구 대 사기성 보험 청구, 또는 웹사이트
의 단순 방문객 대 실 구매자의 경우다. 보통은 데이터 수가 상대적으로 작은(희귀한) 클래스

(예를 들면 사기성 보험 청구)가 관심의 대상이 되므로, 통상적으로 이를 1로 지정하고, 반대로 수가 많은 경우를 0으로 지정한다. 즉, 일반적인 경우에는 1이 더 중요한 사건을 의미한다. 예를 들면 사기성 보험 청구를 정확히 잡아내는 것은 몇천 달러의 돈을 아끼는 결과를 가져다 주지만, 사기성이 아닌 보험 청구를 정확하게 파악하는 것은, 사기성으로 의심되는 보험 청구를 일일이 손으로 확인하는 데 드는 비용과 노력만을 절약해줄 뿐이다.

클래스를 쉽게 분리하기 어려운 경우에 가장 **정확도**가 높은 분류 모델은 모든 것을 무조건 0으로 분류하는 모델일 수도 있다. 예를 들어 인터넷 쇼핑몰의 방문객 중 0.1%만이 실제 구매를 한다면, '모든 방문객이 구매를 하지 않을 것이다'라고 예측하는 모델의 정확도는 99.9%가 될 것이다. 그러나 이 모델은 결국 있으나 마나다. 비구매자를 잘못 구분해서 전반적인 정확도가 비록 떨어지더라도, 실제 구매자를 잘 골라내는 모델이 있다면 그 모델을 선호할 것이다.

5.4.3 정밀도, 재현율, 특이도

정확도 외에도 모델의 성능을 표현하기 위해 사용되는 다른 여러 지표들이 있다. 이들 중 몇 가지는 통계에서 오랜 역사를 가지고 있다. 특히 진단 검사의 기대 성능을 많이 다루는 생물통계학 분야에서 역사가 깊다. 먼저 **정밀도**란, 예측된 양성 결과의 정확도를 의미한다(그림 5-5).

$$정밀도 = \frac{\sum 참\ 양성}{\sum 참\ 양성 + \sum 거짓\ 양성}$$

재현율[recall]은 **민감도**라고 부르기도 하는데, 양성 결과를 예측하는 모델의 능력을 평가한다. 즉 양성 데이터에 대해 정확히 1이라고 예측하는 결과의 비율을 의미한다(그림 5-5). **민감도**란 생물통계학과 의료진단학에서 주로 사용하던 용어이고, **재현율**이란 말은 머신러닝 분야에서 좀 더 많이 사용된다. 재현율의 정의는 다음과 같다.

$$재현율 = \frac{\sum 참\ 양성}{\sum 참\ 양성 + \sum 거짓\ 음성}$$

마지막 하나는 **특이도**다. 이는 음성 결과를 정확히 예측하는 능력을 측정한다.

$$특이도 = \frac{\sum 참\ 음성}{\sum 참\ 음성 + \sum 거짓\ 양성}$$

R에서는 `conf_mat`으로 세 가지 성능 지표를 계산할 수 있다.

```
# 정밀도(precision)
conf_mat[1, 1] / sum(conf_mat[,1])
# 재현율(recall)
conf_mat[1, 1] / sum(conf_mat[1,])
# 특이도(specificity)
conf_mat[2, 2] / sum(conf_mat[2,])
```

다음은 파이썬에서 동일한 성능 지표를 계산하는 코드다.

```
conf_mat = confusion_matrix(y, logit_reg.predict(X))
print('Precision', conf_mat[0, 0] / sum(conf_mat[:, 0]))
print('Recall', conf_mat[0, 0] / sum(conf_mat[0, :]))
print('Specificity', conf_mat[1, 1] / sum(conf_mat[1, :]))

precision_recall_fscore_support(y, logit_reg.predict(X),
                                labels=['default', 'paid off'])
```

5.4.4 ROC곡선

앞에서 다룬 내용에서 눈치챘겠지만 재현율과 특이도 사이에는 트레이드오프 관계(시소 관계)가 있다. 1을 잘 잡아낸다는 것은 그만큼 0을 1로 잘못 예측할 가능성도 높아지는 것을 의미한다. 이상적인 분류기란, 0을 1이라고 잘못 분류하지 않으면서 동시에 1을 정말 잘 분류하는 분류기일 것이다.

이러한 트레이드오프 관계를 표현하기 위한 지표가 바로 '수신자 조작 특성receiver operating characteristic' 곡선, 보통은 줄여서 **ROC 곡선**이다. ROC 곡선은 x축의 특이도에 대한 y축의 재현율(민감도)을 표시한다.[6] ROC 곡선은 레코드를 분류할 때 사용하는 컷오프 값을 바꿀 때 재현율과 특이도 사이의 트레이드오프 관계를 잘 보여준다. y축에 민감도(재현율)를 표시하면서, x축에는 다음과 같은 두 가지 형태로 표시할 수 있다.

....

6 ROC 곡선은 제2차 세계대전 중 레이더 신호를 정확히 분류해 적기 출현을 방위 부대에 미리 알리기 위한 목적으로 수신국의 성능을 올리는 데 처음 사용되었다.

- x축 왼쪽에 1부터 오른쪽에 0까지 특이도를 표시한다.
- x축 왼쪽에 0부터 오른쪽에 1까지 1−특이도를 표시한다.

어느 방법을 사용하든지 곡선의 모양은 동일하다. ROC 곡선을 계산하는 과정은 다음과 같다.

1. 1로 예측할 확률에 따라 가장 1이 되기 쉬운 것부터 1이 되기 어려운 순으로 레코드를 정렬한다.

2. 정렬된 순서대로 점증적으로 특이도와 재현율을 계산한다.

R에서 ROC 곡선을 얻는 방법은 매우 간단하다. 아래 코드는 대출 데이터에 대한 ROC를 계산한다.

```r
idx <- order(-pred)
recall <- cumsum(true_y[idx] == 1) / sum(true_y == 1)
specificity <- (sum(true_y == 0) - cumsum(true_y[idx] == 0)) / sum(true_y == 0)
roc_df <- data.frame(recall = recall, specificity = specificity)
ggplot(roc_df, aes(x=specificity, y=recall)) +
  geom_line(color='blue') +
  scale_x_reverse(expand=c(0, 0)) +
  scale_y_continuous(expand=c(0, 0)) +
  geom_line(data=data.frame(x=(0:100) / 100), aes(x=x, y=1-x),
            linetype='dotted', color='red')
```

파이썬에서는 사이킷런 함수 **sklearn.metrics.roc_curve**를 사용하여 ROC 곡선에 필요한 정보를 계산할 수 있다. R에서는 이와 유사한 패키지(예를 들면, ROCR)를 찾을 수 있다.

```python
fpr, tpr, thresholds = roc_curve(y, logit_reg.predict_proba(X)[:,0],
                                 pos_label='default')
roc_df = pd.DataFrame({'recall': tpr, 'specificity': 1 - fpr})

ax = roc_df.plot(x='specificity', y='recall', figsize=(4, 4), legend=False)
ax.set_ylim(0, 1)
ax.set_xlim(1, 0)
ax.plot((1, 0), (0, 1))
ax.set_xlabel('specificity')
ax.set_ylabel('recall')
```

[그림 5-6]은 이 코드의 결과를 보여준다. 점선은 랜덤으로 예측했을 때의 결과를 의미한다. 극단적으로 효과적인 분류기(또는 의료 분야에서 극단적으로 효과적인 진단 검사)는 ROC 곡선이 왼쪽 상단에 가까운 형태를 보일 것이다. 즉 0을 1로 잘못 예측하는 경우 없이, 1을 정확히 예측할 것이다. 이 모델에서 적어도 50% 정도의 특이도를 원한다면 재현율은 약 75% 정도가 될 것이다.

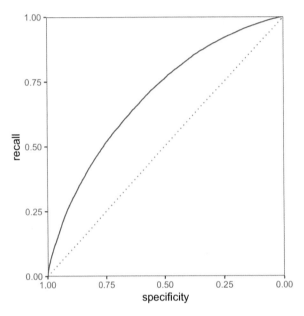

그림 5-6 대출 데이터에 대한 ROC 곡선

NOTE_ 정밀도-재현율 곡선

ROC 곡선과 함께, 정밀도-재현율(PR) 곡선을 사용하기도 한다(*https://www.biostat.wisc.edu/~page/rocpr.pdf*). ROC 곡선과 마찬가지 방법으로 PR 곡선을 구할 수 있다. 확률이 낮은 경우에서 높은 경우로 데이터를 정렬한 후에, 차례대로 정밀도와 재현율을 계산한다. PR 곡선은 클래스 간 데이터 불균형이 심할 때 특히 유용하다.

5.4.5 AUC

ROC 곡선은 그 자체로는 아주 훌륭한 시각화 도구이지만, 분류기 성능을 나타내는 어떤 하나의 값을 주지는 않는다. 하지만 ROC 곡선을 이용해 곡선 아래 면적area underneath the curve (AUC)이라는 지표를 구할 수 있다. AUC는 간단히 말해 ROC 곡선의 아래쪽 면적을 의미한다. AUC 값이 높을수록, 더 좋은 분류기라고 할 수 있다. AUC가 1이라는 것은 0을 1로 잘못 예측하는 경우 없이, 1을 정확히 분류하는 완벽한 분류기를 의미한다.

최악의 분류기는 ROC 곡선이 가운데를 지나가는 직선인 경우, 즉 AUC가 0.5인 경우이다.

[그림 5-7]은 대출 모델에 대한 ROC 곡선의 아래쪽 면적을 보여준다.

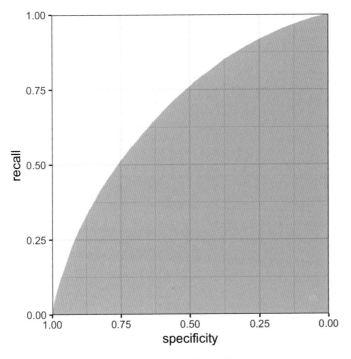

그림 5-7 대출 데이터에 대한 ROC 곡선의 아래쪽 구역

R에서는 수치 적분을 통해 AUC 값을 구할 수 있다.

```
> sum(roc_df$recall[-1] * diff(1 - roc_df$specificity))
[1] 0.6926172
```

파이썬에서는 R 예제에서처럼 정확도를 계산하거나 사이킷런의 함수 `sklearn.metrics.roc_auc_score`를 사용할 수 있다. 예측값을 0 또는 1로 만들어야 한다.

```python
print(np.sum(roc_df.recall[:-1] * np.diff(1 - roc_df.specificity)))
print(roc_auc_score([1 if yi == 'default' else 0 for yi in y],
                    logit_reg.predict_proba(X)[:, 0]))
```

모델의 AUC 값은 약 0.69로 상대적으로 약한 분류기라고 볼 수 있다.

CAUTION_ 거짓 양성 비율에 대한 혼동

거짓 양성/음성 비율은 종종 특이도나 민감도와 혼동되어 설명된다(심지어 출판물과 소프트웨어에서도). 때로 거짓 양성 비율은 검사 결과가 양성으로 잘못 나온 음성 데이터의 비율로 정의되기도 한다. 예를 들어 네트워크 침입 탐지 등에서 실제 음성인 신호가 양성으로 탐지된 신호의 비율을 나타내는 데 사용된다.

5.4.6 리프트

분류기 성능을 평가하는 지표로 AUC를 사용하면 단순히 정확도만을 사용하는 것보다는 나은 결과를 얻을 수 있다. 전체적인 정확도도 높이면서 실무에서 중요한 1을 더 정확히 분류해야 하는 트레이드오프를 얼마나 잘 처리하는지 평가할 수 있기 때문이다. 하지만 희귀 케이스 문제에서는 모든 레코드를 0으로 분류하지 않도록 하려면 모델의 확률 컷오프를 0.5 미만으로 낮춰야 하는 문제가 있다. 이러한 경우 0.4, 0.3 또는 그 이하의 확률도 레코드를 1로 분류하기에 충분할 수 있다. 즉 1의 중요성을 너무 크게 반영하여 1을 과대평가하는 결과를 낳을 수 있다.

컷오프를 변경하면 1을 포착할 가능성이 높아질 수 있다(0을 1로 잘못 분류하는 경우가 발생하더라도). 하지만, 그렇다면 최적의 컷오프란 무엇일까?

리프트 개념을 사용하면 이 질문에 대한 직접적인 답변을 잠시 보류할 수 있다. 대신, 각각 1로 예측될 확률이 있는 레코드들을 정렬한다고 하자. 예를 들면 상위 10%의 레코드를 1로 분류하는 알고리즘이, 눈감고 아무거나 선택하는 경우와 비교할 때 얼마나 나은가? 무작위로 선택했을 때, 0.1%의 정확도를 얻은 반면, 상위 10%에서 0.3%의 결과를 얻었다면, 이 알고리즘은 상위 10%에서 3의 **리프트**(다른 표현으로 **이득**gain)를 갖는다고 할 수 있다. 이 값은 매 십분위수마다 혹은 데이터 범위에서 연속적인 값을 따라 얻을 수 있다.

리프트 차트를 계산하려면 먼저 y축에 재현율을 그리고 x축에 총 레코드 수를 나타내는 **누적 이득 차트**^{cumulative gains chart}를 작성해야 한다. **리프트 곡선**^{lift curve}은 임의 선택을 의미하는 대각선에 대한 누적이득의 비율을 말한다. **십분위 이득 차트**^{decile gains chart}는 전자 상거래가 등장하기 이전 부터 사용된, 예측 모델링에서 매우 오래된 기술 중 하나이다. 특히 광고 메일 전문가들 사이에 서 인기가 있었다. 광고 메일을 무차별적으로 발송한다면 매우 비싼 광고 방법이 되고 만다. 대 신 광고주들은 가장 돈이 될 만한 잠재적인 고객을 선별하기 위한 예측 모델(초기에는 매우 단 순한 모델)을 사용했다.

리프트 곡선은 레코드를 1로 분류하기 위한 확률 컷오프 값에 따른 결과의 변화를 한눈에 볼 수 있게 해준다. 적합한 컷오프 값을 결정하기 위한 중간 단계로 활용할 수 있다. 예를 들면 국 세청은 세무감사에 사용할 수 있는 일정량의 자원만 보유하고 있기 때문에, 가장 가능성 있는 세무 사기꾼을 잡기 위해 이 자원들을 사용하기 원한다. 국세청은 자원 제약을 염두에 두고 감 사를 진행할지 말지 결정하기 위한 기준을 추정하기 위해 리프트 차트를 사용한다.

주요 개념

- 정확도(예측한 분류 결과가 몇 퍼센트 정확한지)는 모델을 평가하는 가장 기본적인 단계이다.
- 다른 평가 지표들(재현율, 특이도, 정밀도)은 좀 더 세부적인 성능 특성들을 나타낸다(예를 들면 재현율은 모델이 1을 얼마나 정확히 분류하는지를 나타낸다).
- AUC(ROC 곡선 아래 면적)는 모델의 1과 0을 구분하는 능력을 보여주기 위해 가장 보편적으로 사용되 는 지표이다.
- 이와 비슷하게, 리프트는 모델이 1을 얼마나 효과적으로 분류해내는지를 측정한다. 가장 1로 분류될 가능 성이 높은 것부터 매 십분위마다 이를 계산한다.

5.4.7 더 읽을 거리

- 성능 평가는 일반적으로 특정 모델(예를 들면 k−최근접 이웃 알고리즘 또는 의사 결정 트리)의 맥락에서 다루어진다. 아래 세 권의 책에서는 각각 한 챕터를 할애해 이 내용을 다룬다.

  – 이언 휘튼Ian Whitten, 엘베 프랭크Elbe Frank, 마크 홀Mark Hall이 쓴 『Data Mining, 3rd ed.』(Morgan Kaufmann, 2011)

  – 벤저민 바우머 등이 쓴 『Modern Data Science with R』(Chapman & Hall/ CRC Press, 2017)

  – 갈리트 시뮤엘리, 피터 브루스, 니틴 파텔, 인발 야하브, 케네스 리흐텐달이 쓴 『비즈니스 애널리틱스를 위한 데이터마이닝(4판)』(이앤비플러스, 2018)

- 다음 책은 교차타당성검사와 재표본추출에 대한 훌륭한 내용을 담고 있다.

  – 개러스 제임스 등이 쓴 『An Introduction to Statistical Learning』(Springer, 2013)

5.5 불균형 데이터 다루기

앞 절에서는 분류 모델을 평가할 때 단순 정확도 외에 사용할 다른 성능 지표들에 대해 알아봤다. 이들이 데이터가 매우 드문 불균형 데이터(온라인 구매, 보험 청구 사기 등)에 적합하다는 사실도 알아봤다. 이번 절에서는 불균형 데이터에서 예측 모델링 성능을 향상할 몇 가지 방법에 대해 알아본다.

용어 정리

- **과소표본**undersample : 분류 모델에서 개수가 많은 클래스 데이터 중 일부 소수만을 사용하는 것(유의어: 다운샘플)
- **과잉표본**oversample : 분류 모델에서 희귀 클래스 데이터를 중복하여, 필요하면 부트스트랩해서 사용하는 것(유의어: 업샘플)
- **상향 가중치**up weight 혹은 **하향 가중치**down weight : 모델에서 희귀(혹은 다수) 클래스에 높은(혹은 낮은) 가중치를 주는 것
- **데이터 생성**data generation : 부트스트랩과 비슷하게 다시 샘플링한 레코드를 빼고 원래 원본과 살짝 다르게 데이터를 생성하는 것
- **z 점수**z-score : 표준화 결과
- **k** : 최근접 이웃 알고리즘에서 이웃들의 개수

5.5.1 과소표본추출

앞서 다룬 대출 데이터처럼 데이터 개수가 충분하다면, 다수의 데이터에 해당하는 클래스에서 **과소표본추출(다운샘플링)**을 해서 모델링할 때 0과 1의 데이터 개수에 균형을 맞출 수 있다. 과소표본추출의 기본 아이디어는 다수의 클래스에 속한 데이터들 중에 중복된 레코드가 많을 것이라는 사실에서 출발한다. 작지만 더 균형 잡힌 데이터는 모델 성능에 좋은 영향을 주고, 데이터를 준비하는 과정이나 모델을 검증하는 과정이 좀 더 수월해진다.

어느 정도의 데이터를 충분하다고 할 수 있을까? 이는 응용 분야에 따라 달라진다. 하지만 일반적으로 소수 클래스의 데이터가 수만 개 정도 있다면 충분하다고 할 수 있다. 물론 1과 0을 분리하기가 쉽다면, 더 적은 데이터로 충분할 수도 있다.

5.3절에서 분석한 대출 데이터는 균형 잡힌 학습 데이터를 통해 얻은 것이다. 데이터의 절반은 대출을 모두 갚은 경우이고 나머지 절반은 갚지 않은 경우였다. 예측값도 비슷하게 나왔다. 절반은 확률이 0.5보다 낮았고, 나머지 절반은 0.5보다 컸다. 하지만 R에서 확인할 수 있는 것처럼 전체 대출 데이터에서는 약 19% 정도만이 연체 상태였다.

```
> mean(full_train_set$outcome=='default')
[1] 0.1889455
```

파이썬에서는 다음과 같다.

```
print('percentage of loans in default: ',
      100 * np.mean(full_train_set.outcome == 'default'))
```

모델을 학습하는 데 전체 데이터를 사용한다면 어떻게 될까? R에서는 이를 다음과 같이 확인할 수 있다.

```
full_model <- glm(outcome ~ payment_inc_ratio + purpose_ + home_ +
                            emp_len_ + dti + revol_bal + revol_util,
                  data=full_train_set, family='binomial')
pred <- predict(full_model)
mean(pred > 0)

[1] 0.003942094
```

파이썬에서는 다음과 같다.

```python
predictors = ['payment_inc_ratio', 'purpose_', 'home_', 'emp_len_',
              'dti', 'revol_bal', 'revol_util']
outcome = 'outcome'
X = pd.get_dummies(full_train_set[predictors], prefix='', prefix_sep='',
                   drop_first=True)
y = full_train_set[outcome]

full_model = LogisticRegression(penalty='l2', C=1e42, solver='liblinear')
full_model.fit(X, y)
print('percentage of loans predicted to default: ',
      100 * np.mean(full_model.predict(X) == 'default'))
```

대출의 약 0.39% 정도만이 연체 상태일 것이라고 예측하므로 기대되는 값보다 1/47 작은 수준이다[7]. 모든 데이터를 동일하게 학습에 사용하다 보니, 대출을 갚는다는 예측이 대출을 갚지 않는다는 예측을 압도하는 결과를 보이는 것이다. 얼핏 생각해봐도, 빚을 갚지 않는 사람보다는 빚을 갚는 사람의 정보가 훨씬 많으므로 연체 데이터에 대해서도 이와 유사한 빚을 갚는 사람의 정보를 찾을 가능성이 높아진다. 균형 잡힌 데이터를 사용했을 때는 거의 50% 정도 빚을 갚지 않는다고 예측했었다.

5.5.2 과잉표본추출과 상향/하향 가중치

과소표본 방식의 약점은 데이터의 일부가 버려지기 때문에 모든 정보를 활용하지 못한다는 점이다. 상대적으로 작은 데이터 집합에서, 희귀 클래스 경우의 레코드가 몇백 혹은 몇천 개라면, 다수 클래스에 대한 과소표본추출은 정말 유용한 정보까지 버리게 되는 결과를 초래할 수 있다. 이럴 경우, 다수 클래스를 과소표본추출하는 대신, 복원추출 방식(부트스트래핑)으로 희귀 클래스의 데이터를 **과잉표본추출**(업샘플링)해야 한다.

데이터에 가중치를 적용하는 방식으로 이와 비슷한 효과를 얻을 수 있다. 많은 분류 알고리즘에서 상향/하향 가중치를 데이터에 적용하기 위해 weight라는 인수를 지원한다. 예를 들면 glm 함수에서 weight라는 인수를 사용해서 대출 데이터에 가중치 벡터를 적용해보자.

---

7   구현상의 차이로 파이썬에서의 결과는 1% 정도로 예상 수치의 약 1/18 정도다.

```
wt <- ifelse(full_train_set$outcome=='default',
             1 / mean(full_train_set$outcome == 'default'), 1)
full_model <- glm(outcome ~ payment_inc_ratio + purpose_ + home_ +
                           emp_len_ + dti + revol_bal + revol_util,
                  data=full_train_set, weight=wt, family='quasibinomial')
pred <- predict(full_model)
mean(pred > 0)

[1] 0.5767208
```

대부분의 사이킷런 메서드는 키워드 인수 sample_weight를 사용하여 fit 함수에 가중치를 적용할 수 있다.

```
default_wt = 1 / np.mean(full_train_set.outcome == 'default')
wt = [default_wt if outcome == 'default' else 1
      for outcome in full_train_set.outcome]

full_model = LogisticRegression(penalty="l2", C=1e42, solver='liblinear')
full_model.fit(X, y, sample_weight=wt)
print('percentage of loans predicted to default (weighting): ',
      100 * np.mean(full_model.predict(X) == 'default'))
```

연체에 대한 가중치를 $1/p$로 두었다. 여기서 p는 연체의 확률값이다. 그리고 대출 상환에 대한 가중치는 1로 두었다. 연체와 상환의 가중치 합은 거의 동일하다. 이렇게 하면 예측값의 평균은 0.39%가 아닌 58%가 된다.

가중치를 적용하는 방식이 희귀 클래스를 업샘플링하거나 다수 클래스를 다운샘플링하는 방법을 대체할 수 있다.

> **NOTE_ 손실함수**
>
> 많은 분류 혹은 회귀 알고리즘은, 어떤 기준 혹은 **손실함수**loss function를 최적화한다고 볼 수 있다. 예를 들면 로지스틱 회귀는 편차를 최소화하려고 한다. 어떤 자료에서는 희귀 클래스 때문에 생길 수 있는 문제를 피하기 위해 손실함수를 수정하는 방법을 제안하기도 한다. 실제적으로 이 방법을 적용하는 것은 어렵다. 분류 알고리즘의 손실함수를 직접적으로 수정하는 것은 복잡하고 어렵다. 반면에 가중치를 사용하는 방법은 가중치가 높은 데이터를 선호하고 가중치가 낮은 데이터의 오류를 줄여주는 식으로 손실함수를 변경하는 쉬운 방법이다.

5.5.3 데이터 생성

부트스트랩을 통한 업샘플링 방식(5.5.2절 참고)의 변형으로 기존에 존재하는 데이터를 살짝 바꿔 새로운 레코드를 만드는 **데이터 생성** 방법이 있다. 이 방법에는 '데이터의 개수가 제한적일 때는 알고리즘을 통해 분류 '규칙'을 세우기에는 정보가 충분하지 않다'는 직관이 바탕에 깔려 있다. 비슷하지만 기존의 데이터와 다른 데이터를 생성해서 좀 더 로버스트한 분류 규칙을 배울 수 있는 기회를 주고자 하는 것이다. 이는 통계에서 부스팅이나 배깅 같은 앙상블 모델에 담겨 있는 개념과 매우 비슷하다(6장 참고).

합성 소수 과잉표본 기법synthetic minority oversampling technique의 약자인 **SMOTE** 알고리즘은 발표와 동시에 주목을 받았다. SMOTE 알고리즘은 업샘플링된 레코드와 비슷한 레코드를 찾고(6.1절 참고), 원래 레코드와 이웃 레코드의 랜덤 가중평균으로 새로운 합성 레코드를 만든다. 여기에 대해 각각의 예측변수에 대해 개별적으로 가중치를 생성한다. 새로 합성된 업샘플 레코드의 개수는 데이터의 균형을 맞추기 위해 필요한 업샘플링 비율에 따라 달라진다.

R에서 SMOTE를 구현한 몇 가지 패키지가 있다. 이 가운데 불균형 데이터를 처리할 수 있는 가장 종합적인 패키지는 unbalanced이다. 'Racing' 알고리즘을 포함하여 다양한 기법들을 제공한다. 그러나 SMOTE 알고리즘은 무척 간단하므로 FNN 패키지를 사용하여 R로 직접 구현할 수도 있다.

파이썬 패키지 imbalanced-learn에는 사이킷런과 호환되는 API를 사용하여 다양한 메서드가 구현되어 있다. 과잉표본추출과 과소표본추출을 위한 다양한 메서드와 부스팅과 배깅 분류기와 같은 기술을 위한 지원을 제공한다.

5.5.4 비용 기반 분류

실무적으로, 분류 규칙을 결정할 때 정확도나 AUC만으로는 충분하지 않을 수 있다. 종종 추정 비용은 거짓 양성 대 거짓 음성으로 결정될 수 있고, 최상의 컷오프를 결정하려면 이러한 비용들을 종합적으로 고려할 필요가 있다. 예를 들면 신규 대출에서 연체로 인해 발생할 수 있는 예상 비용이 C라고 하고 대출 상환을 통해 얻을 수 있는 수익을 R이라고 하자. 이때 신규 대출의 기대 수익은 다음과 같다.

$$\text{기대 수익} = P(Y = 0) \times R + P(Y = 1) \times C$$

여기서 대출 결과를 단순히 연체나 상환, 둘 중 하나로 결정하는 대신에, 대출을 통해 얻을 수 있는 기대 수익이 있는지 없는지로 결정하는 것이 더 말이 된다. 대출을 갚지 않을 확률을 예측하는 것은 중간 단계다. 결국은 사업의 목적인 기대 수익을 결정하기 위해 대출 상품의 전체 가치를 얻어내야 한다. 예를 들면 가치가 적은 대출보다는 연체 확률이 더 높더라도 가치가 더 큰 대출을 선호하는 편이 나을 수도 있다.

5.5.5 예측 결과 분석

AUC와 같은 단일 성능 지표로는 어떤 상황에서 모델의 적합성을 여러 가지 측면에서 보기 어려울 수 있다. [그림 5-8]은 대출 데이터의 두 가지 예측변수 borrower_score와 payment_inc_ratio를 사용해서 구한 4개의 서로 다른 모델에 대한 결정 규칙을 보여준다. 선형판별분석(LDA), 로지스틱 선형회귀, GAM을 이용한 로지스틱 회귀, 트리 모델(6.2절 참고) 4가지를 사용했다. 선들의 왼쪽 상단 영역은 연체 예측에 해당한다. LDA와 로지스틱 선형회귀는 거의 비슷한 결과를 보인다. 트리 모델은 계단 형태의 가장 이상한 결과를 보인다. 최종적으로 GAM을 이용한 로지스틱 회귀모형이 트리 모델과 다른 선형모형들을 서로 타협하는 결과를 보여준다.

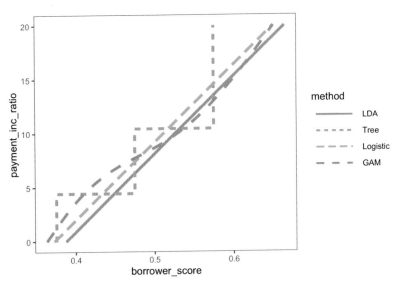

그림 5-8 4개의 서로 다른 분류 모델의 예측 규칙 비교

차원이 높아지고 GAM이나 트리 모델을 사용하는 경우, 예측 규칙을 시각화하기가 쉽지 않다. 다만 어떤 경우에도 예측값에 대한 탐색 분석은 할 가치가 있는 일이다.

> **주요 개념**
>
> - 데이터의 심각한 불균형(즉, 관심 있는 결과의 데이터가 희박할 때)은 분류 알고리즘에서 문제가 될 수 있다.
> - 불균형 데이터를 다루는 한 가지 방법은 다수의 데이터를 다운샘플링하거나 희귀한 데이터를 업샘플링해서 학습 데이터의 균형을 맞추는 것이다.
> - 갖고 있는 1의 데이터를 모두 사용해도 그 개수가 너무 적을 때는, 희귀한 데이터에 대해 부트스트랩 방식을 사용하거나 기존의 데이터와 유사한 합성 데이터를 만들기 위해 SMOTE를 사용한다.
> - 데이터에 불균형이 존재할 경우 보통은 어느 한쪽(1의 클래스)을 정확히 분류하는 것에 더 높은 점수를 주게 되어 있고, 이러한 가치 비율이 평가 지표에 반영되어야 한다.

5.5.6 더 읽을 거리

- 『비즈니스를 위한 데이터 과학』(한빛미디어, 2014)의 저자 톰 포셋이 쓴 데이터 불균형에 대한 좋은 글이 있다. *https://svds.com/learning-imbalanced-classes*

- SMOTE에 대한 자세한 내용은 다음 논문을 참고하자. *https://jair.org/index.php/jair/article/view/10302*

- 어낼리틱스 비디아Analytics Vidhya의 집필진이 쓴 R에서 불균형 분류 문제를 다루는 법에 대한 가이드도 있다. *https://www.analyticsvidhya.com/blog/2016/03/practical-guide-deal-imbalanced-classification-problems*

5.6 마치며

분류란 어떤 레코드가 두 가지 이상의 범주 중 어디에 속하는지를 예측하는 프로세스로, 예측 분석을 위한 기본적인 도구이다. 대출을 갚지 못할 것인가(예/아니요)? 사전 지불 방식을 사용할 것인가? 웹 방문자가 링크를 클릭할 것인가? 소비자가 상품을 구매할 것인가? 해당 보험 청구가 사기인가? 보통, 이러한 분류 문제에서 한 클래스가 주요 관심 사항(예를 들면 사기성 보험 청구)이며, 이진 분류에서 이 클래스를 1로 지정하고 다른 클래스는 0으로 지정한다. 이 프로세스의 핵심은 관심 있는 클래스에 속할 확률인 **경향 점수**를 추정하는 것이다. 일반적으로 겪는 문제는, 관심 있는 클래스가 상대적으로 드물게 발생한다는 것이다. 분류기를 평가할 때, 단순 정확도 외에 다양한 모델 평가 지표가 있다. 이런 상황에서는 모든 레코드에 대해 무조건 0이라고 예측하는 것이 높은 정확도를 얻게 되므로, 이러한 지표들이 매우 중요하다는 사실을 반드시 기억하자.

## CHAPTER 6

통계적 머신러닝

최근 통계학 분야는 회귀나 분류와 같은 예측 모델링을 자동화하기 위한 더 강력한 기술을 개발하는 것에 집중해왔다. 이러한 방법은 이전 장에서 설명한 것과 같이 지도 학습 방법이다. 결과가 알려진 데이터를 가지고 훈련한 후 새로운 데이터에 대한 결과를 예측한다. 이러한 방법들은 **통계적 머신러닝**statistical machine learning이라는 큰 틀 안에 속하며, 데이터에 기반하며 전체적인 구조(예를 들어 모델이 선형인지)를 가정하지 않는다는 점에서 고전적인 통계 방법과 구별된다. 예를 들면 k-최근접 이웃 방법은 아주 간단하다. 비슷한 레코드들이 어떻게 분류되는지에 따라 해당 레코드를 분류하는 방법이다. **앙상블 학습**ensemble learning을 적용한 **의사 결정 트리**decision tree가 지금까지는 가장 성공적이고 널리 사용되는 기술이다. 앙상블 학습의 기본 아이디어는 단일 모델을 사용하여 결과를 얻는 것이 아니라 최종 예측을 얻기 위해 많은 모델을 사용하는 것이다. 의사 결정 트리는 예측변수와 결과변수 사이의 관계 규칙을 학습하는 유연하고 자동화된 기술이다. 앙상블 학습과 의사 결정 트리를 결합하는 방식은 최고의 성능을 얻을 수 있는 예측 모델링 기법이다.

캘리포니아 대학교 버클리의 통계학자 레오 브레이먼(그림 6-1)과 스탠퍼드 대학교의 제리 프리드먼은 통계적 머신러닝의 많은 기술 개발을 이끌었다. 이들의 연구는 버클리와 스탠퍼드의 다른 연구자들과 함께한 1984년 트리 모델의 개발에서부터 시작했다. 1990년대 후속 개발된 배깅과 부스팅 앙상블 방법은 통계적 머신러닝의 토대가 되었다.

그림 6-1 캘리포니아 대학교 버클리 통계학과의 레오 브레이먼 교수는 오늘날 데이터 과학자들이 사용하는 핵심 기술을 개발한 선두 주자였다.

NOTE_ 머신러닝 대 통계학

예측 모델링의 관점에서 머신러닝과 통계학의 차이점은 무엇일까? 이 두 가지 사이에 명확하게 선을 그을 수는 없다. 머신러닝 분야는 예측 모델을 최적화하기 위해서 많은 데이터를 효과적으로 처리하는 알고리즘을 개발하는 데 좀 더 집중하고 있다. 통계학은 확률론과 모델의 구조를 결정하는 데 좀 더 관심을 갖는다. 배깅과 랜덤 포레스트(6.3절 참고)는 확실히 통계학에서 시작됐다고 볼 수 있다. 반면에 부스팅(6.4절 참고)은 양쪽 분야에서 발전했다고 보는 것이 맞고, 오히려 요즘에는 머신러닝 분야에서 더 관심을 갖는다. 역사적인 배경과 무관하게, 부스팅 자체는 양쪽 분야 모두에서 기대를 한 몸에 받고 있다.

6.1 k-최근접 이웃

***k*-최근접 이웃**^{k-nearest neighbors}(KNN) 알고리즘의 아이디어는 아주 간단하다. 각 레코드를 다음과 같이 분류 혹은 예측한다.

1. 특징들이 가장 유사한(즉, 예측변수들이 유사한) *k*개의 레코드를 찾는다.

2. 분류: 이 유사한 레코드들 중에 다수가 속한 클래스가 무엇인지 찾은 후에 새로운 레코드를 그 클래스에 할당한다.

3. 예측(**KNN 회귀**^{KNN regression}라고도 함): 유사한 레코드들의 평균을 찾아서 새로운 레코드에 대한 예측값으로 사용한다.

용어 정리

- **이웃**neighbor : 예측변수에서 값들이 유사한 레코드
- **거리 지표**distance metric : 각 레코드 사이가 얼마나 멀리 떨어져 있는지를 나타내는 단일 값
- **표준화**standardization : 평균을 뺀 후에 표준편차로 나누는 일(유의어: 정규화)
- **z 점수**z-score : 표준화를 통해 얻은 값
- **k** : 최근접 이웃을 계산하는 데 사용되는 이웃의 개수

KNN은 가장 간단한 예측/분류 방법 중 하나이다. 회귀와는 달리 모델을 피팅하는 과정이 필요 없다. 그렇다고 KNN이 완전히 자동화된 방법이라는 의미는 아니다. 특징들이 어떤 척도에 존재하는지, 가까운 정도를 어떻게 측정할 것인지, k를 어떻게 설정할 것인지에 따라 예측 결과가 달라진다. 또한 모든 예측변수들은 수치형이어야 한다. 분류 예제를 통해 KNN 방법을 어떻게 사용하는지 더 자세히 알아보자.

6.1.1 예제: 대출 연체 예측

[표 6-1]은 렌딩 클럽에서 얻은 개인 대출 정보의 일부다. 렌딩 클럽은 투자자들이 모은 돈을 개인에게 대출해주는 P2P 방식의 대출 업체이며 이 분야 선두에 있다. 새 잠재 대출의 결과(상환 혹은 연체)를 예측하고자 한다.[1]

표 6-1 렌딩 클럽의 대출 정보 중 일부

Outcome	Loan amount	Income	Purpose	Years employed	Home ownership	State
Paid off	10000	79100	debt_consolidation	11	MORTGAGE	NV
Paid off	9600	48000	moving	5	MORTGAGE	TN
Paid off	18800	120036	debt_consolidation	11	MORTGAGE	MD
Default	15250	232000	small_business	9	MORTGAGE	CA
Paid off	17050	35000	debt_consolidation	4	RENT	MD
Paid off	5500	43000	debt_consolidation	4	RENT	KS

----

1 옮긴이_ 5장에서도 사용했던 데이터 집합이다. 예제 이해를 돕기 위해 헤더는 원문 그대로 두었다. 순서대로 예측 결과, 대출 금액, 소득, 대출 목적, 근속 연수, 주택 유형, 거주지(주)를 뜻한다.

예측변수 두 가지만을 고려한 가장 간단한 모델을 생각해보자. 변수 payment_inc_ratio는 소득에 대한 대출 상환 비율이며, 변수 dti는 소득에 대한 부채(모기지는 제외) 비율을 뜻한다. 두 변수 모두 100을 곱한 값을 사용한다. 이진 결과를 알고 있는 200개의 대출만을 뽑아 만든 작은 데이터 집합 loan200을 사용하겠다.[2] 이제 k를 20으로 할 때, payment_inc_ratio=9, dti=22.5인 새로운 대출에 대한 KNN 예측 결과는 newloan을 다음과 같이 구할 수 있다.[3]

```
newloan <- loan200[1, 2:3, drop=FALSE]
knn_pred <- knn(train=loan200[-1, 2:3], test=newloan, cl=loan200[-1, 1], k=20)
knn_pred == 'paid off'
```

```
[1] TRUE
```

KNN 결과 이 새로운 대출은 상환될 것으로 예상된다.

R은 기본적으로 knn 함수를 제공한다. 이외에도 FNN(빠른 최근접 이웃 알고리즘fast nearest neighbor)과 같이 빅데이터를 다루기에 더 효과적이고, 좀 더 사용자에게 유연성을 제공하는 패키지도 있다. 주소는 다음과 같다. *https://cran.r-project.org/web/packages/FNN/FNN.pdf*

파이썬에서 사이킷런 패키지는 KNN의 빠르고 효율적인 구현을 제공한다.

```
predictors = ['payment_inc_ratio', 'dti']
outcome = 'outcome'

newloan = loan200.loc[0:0, predictors]
X = loan200.loc[1:, predictors]
y = loan200.loc[1:, outcome]

knn = KNeighborsClassifier(n_neighbors=20)
knn.fit(X, y)
knn.predict(newloan)
```

---

2 옮긴이_ loan200의 1행이 새로운 대출이고 2~201행이 결과를 알고 있는 기존 대출이다. 결과는 1열이고 예측변수 두 개가 2~3열이다.

3 이 예제에서는 loan200 데이터 집합의 첫 번째 행을 newloan으로 가져와 훈련용 데이터 집합에서 제외한다.

[그림 6-2]는 이 예제의 내용을 시각화한 모습이다. 중간에 있는 엑스 표시는 새로운 대출에 대한 예측 결과이고, 네모(상환)와 동그라미(연체)는 학습 데이터를 의미한다. 가운데 검은 실선으로 그린 원은 가장 가까운 20개의 점들에 대한 경계선을 보여준다. 이 경우, 가까운 9개의 대출에서 연체가 발생하고 11번의 대출 상환이 이루어진 것을 볼 수 있다. 따라서 예측 결과는 상환이 된다. 참고로 가장 가까운 세 개의 이웃만 고려한다면 연체로 예측된다.

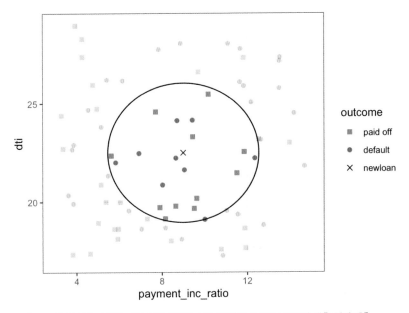

그림 6-2 두 변수(총 소득에 대한 부채 비율과 상환 비율)를 이용한 KNN의 대출 연체 예측

NOTE_ 분류 문제에서 KNN의 결과는, 대출 데이터에서의 연체 또는 상환처럼 보통은 이진형이지만, 때로는 0과 1 사이의 확률(경향)을 결과로 줄 수도 있다. *k*개의 가장 가까운 점들이 속한 클래스의 비율을 통해 확률을 정할 수 있다. 앞 예제에서, 결과가 연체일 확률은 9 / 20 = 0.45가 될 것이다. 확률 점수를 통해 간단한 다수결 투표 결과와는 다른 분류 규칙을 만들 수 있다. 이는 불균형 문제를 다루는 데 특히 중요하다. 5.5절을 참고하자. 예를 들면 희귀한 클래스의 데이터를 잘 분류하는 것이 목표라면 컷오프는 보통 50% 미만이 되어야 할 것이다. 희귀한 사건에 대한 확률로 컷오프를 정하는 것이 매우 일반적인 방법이다.

6.1.2 거리 지표

유사성^{similarity}(근접성^{nearness})은 **거리 지표**를 통해 결정된다. 이 지표는 두 데이터 $(x_1, x_2, \cdots, x_p)$와 $(u_1, u_2, \cdots, u_p)$가 서로 얼마나 멀리 떨어져 있는지를 측정하는 함수라고 할 수 있다. 두 벡터 사이에 가장 많이 사용되는 지표는 **유클리드 거리**$^{\text{Euclidean distance}}$이다. 두 벡터 사이의 유클리드 거리를 구하려면 서로의 차이에 대한 제곱합을 구한 뒤 그 값의 제곱근을 취한다.

$$\sqrt{\left(x_1 - u_1\right)^2 + \left(x_2 - u_2\right)^2 + \cdots + \left(x_p - u_p\right)^2}$$

유클리드 거리는 특별히 계산상 이점이 있다. KNN은 $k \times n$(데이터 개수)번만큼 쌍대^{pairwise} 비교가 필요하기 때문에 데이터 개수가 많아질수록 계산량이 더 중요해진다.

또, 다음으로 많이 사용되는 거리 지표는 **맨해튼 거리**$^{\text{Manhattan distance}}$이다.

$$\left| x_1 - u_1 \right| + \left| x_2 - u_2 \right| + \cdots + \left| x_p - u_p \right|$$

유클리드 거리는 두 점 사이의 직선 거리라고 볼 수 있다. 반면, 맨해튼 거리는 한 번에 대각선이 아닌 한 축 방향으로만 움직일 수 있다고 할 때(도심지에서 직사각형 건물들 사이를 이동한다고 할 때), 두 점 사이의 거리라고 할 수 있다. 따라서 맨해튼 거리는 점과 점 사이의 이동 시간으로 근접성을 따질 때 좋은 지표가 된다.

두 벡터 사이의 거리를 측정할 때, 상대적으로 큰 스케일에서 측정된 변수(특징)들이 측정치에 미치는 영향이 클 것이다. 예로 대출 데이터에서 소득과 대출 금액을 변수로 하는 거리 함수를 생각해보면 몇천만 원에서 억 단위까지 생각할 수 있을 것이다. 이에 반해 비율을 나타내는 변수들은 상대적으로 거의 거리에 영향을 주지 못할 것이다. 데이터 표준화를 통해 이러한 문제를 다룰 수 있다. 자세한 내용은 6.1.4절에서 다룬다.

> **NOTE_ 다른 거리 지표**
>
> 벡터 사이의 거리를 측정하기 위해 수많은 거리 지표들이 있다. 수치 데이터를 다룰 때, **마할라노비스 거리**$^{\text{Mahalanobis distance}}$는 두 변수 간의 상관관계를 사용하기 때문에 장점이 있다. 두 변수 사이에 높은 상관관계가 있다면 아주 유용하다. 마할라노비스 거리는 이를 거리라는 하나의 값으로 표현할 수 있다. 유클리드나 맨해튼 거리는 이러한 상관성을 고려하지 않다 보니 상관성이 있는 변수들에서 원인이 되는 속성에 더 큰 가중치를 두게 된다. 마할라노비스 거리는 주성분 사이의 유클리드 거리를 의미한다(7.1절 참고). 마할라노비스 거리를 사용할 때 단점은 많은 계산이 필요하고 복잡성이 증가한다는 점이다. 계산에 **공분산행렬**(5.2.1절 참고)을 사용하기 때문이다.

6.1.3 원-핫 인코더

[표 6-1]의 대출 데이터는 몇 가지 요인(문자열) 변수를 포함하고 있다. 대부분의 통계 모델이나 머신러닝 모델에서 이러한 형태의 변수는, 같은 정보를 담고 있는 이진 가변수의 집합(표 6-2)으로 변환해야 한다. 주택 소유 상태를 '저당이 있는 소유', '저당이 없는 소유', '월세', '기타'로 나타내는 하나의 변수 대신에 네 개의 이진변수로 만드는 것이다.[4] 첫 번째는 '저당이 있는 소유에 대한 Y/N'이고, 두 번째는 '저당이 없는 소유에 대한 Y/N' 식이다. 이렇게 주택 소유 상태라는 하나의 예측변수를 하나의 1과 세 개의 0으로 이뤄진 벡터 형태로 변환하면 통계적 머신러닝 알고리즘에 사용하기 편리해진다. 이러한 **원-핫 인코딩**이라는 용어는 디지털 회로 분야에서 유래한 것으로, 하나의 비트만 양수[hot]가 허용되는 회로 설정을 말한다.

표 6-2 [표 6-1]의 주거 소유 상태 정보를 가변수로 표현

OWNS_WITH_MORTGAGE	OWNS_WITHOUT_MORTGAGE	OTHER	RENT
1	0	0	0
1	0	0	0
1	0	0	0
1	0	0	0
0	0	0	1
0	0	0	1

> **NOTE_** 선형회귀나 로지스틱 회귀에서 원-핫 인코딩은 다중공선성과 관련된 문제를 일으킨다(4.5.2절 참고). 이런 경우 한 가변수를 생략하는 방법이 있다(그 값은 다른 값들로부터 유추할 수 있기 때문에). 하지만 이 책에서 다루는 KNN이나 다른 방법에서는 이것이 문제가 되지 않는다.

6.1.4 표준화(정규화, z 점수)

측정할 때는, 종종 값이 '얼마인지'보다 '얼마나 평균과 차이가 나는지'에 더 관심이 있을 때가 있다. **표준화** 혹은 **정규화**란, 모든 변수에서 평균을 빼고 표준편차로 나누는 과정을 통해 변수

---

4 옮긴이_ 표에서는 저당이 있는 소유, 저당이 없는 소유, 기타, 월세 순으로 순서가 바뀌었다.

들을 모두 비슷한 스케일에 놓는다. 이러한 방식으로, 실제 측정된 값의 스케일 때문에 모델에 심한 영향을 주는 것을 막을 수 있다.

$$z = \frac{x - \bar{x}}{s}$$

이렇게 변환한 결과를 일반적으로 **z 점수**라고 부른다. 이는 평균으로부터 표준편차만큼 얼마나 떨어져 있는지를 의미한다.

> **CAUTION_** 통계적인 맥락에서의 **정규화**를 **데이터베이스의 표준화**와 혼동하지 않도록 하자. 데이터베이스의 표준화란, 데이터베이스 설계 시 데이터의 중복을 줄이고 데이터 의존성을 확인하는 과정을 말한다.

KNN이나 다른 알고리즘(예로 주성분분석과 클러스터링)에서는 데이터를 미리 표준화하는 것이 필수이다. 예시로 6.1.1절에서 사용한 대출 데이터 예제에 KNN을 적용해보겠다. 앞 예제에서 고려했던 변수 dti와 payment_inc_ratio, 그리고 또 다른 두 가지 변수를 추가로 고려한다. 이는 달러로 신청할 수 있는 총 회전 신용을 의미하는 변수 revol_bal과 이미 사용 중인 신용 비율을 의미하는 변수 revol_util이다. 예측할 새로운 레코드는 다음과 같다.

```
newloan

  payment_inc_ratio dti revol_bal revol_util
1            2.3932   1      1687        9.4
```

달러로 표시된 revol_bal 값의 크기가 다른 변수들의 값보다 훨씬 큰 것을 알 수 있다. knn 함수를 통해 새로운 데이터에서 가장 가까운 이웃들의 인덱스(nn.index 속성에 저장)를 구할 수 있다. 이를 통해, loan_df에서 가장 가까운 상위 5개 행을 표시할 수 있다.

```
loan_df <- model.matrix(~ -1 + payment_inc_ratio + dti + revol_bal +
                          revol_util, data=loan_data)
newloan <- loan_df[1, , drop=FALSE]
loan_df <- loan_df[-1,]
outcome <- loan_data[-1, 1]
knn_pred <- knn(train=loan_df, test=newloan, cl=outcome, k=5)
loan_df[attr(knn_pred, "nn.index"),]
```

```
      payment_inc_ratio  dti revol_bal revol_util
35537            1.47212 1.46      1686       10.0
33652            3.38178 6.37      1688        8.4
25864            2.36303 1.39      1691        3.5
42954            1.28160 7.14      1684        3.9
43600            4.12244 8.98      1684        7.2
```

모델 적합에 따라 사이킷런으로 학습 데이터 집합에서 가장 가까운 행 5개를 식별하기 위해 kneighbors 메서드를 사용할 수 있다.

```python
predictors = ['payment_inc_ratio', 'dti', 'revol_bal', 'revol_util']
outcome = 'outcome'

newloan = loan_data.loc[0:0, predictors]
X = loan_data.loc[1:, predictors]
y = loan_data.loc[1:, outcome]

knn = KNeighborsClassifier(n_neighbors=5)
knn.fit(X, y)

nbrs = knn.kneighbors(newloan)
X.iloc[nbrs[1][0], :]
```

이 이웃들의 revol_bal의 값은 새 데이터 값과 아주 비슷하지만, 다른 예측변수들은 넓게 퍼져 있는 것을 볼 수 있다. 이를 통해, 이웃들을 결정할 때 다른 변수들의 역할이 별로 중요하지 않았다고 볼 수 있다.

이것을 R에서 제공하는 scale 함수를 이용해 데이터를 표준화한 후에 적용한 KNN과 비교해 보자. 이 함수는 각 변수의 z 점수를 계산해준다.

```r
loan_df <- model.matrix(~ -1 + payment_inc_ratio + dti + revol_bal +
                          revol_util, data=loan_data)
loan_std <- scale(loan_df)
newloan_std <- loan_std[1, , drop=FALSE]
loan_std <- loan_std[-1,]
loan_df <- loan_df[-1,]      #①
outcome <- loan_data[-1, 1]
knn_pred <- knn(train=loan_std, test=newloan_std, cl=outcome, k=5)
loan_df[attr(knn_pred, "nn.index"),]
```

	payment_inc_ratio	dti	revol_bal	revol_util
2081	2.61091	1.03	1218	9.7
1439	2.34343	0.51	278	9.9
30216	2.71200	1.34	1075	8.5
28543	2.39760	0.74	2917	7.4
44738	2.34309	1.37	488	7.2

① 행 번호가 서로 일치하도록 loan_df에서도 첫 번째 행을 제거해야 한다.

먼저 예측변수로 **sklearn.preprocessing.StandardScaler** 메서드를 훈련한 후 KNN 모델을 훈련하기 전에 데이터 집합을 변환하는 데 사용한다.

```
newloan = loan_data.loc[0:0, predictors]
X = loan_data.loc[1:, predictors]
y = loan_data.loc[1:, outcome]

scaler = preprocessing.StandardScaler()
scaler.fit(X * 1.0)

X_std = scaler.transform(X * 1.0)
newloan_std = scaler.transform(newloan * 1.0)

knn = KNeighborsClassifier(n_neighbors=5)
knn.fit(X_std, y)

nbrs = knn.kneighbors(newloan_std)
X.iloc[nbrs[1][0], :]
```

새롭게 얻은 5개의 최근접 이웃들은 모든 변수에서 훨씬 더 유사한 것을 볼 수 있다. 결과를 원래 스케일로 표시했지만, KNN 안에서는 새로운 데이터에 대한 예측 결과를 얻는 데 표준화된 변수를 적용한다.

> **TIP_** z 점수는 변수를 변환하는 여러 방법 중 한 가지일 뿐이다. 평균 대신에 중간값과 같은 좀 더 로버스트한 위치 추정값을 사용할 수도 있다. 마찬가지로, 표준편차 대신에 사분위범위와 같은 다른 척도 추정 방법을 사용할 수 있다. 가끔은 변수를 0과 1 사이로 축소하는 것이 무리한 것처럼 보인다. 단위 분산을 갖도록 모든 변수를 조정하는 것이 다소 억지스러울 수 있다는 것을 인식하는 것도 중요하다. 이는 각 변수가 예측력 측면

에서 갖는 중요성이 모두 같다는 것을 의미한다. 일부 변수가 다른 변수보다 중요하다는 주관적 지식이 있는 경우, 이러한 사실을 적용할 수 있다. 예를 들면 대출 데이터의 경우, 소득 대비 상환 비율이 매우 중요하다고 판단하는 것이 합리적이다.

NOTE_ 정규화(표준화)는 데이터의 분포에 영향을 주지 않는다. 데이터의 분포가 이미 정규분포 형태가 아니라면, 정규화만 한다고 해서 정규분포 형태가 되는 것은 아니다(2.6절 참고).

6.1.5 k 선택하기

k를 잘 선택하는 것은 KNN의 성능을 결정하는 아주 중요한 요소이다. 가장 간단한 방법은 $k = 1$로 놓는 방법이다. 이는 1-최근접 이웃 분류기가 된다. 이 예측 방법은 매우 직관적이다. 새로 들어온 데이터와 가장 가까운 데이터를 찾아 예측 결과로 사용한다. 하지만 거의 대부분 $k = 1$로 놓는 것이 가장 좋은 결과를 주진 않는다. $k > 1$일 때 더 좋은 결과를 보인다.

일반적으로, k가 너무 작으면 데이터의 노이즈 성분까지 고려하는 오버피팅 문제가 발생한다. k 값이 클수록 결정함수를 좀 더 부드럽게 하는 효과를 가져와 학습 데이터에서의 오버피팅 위험을 낮출 수 있다. 반대로 k를 너무 크게 하면 결정함수가 너무 과하게 평탄화되어(오버스무딩) 데이터의 지역 정보를 예측하는 KNN의 기능을 잃어버리게 된다.

오버피팅과 오버스무딩 사이의 균형을 맞춘 최적의 k 값을 찾기 위해 정확도 지표들을 활용한다. 특히 홀드아웃 데이터 또는 타당성검사를 위해 따로 떼어놓은 데이터에서의 정확도를 가지고 k 값을 결정하는 데 사용한다. 물론 최적의 k를 결정하는 일반적인 규칙은 없다. 데이터에 따라 크게 달라진다. 노이즈가 거의 없고 아주 잘 구조화된 데이터의 경우 k 값이 작을수록 잘 동작한다. 신호처리 분야에서 사용하는 전문 용어를 잠시 빌려오자면, **신호 대 잡음비**signal-to-noise ratio(SNR)가 높은 데이터라는 의미이다. 일반적으로 손글씨 데이터 또는 음성 인식 데이터가 SNR이 높은 데이터라고 할 수 있다. 반면에 대출 데이터와 같이 노이즈가 많아 SNR이 낮은 데이터의 경우, k가 클수록 좋다. 보통 k를 1에서 20 사이에 놓는다. 동률이 나오는 경우를 막기 위해 보통은 홀수를 사용한다.

6.1.6 KNN을 통한 피처 엔지니어링

KNN은 구현이 간단하고 직관적이다 보니 널리 활용된다. 성능 면에서는, 다른 복잡한 분류 방법들에 비해 그렇게 경쟁력이 있다고 보기 어렵다. 하지만 실용적인 측면에서, 다른 분류 방법들의 특정 단계에 사용할 수 있게 모델에 '지역적 정보local knowledge'를 추가하기 위해 KNN을 사용할 수 있다.

1. KNN은 데이터에 기반하여 분류 결과(클래스에 속할 확률)를 얻는다.

2. 이 결과는 해당 레코드에 새로운 특징(피처)으로 추가된다. 이 결과를 다른 분류 방법에 사용한다. 원래의 예측변수들을 두 번씩 사용하는 셈이 된다.

여기서 어떤 예측변수들을 두 번 사용한다는 것이 다중공선성(4.5.2절 참고) 같은 문제를 야기하지는 않을까 궁금해할 수 있다. 하지만 이는 문제가 되지 않는다. 위의 2단계에서 얻은 정보는 소수의 근접한 레코드들로부터 얻은 매우 지엽적인 정보이기 때문이다. 따라서 새로 얻은 정보는 불필요하거나, 중복성이 있지 않다.

예를 들어 킹 카운티 주택 데이터를 다시 생각해보자. 주택 가격을 산정할 때, 부동산 중개업자는 최근에 팔린 비슷한 집들의 가격(흔히 comps[5]라고 한다)을 기준으로 삼을 것이다. 결국 중개업자들은 비슷한 주택의 매매 가격을 일일이 확인하면서 일종의 수동식 KNN을 하고 있다고 볼 수 있다. 이를 통해 이 집이 어느 정도의 가격에 팔릴지를 예측할 수 있다. 우리는 최근 거래 정보에 KNN을 적용해 부동산 전문가들이 하는 것을 통계 모델을 통해 모방하도록 새로운 특징을 하나 만들 수 있다. 예측 결과는 판매 가격이 되고 예측변수들은 지역, 평수, 구조, 대지 면적, 침실 수, 욕실 수 등을 모두 포함할 수 있다. KNN을 통해 추가하려고 하는 새로운 예측변수는 각 레코드에 대한 (중개업자의 comps와 유사한) KNN 예측변수이다. 예측 결과가 수치형 변수이기 때문에, 다수결 결과가 아닌 k-최근접 이웃값의 평균을 사용한다(**KNN 회귀**).

이와 비슷하게 대출 데이터에 대해, 대출 과정의 다른 측면을 나타내는 특징들을 만들 수 있다. 예를 들면 아래 과정은 R 코드로 대출자의 신용정보를 나타내는 피처를 만드는 것을 보여준다.

```
borrow_df <- model.matrix(~ -1 + dti + revol_bal + revol_util + open_acc +
                          delinq_2yrs_zero + pub_rec_zero, data=loan_data)
borrow_knn <- knn(borrow_df, test=borrow_df, cl=loan_data[, 'outcome'],
                  prob=TRUE, k=20)
prob <- attr(borrow_knn, "prob")
borrow_feature <- ifelse(borrow_knn == 'default', prob, 1 - prob)
summary(borrow_feature)

   Min. 1st Qu.  Median    Mean 3rd Qu.    Max.
  0.000   0.400   0.500   0.501   0.600   0.950
```

사이킷런에서 이 확률을 얻기 위해선 학습한 모델의 **predict_proba** 메서드를 사용한다.

```
predictors = ['dti', 'revol_bal', 'revol_util', 'open_acc',
              'delinq_2yrs_zero', 'pub_rec_zero']
outcome = 'outcome'

X = loan_data[predictors]
y = loan_data[outcome]

knn = KNeighborsClassifier(n_neighbors=20)
```

---

5 옮긴이_ 부동산 거래에서 사용되는 용어로, comparable sales의 약자이다. 비교 대상이 될 만한 비슷한 조건의 주택 거래 정보를 의미한다.

```
knn.fit(X, y)

loan_data['borrower_score'] = knn.predict_proba(X)[:, 1]
loan_data['borrower_score'].describe()
```

신용 기록을 기초로 대출자가 대출을 갚지 못할 것으로 예상되는 정도를 나타내는 피처를 만들었다.

> **주요 개념**
>
> - k-최근접 이웃(KNN) 방법이란 유사한 레코드들이 속한 클래스로 레코드를 분류하는 방법이다.
> - 유사성(거리)은 유클리드 거리나 다른 관련 지표들을 이용해 결정한다.
> - 가장 가까운 이웃 데이터의 개수를 의미하는 k는 학습 데이터에서 얼마나 좋은 성능을 보이는지를 가지고 결정한다.
> - 일반적으로 예측변수들을 표준화한다. 이를 통해 스케일이 큰 변수들의 영향력이 너무 커지지 않도록 한다.
> - 예측 모델링의 첫 단계에서 종종 KNN을 사용한다. 이렇게 얻은 값을 다시 데이터에 하나의 **예측변수로** 추가해서 두 번째 단계의 (KNN이 아닌) 모델링을 위해 사용한다.

6.2 트리 모델

트리 모델은 **회귀 및 분석 트리**classification and regression tree (CART), [6] **의사 결정 트리**decision tree, 혹은 단순히 그냥 **트리**tree라고도 불리며 1984년 레오 브레이먼과 그의 동료들이 처음 개발한 효과적이고 대중적인 분류(및 회귀) 방법이다. 트리 모델들과 여기서 파생된 강력한 **랜덤 포레스트**random forest와 **부스팅 트리**(6.3절과 6.4절 참고) 같은 방법들은 회귀나 분류 문제를 위해 데이터 과학에서 가장 널리 사용되는 강력한 예측 모델링 기법들의 기초라고 할 수 있다.

> **용어 정리**
>
> - **재귀 분할**recursive partitioning : 마지막 분할 영역에 해당하는 출력이 최대한 비슷한homogeneous 결과를 보이도록 데이터를 반복적으로 분할하는 것

....

6   CART라는 용어 자체는 트리 모델의 특정한 구현과 관련된 샐퍼드 시스템(Salford Systems)의 등록상표이다.

- **분할값**split value : 분할값을 기준으로 예측변수를 그 값보다 작은 영역과 큰 영역으로 나눈다.
- **마디 (노드)**node : 의사 결정 트리와 같은 가지치기 형태로 구성된 규칙들의 집합에서, 노드는 분할 규칙의 시각적인 표시라고 할 수 있다.
- **잎**leaf : if-then 규칙의 가장 마지막 부분, 혹은 트리의 마지막 가지branch 부분을 의미한다. 트리 모델에서 잎 노드는 어떤 레코드에 적용할 최종적인 분류 규칙을 의미한다.
- **손실**loss : 분류하는 과정에서 발생하는 오분류의 수. 손실이 클수록 불순도가 높다고 할 수 있다.
- **불순도**impurity : 데이터를 분할한 집합에서 서로 다른 클래스의 데이터가 얼마나 섞여 있는지를 나타낸다. 더 많이 섞여 있을수록 불순도가 높다고 할 수 있다(유의어: 이질성heterogeneity, 반의어: 동질성homogeneity, 순도).
- **가지치기**pruning : 학습이 끝난 트리 모델에서 오버피팅을 줄이기 위해 가지들을 하나씩 잘라내는 과정

트리 모델이란 쉽게 말해 if-then-else 규칙의 집합체라고 할 수 있다. 따라서 이해하기도 쉽고 구현하기도 쉽다. 선형회귀나 로지스틱 회귀와 반대로 트리는 데이터에 존재하는 복잡한 상호 관계에 따른 숨겨진 패턴들을 발견하는 능력이 있다. 게다가 KNN이나 나이브 베이즈 모델과 달리, 예측변수들 사이의 관계로 단순 트리 모델을 표시할 수 있고 쉽게 해석이 가능하다.

> **CAUTION_ 운용과학에서의 의사 결정 트리**
>
> 인간의 의사 결정 과정에 대해 연구하는 의사 결정 과학이나 운용과학 분야에서, **의사 결정 트리**라는 용어는 다른 의미를 갖는다. 이 분야에서는, 분기 다이어그램에 나타난 결정 지점, 가능한 결과와 예상 확률 등이 주어진 상태에서, 최대 기댓값을 갖는 의사 결정 경로를 선택하는 것을 의미한다.

6.2.1 간단한 예제

트리 모델을 얻기 위해 주로 사용되는 R 패키지로는 **rpart**와 **tree**가 있다. **rpart** 패키지를 이용해, 3,000개의 대출 데이터에 적합한 트리 모델을 다음과 같이 만들어보자. 여기서는 **payment_inc_ratio**와 **borrower_score** 두 변수를 고려한다(이 데이터에 대한 상세한 내용은 6.1절을 참고하자).

```
library(rpart)
loan_tree <- rpart(outcome ~ borrower_score + payment_inc_ratio,
                data=loan3000, control=rpart.control(cp=0.005))
```

```
plot(loan_tree, uniform=TRUE, margin=0.05)
text(loan_tree)
```

sklearn.tree.DecisionTreeClassifier는 의사 결정 트리를 구현한 것이다. dmba 패키지는 주피터 노트북 내부에 시각화를 생성하는 편리한 함수를 제공한다.

```
predictors = ['borrower_score', 'payment_inc_ratio']
outcome = 'outcome'

X = loan3000[predictors]
y = loan3000[outcome]

loan_tree = DecisionTreeClassifier(random_state=1, criterion='entropy',
                                   min_impurity_decrease=0.003)
loan_tree.fit(X, y)
plotDecisionTree(loan_tree, feature_names=predictors,
                 class_names=loan_tree.classes_)
```

이렇게 얻은 트리는 [그림 6-3]과 같다. 예상대로 구현상의 차이 때문에 R과 파이썬의 결과가 동일하지 않다. 이러한 분류 규칙은 루트 노드에서 시작하여 잎 노드에 도달할 때까지 노드가 참이면 왼쪽으로 거짓이면 오른쪽으로 움직이면서 계층구조의 트리를 통과하여 결정된다.

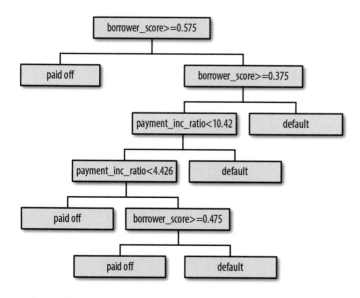

그림 6-3 대출 데이터를 분류하기 위한 간단한 트리 모델

일반적으로 그림을 그릴 때는 트리를 거꾸로 나타낸다. 즉 뿌리가 위로 가고 잎 부분이 아래로 간다. 예를 들면 borrower_score가 0.6이고 payment_inc_ratio가 8.0인 대출 정보를 얻었다면, 이 모델의 규칙을 따라가면 제일 왼쪽에 있는 잎에 도착하게 되고 결국 대출을 상환할 것으로 예측할 수 있다.

R에서는 다음과 같이 손쉽게 트리 구조를 보기 좋은 형태로 출력할 수 있다.

```
> loan_tree

n= 3000

node), split, n, loss, yval, (yprob)
    * denotes terminal node

1) root 3000 1445 paid off (0.5183333 0.4816667)
  2) borrower_score>=0.575 878   261 paid off (0.7027335 0.2972665) *
  3) borrower_score< 0.575 2122   938 default (0.4420358 0.5579642)
    6) borrower_score>=0.375 1639   802 default (0.4893228 0.5106772)
     12) payment_inc_ratio< 10.42265 1157   547 paid off (0.5272256 0.4727744)
       24) payment_inc_ratio< 4.42601 334   139 paid off (0.5838323 0.4161677) *
       25) payment_inc_ratio>=4.42601 823   408 paid off (0.5042527 0.4957473)
         50) borrower_score>=0.475 418   190 paid off (0.5454545 0.4545455) *
         51) borrower_score< 0.475 405   187 default (0.4617284 0.5382716) *
     13) payment_inc_ratio>=10.42265 482   192 default (0.3983402 0.6016598) *
    7) borrower_score< 0.375 483   136 default (0.2815735 0.7184265) *
```

트리의 깊이를 들여쓰기의 정도로 쉽게 파악할 수 있다. 각 노드는 해당 분할 규칙에 대해 우세한 쪽으로 결정하는 임시 분류를 의미한다. '손실'은 이러한 임시 분할에서 발생하는 오분류의 개수를 의미한다. 예로 노드 2를 보면 878개의 전체 데이터 가운데 261개의 오분류가 있었다. 괄호 안의 숫자는 해당 데이터에서 대출 상환과 대출 연체 각각의 비율을 의미한다. 예를 들면 노드 13에서는 해당 레코드들 중 60% 정도가 대출 연체라는 것을 말해준다.

사이킷런 문서에는 의사 결정 트리 모델의 텍스트 표현을 만드는 방법이 잘 설명되어 있다. dmba 패키지는 편리한 함수를 포함한다.

```
print(textDecisionTree(loan_tree))
```

```
node=0 test node: go to node 1 if 0 <= 0.5750000178813934 else to node 6
  node=1 test node: go to node 2 if 0 <= 0.32500000298023224 else to node 3
    node=2 leaf node: [[0.785, 0.215]]
    node=3 test node: go to node 4 if 1 <= 10.42264986038208 else to node 5
      node=4 leaf node: [[0.488, 0.512]]
      node=5 leaf node: [[0.613, 0.387]]
  node=6 test node: go to node 7 if 1 <= 9.19082498550415 else to node 10
    node=7 test node: go to node 8 if 0 <= 0.7249999940395355 else to node 9
      node=8 leaf node: [[0.247, 0.753]]
      node=9 leaf node: [[0.073, 0.927]]
    node=10 leaf node: [[0.457, 0.543]]
```

6.2.2 재귀 분할 알고리즘

의사 결정 트리를 만들 때는 **재귀 분할**이라고 하는 알고리즘을 사용한다. 간단하면서도 직관적인 방법이다. 예측변수 값을 기준으로 데이터를 반복적으로 분할해나간다. 분할할 때에는 상대적으로 같은 클래스의 데이터들끼리 구분되도록 한다. [그림 6-4]는 [그림 6-3]의 트리를 통해 만들어진 분할 영역을 보여준다. 규칙 1(rule_number가 1, 그림에서 실선 1)이라고 표시된 가장 첫 번째 규칙은 borrower_score >= 0.575이고 이는 그림의 오른쪽을 분할한다. 그림에서 두 번째 규칙은 borrower_score < 0.375이며 왼쪽 영역을 둘로 나눈다.

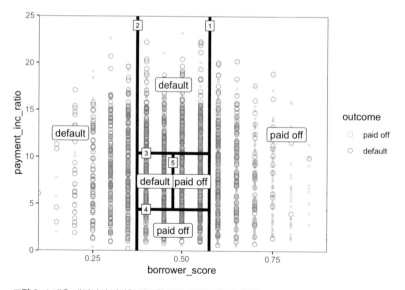

그림 6-4 대출 데이터에 피팅한 간단한 트리 모델의 첫 세 규칙

응답변수 Y와 P개의 예측변수 집합 $X_j (j = 1, \cdots, P)$가 있다고 가정하자. 어떤 파티션(분할 영역) A에 대해, A를 두 개의 하위 분할 영역으로 나누기 위한 가장 좋은 재귀적 분할 방법을 찾아야 한다.

1. 각 예측변수 X_j에 대해,

  a. X_j에 해당하는 각 변수 s_j에 대해

    i. A에 해당하는 모든 레코드를 $X_j < s_j$인 부분과 나머지 $X_j \geq s_j$인 부분으로 나눈다.

    ii. A의 각 하위 분할 영역 안에 해당 클래스의 동질성을 측정한다.

  b. 하위 분할 영역 내에서의 클래스 동질성이 가장 큰 s_j 값을 선택한다.

2. 클래스 동질성이 가장 큰 변수 X_j와 s_j 값을 선택한다.

이제 알고리즘의 재귀 부분이 나온다.

1. 전체 데이터를 가지고 A를 초기화한다.

2. A를 두 부분 A_1과 A_2로 나누기 위해 분할 알고리즘을 적용한다.

3. A_1과 A_2 각각에서 2번 과정을 반복한다.

4. 분할을 해도 더는 하위 분할 영역의 동질성이 개선되지 않을 정도로 충분히 분할을 진행했을 때, 알고리즘을 종료한다.

최종 결과는 2차원이 아니라 P차원이라는 점에서 다를 뿐 [그림 6-4]와 같은 데이터 분할 영역이다. 각 영역은 해당 영역에 속한 응답변수들의 다수결 결과에 따라 0 또는 1로 예측 결과를 결정한다.

NOTE_ 0 또는 1의 이진 결과 외에, 트리 모델은 하위 분할 영역에 존재하는 0과 1의 개수에 따라 확률값을 구할 수도 있다. 간단히 분할 영역에 속하는 0 혹은 1의 개수를 영역에 속한 전체 데이터의 개수로 나누면 구할 수 있다.

$$P(Y = 1) = \frac{\text{파티션 내 1의 개수}}{\text{파티션의 크기}}$$

이렇게 얻은 확률 $P(Y = 1)$을 통해 이진 결정을 할 수 있다. 예를 들어 $P(Y = 1) > 0.5$인 경우, 1로 예측할 수 있다.

6.2.3 동질성과 불순도 측정하기

트리 모델링은 분할 영역 A(기록 집합)를 재귀적으로 만드는 과정이라고 볼 수 있다. 이렇게 만들어진 분할 영역을 통해 $Y = 0$ 혹은 $Y = 1$의 결과를 예측한다. 앞서 설명한 알고리즘에서 이미 소개했듯이, 각 분할 영역에 대한 동질성, 즉 **클래스 순도**^{class purity}를 측정하는 방법이 필요하다. 혹은 동일한 목적을 위해 불순도를 측정해도 된다. 해당 파티션 내에서 오분류된 레코드의 비율 p로 예측의 정확도를 표시할 수 있으며 이는 0(완전)에서 0.5(순수 랜덤 추측) 사이의 값을 갖는다.

정확도는 불순도를 측정하는 데 썩 좋지 않은 것으로 밝혀졌다. 대신 **지니 불순도**^{Gini impurity}와 **엔트로피**^{entropy}가 대표적인 불순도 측정 지표이다. 이들 불순도 지표들은 클래스가 2개 이상인 분류 문제에도 적용 가능하지만 일단 여기서는 설명을 위해 이진 예제를 사용한다. 분할 영역 A의 지니 불순도는 다음과 같이 정의된다.

$$I(A) = p(1-p)$$

엔트로피의 경우는 다음과 같다.

$$I(A) = -p \log_2(p) - (1-p) \log_2(1-p)$$

[그림 6-5]는 정확도가 높은 부분에서 지니 불순도(스케일은 조정했다)와 엔트로피 측정값이 비슷하게 높아지는 것을 보여준다.

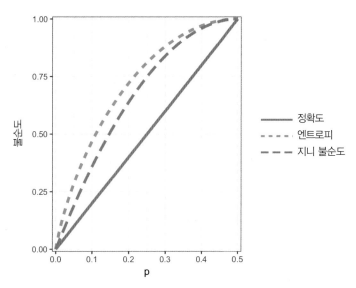

그림 6-5 지니 불순도와 엔트로피 지수

> **CAUTION_ 지니 계수**
>
> 지니 불순도를 **지니 계수**Gini coefficient와 혼동해서는 안 된다. 둘 다 모두 개념적으로 비슷하지만 지니 계수는 이진 분류 문제로 한정되며, AUC 지표(5.4.5절 참고)와 관련이 있는 용어다.

앞에서 설명한 분할 알고리즘에서 이 불순도 측정 지표를 사용했다. 분할로 만들어지는 각 영역에 대해 불순도를 측정한 다음, 가중평균을 계산하고 (단계마다) 가장 낮은 가중평균을 보이는 분할 영역을 선택했다.

6.2.4 트리 형성 중지하기

트리가 커질수록 분할 규칙들은 세분화되고, 실제 믿을 만한 관계들을 확인하는 '큰' 규칙을 만드는 단계에서 노이즈까지 반영하는 '아주 작은' 규칙을 만드는 단계로 점점 변화한다. 잎에서의 순도가 완전히 100%가 될 때까지 다 자란 트리는 학습한 데이터에 대해 100%의 정확도를 갖게 된다.

물론 이 정확도는 오버피팅(6.1.5절의 '편향–분산 트레이드오프' 노트 참고)으로 얻은 허황된 것이다. 학습 데이터의 노이즈까지 학습한 결과이므로 새로운 데이터를 분류할 때 이것은 방해가 된다.

모델이 새로 들어오는 데이터에 대해 좋은 일반화 성능을 얻기 위해 언제 트리 성장을 멈춰야 하는지 결정하는 방법이 필요하다. R과 파이썬에서 가지 분할을 멈추는 여러 방법이 있다.

- 분할을 통해 얻어지는 하위 영역 또는 말단 잎의 크기가 너무 작다면 분할하는 것을 멈춘다. rpart 함수에서 minsplit이나 minbucket 같은 파라미터를 이용해 최소 분할 영역 크기나 말단 잎의 크기를 조절할 수 있다. 기본값은 각각 20과 7이다. 파이썬의 DecisionTreeClassifier에서는 인수 min_samples_split(기본값 2)과 min_samples_leaf(기본값 1)를 사용하여 이를 제어할 수 있다.

- 새로운 분할 영역이 '유의미'한 정도로 불순도를 줄이지 않는다면 굳이 분할하지 않는다. rpart 함수에서 트리의 복잡도를 의미하는 **복잡도 파라미터**complexity parameter인 cp를 이용해 이를 조절한다. 트리가 복잡해질수록 cp의 값이 증가한다. 실무에서는 트리의 복잡도가 추가적으로 늘어나는 만큼 cp를 벌점으로 간주해 트리 성장을 제한하는 데 사용된다. 파이썬의 DecisionTreeClassifier에는 인수 min_impurity_decrease가 있으며, 이는 가중불순도 감소값에 따라 분할을 제한한다. 여기서 이 값이 작을수록 트리는 더 복잡해진다.

다소 임의적이라고 할 수 있는 이 방법들은 탐색 작업에 유용할 수 있지만 최적값(새로운 데이터에 대한 예측 정확도를 최대화하기 위한 값)을 결정하기가 매우 어렵다. 교차 검증을 모델 파라미터를 체계적으로 변경하거나 가지치기를 통해 트리를 수정하는 것과 결합해야 한다.

R에서 트리 복잡도 제어하기

복잡도 파라미터 cp를 이용하면 어떤 크기의 트리가 새로운 데이터에 대해 가장 좋은 성능을 보일지 추정할 수 있다. cp가 매우 작다면 트리는 실제 의미 있는 신호뿐 아니라 노이즈까지 학습하여 오버피팅되는 문제가 발생하게 될 것이다. 반면에 cp가 너무 크다면 트리가 너무 작아 예측 능력을 거의 갖지 못할 것이다. rpart 함수의 기본 설정은 0.01로 다소 큰 값이다. 이전 예제에서 기본값을 그대로 사용하면 트리 분할이 단 한 번만 일어나므로, 예제에서는 cp를 0.005로 지정했다. 보통은 사전 탐색 분석에서 몇 가지 값을 테스트해보는 것으로도 충분하다.

최적의 cp를 결정하는 것은 편향–분산 트레이드오프를 보여주는 하나의 대표적인 예라고 할 수 있다. cp를 추정하는 가장 일반적인 방법은 교차타당성 검정(4.2.3절 참고)을 이용하는 것이다.

1. 데이터를 학습용 데이터와 타당성검사용(홀드아웃) 데이터로 나눈다.

2. 학습 데이터를 이용해 트리를 키운다.

3. 트리를 단계적으로 계속해서 가지치기한다. 매 단계마다 **학습 데이터**를 이용해 cp를 기록한다.

4. **타당성검사 데이터**에 대해 최소 에러(손실)를 보이는 cp를 기록한다.

5. 데이터를 다시 학습용 데이터와 타당성검사용 데이터로 나누고, 마찬가지로 트리를 만들고 가지치기하고 cp를 기록하는 과정을 반복한다.

6. 이를 여러 번 반복한 후 각 트리에서 최소 에러를 보이는 cp 값의 평균을 구한다.

7. 원래 데이터를 이용해 위에서 구한 cp의 최적값을 가지고 트리를 만든다.

rpart 함수에서 변수 cptable을 이용해 cp 값과 이에 해당하는 교차타당성검사 에러(변수 xerror)를 보이는 테이블을 얻을 수 있다. 이를 참고해 교차타당성검사 에러가 가장 적은 cp 값을 선정할 수 있다.

파이썬에서 트리 복잡도 제어하기

사이킷런에 구현된 의사 결정 트리에서 복잡도를 위한 인수는 cpp_alpha다. 기본값은 0이며, 이는 트리를 가지치기하지 않는다. 값이 높아질수록 트리는 작아진다. GridSearchCV를 사용하여 최적의 값을 찾을 수 있다.

트리 크기를 제어할 수 있는 다양한 모델 파라미터가 있다. 예를 들어 max_depth는 5에서 30 사이, min_samples_split은 20에서 100 사이의 범위로 값을 변화시킬 수 있다. 사이킷런의 GridSearchCV 방법은 모든 조합에 대한 완전 검색과 교차 검증을 결합한 편리한 방법이다. 그런 다음 교차 검증한 모델의 성능을 이용하여 최적의 파라미터 셋을 선택한다.

6.2.5 연속값 예측하기

트리 모델을 이용해 연속값을 예측하는 방법(**회귀분석**)은 위에서 소개한 것과 동일한 논리 구조와 과정을 거친다. 다만 각 하위 분할 영역에서 평균으로부터의 편차들을 제곱한 값을 이용해 불순도를 측정한다는 점과 제곱근평균제곱오차(RMSE, 4.2.2절 참고)를 이용해 예측 성능을 평가한다는 점에서 차이가 있다.

사이킷런에는 의사 결정 트리 회귀모형을 학습시키기 위한 sklearn.tree.DecisionTreeRegressor 메서드가 있다.

6.2.6 트리 활용하기

어떤 조직이든 예측 모델링을 수행하는 담당자들이 겪는 가장 큰 어려움은 사용하는 모델이 '블랙박스'와 같은 성질을 갖는다는 것이다. 이는 조직의 다른 부서로부터 반론을 제기할 빌미를 제공한다. 이러한 면에서 트리 모델은 아래 두 가지 장점을 갖는다.

- 트리 모델은 데이터 탐색을 위한 시각화가 가능하다. 이는 어떤 변수가 중요하고 변수 간에 어떤 관계가 있는지를 보여준다. 트리 모델은 예측변수들 간의 비선형 관계를 담아낼 수 있다.
- 트리 모델은 일종의 규칙들의 집합set of rules이라고 볼 수 있다. 따라서 실제 구현 방법에 대해서, 아니면 데이터 마이닝 프로젝트 홍보에 대해서 비전문가들과 대화하는 데 아주 효과적이라고 할 수 있다.

하지만 예측에 관해서는, 다중 트리에서 나온 결과를 이용하는 것이 단일 트리를 이용하는 것보다 보통은 훨씬 강력하다. 특히 랜덤 포레스트와 부스팅 트리 알고리즘은 거의 항상 우수한 예측 정확도나 성능을 보여준다. 물론 앞서 설명한 단일 트리의 장점들을 잃어버린다는 단점이 있다.

> **주요 개념**
> - 의사 결정 트리는 결과를 분류하거나 예측하기 위한 일련의 규칙들을 생성한다.
> - 이 규칙들은 데이터를 하위 영역으로 연속적으로 분할하는 것과 관련이 있다.
> - 각 분할 혹은 분기는 어떤 한 예측변수 값을 기준으로 데이터를 위아래 두 부분으로 나누는 것이다.
> - 각 단계마다, 트리 알고리즘은 결과의 불순도를 최소화하는 쪽으로 영역 분할을 진행한다.
> - 더 이상 분할이 불가능할 때, 트리가 완전히 자랐다고 볼 수 있으며 각 말단 노드 혹은 잎 노드에 해당하는 레코드들은 단일 클래스에 속한다. 새로운 데이터는 이 규칙 경로를 따라 해당 클래스로 할당된다.

- 완전히 자란 트리는 데이터를 오버피팅하기 때문에, 노이즈를 제외한 신호에만 반응하도록 트리에 가지치기를 수행해야 한다.
- 랜덤 포레스트나 부스팅 트리 같은 다중 트리 알고리즘은 우수한 예측 성능을 보장한다. 하지만 규칙에 기반을 둔 단일 트리 방법의 장점이라고 할 수 있는 전달 능력은 잃어버린다.

6.2.7 더 읽을 거리

- 어낼리틱스 비디아Analytics Vidhya의 집필진이 쓴 트리 모델링 튜토리얼을 참고하자. *https://www.analyticsvidhya.com/blog/2016/04/complete-tutorial-tree-based-modeling-scratch-in-python* 혹은 *https://oreil.ly/zOr4B*

- 테리 M. 서노Terry M. Therneau 등이 쓴 rpart 패키지 문서를 참고하자. *https://cran.r-project.org/web/packages/rpart/vignettes/longintro.pdf*

6.3 배깅과 랜덤 포레스트

1906년 통계학자 프랜시스 골턴이 영국에서 열린 한 카운티 박람회에 참석했을 때, 수소의 무게를 알아맞히는 대회가 진행 중이었다. 800여 명이 참석해 각기 다른 다양한 예측을 내놓았다. 예측은 다양했지만 예측의 평균과 중간값은 수소의 실제 무게에 1% 오차로 근접했다. 제임스 서로위키James Surowiecki는 『대중의 지혜』(랜덤하우스코리아, 2005)에서 이 일화를 자세히 소개했다. 이 원리는 예측 모델에도 적용된다. 즉 다중 모델의 평균을 취하는 방식(혹은 다수결 투표), 다른 말로 **앙상블** 모델은 단일 모델을 사용하는 것보다 더 나은 성능을 보인다.

> **용어 정리**
>
> - **앙상블**ensemble : 여러 모델의 집합을 이용해서 하나의 예측을 이끌어내는 방식(유의어: 모델 평균화model averaging)
> - **배깅**bagging : 데이터를 부트스트래핑해서 여러 모델을 만드는 일반적인 방법(유의어: 부트스트랩 종합bootstrap aggregation)
> - **랜덤 포레스트**random forest : 의사 결정 트리 모델에 기반을 둔 배깅 추정 모델(유의어: 배깅 의사 결정 트리)
> - **변수 중요도**variable importance : 모델 성능에 미치는 예측변수의 중요도

앙상블 접근법은 여러 다른 모델링 방법에도 적용된다. 최근 넷플릭스가 진행한 넷플릭스 콘테스트에서 100만 달러의 상금을 받은 참가자 역시 넷플릭스 고객들의 영화 평점 예측을 10% 정도 향상시키는 데 앙상블 모델을 사용했다. 앙상블 방법의 가장 간단한 버전은 다음과 같다.

1. 주어진 데이터에 대해 예측 모델을 만들고 예측 결과를 기록한다.

2. 같은 데이터에 대해 여러 모델을 만들고 결과를 기록한다.

3. 각 레코드에 대해 예측된 결과들의 평균(또는 가중평균, 다수결 투표)을 구한다.

앙상블 기법은 의사 결정 트리에 체계적이고 효과적으로 적용되어 왔다. 앙상블 기법은 상대적으로 적은 노력만으로도 좋은 예측 모델을 만들 수 있다는 점에서 정말 강력하다.

앞서 소개한 단순한 앙상블 방법 외에, 가장 많이 사용되는 **배깅**과 **부스팅**이라는 앙상블 방법이 있다. 앙상블 기법이 트리 모델에 적용될 경우, **랜덤 포레스트**와 **부스팅 트리**가 각각 이에 해당한다. 이번 절에서는 배깅에 대해 알아보자. 부스팅은 6.4절에서 다룬다.

6.3.1 배깅

배깅이란 '부트스트랩 종합bootstrap aggregating'의 줄임말로 1994년 레오 브레이먼이 처음 발표했다. 응답변수 Y와 P개의 예측변수 $\mathbf{X} = X_1, X_2, \cdots, X_P$로 이루어진 N개의 레코드가 있다고 가정하자.

배깅은 다양한 모델들을 정확히 같은 데이터에 대해 구하는 대신, 매번 부트스트랩 재표본에 대해 새로운 모델을 만든다. 이 부분만 빼면 앞에서 설명한 기본 앙상블 방법과 동일하다. 알고리즘은 다음과 같다.

1. 만들 모델의 개수 M과 모델을 만드는 데 사용할 레코드의 개수 n ($n < N$)의 값을 초기화한다. 반복 변수 $m = 1$로 놓는다.

2. 훈련 데이터로부터 복원추출 방법으로 n개의 부분 데이터 Y_m과 $\mathbf{X}_m$을 부트스트랩 재표본 추출한다.

3. 의사 결정 규칙 $\hat{f}_m(\mathbf{X})$를 얻기 위해, Y_m과 $\mathbf{X}_m$을 이용해 모델을 학습한다.

4. $m = m + 1$로 모델 개수를 늘린다. $m <= M$이면 다시 2단계로 간다.

$\hat{f}_m$ 이 $Y = 1$인 경우의 확률을 예측한다고 했을 때, 배깅 추정치는 다음과 같이 정의할 수 있다.

$$\hat{f} = \frac{1}{M}\left(\hat{f}_1(\mathbf{X}) + \hat{f}_2(\mathbf{X}) + \cdots + \hat{f}_M(\mathbf{X})\right)$$

6.3.2 랜덤 포레스트

랜덤 포레스트[7]는 의사 결정 트리 모델에 한 가지 중요한 요소가 추가된 배깅 방법을 적용한 모델이다. 바로 레코드를 표본추출할 때, 변수 역시 샘플링하는 것이다. 일반적인 의사 결정 트리에서는 하위 분할 영역 A를 만들 때, 지니 불순도와 같은 기준값이 최소화되도록 변수와 분할 지점을 결정했다(6.2.3절 참고). 랜덤 포레스트에서는 알고리즘의 각 단계마다, 고를 수 있는 **변수가 랜덤하게 결정된 전체 변수들의 부분집합**에 한정된다. 기본 트리 알고리즘(6.2.2절 참고)에 비해 랜덤 포레스트에는 앞서 언급한 배깅과 각 분할을 위한 변수의 부트스트랩 샘플링, 이 두 가지 단계가 다음과 같이 추가된다.

1. 전체 데이터로부터 부트스트랩 샘플링(복원추출)을 한다.

2. 첫 분할을 위해 비복원 임의표본추출로 $p\,(p < P)$개의 변수를 샘플링한다.

3. 샘플링된 변수 $X_{j(1)}$, $X_{j(2)}$, $\cdots$, $X_{j(p)}$에 대해 분할 알고리즘을 적용한다.

   a. $X_{j(k)}$의 각 변수 $s_{j(k)}$에 대해

      i. 파티션 A에 있는 레코드들을 $X_{j(k)} < s_{j(k)}$인 하위 영역과 $X_{j(k)} \geq s_{j(k)}$인 하위 영역으로 나눈다.

      ii. A의 각 하위 영역 내부의 클래스의 동질성을 측정한다.

   b. 분할 영역 내부의 클래스 동질성을 최대로 하는 $s_{j(k)}$의 값을 선택한다.

4. 분할 영역 내부의 클래스 동질성을 최대로 하는 $X_{j(k)}$와 $s_{j(k)}$ 값을 선택한다.

5. 다음 분할을 진행하기 위해, 2단계부터 시작해 이전 단계들을 반복한다.

6. 트리가 모두 자랄 때까지 위와 같은 분할 과정을 반복한다.

....

7 **랜덤 포레스트**라는 용어 자체는 레오 브레이먼과 아델 커틀러가 등록한 상표이며 샐퍼드 시스템에 라이선스가 등록되어 있다. 상표등록 안 된 표준화된 다른 이름은 없다. 보통 화장지를 크리넥스라고 부르는 것처럼, 이런 알고리즘들을 랜덤 포레스트라고 부른다.

7. 1단계로 돌아가 또 다른 부트스트랩 표본을 추출해 같은 과정을 반복한다.

그렇다면 각 단계마다 몇 개 정도의 변수를 샘플링해야 할까? 보통은 전체 변수의 개수가 P일 때, $\sqrt{P}$ 개 정도를 선택한다. R에는 랜덤 포레스트를 구현해놓은 **randomForest**라는 패키지가 있다. 아래 코드는 대출 데이터(6.1절 참고)를 이 패키지에 적용하는 예를 보여준다.

```
rf <- randomForest(outcome ~ borrower_score + payment_inc_ratio,
                   data=loan3000)
rf

Call:
 randomForest(formula = outcome ~ borrower_score + payment_inc_ratio,
     data = loan3000)
             Type of random forest: classification
                   Number of trees: 500
No. of variables tried at each split: 1

    OOB estimate of error rate: 39.17%
Confusion matrix:
        default  paid off  class.error
default     873       572   0.39584775
paid off    603       952   0.38778135
```

파이썬에서는 **sklearn.ensemble.RandomForestClassifier** 메서드를 사용한다.

```
predictors = ['borrower_score', 'payment_inc_ratio']
outcome = 'outcome'

X = loan3000[predictors]
y = loan3000[outcome]

rf = RandomForestClassifier(n_estimators=500, random_state=1, oob_score=True)
rf.fit(X, y)
```

기본적으로 500개의 트리를 학습을 통해 생성한다. 여기서는 예측변수를 두 개만 사용했기 때문에, 알고리즘은 매 단계마다 둘 중 한 변수를 랜덤하게 선택하게 된다(즉 부트스트랩 샘플의 크기가 1이다).

주머니 외부^out-of-bag(OOB) 추정 에러는 트리 모델을 만들 때 사용했던 학습 데이터에 속하지 않는 데이터를 사용해 구한, 학습된 모델의 오차율을 말한다. R에서는 모델의 출력을 이용해 랜덤 포레스트에서 트리의 개수에 따른 OOB 에러의 변화를 그려볼 수 있다.

```r
error_df = data.frame(error_rate=rf$err.rate[,'OOB'],
                      num_trees=1:rf$ntree)
ggplot(error_df, aes(x=num_trees, y=error_rate)) +
  geom_line()
```

파이썬의 RandomForestClassifier 메서드는 랜덤 포레스트에서 트리 개수에 따라 OOB를 추정하기 위한 쉬운 방법을 제공하지 않는다. 트리 수를 증가해가며 분류기들을 차례로 학습시켜서 oob_score_values를 얻을 수 있다. 그러나 이 방법은 효율적이지 않다.

```python
n_estimator = list(range(20, 510, 5))
oobScores = []
for n in n_estimator:
    rf = RandomForestClassifier(n_estimators=n, criterion='entropy',
                                max_depth=5, random_state=1, oob_score=True)
    rf.fit(X, y)
    oobScores.append(rf.oob_score_)
df = pd.DataFrame({ 'n': n_estimator, 'oobScore': oobScores })
df.plot(x='n', y='oobScore')
```

[그림 6-6]은 이 결과를 보여준다. 오차율이 0.44에서 0.385 정도가 될 때까지 빠르게 감소한 후 비슷한 수준을 유지하는 것을 볼 수 있다. R에서는 predict 함수를 이용해 예측값을 구하고 이를 다음과 같이 그래프로 만들 수 있다.

```r
pred <- predict(rf, prob=TRUE)
rf_df <- cbind(loan3000, pred = pred)
ggplot(data=rf_df, aes(x=borrower_score, y=payment_inc_ratio,
                       shape=pred, color=pred, size=pred)) +
  geom_point(alpha=.8) +
  scale_color_manual(values = c('paid off'='#b8e186', 'default'='#d95f02')) +
  scale_shape_manual(values = c('paid off'=0, 'default'=1)) +
  scale_size_manual(values = c('paid off'=0.5, 'default'=2))
```

파이썬에서는 다음과 같이 이와 유사한 그래프를 만들 수 있다.

```
predictions = X.copy()
predictions['prediction'] = rf.predict(X)
predictions.head()

fig, ax = plt.subplots(figsize=(4, 4))

predictions.loc[predictions.prediction=='paid off'].plot(
    x='borrower_score', y='payment_inc_ratio', style='.',
    markerfacecolor='none', markeredgecolor='C1', ax=ax)
predictions.loc[predictions.prediction=='default'].plot(
    x='borrower_score', y='payment_inc_ratio', style='o',
    markerfacecolor='none', markeredgecolor='C0', ax=ax)
ax.legend(['paid off', 'default'])
ax.set_xlim(0, 1)
ax.set_ylim(0, 25)
ax.set_xlabel('borrower_score')
ax.set_ylabel('payment_inc_ratio')
```

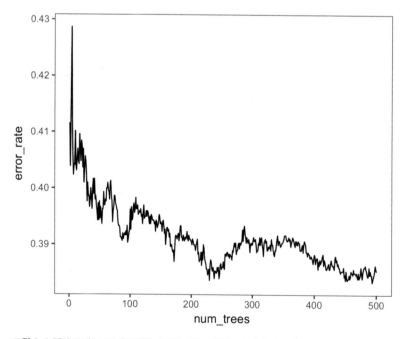

그림 6-6 랜덤 포레스트에서 트리를 추가할 때마다 정확도가 개선되는 예를 볼 수 있다.

[그림 6-7]은 랜덤 포레스트의 특징을 잘 보여주는 그림이다.

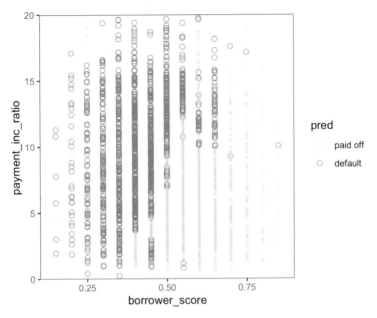

그림 6-7 대출 데이터로 구한 랜덤 포레스트로부터 얻은 예측 결과를 보여준다.

랜덤 포레스트는 일종의 '블랙박스' 모델이다. 단순한 단일 트리보다 훨씬 정확한 예측 성능을 보이지만 간단한 트리를 통해 얻을 수 있는 직관적인 해석은 불가능하다. 랜덤 포레스트의 예측 결과 역시 다소 지저분하다. 신용점수가 높은 사람 중에도 대출을 다 갚지 못할 것이라는 예측 결과가 나오는 것을 볼 수 있다. 이것은 데이터에서 일반적이지 않은 예외 사항까지 학습해서 생기는 결과로, 랜덤 포레스트에 의한 오버피팅의 위험성을 보여준다(6.1.5절의 '편향-분산 트레이드오프' 노트 참고).

6.3.3 변수 중요도

랜덤 포레스트는 피처와 레코드의 개수가 많은 데이터에 대해 예측 모델을 만들 때 장점을 발휘한다. 다수의 예측변수 중 어떤 것이 중요한지, 그리고 이들 사이에 존재하는 상관관계 항들(4.5.4절 참고)에 대응되는 복잡한 관계들을 자동으로 결정하는 능력이 있다. 예를 들어 대출 데이터에서 모든 변수를 고려한 모델을 찾는다고 하자. R에서는 다음과 같이 할 수 있다.

```
rf_all <- randomForest(outcome ~ ., data=loan_data, importance=TRUE)
rf_all

Call:
 randomForest(formula = outcome ~ ., data = loan_data, importance = TRUE)
               Type of random forest: classification
                     Number of trees: 500
No. of variables tried at each split: 4

        OOB estimate of  error rate: 33.79%

Confusion matrix:
        paid off default class.error
paid off   14676    7995   0.3526532
default     7325   15346   0.3231000
```

파이썬에서는 다음과 같다.

```
predictors = ['loan_amnt', 'term', 'annual_inc', 'dti', 'payment_inc_ratio',
              'revol_bal', 'revol_util', 'purpose', 'delinq_2yrs_zero',
              'pub_rec_zero', 'open_acc', 'grade', 'emp_length', 'purpose_',
              'home_', 'emp_len_', 'borrower_score']
outcome = 'outcome'

X = pd.get_dummies(loan_data[predictors], drop_first=True)
y = loan_data[outcome]

rf_all = RandomForestClassifier(n_estimators=500, random_state=1)
rf_all.fit(X, y)
```

importance = TRUE 설정은 randomForest 함수에 다른 변수들의 중요도에 관한 정보를 추가적으로 저장하도록 요청한다. varImpPlot 함수는 변수들의 상대적인 (해당 변수의 변화에 따른) 성능을 그래프를 통해 보여준다.

```
varImpPlot(rf_all, type=1)   #① 정확도의 평균 감소량
varImpPlot(rf_all, type=2)   #② 노드 불순도의 평균 감소량
```

파이썬에서 RandomForestClassifier는 학습 중에 피처의 중요도에 대한 정보를 수집하고 feature_importances_ 필드를 통해 이것을 사용할 수 있다.

```
importances = rf_all.feature_importances_
```

'지니 감소'는 피팅된 분류기의 **feature_importance_** 속성으로 사용할 수 있다. 그러나 파이썬에서는 정확도 감소를 즉시 사용할 수 없다. 다음 코드를 사용하여 **scores**를 계산할 수 있다.

```python
rf = RandomForestClassifier(n_estimators=500)
scores = defaultdict(list)

# 데이터의 다양한 무작위 분할에 대해 scores를 교차 검증한다.
for _ in range(3):
    train_X, valid_X, train_y, valid_y = train_test_split(X, y, test_size=0.3)
    rf.fit(train_X, train_y)
    acc = metrics.accuracy_score(valid_y, rf.predict(valid_X))
    for column in X.columns:
        X_t = valid_X.copy()
        X_t[column] = np.random.permutation(X_t[column].values)
        shuff_acc = metrics.accuracy_score(valid_y, rf.predict(X_t))
        scores[column].append((acc-shuff_acc)/acc)
```

결과는 [그림 6–8]과 같다. 파이썬으로는 다음과 같이 비슷한 그래프를 만들 수 있다.

```python
df = pd.DataFrame({
    'feature': X.columns,
    'Accuracy decrease': [np.mean(scores[column]) for column in X.columns],
    'Gini decrease': rf_all.feature_importances_,
})
df = df.sort_values('Accuracy decrease')

fig, axes = plt.subplots(ncols=2, figsize=(8, 4.5))
ax = df.plot(kind='barh', x='feature', y='Accuracy decrease',
             legend=False, ax=axes[0])
ax.set_ylabel('')

ax = df.plot(kind='barh', x='feature', y='Gini decrease',
             legend=False, ax=axes[1])
ax.set_ylabel('')
ax.get_yaxis().set_visible(False)
```

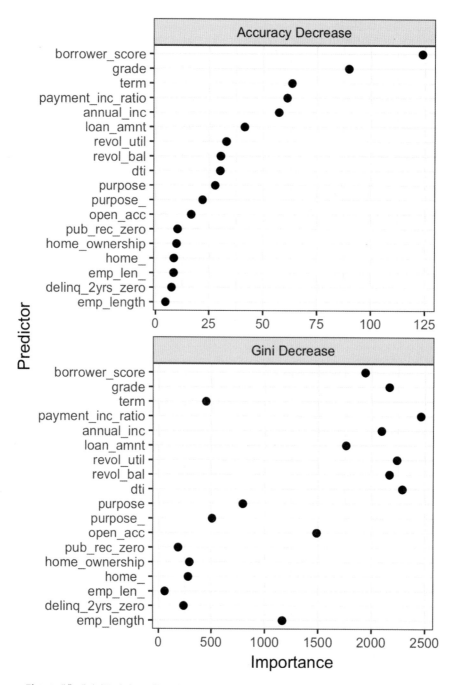

그림 6-8 대출 데이터를 가지고 구한 모델에서 변수들의 중요도를 보여준다.

변수 중요도를 측정하는 데에는 두 가지 방법이 있다.

- 변수의 값을 랜덤하게 섞었다면, 모델의 정확도가 감소하는 정도를 측정한다(type=1). 변수를 랜덤하게 섞는 다는 것은 해당 변수가 예측에 미치는 모든 영향력을 제거하는 것을 의미한다. 정확도는 OOB 데이터로부터 얻는다(결국 교차타당성검사와 같은 효과를 갖는다).
- 특정 변수를 기준으로 분할이 일어난 모든 노드에서 불순도 점수(6.2.3절 참고)의 평균 감소량을 측정한다 (type=2). 이 지표는 해당 변수를 포함하는 것이 노드의 순도를 얼마나 개선하는지를 나타낸다. 물론 이 지표 는 학습 데이터를 기반으로 측정되기 때문에, OOB 데이터를 가지고 계산한 것에 비해 믿을 만하지 않다.

[그림 6-8]의 위아래 그림은 각각 정확도와 지니 불순도가 감소하는 정도를 이용해 변수 중요 도를 보여준다. 정확도 감소량을 기준으로 변수들의 순위를 결정했다. 두 지표를 통해 알아본 변수 중요도가 서로 다른 것을 볼 수 있다.

정확도 감소량이 좀 더 믿을 만한 지표라면 지니 불순도를 군이 고려할 필요가 있을까? 기본 적으로 randomForest 함수는 지니 불순도만을 활용한다. 모델의 정확도는 추가적인 계산(랜 덤 순열 조합으로 데이터를 뽑고 이 데이터를 이용해 예측 결과를 구하는 일련의 과정)이 필요 한 반면, 지니 불순도는 알고리즘상에서 부차적으로 얻어지는 결과물이다. 예를 들어 몇천 개 의 모델을 만들어야 해서 계산 복잡도가 중요하다면, 프로덕션 상황에서는 계산을 더 해서 얻 는 이득이 거의 없을 수 있다. 또한 지니 불순도의 감소를 통해 분할 규칙을 만드는 데 어떤 변 수를 사용하는 것이 좋을지를 더욱 분명히 알 수 있다. 물론 간단한 트리 모델이 갖고 있는 쉽 게 해석이 가능하다는 장점을 랜덤 포레스트에서는 찾아볼 수 없다.

6.3.4 하이퍼파라미터

다른 여러 머신러닝 알고리즘과 마찬가지로 랜덤 포레스트는 성능을 조절할 수 있는 손잡이가 달린 일종의 블랙박스 알고리즘이라고 할 수 있다. 이러한 손잡이를 **하이퍼파라미터**hyperparameter 라고 부르고, 이 파라미터들은 모델을 학습하기 전에 미리 정해야 한다. 이 값들은 학습 과정 중에 최적화되지 않는다. 기존의 통계 모델에서는 이것이 선택 사항이었다면 (예를 들어 회귀 모형에서 사용할 예측변수들을 선택하는 것), 랜덤 포레스트에서 하이퍼파라미터는 좀 더 결 정적인 영향을 미치는 중요한 요소이다. 특히 오버피팅을 피하기 위해 매우 중요하다. 랜덤 포 레스트에는 아래 두 가지 가장 중요한 하이퍼파라미터들이 존재한다.

nodesize/min_samples_leaf

말단 노드(나무에서 잎 부분)의 크기를 의미한다. R에서 분류 문제를 위한 기본 설정은 1이며, 회귀 문제에서는 5이다. 파이썬의 사이킷런에서는 기본 설정이 둘 다 모두 1이다.

maxnodes/max_leaf_nodes

각 결정 트리에서 전체 노드의 최대 개수를 의미한다. 기본적으로는 제한이 없고 다만 nodesize 제한 설정에 따라 가장 큰 트리의 크기가 결정된다. 파이썬에서는 최대 단말 노드 수를 지정한다. 두 파라미터 사이에는 다음과 같은 관계가 있다.

```
maxnodes = 2 * max_leaf_nodes - 1
```

물론 이러한 파라미터들을 무시하고 그냥 기본 설정으로 가고 싶은 유혹이 있을 수 있다. 하지만 랜덤 포레스트를 노이즈가 많은 데이터에 적용할 때, 기본 설정으로는 오버피팅에 빠질 수 있다. nodesize/min_samples_leaf와 maxnodes/max_leaf_nodes를 크게 하면 더 작은 트리를 얻게 되고 거짓 예측 규칙들을 만드는 것을 피할 수 있게 된다. 하이퍼파라미터에 다른 값들을 적용했을 때의 효과를 알아보려면 교차타당성검사(4.2.3절 참고)를 이용할 수 있다.

> **주요 개념**
> - 앙상블 모델은 많은 모델로부터 얻은 결과를 서로 결합해 모델 정확도를 높인다.
> - 배깅은 앙상블 모델 가운데 하나의 형태로, 부트스트랩 샘플을 이용해 많은 모델들을 생성하고 이 모델들을 평균화한다.
> - 랜덤 포레스트는 배깅 기법을 의사 결정 트리 알고리즘에 적용한 특별한 형태이다. 랜덤 포레스트에서는 데이터를 재표본추출하는 동시에 트리를 분할할 때 예측변수 또한 샘플링한다.
> - 랜덤 포레스트로부터 나오는 출력 중 유용한 것은 예측변수들이 모델 정확도에 미치는 영향력을 의미하는 변수 중요도이다.
> - 랜덤 포레스트에서는 오버피팅을 피하기 위해 교차타당성검사를 통해 조정된 하이퍼파라미터를 사용한다.

6.4 부스팅

앙상블 모델은 예측 모델링 쪽에서 표준 방법이 되고 있다. **부스팅**은 모델들을 앙상블 형태로 만드는 일반적인 기법이다. 이는 **배깅**(6.3절 참고)과 비슷한 시기에 개발되었다. 배깅과 마찬가지로 부스팅 역시 결정 트리에 가장 많이 사용된다. 비슷한 면도 있지만, 부스팅은 훨씬 많은 부가 기능을 가진 전혀 다른 방법이다. 배깅은 상대적으로 튜닝이 거의 필요 없지만 부스팅은 적용하고자 하는 문제에 따라 주의가 필요하다. 자동차에 비유하자면, 배깅은 (신뢰할 수 있고 안정적인) 혼다 어코드와 같고, 부스팅은 (강력하지만 더 많은 주의가 필요한) 포르쉐와 같다.

선형회귀모형에서는 피팅이 더 개선될 수 있는지 알아보기 위해 잔차를 종종 사용했다(4.6.4절 참고). 부스팅은 바로 이러한 개념을 더 발전시켜, 이전 모델이 갖는 오차를 줄이는 방향으로 다음 모델을 연속적으로 생성한다. **에이다부스트, 그레이디언트 부스팅, 확률적 그레이디언트 부스팅**은 가장 자주 사용되는 변형된 형태의 부스팅 알고리즘이다. 이 중에서도 확률적 그레이디언트 부스팅이 일반적으로 가장 널리 사용된다. 실제로 파라미터만 올바르게 잘 선택한다면 이 알고리즘은 랜덤 포레스트를 그대로 에뮬레이션할 수 있다.

용어 정리

- **앙상블**ensemble : 여러 모델들의 집합을 통해 예측 결과를 만들어내는 것(유의어: 모델 평균화)
- **부스팅**boosting : 연속된 라운드마다 잔차가 큰 레코드들에 가중치를 높여 일련의 모델들을 생성하는 일반 기법
- **에이다부스트**AdaBoost : 잔차에 따라 데이터의 가중치를 조절하는 부스팅의 초기 버전
- **그레이디언트 부스팅**gradient boosting : 비용함수cost function를 최소화하는 방향으로 부스팅을 활용하는 좀 더 일반적인 형태
- **확률적 그레이디언트 부스팅**stochastic gradient boosting : 각 라운드마다 레코드와 열을 재표본추출하는 것을 포함하는 부스팅의 가장 일반적인 형태
- **정규화**regularization[8] : 비용함수에 모델의 파라미터 개수에 해당하는 벌점 항을 추가해 오버피팅을 피하는 방법
- **하이퍼파라미터**hyperparameter : 알고리즘을 피팅하기 전에 미리 세팅해야 하는 파라미터

---

8 옮긴이_ 지금까지 다뤘던 정규화(표준화)와는 다른 개념으로, 혼동하지 않도록 모두 원어를 병기했다(6장에만 등장한다).

6.4.1 부스팅 알고리즘

다양한 부스팅 알고리즘이 존재하며 이들의 바탕에 깔려 있는 기본 아이디어는 모두 같다고 할 수 있다. 가장 이해하기 쉬운 에이다부스트 알고리즘부터 알아보자. 알고리즘은 다음과 같다.

1. 먼저 피팅할 모델의 개수 M을 설정한다. 그리고 반복 횟수를 의미하는 $m = 1$로 초기화한다. 관측 가중치 $w_i = 1/N$으로 초기화한다($i = 1, 2, \cdots, N$). 앙상블 모델을 $\hat{F}_0 = 0$으로 초기화한다.

2. 관측 가중치 $w_1, w_2, \cdots, w_N$을 이용해 모델 $\hat{f}_m$을 학습한다. 이때 잘못 분류된 관측치에 대해 가중치를 적용한 합을 의미하는 가중 오차 e_m이 최소화되도록 학습한다.

3. 앙상블 모델에 다음 모델을 추가한다. $\hat{F}_m = \hat{F}_{m-1} + \alpha_m \hat{f}_m$ 여기서 $\alpha_m = \dfrac{\log 1 - e_m}{e_m}$ 이다.

4. 잘못 분류된 입력 데이터에 대한 가중치를 증가하는 방향으로 가중치 $w_1, w_2, \cdots, w_N$을 업데이트한다. α_m에 따라 증가 폭이 결정되며, α_m이 클수록 가중치가 더 커진다.

5. 모델 반복 횟수를 $m = m + 1$으로 증가시키고 $m <= M$이면 다시 2단계로 돌아간다.

이 과정을 통해 얻은 부스팅 추정치는 다음과 같다.

$$\hat{F} = \alpha_1 \hat{f}_1 + \alpha_2 \hat{f}_2 + \cdots + \alpha_M \hat{f}_M$$

잘못 분류된 관측 데이터에 가중치를 증가시킴으로써, 현재 성능이 제일 떨어지는 데이터에 대해 더 집중해서 학습을 하도록 하는 효과를 가져온다. α_m 값을 이용해 모델의 오차가 낮을수록 더 큰 가중치를 부여한다.

그레이디언트 부스팅은 에이다부스팅과 거의 비슷하지만, 비용함수를 최적화하는 접근법을 사용했다는 점에서 차이가 있다. 그레이디언트 부스팅에서는 가중치를 조정하는 대신에 모델이 **유사잔차**pseudo-residual를 학습하도록 한다. 이는 잔차가 큰 데이터를 더 집중적으로 학습하는 효과를 가져온다. 확률적 그레이디언트 부스팅에서는 랜덤 포레스트에서와 유사하게, 매 단계마다 데이터와 예측변수를 샘플링하는 식으로 그레이디언트 부스팅에 랜덤한 요소를 추가한다.

6.4.2 XG부스트

부스팅 방법 가운데 대중적으로 가장 많이 사용되는 오픈소스 소프트웨어는 **XG부스트**^{XGBoost}라고 할 수 있다. 확률적 그레이디언트 부스팅을 구현한 이 소프트웨어는 워싱턴 대학교의 천 롄치^{Tianqi Chen}와 카를로스 게스트린^{Carlos Guestrin}에 의해 처음 개발되었다. 여러 가지 옵션이 효율적으로 구현되었고, 대부분의 데이터 과학 소프트웨어 언어를 지원하는 패키지를 제공한다. R에서도 xgboost 패키지를 이용해 XG부스트를 사용할 수 있다(*https://xgboost.readthedocs.io*). 파이썬에도 같은 이름의 패키지가 존재한다.

xgboost 함수는 우리가 직접 조정할 수 있는 다양한 파라미터들을 제공한다(자세한 내용은 6.4.4절 참고). 이 가운데 가장 중요한 파라미터 두 가지는 subsample과 eta라고 할 수 있다. subsample은 각 반복 구간마다 샘플링할 입력 데이터의 비율을 조정한다. 또한 eta는 부스팅 알고리즘에서 α_m(6.4.1절 참고)에 적용되는 축소 비율을 결정한다. subsample 설정에 따라 비복원 추출로 샘플링한다는 점만 빼면 부스팅은 마치 랜덤 포레스트같이 동작한다. 축소 파라미터 eta는 가중치의 변화량을 낮추어 오버피팅을 방지하는 효과가 있다. 가중치를 조금씩 변화시키는 것은 알고리즘이 학습 데이터에 오버피팅될 수 있는 가능성을 줄여준다. 다음은 R에서 xgboost를 대출 데이터에 적용하는 과정을 보여준다. 다음 예제에서는 두 가지 변수만을 고려한다.

```
predictors <- data.matrix(loan3000[, c('borrower_score', 'payment_inc_ratio')])
label <- as.numeric(loan3000[,'outcome']) - 1
xgb <- xgboost(data=predictors, label=label, objective="binary:logistic",
               params=list(subsample=0.63, eta=0.1), nrounds=100,
                    eval_metric='error')

[1]     train-error:0.358333
[2]     train-error:0.346333
[3]     train-error:0.347333
...
[99]    train-error:0.239333
[100]   train-error:0.241000
```

xgboost는 수식이 포함된 문법을 지원하지 않기 때문에 예측변수는 data.matrix 형태로, 예측변수는 0/1 형태로 변형해서 사용해야 한다. objective 파라미터는 문제가 어떤 종류인지를 설정하기 위한 것이다. 이에 따라 xgboost 함수는 최적화할 지표를 선택한다.

파이썬의 **xgboost**에는 사이킷런 API와 R에서와 같은 좀 더 함수형 인터페이스, 이렇게 두 가지 인터페이스가 있다. 다른 사이킷런 메서드와 일관성을 유지하기 위해 일부 인수들의 이름이 변경되었다. 예를 들어 eta는 learning_rate로 이름이 달라졌다. eta를 사용할 경우 오류가 발생하지는 않지만 원하는 결과를 얻을 수는 없다.

```python
predictors = ['borrower_score', 'payment_inc_ratio']
outcome = 'outcome'

X = loan3000[predictors]
y = loan3000[outcome]

xgb = XGBClassifier(objective='binary:logistic', subsample=0.63)
xgb.fit(X, y)

XGBClassifier(base_score=0.5, booster='gbtree', colsample_bylevel=1,
        colsample_bynode=1, colsample_bytree=1, gamma=0, learning_rate=0.1,
        max_delta_step=0, max_depth=3, min_child_weight=1, missing=None,
        n_estimators=100, n_jobs=1, nthread=None, objective='binary:logistic',
        random_state=0, reg_alpha=0, reg_lambda=1, scale_pos_weight=1, seed=None,
        silent=None, subsample=0.63, verbosity=1)
```

predict 함수를 이용해 R에서 예측 결과를 구해봤다. 두 가지 변수만을 고려했기 때문에 다음과 같이 결과 그래프를 그려볼 수 있다.

```r
pred <- predict(xgb, newdata=predictors)
xgb_df <- cbind(loan3000, pred_default = pred > 0.5, prob_default = pred)
ggplot(data=xgb_df, aes(x=borrower_score, y=payment_inc_ratio,
                color=pred_default, shape=pred_default, size=pred_default)) +
        geom_point(alpha=.8) +
        scale_color_manual(values = c('FALSE'='#b8e186', 'TRUE'='#d95f02')) +
        scale_shape_manual(values = c('FALSE'=0, 'TRUE'=1)) +
        scale_size_manual(values = c('FALSE'=0.5, 'TRUE'=2))
```

파이썬으로도 다음과 같이 같은 그래프를 그릴 수 있다.

```
fig, ax = plt.subplots(figsize=(6, 4))

xgb_df.loc[xgb_df.prediction=='paid off'].plot(
    x='borrower_score', y='payment_inc_ratio', style='.',
    markerfacecolor='none', markeredgecolor='C1', ax=ax)
xgb_df.loc[xgb_df.prediction=='default'].plot(
    x='borrower_score', y='payment_inc_ratio', style='o',
    markerfacecolor='none', markeredgecolor='C0', ax=ax)
ax.legend(['paid off', 'default']);
ax.set_xlim(0, 1)
ax.set_ylim(0, 25)
ax.set_xlabel('borrower_score')
ax.set_ylabel('payment_inc_ratio')
```

[그림 6-9]는 예측 결과를 보여준다. 전체적으로 랜덤 포레스트를 이용했을 때(그림 6-7)와 예측 결과가 비슷한 것을 볼 수 있다. 예측 결과가 다소 복잡하고, 아직도 신용점수가 높은 경우인데도 가끔 예측 결과가 연체로 나오기도 한다.

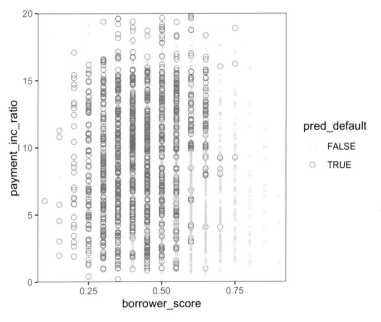

그림 6-9 대출 데이터에 대한 XG부스트의 예측 결과

6.4.3 정규화: 오버피팅 피하기

xgboost 함수를 무작정 사용할 경우, 학습 데이터에 **오버피팅**되는 불안정한 모델을 얻을 수 있다. 오버피팅은 다음 두 가지 문제를 일으킬 수 있다.

- 학습 데이터에 없는 새로운 데이터에 대한 모델의 정확도가 떨어진다.
- 모델의 예측 결과에 변동이 매우 심하고 불안정한 결과를 보인다.

어떤 모델링 기법이든 오버피팅에 빠지기 쉽다. 예를 들어 회귀방정식에서 너무 많은 변수를 고려하다 보면 결국 모델은 잘못된 예측 결과를 만들어낼 수 있다. 하지만 대부분의 통계적인 기법들은 예측변수들을 까다롭게 걸러내는 과정을 통해 오버피팅을 피할 수 있다. 심지어 랜덤 포레스트는 별다른 파라미터 튜닝 없이도 상당히 괜찮은 모델을 만들곤 한다. 하지만 xgboost의 경우는 그렇지 않다. 대출 데이터에서 모든 변수를 고려해 xgboost를 학습시켜보자. R에서는 다음과 같이 할 수 있다.

```
seed <- 400820
predictors <- data.matrix(loan_data[, -which(names(loan_data) %in%
                                     'outcome')])
label <- as.numeric(loan_data$outcome) - 1
test_idx <- sample(nrow(loan_data), 10000)

xgb_default <- xgboost(data=predictors[-test_idx,], label=label[-test_idx],
                objective='binary:logistic', nrounds=250, verbose=0,
                eval_metric='error')
pred_default <- predict(xgb_default, predictors[test_idx,])
error_default <- abs(label[test_idx] - pred_default) > 0.5
xgb_default$evaluation_log[250,]
mean(error_default)

iter train_error
1:  250    0.133043

[1] 0.3529
```

파이썬에서는 학습 데이터와 테스트 데이터로 데이터 집합을 분리하기 위해 train_test_split 함수를 사용한다.

```python
predictors = ['loan_amnt', 'term', 'annual_inc', 'dti', 'payment_inc_ratio',
              'revol_bal', 'revol_util', 'purpose', 'delinq_2yrs_zero',
              'pub_rec_zero', 'open_acc', 'grade', 'emp_length', 'purpose_',
              'home_', 'emp_len_', 'borrower_score']
outcome = 'outcome'

X = pd.get_dummies(loan_data[predictors], drop_first=True)
y = pd.Series([1 if o == 'default' else 0 for o in loan_data[outcome]])

train_X, valid_X, train_y, valid_y = train_test_split(X, y, test_size=10000)

xgb_default = XGBClassifier(objective='binary:logistic', n_estimators=250,
                            max_depth=6, reg_lambda=0, learning_rate=0.3,
                            subsample=1)
xgb_default.fit(train_X, train_y)

pred_default = xgb_default.predict_proba(valid_X)[:, 1]
error_default = abs(valid_y - pred_default) > 0.5
print('default: ', np.mean(error_default))
```

전체 데이터 가운데 랜덤하게 테스트를 위한 10,000개를 데이터를 선별하고, 나머지 데이터를 학습 데이터로 사용했다. 부스팅 모델을 학습한 결과, 학습 데이터에 대한 오차율은 13.3%였지만, 테스트 데이터에 대한 오차율은 그것보다 훨씬 높은 35.3%였다. 이는 오버피팅의 결과이다. 부스팅 결과는 학습 데이터에 대한 변동성을 잘 설명했지만, 이 부스팅 모델이 새로운 데이터에는 잘 맞지 않는 것을 알 수 있다.

앞서 살펴본 것처럼 subsample이나 eta(혹은 learning_rate) 같은 파라미터를 통해 부스팅 시 오버피팅을 방지할 수 있다(6.4.2절 참고). 여기에서 소개할 또 다른 방법은 **정규화**regularization 방법이다. 이는 모델의 복잡도에 따라 벌점을 추가하는 형태로 비용함수를 변경하는 방법이다. 의사 결정 트리에서는 지니 불순도와 같은 비용 기준값을 최소화하는 쪽으로 모델을 피팅했다(6.2.3절 참고). xgboost에서는 모델의 복잡도를 의미하는 항을 추가하는 형태로 비용함수를 변경할 수 있다.

xgboost에는 모델을 정규화하기 위한 두 파라미터 alpha와 lambda가 있다. 이는 각각 맨해튼 거리(L1-정규화)와 유클리드 거리(L2-정규화)를 의미한다(6.1.2절 참고). 이 파라미터들을 크게 하면, 모델이 복잡해질수록 더 많은 벌점을 부여하고 결과적으로 얻는 트리의 크기가 작아진다. 예를 들어 만약 R에서 lambda 값을 1,000으로 하면 무슨 일이 벌어지는지 알아보자.

```
xgb_penalty <- xgboost(data=predictors[-test_idx,], label=label[-test_idx],
                       params=list(eta=.1, subsample=.63, lambda=1000),
                       objective='binary:logistic', nrounds=250, verbose=0,
                       eval_metric='error')
pred_penalty <- predict(xgb_penalty, predictors[test_idx,])
error_penalty <- abs(label[test_idx] - pred_penalty) > 0.5
xgb_penalty$evaluation_log[250,]
mean(error_penalty)
-
iter train_error
1:  250     0.30966

[1] 0.3286
```

사이킷런 API에서는 이 인수들을 reg_alpha과 reg_lambda라고 한다.

```
xgb_penalty = XGBClassifier(objective='binary:logistic', n_estimators=250,
                            max_depth=6, reg_lambda=1000, learning_rate=0.1,
                            subsample=0.63)
xgb_penalty.fit(train_X, train_y)
pred_penalty = xgb_penalty.predict_proba(valid_X)[:, 1]
error_penalty = abs(valid_y - pred_penalty) > 0.5
print('penalty: ', np.mean(error_penalty))
```

R에서 predict 함수는 좀 더 편리한 파라미터 ntreelimit를 제공한다. 이는 예측을 위해 첫 *i*개의 트리 모델만을 사용하는 것을 가능하게 한다. 이를 통해 예측을 위해 사용하는 모델의 개수에 따른 표본 내 오차율과 표본 밖 오차율을 더 쉽게 비교할 수 있다.

```
error_default <- rep(0, 250)
error_penalty <- rep(0, 250)
for(i in 1:250){
  pred_def <- predict(xgb_default, predictors[test_idx,], ntreelimit=i)
  error_default[i] <- mean(abs(label[test_idx] - pred_def) >= 0.5)
  pred_pen <- predict(xgb_penalty, predictors[test_idx,], ntreelimit=i)
  error_penalty[i] <- mean(abs(label[test_idx] - pred_pen) >= 0.5)
}
```

파이썬에서는 ntree_limit 인수와 함께 predict_proba 메서드를 호출할 수 있다.

```python
results = []
for i in range(1, 250):
    train_default = xgb_default.predict_proba(train_X, ntree_limit=i)[:, 1]
    train_penalty = xgb_penalty.predict_proba(train_X, ntree_limit=i)[:, 1]
    pred_default = xgb_default.predict_proba(valid_X, ntree_limit=i)[:, 1]
    pred_penalty = xgb_penalty.predict_proba(valid_X, ntree_limit=i)[:, 1]
    results.append({
        'iterations': i,
        'default train': np.mean(abs(train_y - train_default) > 0.5),
        'penalty train': np.mean(abs(train_y - train_penalty) > 0.5),
        'default test': np.mean(abs(valid_y - pred_default) > 0.5),
        'penalty test': np.mean(abs(valid_y - pred_penalty) > 0.5),
    })

results = pd.DataFrame(results)
results.head()
```

모델 출력에서 `xgb_default$evaluation_log`은 학습 데이터에 대한 오차를 알려준다. 이를 표본 밖 오차와 결합하여 반복 횟수에 따른 오차율에 대한 그래프를 구할 수 있다.

```r
errors <- rbind(xgb_default$evaluation_log,
                xgb_penalty$evaluation_log,
                ata.frame(iter=1:250, train_error=error_default),
                data.frame(iter=1:250, train_error=error_penalty))
errors$type <- rep(c('default train', 'penalty train',
                     'default test', 'penalty test'), rep(250, 4))
ggplot(errors, aes(x=iter, y=train_error, group=type)) +
  geom_line(aes(linetype=type, color=type))
```

선 그래프를 만들기 위해 팬더스 `plot` 메서드를 사용할 수 있다. 첫 번째 플롯에서 반환된 축을 사용하면 동일한 그래프 위에 선을 추가할 수 있다. 많은 파이썬의 그래프 패키지에서 이러한 패턴을 지원한다.

```python
ax = results.plot(x='iterations', y='default test')
results.plot(x='iterations', y='penalty test', ax=ax)
results.plot(x='iterations', y='default train', ax=ax)
results.plot(x='iterations', y='penalty train', ax=ax)
```

결과는 [그림 6-10]과 같다. 기본 모형은 정확도가 학습 데이터에 대해서는 꾸준히 좋아지지만 테스트 데이터에 대해서는 나빠진다. 벌점을 추가한 모형은 그렇지 않다.

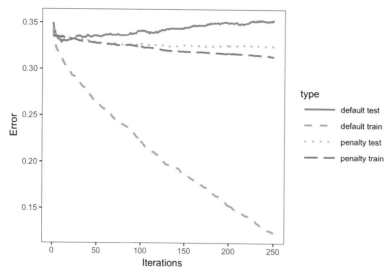

그림 6-10 기존의 XG부스트와 정규화를 적용한 XG부스트의 오차율

능형회귀와 라소 회귀

모델의 복잡도에 따라 벌점을 부여하는 방식이 오버피팅을 방지하는 효과가 있다는 것이 밝혀진 것은 1970년대로 거슬러 올라간다. 최소제곱회귀에서는 잔차제곱합(RSS)을 최소화한다는 것을 이미 4.1.3절에서 다루었다. **능형회귀**^{ridge regression}에서는 잔차제곱합에 회귀계수의 개수와 크기에 대한 함수인 벌점을 추가한 값을 최소화한다.

$$\sum_{i=1}^{n}\left(Y_i - \hat{b}_0 - \hat{b}_1 X_i - \cdots \hat{b} X_p\right)^2 + \lambda\left(\hat{b}_1^2 + \cdots + \hat{b}_p^2\right)$$

λ는 계수에 대해 어느 정도 벌점을 부여할 것인가를 결정한다. 이 값이 클수록 모델이 데이터에 오버피팅할 가능성이 낮아진다. **라소**^{Lasso} 회귀 역시 이와 비슷한데, 다만 벌점 항에 유클리드 거리 대신 맨해튼 거리를 이용한다.

$$\sum_{i=1}^{n}\left(Y_i - \hat{b}_0 - \hat{b}_1 X_i - \cdots \hat{b} X_p\right)^2 + \alpha\left(\left|\hat{b}_1\right| + \cdots + \left|\hat{b}_p\right|\right)$$

xgboost 함수의 파라미터 lambda(reg_lambda)와 alpha(reg_alpha)가 이와 같은 방식으로 동작한다.

유클리드 거리를 사용하는 것은 L2 정규화라고 하며 맨해튼 거리를 사용하는 것은 L1 정규화라고 한다.

6.4.4 하이퍼파라미터와 교차타당성검사

xgboost 함수에는 결정이 쉽지 않은 여러 하이퍼파라미터들이 존재한다. 파라미터들에 대한 자세한 소개는 뒤에 나오는 'XG부스트의 하이퍼파라미터' 박스를 참고하자. 이전 절에서 살펴봤듯이 경우에 따라 특정 파라미터 선정이 모델 성능에 큰 차이를 가져오기도 한다. 동시에, 설정해야 하는 파라미터 수가 많아진다면 어떤 기준을 가지고 이 파라미터들을 골라야 할까? 여기에 대한 해답은 바로 **교차타당성검사**(4.2.3절)를 활용하는 것이다. 교차타당성검사를 위해 일단 데이터를 k개의 서로 다른 그룹(**폴드**)으로 랜덤하게 나눈다. 각 폴드마다 해당 폴드에 속한 데이터를 제외한 나머지 데이터를 가지고 모델을 학습한 후, 폴드에 속한 데이터를 이용해 모델을 평가한다. 이는 결국 표본 밖 데이터에 대한 모델의 성능을 보여준다. 설정한 하이퍼파라미터 조합마다 폴드에 대한 오차의 평균을 계산해서 전체적으로 가장 낮은 평균 오차를 갖는 최적의 하이퍼파라미터 조합을 찾는다.

이 방법을 xgboost 함수의 파라미터를 찾는 데 이용해보자. 이 예제에서 축소 파라미터 eta(6.4.2절 참고)와 트리의 최대 깊이 max_depth, 이 두 파라미터를 최적화해보겠다. max_depth 파라미터는 트리의 뿌리에서 잎 노드까지 최대 깊이를 의미하고 기본값은 6이다. 이 값은 오버피팅을 조절하는 또 다른 방법을 제시한다. 먼저 폴드들과 테스트할 파라미터 값들의 리스트를 설정한다. R로는 이것을 다음과 같이 할 수 있다.

```
N <- nrow(loan_data)
fold_number <- sample(1:5, N, replace=TRUE)
params <- data.frame(eta = rep(c(.1, .5, .9), 3),
                     max_depth = rep(c(3, 6, 12), rep(3,3)))
```

이제 5개의 폴드를 이용해 각 폴드마다 각 모델에 대한 오차를 계산한다.

```
error <- matrix(0, nrow=9, ncol=5)
for(i in 1:nrow(params)){
  for(k in 1:5){
    fold_idx <- (1:N)[fold_number == k]
    xgb <- xgboost(data=predictors[-fold_idx,], label=label[-fold_idx],
                 params=list(eta=params[i, 'eta'],
                             max_depth=params[i, 'max_depth']),
                 objective='binary:logistic', nrounds=100, verbose=0)
    pred <- predict(xgb, predictors[fold_idx,])
    error[i, k] <- mean(abs(label[fold_idx] - pred) >= 0.5)
  }
}
```

파이썬 코드로는 다음과 같이 가능한 모든 하이퍼파라미터 조합을 만들고 각 조합으로 모델을 피팅하고 평가한다.

```
idx = np.random.choice(range(5), size=len(X), replace=True)
error = []
for eta, max_depth in product([0.1, 0.5, 0.9], [3, 6, 9]):    #①
    xgb = XGBClassifier(objective='binary:logistic', n_estimators=250,
                        max_depth=max_depth, learning_rate=eta)
    cv_error = []
    for k in range(5):
        fold_idx = idx == k
        train_X = X.loc[~fold_idx]; train_y = y[~fold_idx]
        valid_X = X.loc[fold_idx]; valid_y = y[fold_idx]

        xgb.fit(train_X, train_y)
        pred = xgb.predict_proba(valid_X)[:, 1]
        cv_error.append(np.mean(abs(valid_y - pred) > 0.5))

    error.append({
        'eta': eta,
        'max_depth': max_depth,
        'avg_error': np.mean(cv_error)
    })
    print(error[-1])
errors = pd.DataFrame(error)
```

① 두 하이퍼파라미터의 가능한 모든 조합을 만들기 위해 파이썬 표준 라이브러리의 itertools.product 함수를 사용한다.

전체 45개의 모델을 얻어야 하기 때문에 시간이 꽤 걸릴 수 있다. 오차는 각 모델을 의미하는 행과 각 폴드를 의미하는 열로 이루어진 행렬 형태로 저장되었다. 이제 rowMeans 함수를 이용 하면 다른 파라미터 조합 간의 오차율을 비교할 수 있다.

```
avg_error <- 100 * round(rowMeans(error), 4)
cbind(params, avg_error)

  eta max_depth avg_error
1 0.1         3     32.90
2 0.5         3     33.43
3 0.9         3     34.36
4 0.1         6     33.08
5 0.5         6     35.60
6 0.9         6     37.82
7 0.1        12     34.56
8 0.5        12     36.83
9 0.9        12     38.18
```

교차타당성검사를 통해 eta/learning_rate 값이 작으면서 깊이가 얕은 트리를 사용하는 것 이 좀 더 정확한 성능을 보인다는 사실을 알게 되었다. 이러한 모델이 좀 더 안정적이기 때문 에, 최적의 파라미터는 eta=0.1이고 max_depth=3(또는 max_depth=6)이라고 할 수 있다.

XG부스트의 하이퍼파라미터

xgboost 함수의 하이퍼파라미터들은 주로 오버피팅, 정확도, 계산 복잡도 사이의 균형 을 잡기 위해 사용된다. 파라미터들에 대한 더 자세한 논의는 xgboost 문서를 참고하자. *https://xgboost.readthedocs.io/en/latest*

- eta/learning_rate: 부스팅 알고리즘에서 α에 적용되는 0과 1 사이의 축소인자shrinkage factor. 기본 값은 0.3이지만, 노이즈가 있는 데이터에 대해서는 더 작은 값을 추천한다(예를 들어 0.1). 파이썬에서 는 0.1이 기본값이다.

- nrounds/n_estimators: 부스팅 라운드 횟수. eta가 작은 값이라면 알고리즘의 학습 속도가 늦춰지기 때문에 라운드 횟수를 늘려야 한다. 오버피팅을 방지하는 파라미터 설정이 포함된 경우, 라운드 횟수를 좀 더 늘려도 괜찮다.

- max_depth: 트리의 최대 깊이(기본값은 6). 깊이가 아주 깊은 트리를 만드는 랜덤 포레스트와는 반대로 부스팅 트리는 깊이가 얕다. 이는 노이즈가 많은 데이터에 대해 모델이 복잡한 거짓 상호작용을 회피하는 데 도움이 된다. 파이썬에서 기본값은 3이다.

- subsample 및 colsample_bytree: 전체 데이터에서 일부 데이터를 비복원 샘플링하는 비율 및 예측변수 중 일부 변수를 샘플링하는 비율. 이는 랜덤 포레스트에서 오버피팅을 피하기 위해 사용했던 것들과 유사하다. 기본값은 1.0이다.

- lambda/reg_lambda 및 alpha/reg_alpha: 오버피팅을 조절하기 위해 사용되는 정규화^{regularization} 파라미터들(6.4.3절 참고). 파이썬에서는 reg_lambda=1, reg_alpha=0이 기본값이다. R에서는 두 값 모두 0이 기본값이다.

주요 개념

- 부스팅 방법은 일련의 모델들을 피팅할 때 이전 라운드에서 오차가 컸던 레코드들에 가중치를 더하는 방식을 사용하는 앙상블 모델의 한 부류이다.

- 확률적 그레이디언트 부스팅은 부스팅 가운데에서 가장 일반적으로 사용되며 가장 좋은 성능을 보인다. 확률적 그레이디언트 부스팅의 가장 일반적인 형태는 트리 모델을 사용한다.

- XG부스트는 확률적 그레이디언트 부스팅을 사용하기 위한 가장 유명한 소프트웨어 패키지이다. 데이터 과학에서 활용되는 거의 대부분의 언어를 지원한다.

- 부스팅은 데이터에 오버피팅되기 쉽다. 이를 피하기 위해 하이퍼파라미터를 잘 설정해야 한다.

- 정규화^{regularization}는 파라미터 개수(예를 들어 트리 크기)에 관한 벌점 항목을 모델링에 포함하여 오버피팅을 피하는 방법이다.

- 부스팅에서 여러 개의 하이퍼파라미터들의 조합을 찾아야 할 때, 교차타당성검사는 아주 중요하다.

6.5 마치며

이번 장에서는 전체 데이터에 맞는 형태가 딱 정해진 모델(예를 들면 선형회귀)보다는 데이터에 따라 유연하면서 지역적으로 학습해가는 두 가지 분류와 예측 방법을 다루었다. k-최근접 이웃(KNN) 방법은 해당 레코드와 비슷한 주변 데이터를 찾아보고 주변 데이터들이 가장 많이 속한 클래스(혹은 평균)를 찾아 그것을 해당 레코드에 대한 예측값으로 할당하는 아주 간단한 방법이다. 트리 모델에서는 여러 가지 가능한 예측변수의 컷오프(분할) 값들을 기준으로 나눠보고 분할 영역의 클래스에 대한 동질성이 가장 많이 증가하는 방향으로 데이터를 분할한다. 가장 효과적인 분할값들은 분류 혹은 예측에 대한 하나의 길 혹은 규칙을 이룬다. 트리 모델은 다른 방법들보다 자주 우수한 성능을 보이는 아주 강력한 예측 기법이다. 또한 다양한 앙상블 방법(랜덤 포레스트, 부스팅, 배깅)은 트리의 예측 능력을 한층 더 강력하게 한다.

## CHAPTER 7

비지도 학습

비지도 학습unsupervised learning이라는 용어는 레이블이 달린 데이터를 이용해 모델을 학습하는 과정 없이 데이터로부터 의미를 이끌어내는 통계적 기법들을 의미한다. 4장에서 6장까지의 목적은 예측변수로부터 어떤 응답변수를 예측하는 모델을 만드는 것이었다. 즉 이것은 지도 학습이었다. 이와 반대로 비지도 학습 역시 데이터로부터 모델을 만드는 것이 목적이긴 하지만, 응답변수와 예측변수 사이의 구분이 없다.

비지도 학습은 여러 가지 서로 다른 목적을 가지고 사용할 수 있다. 어떤 경우에는 레이블이 정해진 응답변수가 없는 상태에서 예측 규칙을 만드는 데 사용할 수 있다. 데이터의 의미 있는 그룹들을 찾기 위해 **클러스터링**clustering을 사용할 수 있다. 예를 들면 웹사이트에서 사용자의 클릭 데이터와 인구통계 정보를 이용해 서로 다른 성격의 사용자들을 그룹화할 수 있을 것이다. 이를 통해 웹사이트를 사용자 그룹의 기호에 맞게 개선할 수 있을 것이다.

또 어떤 경우에는 데이터의 변수들을 관리할 수 있을 만한 수준으로 **차원을 줄이는 것**reducing the dimension이 목표가 될 수도 있다. 이렇게 줄인 데이터는 회귀 혹은 분류 같은 예측 모델에 입력으로 사용할 수 있을 것이다. 예를 들어 제조 공정을 모니터링하기 위해 수천 개의 센서를 사용한다고 하자. 공정 실패를 예측하는 모델을 만들고자 할 때, 전체 데이터의 차원을 훨씬 작은 차원의 의미 있는 피처 데이터로 줄일 수 있다면, 수천 개의 센서에서 나오는 데이터를 전부 포함하는 것보다 좀 더 강력하면서도 해석하기 쉬운 모델을 만들 수 있을 것이다.

마지막으로 변수와 레코드의 수가 아주 큰 상황이라면, 데이터 비지도 학습을 탐색적 데이터 분석(1장 참고)의 연장으로 볼 수도 있다. 이때는 데이터와 다른 변수들 사이에 서로 어떤 관계가 있는지에 대한 통찰을 얻는 것이 목적이 된다. 비지도 학습은 변수들을 정밀하게 조사하고 관계를 밝혀내는 데 유용한 방법들을 제시한다.

비지도 학습과 예측

비지도 학습은 회귀와 분류 문제 모두에서 예측에 중요한 역할을 한다. 레이블이 없는 데이터에 대해 분류를 예측하고 싶은 경우가 있을 수 있다. 예를 들어 위성 센서 데이터로부터 어떤 지역의 식생 유형을 예측하고자 한다고 하자. 모델을 훈련시킬 수 있는 응답변수가 없으므로, 클러스터링을 통해 공통적인 패턴을 식별하고 지역을 분류할 수 있다.

클러스터링은 특히 콜드스타트cold-start 문제에서 유용한 방법이다. 새로운 마케팅 홍보를 론칭하거나 잠재적인 새로운 형태의 사기나 스팸을 걸러내는 유형의 문제에서는, 모델을 훈련시킬 수 있는 응답 데이터를 초기에 갖고 있지 않다. 시간이 지나고 데이터가 쌓이면 시스템에 대해 좀 더 알게 되고 전형적인 예측 모델을 학습할 수 있다. 이럴 때 클러스터링은 패턴이 비슷한 데이터들을 분류하여 학습 과정을 더 빨리 시작할 수 있도록 도와준다.

또한 비지도 학습은 회귀와 분류 방법을 위한 중요한 기본 요소가 될 수 있다. 빅데이터에서 어떤 작은 부모집단subpopulation이 전체 모집단을 잘 대표하지 못한다면, 미리 학습된 모델은 이 부모집단에 대해 좋은 성능을 보일 수 없을 것이다. 클러스터링을 사용하면 부모집단을 식별하고 레이블을 지정할 수 있다. 그러면 서로 분리된 부모집단들을 각각 다른 모델에 피팅할 수 있다. 아니면 반대로, 전체 모델이 부모집단 정보를 명시적으로 예측변수로 고려하도록 하는 방법도 가능하다(부모집단의 식별자를 피처로 사용).

7.1 주성분분석

흔히 변수들은 함께 변하기 때문에(공변covary), 어느 한 변수에서의 일부 변화는 실제로 다른 변수에서의 변화에 의해 중복되기도 한다(예를 들어 식당의 음식 값과 팁). **주성분분석**principal components analysis (PCA)은 수치형 변수가 어떤 식으로 공변하는지 알아내는 기법이다.

용어 정리

- **주성분**principal component : 예측변수들의 선형결합
- **부하**loading : 예측변수들을 성분으로 변형할 때 사용되는 가중치(유의어: 가중치)
- **스크리그래프**screeplot : 성분들의 변동을 표시한 그림. 설명된 분산 혹은 설명된 분산의 비율을 이용하여 성분들의 상대적인 중요도를 보여준다.

PCA의 아이디어는 다수의 수치형 예측변수들을 더 적은 수의 변수들의 집합으로 나타내는 것이다. 이때 이 새로운 변수들은 원래 변수들에 가중치를 적용한 선형결합을 의미한다. 전체 변수들의 변동성을 거의 대부분 설명할 수 있는 적은 수의 변수들의 집합을 **주성분**이라고 하며, 이를 이용해 데이터의 차원을 줄일 수 있다. 주성분을 만드는 데 사용되는 가중치는 결국 새로운 주성분을 만드는 데 기존의 변수들이 어느 정도 기여하는지를 보여준다.

PCA는 칼 피어슨에 의해 처음 제안되었다(*https://oreil.ly/o4EeC*). 비지도 학습에 관한 최초의 논문이라고 할 수 있는 이 논문에서 피어슨은 다수의 문제에서 예측변수에 변동성이 존재한다는 사실을 인지했고, 이러한 변동성을 모델링하기 위한 방법으로 PCA를 개발했다. PCA는 선형판별분석(5.2절 참고)의 비지도 학습 버전이라고도 할 수 있다.

7.1.1 간단한 예제
다음과 같이 두 변수 X_1과 X_2에 대해 두 주성분 $Z_i (i = 1$ 또는 $2)$이 있다고 하자.

$$Z_i = w_{i,1}X_1 + w_{i,2}X_2$$

가중치 $(w_{i,1}, w_{i,2})$를 주성분의 **부하**라고 한다. 이것은 원래 변수를 주성분으로 변환할 때 사용된다. 첫 주성분 Z_1은 전체 변동성을 가장 잘 설명하는 선형결합이라고 할 수 있다. 두 번째 주성분 Z_2는 첫 주성분과 서로 수직이며, 나머지 변동성을 설명한다(만약 추가적인 성분이 있다면 추가된 성분은 다른 성분들과 서로 수직이다).

> NOTE_ 주성분은 값 자체에 대해서보다는 예측변수들의 평균으로부터의 편차에 대해 계산하는 것이 일반적이다.

R에서는 princomp 함수를 이용해 주성분을 계산할 수 있다. 다음은 셰브런(CVX)과 엑슨모빌(XOM)의 주가 수익 데이터에 PCA를 적용하는 것을 보여준다.

```
oil_px <- sp500_px[, c('CVX', 'XOM')]
pca <- princomp(oil_px)
pca$loadings

Loadings:
    Comp.1 Comp.2
CVX -0.747  0.665
XOM -0.665 -0.747

              Comp.1 Comp.2
SS loadings      1.0    1.0
Proportion Var   0.5    0.5
Cumulative Var   0.5    1.0
```

파이썬에서는 사이킷런에 구현된 sklearn.decomposition.PCA를 사용할 수 있다.

```
pcs = PCA(n_components=2)
pcs.fit(oil_px)
loadings = pd.DataFrame(pcs.components_, columns=oil_px.columns)
loadings
```

첫 번째 주성분에서 CVX와 XOM에 대한 가중치는 각각 −0.747과 −0.665이고, 두 번째 주성분에서의 가중치는 각각 0.665과 −0.747이다. 이 결과를 어떻게 해석할 수 있을까? 첫 번째 주성분은 근본적으로 두 석유 회사 사이의 상관관계를 반영하는 CVX와 XOM의 평균을 의미한다. 반면 두 번째 주성분은 CVX와 XOM의 주가가 달라지는 지점을 반영한다.

데이터와 주성분을 직접 그려보는 것은 아주 도움이 된다. 다음과 같이 R로 시각화할 수 있다.

```
loadings <- pca$loadings
ggplot(data=oil_px, aes(x=CVX, y=XOM)) +
  geom_point(alpha=.3) +
  stat_ellipse(type='norm', level=.99) +
  geom_abline(intercept = 0, slope = loadings[2,1]/loadings[1,1]) +
  geom_abline(intercept = 0, slope = loadings[2,2]/loadings[1,2])
```

다음과 같이 파이썬으로도 비슷한 그래프를 생성할 수 있다.

```python
def abline(slope, intercept, ax):
    """기울기와 절편을 기반으로 선의 좌표들을 계산한다. """
    x_vals = np.array(ax.get_xlim())
    return (x_vals, intercept + slope * x_vals)

ax = oil_px.plot.scatter(x='XOM', y='CVX', alpha=0.3, figsize=(4, 4))
ax.set_xlim(-3, 3)
ax.set_ylim(-3, 3)
ax.plot(*abline(loadings.loc[0, 'CVX'] / loadings.loc[0, 'XOM'], 0, ax),
        '--', color='C1')
ax.plot(*abline(loadings.loc[1, 'CVX'] / loadings.loc[1, 'XOM'], 0, ax),
        '--', color='C1')
```

결과는 [그림 7-1]과 같다.

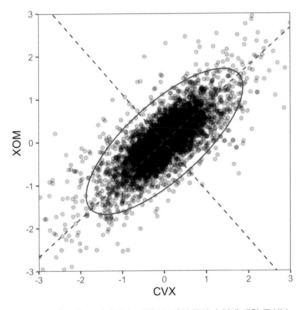

그림 7-1 셰브런(CVX)과 엑슨모빌(XOM)의 주가 수익에 대한 주성분

두 점선은 각각 주성분의 방향을 보여준다. 첫 번째 선은 타원의 장축을 따라 존재하며 두 번째
선은 단축 위에 존재한다. 두 주가 수익에서 대부분의 변동성은 첫 번째 주성분을 통해 설명이

가능한 것을 알 수 있다. 이는 석유 관련 주가가 한 그룹으로 움직이는 경향이 있다는 측면에서 쉽게 이해할 수 있다.

> **NOTE_** 첫 번째 주성분에 대한 가중치 값은 모두 음수였지만 모든 가중치의 부호를 반대로 해도 주성분은 변하지 않는다. 예를 들어 첫 번째 주성분에서의 가중치가 0.747과 0.665라고 해도 가중치가 모두 음수인 경우와 동일하다. 원점과 (1, 1)을 연결하는 직선이나, 원점과 (−1, −1)을 연결하는 직선이나 동일하기 때문이다.

7.1.2 주성분 계산

변수가 두 개일 때를 살펴봤는데 세 개 이상일 때로 확장하는 것도 간단하다. 첫 성분의 선형결합 수식에 그냥 예측변수를 추가하기만 하면 된다. 예측변수들의 첫 주성분에 대한 **공변동**covariation (**공분산**이 아니다. 공분산은 5.2.1절 참고) 집합이 최적화되도록 가중치를 할당한다. 주성분을 계산하는 것은 전통적인 통계 기법이다. 데이터의 상관행렬 혹은 공분산행렬을 구하는 방식이기 때문에 계산이 빠르고 반복이 필요 없다. 앞서 언급한 대로 주성분분석은 수치형 변수에 적용되며 범주형 변수에는 적용할 수 없다. 전체 과정은 다음과 같다.

1. 첫 번째 주성분을 구하기 위해 PCA는 전체 변동을 최대한 설명하기 위한 예측변수의 선형결합을 구한다.

2. 이 선형결합은 첫 번째 새로운 예측변수 Z_1이 된다.

3. 같은 변수들을 이용해 새로운 두 번째 변수 Z_2를 만들기 위해, 다른 가중치를 가지고 이 과정을 반복한다. 가중치는 Z_1과 Z_2가 서로 상관성이 없도록 결정한다.

4. 원래 변수 X_i의 개수만큼 새로운 변수 Z_i를 구할 때까지 이 과정을 계속한다.

5. 대부분의 변동을 설명하기 위해 필요한 만큼의 주성분을 선택해 남겨놓는다.

6. 결과적으로 각 주성분에 대한 가중치 집합을 얻게 된다. 마지막 단계는 원래 데이터를 이 가중치들을 적용해 새로운 주성분으로 변형하는 것이다. 이렇게 얻은 새로운 값들을 예측변수들의 차원이 축소된 형태로 사용할 수 있다.

7.1.3 주성분 해석

주성분들의 특징으로부터 데이터 구조에 대한 정보를 얻을 수 있다. 주성분에 대한 이해를 돕기 위해 사용되는 표준화된 두 가지 시각화 방법이 있다. 한 가지 방법은 주성분의 상대적인 중요도를 표시해주는 **스크리그래프**이다(그림이 마치 절벽이 있는 산비탈^{scree slope} 모양과 흡사하다고 해서 이름이 그렇게 붙었다. y축은 고윳값을 의미한다.). 다음 R 코드는 S&P 500에 속한 몇몇 상위 기업의 정보를 이용한 예제이다.

```
syms <- c( 'AAPL', 'MSFT', 'CSCO', 'INTC', 'CVX', 'XOM',
   'SLB', 'COP', 'JPM', 'WFC', 'USB', 'AXP', 'WMT', 'TGT', 'HD', 'COST')
top_sp <- sp500_px[row.names(sp500_px)>='2005-01-01', syms]
sp_pca <- princomp(top_sp)
screeplot(sp_pca)
```

사이킷런 결과에서 이러한 그래프를 만드는 데 필요한 정보는 explain_variance_에서 얻을 수 있다. 여기에서 이것을 팬더스 데이터 프레임으로 변환하고 이를 사용하여 막대 차트를 만든다.

```
syms = sorted(['AAPL', 'MSFT', 'CSCO', 'INTC', 'CVX', 'XOM', 'SLB', 'COP',
               'JPM', 'WFC', 'USB', 'AXP', 'WMT', 'TGT', 'HD', 'COST'])
top_sp = sp500_px.loc[sp500_px.index >= '2011-01-01', syms]

sp_pca = PCA()
sp_pca.fit(top_sp)

explained_variance = pd.DataFrame(sp_pca.explained_variance_)
ax = explained_variance.head(10).plot.bar(legend=False, figsize=(4, 4))
ax.set_xlabel('Component')
```

[그림 7-2]에서 보이듯 첫 번째 주성분의 변동이 가장 크고 나머지 상위 주성분일수록 중요한 것을 볼 수 있다.

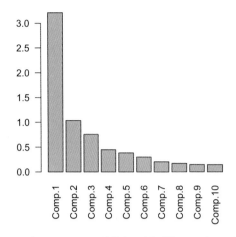

그림 7-2 S&P 500 상위권 주가에 대한 PCA의 스크리그래프

또한 상위 주성분들의 가중치를 표시해보는 것도 주성분을 이해하는 데 도움이 된다. 이를 위해 R에서는 ggplot 패키지와 함께 tidyr 패키지의 gather 함수를 사용할 수 있다.

```
library(tidyr)
loadings <- sp_pca$loadings[,1:5]
loadings$Symbol <- row.names(loadings)
loadings <- gather(loadings, 'Component', 'Weight', -Symbol)
ggplot(loadings, aes(x=Symbol, y=Weight)) +
  geom_bar(stat='identity') +
  facet_grid(Component ~ ., scales='free_y')
```

다음 코드를 이용해 파이썬으로 비슷한 그래프를 만들 수 있다.

```
loadings = pd.DataFrame(sp_pca.components_[0:5, :], columns=top_sp.columns)
maxPC = 1.01 * np.max(np.max(np.abs(loadings.loc[0:5, :])))

f, axes = plt.subplots(5, 1, figsize=(5, 5), sharex=True)
for i, ax in enumerate(axes):
    pc_loadings = loadings.loc[i, :]
    colors = ['C0' if l > 0 else 'C1' for l in pc_loadings]
    ax.axhline(color='#888888')
    pc_loadings.plot.bar(ax=ax, color=colors)
    ax.set_ylabel(f'PC{i+1}')
    ax.set_ylim(-maxPC, maxPC)
```

[그림 7-3]은 상위 다섯 개 성분의 부하를 보여준다. 첫 번째 주성분에서 부하량은 모두 같은 부호를 갖는다. 이를 통해, 이 데이터는 모든 변수로부터 비슷한 정도의 영향을 공유한다는 것을 알 수 있다(즉 모두가 전반적인 주식시장의 흐름에 영향을 받는다고 해석할 수 있다). 두 번째 주성분은 다른 주식과 다른 에너지 관련 주식들만의 가격 변동을 잡아낸다. 세 번째 주성분은 주로 애플(AAPL)과 코스트코(COST)의 움직임이 서로 반대라는 사실을 보여준다. 네 번째 주성분은 슐룸베르거(SLB)와 나머지 에너지 회사들의 움직임이 반대인 것을 보여준다. 마지막으로 다섯 번째 주성분에서는 금융회사들이 주를 이루고 있다.

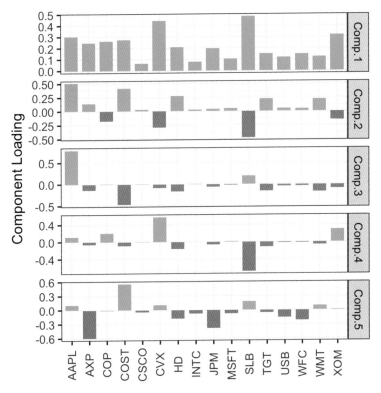

그림 7-3 주가 수익의 상위 다섯 개 주성분에 대한 부하

7.1.4 대응분석

PCA는 범주형 데이터에 사용할 수 없지만 그래도 어느 정도 관련 있는 기술은 대응분석이다. 이 분석의 목적은 범주간 혹은 범주형 피처 간의 연관성을 인식하는 것이다. 대응분석과 주성분분석은 주로 차원 스케일링을 위한 행렬 대수라는 기본 원리에 공통점이 있다. 대응분석은 주로 저차원 범주형 데이터의 그래프 분석에 이용되며, 빅데이터 준비 단계에서 차원 축소를 위해 PCA를 사용하는 것과는 다른 방식으로 사용된다.

입력은 각 변수를 의미하는 행과 열, 그리고 레코드 수를 나타내는 셀로 이뤄진 테이블이라고 할 수 있다. 출력(일부 행렬 연산 이후)은 스케일이 조정된 산점도(및 해당 차원에 의해 설명되는 분산의 양을 나타내는 백분율 포함)인 바이플롯biplot이다. 축에 있는 단위는 원래 데이터에 직관적으로 연결되지 않으며 산점도의 주요 값들은 서로 연관된 변수(그래프상의 근접도에 따라)를 그래픽으로 표시하기 위한 것이다. 예를 들어, [그림 7-4]를 살펴보자. 이 그래프는 세로축에는 부부가 집안 일을 함께 하는지 아니면 혼자 하는지를 나타내고, 가로축에는 각 집안일의 담당이 아내인지 남편인지를 표시한다.

R에는 대응분석을 위한 다양한 패키지가 있다. 여기서는 패키지 ca를 사용한다.

```
ca_analysis <- ca(housetasks)
plot(ca_analysis)
```

파이썬에서는 사이킷런 API를 사용하여 대응분석을 구현한 prince 패키지를 사용할 수 있다.

```
ca = prince.CA(n_components=2)
ca = ca.fit(housetasks)

ca.plot_coordinates(housetasks, figsize=(6, 6))
```

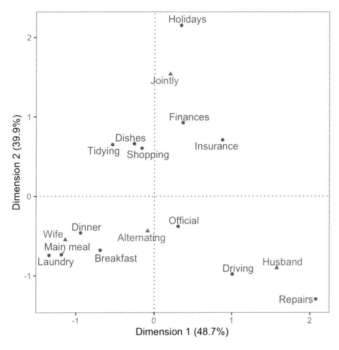

그림 7-4 집안 일 데이터의 대응분석 결과를 그래프로 표현

주요 개념

- 주성분은 예측변수(수치형)들의 선형결합이다.
- 주성분들은 서로 간의 상관관계가 최소화되며 중복성이 줄어들도록 한다.
- 제한된 개수의 주성분들로도 결과변수에서 대부분의 변동을 설명할 수 있다.
- 제한된 개수의 주성분들을 원래의 예측변수를 대신하여 차원이 감소된 형태로 사용할 수 있다.
- 대응분석은 범주형 데이터에 대해 표면적으로 유사한 기술이지만 빅데이터에서는 유용하지 않다.

7.1.5 더 읽을 거리

- 주성분분석을 위해 교차타당성검사를 활용하는 것에 대해서 자세히 알기 원한다면 라스무스 브로[Rasmus Bro] 등이 쓴 「Cross-Validation of Component Models: A Critical Look at Current Methods」를 참고하자(『Analytical and Bioanalytical Chemistry』 309권, 5호, 2008). *https://oreil.ly/yVryf*

7.2 k-평균 클러스터링

클러스터링(군집화)은 데이터를 서로 다른 그룹으로 분류하는 기술을 말한다. 각 그룹에는 서로 비슷한 데이터들이 속하게 된다. 클러스터링의 목적은 데이터로부터 유의미한 그룹들을 구하는 것이다. 이렇게 얻은 그룹들을 직접 사용할 수도 있고 예측을 위한 회귀나 분류 모델의 입력 피처 혹은 결과변수로 사용할 수도 있다. *k*-**평균**[k-means]은 최초로 개발된 클러스터링 기법이다. 알고리즘이 상대적으로 간단하고 데이터 크기가 커져도 손쉽게 사용할 수 있다는 점에서 아직도 널리 사용되고 있다.

용어 정리

- **클러스터(군집)**[cluster] : 서로 유사한 레코드들의 집합
- **클러스터 평균**[cluster mean] : 한 클러스터 안에 속한 레코드들의 평균 벡터 변수
- **k** : 클러스터의 개수

k-평균은 데이터를 *k*개의 클러스터로 나눈다. 이때 할당된 클러스터의 **평균**과 포함된 데이터들의 거리 제곱합이 최소가 되도록 한다. 이를 **클러스터 내 제곱합** 또는 **클러스터 내 SS**라고 한다. *k*-평균은 각 클러스터의 크기가 동일하다는 보장은 없지만 클러스터들끼리는 최대한 멀리 떨어지도록 한다.

> **NOTE_ 정규화**
>
> 데이터 값에서 평균을 빼고 그 편차를 표준편차로 나눠주는 방법이 가장 일반적인 정규화(표준화) 방법이다. 이렇지 하지 않으면 스케일이 가장 큰 변수가 클러스터링 과정을 독점하게 된다(6.1.4절 참고).

7.2.1 간단한 예제

변수가 x, y 두 개이고 레코드가 n개인 데이터가 있다고 하자. $k = 4$, 즉 4개의 클러스터로 데이터를 분할하고 싶다고 가정하자. 즉 각 레코드 (x_i, y_i)를 클러스터 k에 할당하는 것을 뜻한다. 클러스터 k에 n_k개의 레코드가 들어 있다고 할 때, 클러스터의 중심 $(\bar{x}_k, \bar{y}_k)$는 클러스터 내에 존재하는 점들의 평균을 의미한다.

$$\bar{x}_k = \frac{1}{n_k} \sum_{i \in 클러스터\ k} x_i$$

$$\bar{y}_k = \frac{1}{n_k} \sum_{i \in 클러스터\ k} y_i$$

> **CAUTION_ 클러스터 평균**
>
> 여러 변수가 존재하는 레코드들을 클러스터링할 때, **클러스터 평균**이라는 것은 하나의 값(스칼라)이 아닌 각 변수들의 평균으로 이루어진 벡터를 의미한다.

클러스터 내부의 제곱합은 다음과 같이 구할 수 있다.

$$SS_k = \sum_{i \in 클러스터\ k} \left(x_i - \bar{x}_k \right)^2 + \left(y_i - \bar{y}_k \right)^2$$

k-평균은 4개의 모든 클러스터의 내부 제곱합($SS_1 + SS_2 + SS_3 + SS_4$)이 최소가 되도록 레코드들을 클러스터에 할당하는 방법이다.

$$\sum_{k=1}^{4} SS_k$$

클러스터링의 일반적인 용도는 데이터에서 자연스러운 별개의 클러스터를 찾는 것이다. 또 다른 응용 분야는 데이터를 미리 정해진 수의 개별 그룹으로 나누는 것이다. 여기서 각 그룹이 서로 가능한 한 다르게 나뉘었는지 확인하기 위해 클러스터링을 사용한다.

예를 들어, 일별 주가수익률을 네 그룹으로 나누고 싶다고 가정하자. 이 데이터를 가장 최적으로 그룹화하기 위해 k-평균 클러스터링을 사용할 수 있다. 주식 수익률은 이미 표준화된 방식으로 보고되므로 데이터를 따로 정규화할 필요가 없다. R에서 k-평균 클러스터링을 실행하려면 kmeans 함수를 사용한다. 예를 들어 다음은 엑슨모빌(XOM)과 셰브런(CVX)의 일별 주가수익률을 변수로 놓고 4개의 클러스터로 분류하는 예제이다.

```
df <- sp500_px[row.names(sp500_px)>='2011-01-01', c('XOM', 'CVX')]
km <- kmeans(df, centers=4)
```

파이썬에서는 사이킷런의 **sklearn.cluster.KMeans** 메서드를 사용한다.

```
df = sp500_px.loc[sp500_px.index >= '2011-01-01', ['XOM', 'CVX']]
kmeans = KMeans(n_clusters=4).fit(df)
```

R에서는 각 레코드에 대해 할당된 클러스터 정보는 **cluster** 요소를 통해 볼 수 있다.

```
> df$cluster <- factor(km$cluster)
> head(df)

                  XOM        CVX cluster
2011-01-03 0.73680496  0.2406809       1
2011-01-04 0.16866845 -0.5845157       4
2011-01-05 0.02663055  0.4469854       1
2011-01-06 0.24855834 -0.9197513       4
2011-01-07 0.33732892  0.1805111       1
2011-01-10 0.00000000 -0.4641675       4
```

사이킷런에서 클러스터 라벨은 **labels_field**를 통해 사용할 수 있다.

```
df['cluster'] = kmeans.labels_
df.head()
```

제일 처음에 나오는 레코드 6개를 보면 클러스터 1 혹은 4에 할당된 것을 볼 수 있다. R에서는 다음과 같이 클러스터 평균 역시 확인할 수 있다.

```
> centers <- data.frame(cluster=factor(1:4), km$centers)
```

```
> centers

  cluster       XOM        CVX
1       1  0.2315403   0.3169645
2       2  0.9270317   1.3464117
3       3 -1.1439800  -1.7502975
4       4 -0.3287416  -0.5734695
```

사이킷런에서 클러스터의 중심은 cluster_centers_field를 통해 사용할 수 있다.

```
centers = pd.DataFrame(kmeans.cluster_centers_, columns=['XOM', 'CVX'])
centers
```

클러스터 3과 4는 하락장을 의미하고, 반면에 클러스터 1과 2는 상승장을 의미한다.

k−평균 알고리즘에서는 시작점을 무작위로 선택하기 때문에 그 결과는 이후 실행과 메서드의 구현에 따라 다를 수 있다. 일반적으로 변동성이 그렇게 크지 않다는 것을 확인해야 한다.

위의 예제에서 변수가 두 개이기 때문에 클러스터와 그 평균을 다음과 같이 쉽게 시각화가 가능하다.

```
ggplot(data=df, aes(x=XOM, y=CVX, color=cluster, shape=cluster)) +
  geom_point(alpha=.3) +
  geom_point(data=centers,  aes(x=XOM, y=CVX), size=3, stroke=2)
```

seaborn의 scatterplot 함수를 사용하면 속성별로 점의 색상(hue)과 스타일(style)을 쉽게 할당할 수 있다.

```
fig, ax = plt.subplots(figsize=(4, 4))
ax = sns.scatterplot(x='XOM', y='CVX', hue='cluster', style='cluster',
                     ax=ax, data=df)
ax.set_xlim(-3, 3)
ax.set_ylim(-3, 3)
centers.plot.scatter(x='XOM', y='CVX', ax=ax, s=50, color='black')
```

실행 결과를 보면 [그림 7−5]와 같다. 데이터들이 클러스터에 할당된 결과와 클러스터의 평균을 보여준다. k-평균은 클러스터가 잘 분리되지 않은 경우에도 어떻게든 레코드를 클러스터에 할당한다. 이것은 레코드를 그룹별로 최적으로 분할해야 하는 경우에 유용할 수 있다.

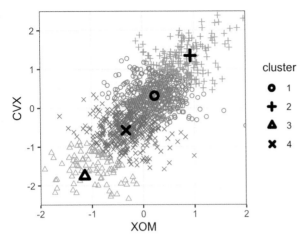

그림 7-5 엑슨모빌과 셰브런의 일별 주식 수익률에 적용한 k-평균 클러스터링의 결과(클러스터 중심을 검은 심볼로 나타낸다)

7.2.2 k-평균 알고리즘

일반적으로 k-평균은 p개의 변수 $X_1, \cdots, X_p$를 갖는 데이터에 적용될 수 있다. k-평균의 정확한 해를 계산하기는 매우 어려우므로, 휴리스틱한 방법을 통해 국소최적화된 해를 효과적으로 계산한다.

사용자가 미리 정해준 k 값과 클러스터 평균의 초깃값을 가지고 알고리즘을 시작하며, 아래 과정을 반복한다.

  1. 각 레코드를 거리가 가장 가까운 평균을 갖는 클러스터에 할당한다.

  2. 새로 할당된 레코드들을 가지고 새로운 클러스터 평균을 계산한다.

각 레코드에 대한 클러스터 할당이 더는 변화하지 않을 때 알고리즘이 수렴했다고 볼 수 있다. 첫 번째 단계에서 클러스터 평균의 초깃값을 설정할 필요가 있다. 보통은 각 레코드를 k개의 클러스터들 가운데 하나에 랜덤하게 할당한 후 그렇게 얻은 클러스터들의 평균을 사용한다.

이 방법이 항상 최적의 답을 준다는 보장이 없기 때문에, 랜덤하게 초깃값을 변화시켜가며 알고리즘을 여러 번 돌려봐야 한다. 일단 초깃값이 정해지게 되면 반복 루프를 통해 k-평균은 클러스터 내 제곱합이 최소가 되도록 하는 해를 얻게 된다.

R에서 kmeans 함수의 nstar 변수를 이용해 랜덤하게 초깃값을 다르게 설정해 알고리즘을 시행할 횟수를 설정할 수 있다. 예를 들어 다음은 5개의 클러스터를 찾기 위해 k-평균 알고리즘을 서로 다른 초깃값을 이용해 10번 수행하는 코드이다.

```
syms <- c( 'AAPL', 'MSFT', 'CSCO', 'INTC', 'CVX', 'XOM', 'SLB', 'COP',
           'JPM', 'WFC', 'USB', 'AXP', 'WMT', 'TGT', 'HD', 'COST')
df <- sp500_px[row.names(sp500_px) >= '2011-01-01', syms]
km <- kmeans(df, centers=5, nstart=10)
```

10번의 시도 가운데 가장 좋은 성능을 보인 결과를 볼 수 있다. iter.max 변수를 이용해 각 초기 설정별 알고리즘의 최대 반복 횟수를 설정할 수 있다.

사이킷런에서는 기본적으로 이 알고리즘을 10번 반복한다(n_init). max_iter(기본값 300) 인수를 사용하여 반복 횟수를 제어할 수 있다.

```
syms = sorted(['AAPL', 'MSFT', 'CSCO', 'INTC', 'CVX', 'XOM', 'SLB', 'COP',
               'JPM', 'WFC', 'USB', 'AXP', 'WMT', 'TGT', 'HD', 'COST'])
top_sp = sp500_px.loc[sp500_px.index >= '2011-01-01', syms]
kmeans = KMeans(n_clusters=5).fit(top_sp)
```

7.2.3 클러스터 해석

클러스터 분석에서 가장 중요한 부분은 바로 클러스터를 바르게 해석하는 것이다. kmeans 함수에서 가장 중요한 두 출력은 바로 클러스터의 크기와 클러스터 평균이다. 바로 앞에서 다루었던 예제에서 구한 클러스터 크기는 다음과 같다.

```
> km$size
[1] 106 186 285 288 266
```

파이썬에서는 표준 라이브러리의 collections.Counter 클래스를 사용하여 이 정보를 얻을수 있다. 구현상의 차이와 알고리즘 내부에 존재하는 무작위성 때문에 서로 다른 여러 가지 결과가 나올 수 있다.

```python
from collections import Counter
Counter(kmeans.labels_)

Counter({4: 302, 2: 272, 0: 288, 3: 158, 1: 111})
```

클러스터 크기가 비교적 균일하다. 유난히 균형이 맞지 않는 클러스터가 존재한다면 이는 아주 멀리 떨어진 특이점들이 있거나 아니면 어떤 레코드 그룹이 나머지 데이터로부터 아주 멀리 떨어져 있다는 것을 의미한다. 따라서 이런 경우 좀 더 자세히 들여다볼 필요가 있다.

ggplot 함수와 gather 함수를 잘 이용해 클러스터의 중심을 그래프화할 수 있다.

```r
centers <- as.data.frame(t(centers))
names(centers) <- paste("Cluster", 1:5)
centers$Symbol <- row.names(centers)
centers <- gather(centers, 'Cluster', 'Mean', -Symbol)
centers$Color = centers$Mean > 0
ggplot(centers, aes(x=Symbol, y=Mean, fill=Color)) +
  geom_bar(stat='identity', position='identity', width=.75) +
  facet_grid(Cluster ~ ., scales='free_y')
```

파이썬에서 이 시각화를 만드는 코드는 PCA에 사용한 코드와 유사하다.

```python
centers = pd.DataFrame(kmeans.cluster_centers_, columns=syms)

f, axes = plt.subplots(5, 1, figsize=(5, 5), sharex=True)
for i, ax in enumerate(axes):
    center = centers.loc[i, :]
    maxPC = 1.01 * np.max(np.max(np.abs(center)))
    colors = ['C0' if l > 0 else 'C1' for l in center]
    ax.axhline(color='#888888')
    center.plot.bar(ax=ax, color=colors)
    ax.set_ylabel(f'Cluster {i + 1}')
    ax.set_ylim(-maxPC, maxPC)
```

[그림 7-6]의 결과 그래프는 각 클러스터의 특징을 잘 보여준다. 예를 들어 클러스터 4와 5는 각각 주식시장이 내리고 오른 날을 의미한다. 클러스터 2와 3은 각각 에너지 관련 주식이 내린 날과 소비재 주식이 오른 날의 특징을 보여준다. 마지막으로 클러스터 1은 에너지 주식은 오르고 소비재 주식은 내린 날을 보여준다.

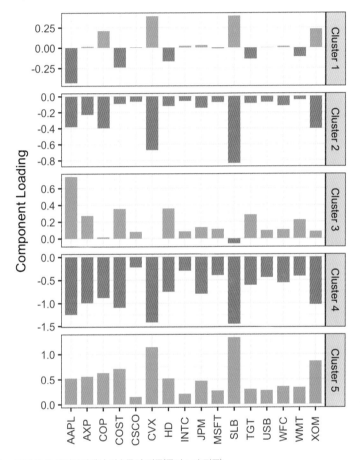

그림 7-6 클러스터에서 변수들의 평균(클러스터 평균)

> **NOTE_** 클러스터 평균 그래프가 주성분분석(PCA)에서 봤던 부하 그래프와 매우 비슷하다(7.1.3절 참고). PCA와 가장 다른 점은 클러스터 평균에서는 부호가 매우 중요한 의미를 갖는다는 점이다. PCA에서는 변동성의 주요 방향을 찾는 것이 목적이었다면, 클러스터 분석에서는 서로 가까운 위치에 있는 레코드들의 그룹을 찾는 것이 목적이다.

7.2.4 클러스터 개수 선정

k-평균 알고리즘을 사용하려면 클러스터의 개수를 지정해야 한다. 클러스터 개수는 적용 문제에 따라 결정되는 경우가 있다. 예를 들어, 판매 부서가 있는 회사에서는 판매 상담 전화가 필요한 고객을 특별히 따로 분류해 집중 관리하고자 한다. 이럴 경우 관리를 위해 고객을 분류할 그룹 개수를 미리 결정할 수 있다. 예를 들어 그룹 2개로는 고객을 제대로 분류하기 모자라고 그룹 8개는 관리하기가 너무 많다고 정할 수 있다.

실무 혹은 관리상의 고려에 따라 클러스터 개수를 미리 결정하기가 어려울 경우, 통계적 접근 방식을 사용할 수 있다. 다만 '최상의' 클러스터 개수를 찾는 딱 한 가지 표준화된 방법은 없다.

팔꿈치 방법elbow method은 언제 클러스터 세트가 데이터의 분산의 '대부분'을 설명하는지를 알려준다. 여기에 새로운 클러스터를 더 추가하면 분산에 대한 기여도가 상대적으로 작아진다. 즉 이는 누적 분산이 가파르게 상승한 다음 어느 순간 평평하게 되는 지점을 말하며 이러한 성질 때문에 팔꿈치라는 이름이 붙었다.

[그림 7-7]은 2에서 14까지의 클러스터 개수에 따른 주식 데이터에 대해 설명된 분산의 누적 백분율을 보여준다. 이 예제에서 팔꿈치의 위치는 어디일까? 여기서는 분산 증가율이 서서히 떨어지기 때문에 눈에 띄는 위치는 없다. 이는 잘 정의된 클러스터가 없는 데이터에서 상당히 일반적이다. 팔꿈치 방법의 단점이라고도 할 수 있지만, 데이터의 특성을 밝혀준다는 점에서 가치가 있다.

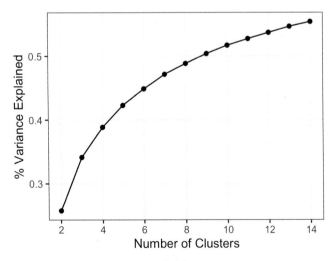

그림 7-7 주식 데이터에 적용한 팔꿈치 방법

R의 **kmeans** 함수는 팔꿈치 방법을 사용하기 위한 특별한 파라미터를 제공하지는 않지만 다음과 같이 **kmeans**의 출력을 이용해 쉽게 적용할 수 있다.

```
pct_var <- data.frame(pct_var = 0,
                      num_clusters = 2:14)
totalss <- kmeans(df, centers=14, nstart=50, iter.max=100)$totss
for (i in 2:14) {
  kmCluster <- kmeans(df, centers=i, nstart=50, iter.max=100)
  pct_var[i-1, 'pct_var'] <- kmCluster$betweenss / totalss
}
```

파이썬에서는 **KMeans** 결과의 경우 속성 **inertia_**를 통해 이 정보를 구한다. 팬더스 데이터 프레임으로 변환한 후 **plot** 메서드를 사용하여 비슷한 그래프를 만들 수 있다.

```
inertia = []
for n_clusters in range(2, 14):
    kmeans = KMeans(n_clusters=n_clusters, random_state=0).fit(top_sp)
    inertia.append(kmeans.inertia_ / n_clusters)

inertias = pd.DataFrame({'n_clusters': range(2, 14), 'inertia': inertia})
ax = inertias.plot(x='n_clusters', y='inertia')
plt.xlabel('Number of clusters(k)')
plt.ylabel('Average Within-Cluster Squared Distances')
plt.ylim((0, 1.1 * inertias.inertia.max()))
ax.legend().set_visible(False)
```

유지할 클러스터 개수를 평가할 때 가장 중요한 테스트는 다음과 같다. 클러스터들이 새로운 데이터에서도 그대로 유지될 가능성이 얼마나 있을까? 클러스터는 해석 가능한가? 데이터의 일반적인 특성과 관련이 있는가? 아니면 특정 데이터만 반영하는가? 교차타당성검사를 사용하면 이러한 것들을 부분적으로 평가할 수 있다(4.2.3절 참고).

다시 말하지만 일반적으로 클러스터의 개수를 정확히 얻는 완벽한 방법은 없다.

> **NOTE_** 클러스터 개수를 결정하는 데에는 통계 이론이나 정보이론에 바탕을 둔 좀 더 형식적인 방법도 있다. 예를 들어 로버트 팁시라니, 귄터 월터Guenther Walther, 트레버 헤이스티는 팔꿈치를 알아내기 위해 통계 이론에 기초한 '틈새' 통계량이라는 것을 제안했다(*http://www.stanford.edu/~hastie/Papers/gap.pdf*). 하지만 이러한 이론적 접근법은 대부분의 응용 분야에서 필요하지 않고, 심지어 적합하지 않을 수도 있다.

7.3 계층적 클러스터링

계층적 클러스터링hierarchical clustering은 k-평균 대신 사용하는 클러스터링 방법으로 k-평균과는 아주 다른 결과를 보여준다. 계층적 클러스터링을 통해 서로 다른 수의 클러스터를 지정하는 효과를 시각화할 수 있다. 그리고 특이점이나 비정상적인 그룹이나 레코드를 발견하는 데 더 민감하다. 계층적 클러스터링은 또한 직관적인 시각화가 가능하여 클러스터를 해석하기가 수월하다.

용어 정리

- **덴드로그램**dendrogram : 레코드들, 그리고 레코드들이 속한 계층적 클러스터를 시각적으로 표현
- **거리**distance : 한 **레코드**가 다른 레코드들과 얼마나 가까운지를 보여주는 측정 지표
- **비유사도**dissimilarity : 한 **클러스터**가 다른 클러스터들과 얼마나 가까운지를 보여주는 측정 지표

계층적 클러스터링의 유연성에는 비용이 따른다. 다시 말해서 계층적 클러스터링은 수백만 개의 레코드가 있는 대규모 데이터에는 적용할 수 없다. 수만 개의 레코드로 이루어진 적당한 크기의 데이터의 경우에도 계층적 클러스터링을 위해서는 상대적으로 많은 컴퓨팅 리소스가 필요할 수 있다. 사실, 계층적 클러스터링은 대부분 상대적으로 데이터 크기가 작은 문제에 주로 적용된다.

7.3.1 간단한 예제

n개의 레코드와 p개의 변수가 있는 일반적인 데이터에 대해 계층적 클러스터링을 사용할 수 있으며 아래 두 가지 기본 구성 요소를 기반으로 한다.

- 두 개의 레코드 i와 j 사이의 거리를 측정하기 위한 거리 측정 지표
- 두 개의 클러스터 A와 B 사이의 차이를 측정하기 위한, 각 클러스터 구성원 간의 거리 $d_{i,j}$를 기반으로 한 비유사도 측정 지표 $D_{A,B}$

수치형 데이터와 관련된 응용 분야의 경우, 가장 중요한 것은 비유사도 지표이다. 계층적 클러스터링은 각 레코드 자체를 개별 클러스터로 설정하여 시작하고 가장 가까운 클러스터를 결합해나가는 작업을 반복한다.

R에서는 hclust 함수를 사용하여 계층적 클러스터링을 수행할 수 있다. hclust와 kmeans 함수 사이의 한 가지 큰 차이점은 데이터 자체보다 쌍 거리 $d_{i,j}$에 따라 동작한다는 점이다. dist 함수를 사용하여 이 거리를 계산할 수 있다. 예를 들어, 다음은 계층적 클러스터링을 여러 기업의 주가 수익에 적용하는 과정을 보여준다.

```r
syms1 <- c('GOOGL', 'AMZN', 'AAPL', 'MSFT', 'CSCO', 'INTC', 'CVX', 'XOM', 'SLB',
           'COP', 'JPM', 'WFC', 'USB', 'AXP', 'WMT', 'TGT', 'HD', 'COST')
# 행이 주가가 되도록 전치
df <- t(sp500_px[row.names(sp500_px) >= '2011-01-01', syms1])
d <- dist(df)
hcl <- hclust(d)
```

클러스터링 알고리즘은 데이터 프레임의 레코드(행)들을 클러스터링한다. 수익이 유사한 기업들을 서로 묶는 것이 목적이므로 데이터 프레임을 **전치**transpose (t)해서 행을 따라 기업별 주가 정보가 오게 하고 열을 따라 날짜가 오도록 해야 한다.

scipy 패키지의 scipy.cluster.hierarchy 모듈에는 계층적 클러스터링을 위한 다양한 메서드를 제공한다. 여기에서는 method를 'complete'로 설정하여 linkage 함수를 사용했다.

```python
syms1 = ['AAPL', 'AMZN', 'AXP', 'COP', 'COST', 'CSCO', 'CVX', 'GOOGL', 'HD',
         'INTC', 'JPM', 'MSFT', 'SLB', 'TGT', 'USB', 'WFC', 'WMT', 'XOM']
df = sp500_px.loc[sp500_px.index >= '2011-01-01', syms1].transpose()

Z = linkage(df, method='complete')
```

7.3.2 덴드로그램

계층적 클러스터링은 트리 모델과 같이 자연스러운 시각적 표현이 가능하며, 이를 **덴드로그램**이라고 한다. 이 이름은 나무를 뜻하는 그리스 단어 dendro와 그림을 뜻하는 단어 gramma에서 유래한다. R에서는 plot 명령을 사용하여 쉽게 이를 생성할 수 있다.

```
plot(hcl)
```

파이썬에서 linkage 함수의 결과를 시각화하기 위해 dendrogram 메서드를 사용할 수 있다.

```
fig, ax = plt.subplots(figsize=(5, 5))
dendrogram(Z, labels=list(df.index), color_threshold=0)
plt.xticks(rotation=90)
ax.set_ylabel('distance')
```

결과는 [그림 7-8]과 같다. 트리의 잎은 각 레코드를 의미한다(서로 비슷한 회사들을 보여준다). 트리의 가지 길이는 해당 클러스터 간의 차이 정도를 나타낸다. 구글과 아마존에 대한 수익률은 서로 다르고 다른 주식에 대한 수익률과도 상당히 다른 것을 볼 수 있다. 다른 주식들은 자연스럽게 그룹을 형성한다. 석유 관련주들(SLB, CVX, XOM, COP)은 자신들의 클러스터가 있고 애플(AAPL)은 독자적이며, 나머지는 서로 비슷하다.

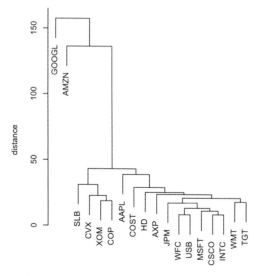

그림 7-8 주가 수익에 따른 덴드로그램

k-평균과 달리 클러스터의 수를 미리 지정할 필요는 없다. 그래프상에서 위 또는 아래로 이동하는 수평선을 이용해 서로 다른 수의 클러스터를 식별할 수 있다. 수평선이 수직선과 교차하는 곳에서 클러스터를 정의할 수 있다. cutree 함수를 사용하면 원하는 개수의 클러스터를 추출할 수 있다.

```
cutree(hcl, k=4)

GOOGL  AMZN  AAPL  MSFT  CSCO  INTC   CVX   XOM   SLB   COP   JPM   WFC
    1     2     3     3     3     3     4     4     4     4     3     3
  USB   AXP   WMT   TGT    HD  COST
    3     3     3     3     3     3
```

파이썬에서는 fcluster 메서드를 사용하여 같은 결과를 얻을 수 있다.

```
memb = fcluster(Z, 4, criterion='maxclust')
memb = pd.Series(memb, index=df.index)
for key, item in memb.groupby(memb):
    print(f"{key} : {', '.join(item.index)}")
```

추출할 클러스터의 개수를 4로 설정했으며 구글과 아마존은 각자 자신만의 독자적인 클러스터에 속해 있음을 볼 수 있다. 석유 주식은 모두 또 다른 한 클러스터에 속한다. 마지막으로 나머지 주식들이 남은 하나의 클러스터에 속한다.

7.3.3 병합 알고리즘

계층적 클러스터링에서 가장 중요한 알고리즘은 바로 **병합**agglomerative 알고리즘이다. 유사한 클러스터들을 반복적으로 병합하는 역할을 한다. 병합 알고리즘은 단일 레코드로 구성된 클러스터에서 시작하여 점점 더 큰 클러스터들을 만든다. 첫 번째 단계는 모든 레코드 쌍 사이의 거리를 계산하는 것이다.

각 레코드 쌍 $(x_1, x_2, \cdots, x_p)$와 $(y_1, y_2, \cdots, y_p)$에 대해 거리 지표(6.1.2절 참고)를 사용하여 두 레코드 사이의 거리 $d_{x,y}$를 측정한다. 예를 들어 다음과 같이 유클리드 거리를 사용할 수 있다.

$$d(x, y) = \sqrt{(x_1 - y_1)^2 + (x_2 - y_2)^2 + \cdots + (x_p - y_p)^2}$$

이제 클러스터 간의 거리를 알아보자. $A = (a_1, a_2, \cdots, a_m)$과 $B = (b_1, b_2, \cdots, b_q)$라는 두 개의 클러스터 A와 B를 고려하자. 클러스터 A의 구성원들과 B의 구성원들 사이의 거리를 사용하여 클러스터 간의 $D(A, B)$ 비유사도를 측정할 수 있다.

비유사도를 측정하는 한 가지 방법은 A와 B 사이의 모든 레코드 쌍의 최대 거리를 사용하는 **완전연결**complete linkage 방식이다.

$$D(A, B) = \max d(a_i, b_j) \text{ 모든 } i, j \text{ 쌍에 대해}$$

이것은 비유사도를 모든 쌍 사이의 가장 큰 차이로 정의한다.

병합 알고리즘의 주요 단계는 다음과 같다.

1. 데이터의 모든 레코드에 대해, 단일 레코드로만 구성된 클러스터들로 초기 클러스터 집합을 만든다.

2. 모든 쌍의 클러스터 k, l 사이의 비유사도 $D(C_k, C_l)$을 계산한다.

3. $D(C_k, C_l)$에 따라 가장 가까운 두 클러스터 C_k와 C_l을 병합한다.

4. 둘 이상의 클러스터가 남아 있으면 2단계로 다시 돌아간다. 그렇지 않고 클러스터가 하나 남는다면 알고리즘을 멈춘다.

7.3.4 비유사도 측정

비유사도를 측정하는 네 가지 일반적인 지표는 **완전연결**, **단일연결**single linkage, **평균연결**average linkage, **최소분산**minimum variance이다. 이외에 다른 다양한 비유사도 지표들이 `hclust`와 `linkage`를 포함한 대부분의 계층적 클러스터링 소프트웨어에서 모두 지원된다. 앞서 소개한 완전연결법은 비슷한 멤버가 있는 클러스터를 만드는 경향이 있다. 단일연결 방법은 두 클러스터의 레코드 간 최소 거리를 사용하는 방식이다.

$$D(A, B) = \min d(a_i, b_j) \text{ 모든 } i, j \text{ 쌍에 대해}$$

이는 탐욕적인greedy 방법[1]이며, 결과로 나온 클러스터는 서로 크게 다른 요소들을 포함하는 일도 생길 수 있다. 평균연결 방법은 모든 거리 쌍의 평균을 사용하는 방법으로 이는 단일연결과 완전연결법 사이를 절충한 방법이다. 마지막으로 **워드 기법**Ward's method이라고도 하는 최소분산 방법은 클러스터 내의 제곱합을 최소화하므로 k-평균과 유사하다고 할 수 있다(7.2절 참고).

[그림 7-9]은 엑손모빌과 셰브런 주가 수익 데이터에 위의 네 가지 방법을 적용하여 계층적 클러스터링을 수행한 결과다. 각 방법에 대해 네 개씩 클러스터를 표시했다.

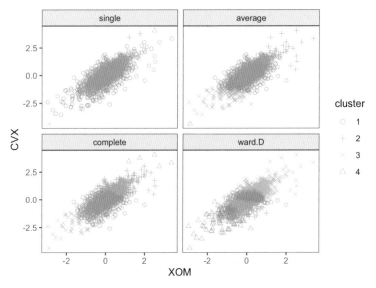

그림 7-9 주식 데이터에 대한 비유사도 측정 지표 간 비교

현저하게 다른 결과를 볼 수 있다. 단일연결 방법은 거의 모든 점을 하나의 클러스터에 할당했다. 최소분산 방법(R: Ward.D, 파이썬: ward)을 제외한 다른 방법은 외곽에 요소가 몇 개 없는 특이점들로 이루어진 작은 클러스터를 만들었다. 최소분산 방법은 k-평균 클러스터와 가장 유사한 결과를 보인다. [그림 7-5]와 비교해서 보면 확실히 알 수 있다.

---

1 옮긴이_ 탐욕 알고리즘 혹은 그리디 알고리즘이라고도 부른다. 반복 수행을 기반으로 하는 알고리즘에서 전체 혹은 나중을 생각하지 않고 각 단계마다 주어진 정보 내에서 최선의 선택을 하는 방법을 말한다. 하지만 각 단계에서 지역적으로(locally) 최선의 선택을 했다고 해서 전체적으로(globally) 최적의 답을 얻는다는 보장은 없다.

7.4 모델 기반 클러스터링

계층적 클러스터링과 k-평균 같은 클러스터링 방법들은 모두 휴리스틱한 방법heuristic이라고 할 수 있으며, 직접 관측한(즉 확률모형에 기반하지 않고) 데이터들이 서로 가깝게 있는 클러스터를 찾는 데 주로 사용된다. 연구자들은 지난 20년간 **모델 기반 클러스터링**model-based clustering을 개발하는 데 많은 노력을 기울여왔다. 워싱턴 대학교의 에이드리언 래프터리Adrian Raftery와 동료들은 이론적인 측면과 소프트웨어적인 측면에서 모델 기반 클러스터링을 개발하는 데 큰 기여를 했다. 이 기법은 통계 이론에 기초하고 있으며 클러스터의 성질과 수를 결정하는 더 엄격한 방법을 제공한다. 예를 들면 전반적으로는 서로 비슷하지만 모든 데이터가 반드시 서로 가까울 필요는 없는 그룹(예를 들어 수익의 분산이 큰 기술 주식들)과 서로 비슷하면서 데이터들이 아주 가까이에 있는 또 다른 그룹(예를 들어 분산이 적은 유틸리티 주식)이 함께 있는 경우에 사용할 수 있다.

7.4.1 다변량정규분포

가장 널리 사용되는 대부분의 모델 기반 클러스터링 방법은 모두 **다변량정규분포**multivariate normal distribution를 따른다. 다변량정규분포는 p개의 변수 집합 $X_1, X_2, \cdots, X_p$에 대해 정규분포를 일반화한 것이다. 분포는 평균 집합 $\mu = \mu_1, \mu_2, \cdots, \mu_p$와 공분산행렬 Σ로 정의된다. 공분산행렬은 변수가 서로 어떻게 상호 관련되어 있는지를 나타내는 지표이다(5.2.1절 참고). 공분산행렬 Σ

는 p개의 분산 $\sigma_1^2, \sigma_2^2, \cdots, \sigma_p^2$과 $i \neq j$인 모든 변수 쌍에 대한 공분산 $\sigma_{i,j}$로 구성된다. 행과 열을 따라 구성된 공분산행렬은 다음과 같다.

$$\Sigma = \begin{bmatrix} \sigma_1^2 & \sigma_{1,2} & \cdots & \sigma_{1,p} \\ \sigma_{2,1} & \sigma_2^2 & \cdots & \sigma_{2,p} \\ \vdots & \vdots & \ddots & \vdots \\ \sigma_{p,1} & \sigma_{p,2}^2 & \cdots & \sigma_p^2 \end{bmatrix}$$

공분산 행렬은 왼쪽 상단에서 오른쪽 하단까지 대각선을 중심으로 서로 대칭이다. 공분산행렬은 $\sigma_{i,j} = \sigma_{j,i}$인 대칭행렬이므로 결과적으로 $p \times (p-1) / 2$개의 공분산 항이 존재한다고 볼 수 있다. 전체적으로 공분산행렬은 $p \times (p-1) / 2 + p$개의 변수를 갖는다. 이 분포를 다음과 같이 표시한다.

$$\left(X_1, X_2, \cdots, X_p \right) \sim N_p \left(\mu, \Sigma \right)$$

이 기호는 변수들이 모두 정규분포를 따른다는 뜻이며, 전체 분포가 변수의 평균 벡터와 공분산행렬에 의해 완벽히 설명된다는 것을 나타낸다.

[그림 7-10]는 두 변수 X와 Y에 대한 다변량정규분포의 확률 등고선을 보여준다(확률 등고선에서 예를 들어 0.5는 분포의 50%를 포함한다는 뜻이다).

평균은 μ_x=0.5와 μ_y=−0.5이고 공분산행렬은 다음과 같다.

$$\Sigma = \begin{bmatrix} 1 & 1 \\ 1 & 2 \end{bmatrix}$$

공분산 σ_{xy}가 양수이므로 X와 Y는 양의 상관관계가 있다.

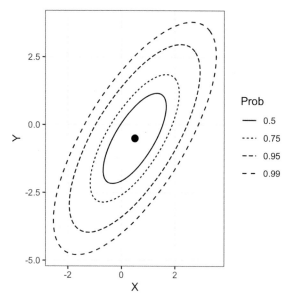

그림 7-10 2차원 정규분포에 대한 확률 등고선

7.4.2 정규혼합

모델 기반 클러스터링의 핵심 아이디어는 각 레코드가 k개의 다변량정규분포 중 하나로부터 발생했다고 가정하는 것이다. 여기서 k가 클러스터의 개수를 의미한다. 각 분포는 서로 다른 평균 μ와 공분산행렬 Σ를 갖는다. 예를 들어 X와 Y라는 두 개의 변수가 있는 경우 각 행 (X_i, Y_i)은 k개의 다변량 정규분포 $N(\mu_1, \Sigma_1), N(\mu_2, \Sigma_2), \cdots, N(\mu_k, \Sigma_k)$ 중 하나에서 샘플링된 것으로 모델링된다.

R에서는 모델 기반 클러스터링을 위해 크리스 프레일리[Chris Fraley]와 에이드리언 래프터리가 처음 개발한 mclust라는 아주 훌륭한 패키지를 제공한다. 이전에 k-평균과 계층적 클러스터링을 적용하여 분석했던 주가 수익 데이터에 이 패키지를 사용하면 모델 기반 클러스터링을 적용할 수 있다.

```
> library(mclust)
> df <- sp500_px[row.names(sp500_px) >= '2011-01-01', c('XOM', 'CVX')]
> mcl <- Mclust(df)
> summary(mcl)
```

```
Mclust VEE (ellipsoidal, equal shape and orientation) model with 2 components:

 log.likelihood     n df        BIC      ICL
     -2255.125 1131  9 -4573.528 -5076.657

Clustering table:
  1   2
168 963
```

사이킷런에는 모델 기반 클러스터링을 위한 `sklearn.mixture.GaussianMixture` 클래스가
있다.

```
df = sp500_px.loc[sp500_px.index >= '2011-01-01', ['XOM', 'CVX']]
mclust = GaussianMixture(n_components=2).fit(df)
mclust.bic(df)
```

이 코드를 실행하면 다른 기법들보다 계산 시간이 훨씬 오래 걸리는 것을 볼 수 있다. `predict`
함수를 사용하여 할당된 클러스터 정보를 얻을 수 있고 이를 이용하면 다음과 같이 클러스터를
시각화할 수 있다.

```
cluster <- factor(predict(mcl)$classification)
ggplot(data=df, aes(x=XOM, y=CVX, color=cluster, shape=cluster)) +
  geom_point(alpha=.8)
```

다음은 비슷한 그래프를 만들기 위한 파이썬 코드를 보여준다.

```
fig, ax = plt.subplots(figsize=(4, 4))
colors = [f'C{c}' for c in mclust.predict(df)]
df.plot.scatter(x='XOM', y='CVX', c=colors, alpha=0.5, ax=ax)
ax.set_xlim(-3, 3)
ax.set_ylim(-3, 3)
```

결과는 [그림 7-11]과 같다. 두 개의 클러스터가 있는 것을 볼 수 있다. 하나는 데이터 중심에
있고 다른 하나는 데이터 중심을 둘러싼 외곽에 존재한다. 이것은 앞서 k-평균(그림 7-5)이
나 계층적 클러스터링(그림 7-9)을 사용하여 얻은 작고 조밀한 클러스터들과는 매우 다르다.

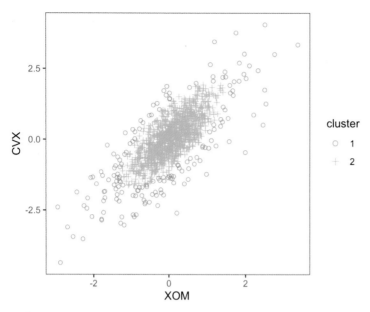

그림 7-11 mclust를 사용하여 주가 수익 데이터에 대해 두 개의 클러스터를 얻는다.

summary 함수를 사용하여 각 정규분포의 파라미터를 추출할 수도 있다.

```
> summary(mcl, parameters=TRUE)$mean

          [,1]         [,2]
XOM -0.04362218 0.05792282
CVX -0.21109525 0.07375447

> summary(mcl, parameters=TRUE)$variance[,,1]

         XOM      CVX
XOM 1.044671 1.065190
CVX 1.065190 1.912748

> summary(mcl, parameters=TRUE)$variance[,,2]

          XOM       CVX
XOM 0.2998935 0.3057838
CVX 0.3057838 0.5490920
```

파이썬에서는 means_와 covariances_ 속성으로부터 이 정보를 얻는다.

```
print('Mean')
print(mclust.means_)
print('Covariances')
print(mclust.covariances_)
```

두 분포는 비슷한 평균과 상관관계를 갖고 있지만, 두 번째 분포의 분산과 공분산이 훨씬 큰 것을 알 수 있다. 알고리즘 내의 무작위성 때문에 실행할 때마다 약간씩 다른 결과를 얻게 된다.

mclust 함수를 통해 얻은 클러스터링 결과가 놀라울 수도 있지만 이는 실제로는 이 방법이 갖고 있는 통계적 특성을 잘 보여주는 결과이다. 모델 기반 클러스터링의 목적은 사실 데이터를 가장 잘 설명하는 다변량정규분포를 찾는 것이다. [그림 7–10]의 등고선을 보면 주식 데이터는 정규분포 모양을 갖고 있는 것처럼 보인다. 사실 더 정확히는, 주식 수익률은 정규분포보다 긴 꼬리 분포를 따른다고 볼 수 있다. 이를 처리하기 위해 mclust는 대량의 데이터에 대해 분포를 피팅하려고 하고 그 결과 두 번째 분포가 더 큰 분산을 갖도록 피팅된다.

7.4.3 클러스터 개수 결정하기

k–평균이나 계층적 클러스터링과 달리 R의 mclust는 클러스터 수(이 경우 2)를 자동으로 선택한다. 바로 **베이즈 정보기준**Bayesian information criteria (BIC) 값이 가장 큰 클러스터의 개수를 선택하도록 동작하기 때문이다(BIC는 AIC와 유사하다. 4.2.4절 참고). BIC는 모델의 파라미터 개수에 대해 벌점을 주는 방식으로 가장 적합한 모델을 선택한다. 모델 기반 클러스터링의 경우 클러스터를 추가하면 할수록 모델의 파라미터 개수가 증가되는 대신 항상 적합도는 좋아진다.

> NOTE_ 대부분의 경우 일반적으로 BIC를 최소화한다. mclust 패키지의 저자는 그림 해석을 더 쉽게 할 수 있도록 BIC의 부호를 반대로 정의하기로 결정했다.

mclust는 클러스터 개수를 증가해가면서 14개의 서로 다른 모델을 피팅하고 최적의 모델을 자동으로 선택한다. mclust의 함수를 가지고 각 클러스터 크기에 대해 이 모델들의 BIC 값을 그릴 수 있다.

```
plot(mcl, what='BIC', ask=FALSE)
```

클러스터의 개수 또는 다변량정규분포 모델(구성 요소)의 개수는 x축에 표시된다(그림 7-12).

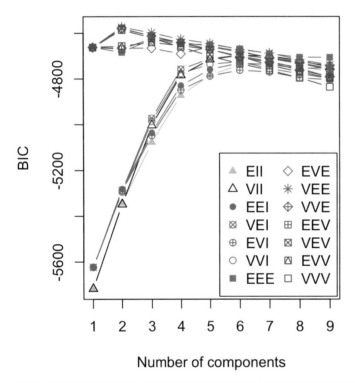

그림 7-12 서로 다른 수의 클러스터 (구성 요소)에 따른 주가 수익 데이터에 대한 14개 모델의 BIC 점수

반면에 GaussianMixture에서는 다양한 조합을 시도하지 않는다. 여기서 보는 것처럼 파이썬을 사용하여 여러 조합을 수행하는 것은 어렵지 않다. 여기서는 일반적으로 사용하는 BIC를 구현했다. 따라서 BIC 계산 결과는 양수이기 때문에 이것을 최소화해야 한다.

```
results = []
covariance_types = ['full', 'tied', 'diag', 'spherical']
for n_components in range(1, 9):
    for covariance_type in covariance_types:
        mclust = GaussianMixture(n_components=n_components, warm_start=True,
                                 covariance_type=covariance_type)    #①
        mclust.fit(df)
        results.append({
            'bic': mclust.bic(df),
            'n_components': n_components,
            'covariance_type': covariance_type,
        })

results = pd.DataFrame(results)

colors = ['C0', 'C1', 'C2', 'C3']
styles = ['C0-','C1:','C0-.', 'C1--']

fig, ax = plt.subplots(figsize=(4, 4))
for i, covariance_type in enumerate(covariance_types):
    subset = results.loc[results.covariance_type == covariance_type, :]
    subset.plot(x='n_components', y='bic', ax=ax, label=covariance_type,
                kind='line', style=styles[i])
```

① warm_start 인수를 사용하여 이전 피팅 정보를 재사용하여 계산한다. 그러면 후속 계산의 수렴 속도가 빨라진다.

이 그래프는 k-평균에서 클러스터 개수를 선택하는 데 사용했던 팔꿈치 그림(그림 7-7)과 유사하지만, 여기서는 분산 대신 BIC가 사용되었다. 한 가지 큰 차이점은 선이 하나가 아니라, mclust 함수가 무려 14개의 다른 선을 동시에 보여준다는 것이다! 이는 mclust가 실제로 각 클러스터 크기에 대해 14개의 다른 모델을 피팅했고 궁극적으로 가장 적합한 모델을 선택했다는 것을 잘 보여준다. GaussianMixture는 몇 개 안 되는 방법을 구현했으며 코드는 불과 4줄로 이뤄진다.

mclust 함수는 최상의 다변량정규분포를 결정하기 위해 왜 그렇게 많은 모델들을 피팅하는 것일까? 적합한 모델을 찾기 위해 공분산행렬 Σ를 모수화하는 여러 가지 방법이 있기 때문이다. 일반적으로 이 모델들에 대한 자세한 사항을 군이 알 필요는 없으며, 단순히 mclust가 선택한 모델을 사용하면 된다. 이 예제에서 BIC에 따르면 (VEE, VEV, VVE라는) 세 가지 모델이 두 가지 구성 요소를 사용할 때 가장 적합하다.

모델 기반 클러스터링 기술에는 몇 가지 한계가 있다. 이 방법은 기본적으로 데이터들이 모델을 따른다는 가정이 필요하며, 클러스터링 결과는 이 가정에 따라 매우 다르다. 필요한 계산량역시 계층적 클러스터링보다 높으므로 대용량 데이터로 확장하기가 어렵다. 마지막으로 알고리즘이 다른 방법들보다 더 복잡하고 이용하기가 어렵다.

주요 개념

- 클러스터들이 각자 서로 다른 확률분포로부터 발생한 것으로 가정한다.
- 분포(일반적으로 정규분포) 개수에 대한 가정에 따라 서로 다른 적합한 모델이 있다.
- 이 방법은 너무 많은 파라미터(오버피팅의 원인이 될 수 있다)를 사용하지 않으면서도 데이터에 적합한 모델(그리고 연관된 클러스터 개수)을 선택한다.

7.4.4 더 읽을 거리

- 모델 기반 클러스터링에 대한 내용은 **mclust**와 **GaussianMixture**의 문서를 참고하자.

  - *http://www.stat.washington.edu/research/reports/2012/tr597.pdf*
  - *https://scikit-learn.org/stable/modules/mixture.html*

7.5 스케일링과 범주형 변수

비지도 학습 기술을 이용할 때는 일반적으로 데이터를 적절하게 스케일해야 한다. 스케일링이 중요하지 않았던 회귀나 분류 방법들과는 차이가 있다(물론 k−최근접 이웃 알고리즘은 예외였다. 6.1절 참고).

예를 들어 개인 신용 대출 데이터의 변수들은 단위나 규모 면에서 서로 크게 다르다. 어떤 변수는 상대적으로 작은 값(예를 들어 근속 연수)인 반면 다른 변수는 매우 큰 값(예를 들어 달러로 표기된 대출 금액)을 갖는다. 데이터의 크기가 조정되지 않으면 PCA, k-평균, 혹은 기타 클러스터링 방법은 큰 값을 갖는 변수들에 의해 결과가 좌우되고 작은 값을 갖는 변수들은 무시된다.

범주형 데이터는 일부 클러스터링 과정에서 특별한 문제를 일으킬 수 있다. KNN에서와 마찬가지로, 순서가 없는 요인변수는 일반적으로 원-핫 인코딩을 사용하여 이진(0/1) 변수 집합으로 변환한다(6.1.3절 참고). 이러한 이진변수는 다른 데이터와 스케일이 다를 뿐만 아니라 PCA나 k-평균 같은 기법을 사용할 때 이진변수가 두 가지의 값만 가질 수 있다는 것 때문에 문제가 될 수 있다.

7.5.1 변수 스케일링

매우 다른 스케일 및 단위를 갖는 변수는 클러스터링 절차를 적용하기 전에 적절히 정규화해야 한다. 이유를 알아보기 위해 대출 데이터를 정규화하지 않고 바로 **kmeans** 함수를 적용해보자.

```
defaults <- loan_data[loan_data$outcome=='default',]
df <- defaults[, c('loan_amnt', 'annual_inc', 'revol_bal', 'open_acc',
                   'dti', 'revol_util')]
km <- kmeans(df, centers=4, nstart=10)
centers <- data.frame(size=km$size, km$centers)
round(centers, digits=2)
```

```
    size loan_amnt annual_inc revol_bal open_acc   dti revol_util
1     52  22570.19  489783.40  85161.35     13.33  6.91      59.65
2   1192  21856.38  165473.54  38935.88     12.61 13.48      63.67
3  13902  10606.48   42500.30  10280.52      9.59 17.71      58.11
4   7525  18282.25   83458.11  19653.82     11.66 16.77      62.27
```

여기에 대응되는 파이썬 코드는 다음과 같다.

```
defaults = loan_data.loc[loan_data['outcome'] == 'default',]
columns = ['loan_amnt', 'annual_inc', 'revol_bal', 'open_acc',
           'dti', 'revol_util']

df = defaults[columns]
kmeans = KMeans(n_clusters=4, random_state=1).fit(df)
counts = Counter(kmeans.labels_)

centers = pd.DataFrame(kmeans.cluster_centers_, columns=columns)
centers['size'] = [counts[i] for i in range(4)]
centers
```

두 변수 annual_inc와 revol_bal이 클러스터링 결과를 좌우하며 클러스터마다 크기가 매우 다른 것을 볼 수 있다. 클러스터 1에는 비교적 높은 소득과 높은 회전 신용 잔고를 가진 단 52명의 데이터만 포함되어 있다.

변수를 스케일링하는 일반적인 방법은 평균을 빼고 표준편차로 나눔으로써 원래 값을 z 점수로 변환하는 것이다. 이를 표준화 또는 정규화라고 한다(6.1.4절 참고).

$$z = \frac{x - \bar{x}}{s}$$

정규화된 데이터에 kmeans를 적용했을 때 클러스터링 결과에 어떤 변화가 생기는지 살펴보자.

```
df0 <- scale(df)
km0 <- kmeans(df0, centers=4, nstart=10)
centers0 <- scale(km0$centers, center=FALSE,
                  scale=1 / attr(df0, 'scaled:scale'))
centers0 <- scale(centers0, center=-attr(df0, 'scaled:center'), scale=FALSE)
centers0 <- data.frame(size=km0$size, centers0)
```

```
round(centers0, digits=2)

  size loan_amnt annual_inc revol_bal open_acc   dti revol_util
1 7355 10467.65   51134.87  11523.31     7.48 15.78      77.73
2 5309 10363.43   53523.09   6038.26     8.68 11.32      30.70
3 3713 25894.07  116185.91  32797.67    12.41 16.22      66.14
4 6294 13361.61   55596.65  16375.27    14.25 24.23      59.61
```

파이썬에서는 사이킷런의 StandardScaler를 사용할 수 있다. inverse_transform 메서드를
사용하면 클러스터 중심을 다시 원래 스케일로 변환할 수 있다.

```
scaler = preprocessing.StandardScaler()
df0 = scaler.fit_transform(df * 1.0)

kmeans = KMeans(n_clusters=4, random_state=1).fit(df0)
counts = Counter(kmeans.labels_)

centers = pd.DataFrame(scaler.inverse_transform(kmeans.cluster_centers_),
                       columns=columns)
centers['size'] = [counts[i] for i in range(4)]
centers
```

클러스터들의 크기가 좀 더 균일하며 앞선 결과와 달리 두 변수 annual_inc와 revol_bal에
의해 큰 영향을 받지 않고, 같은 데이터로부터 더 흥미로운 구조를 보여준다. 이 코드에서 클러
스터 중심은 원래 단위로 재조정하였다. 값을 재조정하지 않고 그대로 둔다면 결과는 z 점수로
표시되므로, 해석하기가 어려워진다.

> **NOTE_** 스케일링은 PCA에서도 역시 중요하다. z 점수를 사용하는 것은 주성분을 계산할 때 공분산행렬
> 대신 상관행렬(1.7절 참고)을 사용하는 것과 같은 결과를 가져온다. PCA를 계산하는 소프트웨어에는 일반적
> 으로 상관행렬을 사용할 수 있는 옵션이 있다(R에서는 princomp 함수에 cor라는 인수가 있다).

7.5.2 지배 변수

변수들이 서로 동일한 규모로 측정되고 상대적 중요성을 정확하게 반영하는 경우(예를 들어
주가 변동)조차도 변수의 스케일을 재조정하는 것이 유용할 수 있다.

7.1.3절의 분석 예제에 구글(GOOGL)과 아마존(AMZN) 주가 정보를 추가한다고 가정하자. 다음은 R에서 이를 어떻게 실행하는지 보여준다.

```r
syms <- c('GOOGL', 'AMZN', 'AAPL', 'MSFT', 'CSCO', 'INTC', 'CVX', 'XOM',
          'SLB', 'COP', 'JPM', 'WFC', 'USB', 'AXP', 'WMT', 'TGT', 'HD', 'COST')
top_sp1 <- sp500_px[row.names(sp500_px) >= '2005-01-01', syms]
sp_pca1 <- princomp(top_sp1)
screeplot(sp_pca1)
```

파이썬에서는 이 스크리그래프를 다음과 같이 만든다.

```python
syms = ['GOOGL', 'AMZN', 'AAPL', 'MSFT', 'CSCO', 'INTC', 'CVX', 'XOM',
        'SLB', 'COP', 'JPM', 'WFC', 'USB', 'AXP', 'WMT', 'TGT', 'HD', 'COST']
top_sp1 = sp500_px.loc[sp500_px.index >= '2005-01-01', syms]

sp_pca1 = PCA()
sp_pca1.fit(top_sp1)

explained_variance = pd.DataFrame(sp_pca1.explained_variance_)
ax = explained_variance.head(10).plot.bar(legend=False, figsize=(4, 4))
ax.set_xlabel('Component')
```

7.1절에서 설명한 것처럼 스크리그래프는 첫 번째 주성분에 대한 분산을 표시한다. 이 경우, [그림 7-13]를 보면 스크리그래프에서 첫 번째와 두 번째 구성 요소의 분산이 다른 구성 요소보다 훨씬 큰 것을 볼 수 있다. 이는 하나 혹은 두 개의 변수가 전체 부하량을 지배한다는 것을 나타낸다. 실제로 이 예제가 바로 이런 경우이며 다음 코드로 확인할 수 있다.

```r
round(sp_pca1$loadings[,1:2], 3)
```

```
      Comp.1 Comp.2
GOOGL  0.781  0.609
AMZN   0.593 -0.792
AAPL   0.078  0.004
MSFT   0.029  0.002
CSCO   0.017 -0.001
INTC   0.020 -0.001
CVX    0.068 -0.021
XOM    0.053 -0.005
```

...

파이썬에서는 다음 코드를 사용한다.

```
loadings = pd.DataFrame(sp_pca1.components_[0:2, :], columns=top_sp1.columns)
loadings.transpose()
```

처음 두 가지 주성분은 GOOGL과 AMZN에 의해 거의 완전히 지배되고 있다. 이는 GOOGL과 AMZN의 주가 움직임이 전체 변동성의 대부분을 지배하기 때문이다.

이러한 상황에서는 변수를 스케일링(7.5.1절 참고)해서 포함하거나, 이러한 지배 변수를 전체 분석에서 제외하고 별도로 처리할 수도 있다. 어떤 방법이 항상 옳다고는 할 수 없으며 응용 분야에 따라 달라진다.

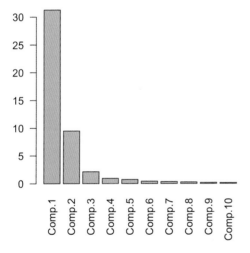

그림 7-13. GOOGL과 AMZN을 포함한 S&P 500 상위 기업들의 주가에 대한 PCA 스크리그래프

7.5.3 범주형 데이터와 고워 거리

범주형 데이터가 있는 경우에는 순서형(정렬된 요인) 변수 또는 이진형(더미) 변수를 사용하여 수치형 데이터로 변환해야 한다. 데이터를 구성하는 변수들에 연속형과 이진형 변수가 섞여

있는 경우에는 비슷한 스케일이 되도록 변수의 크기를 조정해야 한다(7.5.1절 참고). 이를 위한 대표적인 방법은 **고워 거리**를 사용하는 것이다.

고워 거리의 기본 아이디어는 각 변수의 데이터 유형에 따라 거리 지표를 다르게 적용하는 것이다.

- 수치형 변수나 순서형 요소에서 두 레코드 간의 거리는 차이의 절댓값(**맨해튼 거리**)으로 계산한다.
- 범주형 변수의 경우 두 레코드 사이의 범주가 서로 다르면 거리가 1이고 범주가 동일하면 거리는 0이다.

고워 거리는 다음과 같이 계산한다.

1. 각 레코드의 변수 i와 j의 모든 쌍에 대해 거리 $d_{i,j}$를 계산한다.

2. 각 $d_{i,j}$의 크기를 최솟값이 0이고 최댓값이 1이 되도록 스케일을 조정한다.

3. 거리 행렬을 구하기 위해 변수 간에 스케일된 거리를 모두 더한 후 평균 혹은 가중평균을 계산한다.

R에서 대출 데이터 일부를 이용해 고워 거리를 자세히 알아보자.

```
> x <- loan_data[1:5, c('dti', 'payment_inc_ratio', 'home_', 'purpose_')]
> x

    dti payment_inc_ratio  home_            purpose_
  <dbl>             <dbl> <fctr>              <fctr>
1  1.00           2.39320   RENT      major_purchase
2  5.55           4.57170    OWN      small_business
3 18.08           9.71600   RENT               other
4 10.08          12.21520   RENT  debt_consolidation
5  7.06           3.90888   RENT               other
```

R cluster 패키지의 **daisy** 함수를 사용하면 고워 거리를 계산할 수 있다.

```
library(cluster)
daisy(x, metric='gower')

Dissimilarities :
```

```
            1          2          3          4
2 0.6220479
3 0.6863877  0.8143398
4 0.6329040  0.7608561  0.4307083
5 0.3772789  0.5389727  0.3091088  0.5056250

Metric :  mixed ;  Types = I, I, N, N
Number of objects : 5
```

현재 유명한 파이썬 패키지들에서는 고워 거리 계산을 지원하지 않고 있다. 하지만 사이킷런에 이것을 포함시키기 위한 움직임이 있다.[2] 새로운 구현이 공개되면 함께 제공하는 소스 코드를 업데이트할 예정이다.

거리가 모두 0과 1 사이인 것을 볼 수 있다. 가장 거리가 먼 레코드 쌍은 2번과 3번 레코드이다. 이 둘은 home_ 변수나 purpose 변수에 대해서도 값이 다르며 dti 변수와 payment_inc_ratio 변수 역시 차이가 크다. 반면 home_ 변수나 purpose 변수가 동일한 값을 갖는 레코드 3번과 5번은 거리가 가장 작다.

계층적 클러스터링(7.3절 참고)을 위해 daisy에서 얻은 고워 거리 행렬을 hclust로 전달할 수 있다.

```
df <- defaults[sample(nrow(defaults), 250),
               c('dti', 'payment_inc_ratio', 'home', 'purpose')]
d = daisy(df, metric='gower')
hcl <- hclust(d)
dnd <- as.dendrogram(hcl)
plot(dnd, leaflab='none')
```

[그림 7-14]는 위 코드를 실행한 덴드로그램을 나타낸다. x축을 따라 표시된 개별 레코드들을 식별하기가 매우 어렵다.

---

2 *https://github.com/scikit-learn/scikit-learn/pull/9555*

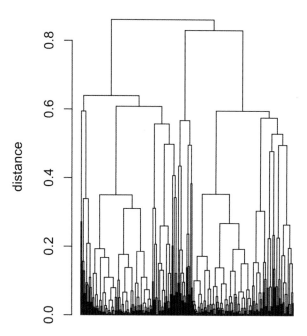

그림 7-14 혼합 변수 유형을 가진 대출 데이터에 적용된 hclust의 덴드로그램

다음 코드를 사용하면 덴드로그램을 0.5를 수평 방향으로 자른 후 하위 트리 중 하나에 포함된 레코드들을 살펴볼 수 있다.

```
dnd_cut <- cut(dnd, h=0.5)
df[labels(dnd_cut$lower[[1]]),]
```

	dti	payment_inc_ratio	home_	purpose_
44532	21.22	8.37694	OWN	debt_consolidation
39826	22.59	6.22827	OWN	debt_consolidation
13282	31.00	9.64200	OWN	debt_consolidation
31510	26.21	11.94380	OWN	debt_consolidation
6693	26.96	9.45600	OWN	debt_consolidation
7356	25.81	9.39257	OWN	debt_consolidation
9278	21.00	14.71850	OWN	debt_consolidation
13520	29.00	18.86670	OWN	debt_consolidation
14668	25.75	17.53440	OWN	debt_consolidation
19975	22.70	17.12170	OWN	debt_consolidation
23492	22.68	18.50250	OWN	debt_consolidation

이 하위 트리에 속한 레코드들은 모두 대출 목적이 부채 통합(debt_consolidation)이고 주거 형태가 자기 소유(OWN)이다. 모든 하위 트리에서 이러한 형태의 구분이 이루어지는 것은 아니지만 이는 범주형 변수 값이 비슷한 데이터들이 한 클러스터로 그룹화되는 경향이 있다는 것을 보여준다. [3]

7.5.4 혼합 데이터의 클러스터링 문제

k-평균과 PCA는 연속형 변수에 가장 적합하다. 데이터 집합의 크기가 더 작아질수록 고워 거리를 사용하여 계층적 클러스터링을 하는 것이 좋다. 원칙적으로는 이진형 혹은 범주형 데이터에도 k-평균을 적용할 수 있다. 범주형 데이터의 경우에는 일반적으로 원-핫 인코딩 방법 (6.1.3절 참고)을 이용해 수치형으로 변환할 수 있다. 하지만 실무에서는 k-평균과 PCA를 이진형 데이터와 함께 사용하는 것이 어려울 수 있다.

표준 z 점수를 사용할 경우, 이진형 변수가 클러스터 결과에 지대한 영향을 미친다. 0/1 변수의 경우, 0 또는 1의 값인 레코드가 모두 한 클러스터에 포함되므로 k-평균에서 클러스터 내 제곱합이 작아지기 때문이다. 예를 들어 R에서 요인변수 home과 pub_rec_zero를 포함하는 대출 데이터에 kmeans를 적용해보자.

```
df <- model.matrix(~ -1 + dti + payment_inc_ratio + home_ + pub_rec_zero,
                    data=defaults)
df0 <- scale(df)
km0 <- kmeans(df0, centers=4, nstart=10)
centers0 <- scale(km0$centers, center=FALSE,
                  scale=1/attr(df0, 'scaled:scale'))
round(scale(centers0, center=-attr(df0, 'scaled:center'), scale=FALSE), 2)
```

```
    dti payment_inc_ratio home_MORTGAGE home_OWN home_RENT pub_rec_zero
1 17.20              9.27          0.00        1      0.00         0.92
2 16.99              9.11          0.00        0      1.00         1.00
3 16.50              8.06          0.52        0      0.48         0.00
4 17.46              8.42          1.00        0      0.00         1.00
```

파이썬에서는 다음과 같다.

3　옮긴이_ 샘플링 결과에 따라 실행 결과가 다를 수 있지만 그룹화되는 경향은 확인할 수 있다.

```
columns = ['dti', 'payment_inc_ratio', 'home_', 'pub_rec_zero']
df = pd.get_dummies(defaults[columns])

scaler = preprocessing.StandardScaler()
df0 = scaler.fit_transform(df * 1.0)
kmeans = KMeans(n_clusters=4, random_state=1).fit(df0)
centers = pd.DataFrame(scaler.inverse_transform(kmeans.cluster_centers_),
                       columns=df.columns)
centers
```

상위 4개 클러스터가 요인변수들과 밀접한 관련이 있다는 것을 볼 수 있다. 이러한 문제를 피하기 위해 이진형 변수의 크기를 다른 변수들보다 작은 값으로 조정할 수 있다. 아니면 데이터의 크기가 아주 큰 경우에는 특정 범주 값들에 따라 서로 다른 하위 집합에 클러스터링을 적용할 수도 있다. 예를 들어, 주택 담보 대출이 있는 사람인지, 주택을 완전히 소유한 사람인지, 주택을 임대하는 사람인지에 따라 대출 데이터를 쪼개서 각각의 하위 그룹에 클러스터링을 개별적으로 적용할 수 있다.

주요 개념

- 스케일이 서로 다른 변수들을 스케일이 비슷하도록 변환하여, 스케일이 알고리즘에 큰 영향을 미치지 않도록 한다.
- 일반적인 스케일링 방법은 각 변수에서 평균을 빼고 표준편차로 나눠주는 정규화(표준화) 방법이다.
- 또 다른 방법은 고워 거리를 사용하는 것이다. 이 방법은 모든 변수를 0~1 범위로 스케일링한다(수치형과 범주형 데이터가 서로 혼합된 경우에 많이 사용된다).

7.6 마치며

주성분분석과 k-평균 클러스터링은 수치형 데이터의 차원을 축소하기 위해 주로 사용되는 방법들이다. 의미 있는 데이터 축소를 보장하기 위해서는 데이터의 스케일을 적절히 조정해야 한다.

그룹들 간의 구분이 분명하고 고도로 구조화된 데이터를 클러스터링할 경우, 어떤 방법을 사용하든 결과는 비슷할 가능성이 높다. 물론 방법마다 장점이 있다. k-평균은 매우 큰 데이터로 확장이 가능하고 이해하기 쉽다. 계층적 클러스터링은 수치형과 범주형이 혼합된 데이터 유형에 적용이 가능하며 직관적인 시각화 방법(덴드로그램)이 존재한다. 모델 기반 클러스터링은 휴리스틱한 방법들과 달리 통계 이론에 기초를 두고 있으며 더 엄밀한 접근 방식을 제시한다. 그러나 데이터가 커지면 k-평균이 가장 많이 사용되는 방법이다.

대출이나 주식 데이터, 그리고 데이터 과학자가 직면할 대다수 데이터는 노이즈가 많다. 이런 경우, 사용 기법에 따라 결과에 극명한 차이를 가져온다. k-평균, 계층적 클러스터링, 그리고 특히 모델 기반 클러스터링은 모두 매우 다른 솔루션을 생성한다. 데이터 과학자는 이럴 때 어떻게 해야 할까? 불행하게도 선택을 돕는 간단한 법칙 따위는 없다. 궁극적으로 데이터 크기나 응용 분야의 목표에 따라 사용되는 방법은 달라지게 된다.

INDEX

주요 용어(국문)

 ㄱ

 ㄴ

 ㄷ

INDEX

INDEX

INDEX

INDEX

INDEX

INDEX

INDEX

INDEX

INDEX